Clara C. Park:
Eine Seele lernt leben
Der erfolgreiche Kampf einer Mutter
um ihr autistisches Kind

Erweiterte Ausgabe

Aus dem Amerikanischen von
Margitta de Hervás

Deutscher
Taschenbuch
Verlag

Manfred Jansen übersetzte ›Epilog: Fünfzehn Jahre später‹.

Erweiterte Ausgabe
Februar 1993
Deutscher Taschenbuch Verlag GmbH & Co. KG,
München
© 1967, 1972, 1982 Clara Claiborne Park
Titel der amerikanischen Originalausgabe:
The Siege
Little, Brown and Company, Boston
ISBN 0-316-69069-4
© der deutschsprachigen Ausgabe:
1972 Scherz Verlag, Bern und München
ISBN 3-502-18557-6
Umschlaggestaltung: Klaus Meyer
Umschlagfoto: Beate Knappe, Düsseldorf
Satz: IBV Satz- und Datentechnik, Berlin
Druck und Bindung: C. H. Beck'sche Buchdruckerei,
Nördlingen
Printed in Germany · ISBN 3-423-30347-6

Inhalt

Beginnen wir mit einem Bild: Ein blondes kleines Mädchen, das auf Händen und Knien in geheimnisvollem, weltvergessenem Entzücken unablässig einen Fleck auf dem Boden umrundet. Elly. Sie lächelt und lacht, blickt aber nicht hoch; nie versucht sie unsere Aufmerksamkeit auf das mysteriöse Objekt ihrer Wonne zu lenken. Sie sieht uns gar nicht. Für sie existieren in diesem Moment nur sie selbst und der Fleck auf dem Boden, und wiewohl sie mit achtzehn Monaten im Alter des Berührens, Schmeckens, Zeigens, Stoßens und Erforschens ist, tut sie nichts von alledem. Sie läuft nicht, sie klettert keine Treppen hinauf, sie zieht sich auch nicht an irgend etwas hoch, um nach einem Gegenstand zu greifen. Sie hat kein *Verlangen* nach Gegenständen. Sie begnügt sich damit, ihre Stelle zu umkreisen. Manchmal sitzt sie auch da, in der Hand eine lange Kette, deren wechselhafte Bewegung sie verfolgt, während sie sie auf und ab schlingern läßt, auf und ab – zwanzig Minuten, eine halbe Stunde lang, bis jemand kommt, der Elly fortträgt oder füttert, ihr ein anderes Spielzeug oder auch ein Buch gibt.

Wir sind eine bücherliebende Familie. Auch Elly mag Bücher. Flink, geschickt, entschlossen blättert sie die Seiten um, eine nach der anderen. Es ist ihr gleich, ob sie bunte Bilder oder Text vor sich hat; niemand könnte sagen, ob sie etwas wahrnimmt oder nicht. Schnell, in ununterbrochenem Rhythmus, werden die Seiten umgewendet.

Man redet sie an, laut oder leise. Es kommt keine Antwort. Vielleicht ist sie taub. Das würde vieles erklären – ihre trotzig wirkende, absolute Indifferenz gegenüber simpelsten Anweisungen und Bitten; die Tatsache, daß Monat für Monat vergeht und sie nicht mehr als ein oder zwei Wörter spricht, die sie zudem nur ein- bis zweimal wöchentlich gebraucht; möglicherweise sogar ihr In-sich-selbst-Versunkensein. Aber wir glauben eigentlich nicht, daß sie taub ist. Sie kann auf ein plötzliches Geräusch hin ganz unvermutet den Kopf wenden. Abrupt dreht sie sich um, wenn mit gedämpftem Schwirren das Wasser in die Waschmaschine einläuft. Und außerdem sind da die Wörter. Wenn sie taub wäre, gäbe es keine Wörter.

Und doch tauchen sie jählings auf, aus dem Nichts – um ins Nichts zu entschwinden; jedes neue Wort verdrängt das vorangegangene. Über einzelne Wörter verfügt sie immer wieder, nie allerdings über einen Wortschatz.

Zweiundzwanzig Monate. Sie läuft noch immer nicht, spricht nicht, reagiert nicht, wenn man sie anredet. Der Arzt ist beunruhigt, und sie wird drei Tage lang im Krankenhaus beobachtet. Man findet kein Anzeichen für Phenylketonurie* oder irgendeinen anderen physischen Defekt. (Sie war von Anfang an ein auffallend gesundes Kind; nie gab ihre Temperatur Anlaß, ein Thermometer zu holen.) Die Ärzte beobachteten sie, während sie, in sich selbst zurückgezogen, abwesend fast, in ihrem Kinderbett lag. Sie wollte sich nicht von den Krankenschwestern füttern lassen. Sie lächelten sie an; Elly blickte durch sie hindurch. Die Ärzte sprachen; sie hörte nichts. Sie pfiffen; Elly drehte den Kopf. Ihre Bewegungen waren behend, zielbewußt, ihr Gesichtsausdruck war intelligent. Man sagte uns, sie halte sich noch innerhalb der Kurve normaler Entwicklung, wenn auch im untersten Niveau; wir sollten sechs Monate abwarten und uns vorerst nicht beunruhigen. »Sie macht den Eindruck eines Kindes, das viel allein gewesen ist.«

Allein? Mit drei älteren Geschwistern in einem Haus, wo zudem ständig Nachbarskinder aus und ein gingen? Sie war allein, aber sie schuf sich ihr Alleinsein selbst, suchte, hütete es. Setzten wir sie auf den Boden, damit sie den Kindern beim Spielen zuschauen könnte, so quengelte sie. Wenn sie im Garten herumkrabbelte oder in ihrem Bett lag, war sie glücklich. Ich legte sie nach dem Mittagessen hin; um fünf Uhr war sie immer noch ganz zufrieden, sei es, daß sie schlief oder sich lachend im Bett herumwarf oder vergnügt den Oberkörper hin- und herwiegte, vor und zurück, vor und zurück. Ich merkte allmählich, daß sie, versorgt mit Essen und Trinken, *niemals* den Wunsch verspüren würde, wieder aufzustehen. Sie fühlte sich nur in umschlossenen Räumen wohl. Jedesmal, wenn sie ein Laufställchen sah, wollte sie hinein. Wo keine materielle Schranke zwischen ihr und der Welt vorhanden war, richtete sie eine auf. Durch Menschen schaute sie hindurch, als wären sie Glas. Inmitten

---

* Erbliche Molekularkrankheit, bei der Phenyl-Purinsäure mit dem Harn ausgeschieden wird; gekennzeichnet durch geistige Mängel.

angeregt schwatzender Gesellschaft schuf sie sich Einsamkeit und Schweigen.

Ein anderes Bild: Sie ist am Meer, zwei Jahre alt inzwischen und sehr sicher auf den Beinen. (Als sie soweit war, fing sie einfach an zu laufen – ohne jede Schwierigkeit; es hatte nie ein physisches Hindernis gegeben.) Ein braungebranntes, blondes, außergewöhnlich hübsches Kind geht den Sandstrand entlang. Viele Leute schauen sie an, doch sie beachtet niemanden. Sie läuft weiter, in Familiengruppen hinein, an Picknickkörben, Sandburgen und Eimern vorbei. Sie streift die Menschen fast, und man möchte meinen, sie sähe sie nicht. Aber sie sieht sie wohl, denn – so nahe sie ihnen auch kommt, die Augen scheinbar auf irgendeinen Punkt hinter oder neben ihnen gerichtet – sie berührt sie nie. Weiter geht sie. Der Strand ist dort einsamer. Ihre kleine Gestalt wird immer winziger. Als ich sie kaum mehr erspähen kann, beginne ich zu laufen. Sie hätte ohne einen Blick zurück ewig weiterwandern können, so wenig bedeutete ihr menschlicher Kontakt.

Einmal nannte sie ein Freund, der zum erstenmal ihre weiße Haut und ihr glattes blondes Haar, ihre hellblauen Augen und ihre tänzerische Anmut sah, ein »Elfenkind«. Und sie hatte tatsächlich etwas elfenhaft Leichtes in ihren Bewegungen, eine elfenhafte Reinheit in ihren weltentrückten Augen. Nach und nach wurde sie größer und schmaler, doch an ihrem Gesicht schien die Zeit spurlos vorüberzugehen. Kein Stigma deutete auf eine Schädigung hin; sie sah im Vergleich zu anderen Kindern lediglich auf eine undefinierbare Weise jünger aus. Elfen kennen keinerlei Arglist; selbst wo sie grausam erscheinen, sind sie in Wirklichkeit nur unfähig, unsere Wünsche, unsere Bedürfnisse und unsere Wärme zu begreifen. Sie haben kein Herz und altern daher nicht. Ellys elfenhafte Unzugänglichkeit, ihre heitere Selbstgenügsamkeit waren die eines Wesens, das in gewisser Weise unberührt von menschlicher Erfahrung leben konnte.

Kleine Kinder bestehen vorwiegend aus Bedürfnissen und Wünschen. Sie sehen sich genährt, gekleidet, saubergehalten, doch das ist nur der Anfang von alledem, was sie verlangen. Sie wollen den Keks, den ein anderer ißt, das Spielzeug, an das sie nicht herankommen, sie möchten spazierengefahren werden. »Mami, ich brauche, ich will, gib mir…« – Gegenstände,

Aufmerksamkeit, Liebe. Es ist schwer zu sagen, wann man zum erstenmal an seinem Kind gezweifelt hat, aber ich erinnere mich an einen Tag, an dem ich Elly zum Supermarkt mitnahm. Sie war neunzehn Monate alt. Sie saß im Einkaufswagen und ließ interessiert die Dinge auf den Regalen an sich vorüberziehen. Eine Freundin kam mit ihrem Töchterchen vorbei, das genauso alt wie Elly war. Es drehte sich um, schaute zur Mutter hoch und deutete auf eine Schachtel Süßigkeiten.

Mit einemmal fiel mir auf, daß ich Elly nie hatte deuten sehen.

Auf etwas zu zeigen ist eine so simple, spontane, primäre Handlung, daß es lächerlich erscheint, sie zu analysieren. Alle Kleinkinder deuten; der ausgestreckte Arm und Finger ist ein Vorstoß des Selbst in die Umwelt mit dem Ziel, sich zu einem Objekt zu äußern, die Aufmerksamkeit des anderen darauf zu lenken, es vielleicht für sich zu beanspruchen. Über das Deuten gelangt man zu der Frage, die die mannigfaltige Welt erschließt: »Was ist das?« Zeigen, etwas erreichen wollen, es ergreifen heißt, eine Beziehung zwischen sich selbst und der Außenwelt herzustellen. Etwas brauchen heißt, es mit sich in Verbindung zu bringen.

Der kleine Junge meiner Nachbarin ist fast drei Jahre alt und spricht noch sehr wenig; sie sind beunruhigt. Er kommt zu mir herüber, schaut mich an, deutet auf die Schaukel. Die Laute, die er hervorbringt, sind völlig undefinierbar, doch ich verstehe sie: »Ich will.« Ich setze ihn in die Schaukel. Kein Grund zur Besorgnis; *er* überwindet dieses Stadium bestimmt. Elly ist jetzt acht Jahre alt. Ich habe sie noch immer nicht zeigen sehen. Sie hat ein Vokabular von einigen hundert Wörtern. Es enthält »Rechteck«, »Viereck« und »Sechseck«, aber nicht »Was ist das?«

Die Intensität der Wünsche und die Aggressivität, mit der sie geäußert werden, ist bei Kindern unterschiedlich. Manche Kinder sind von Geburt an in gesundem Maße selbstgenügsam und fähig, sich aus eigenem Antrieb angeregt und vergnügt in ihrem Laufställchen, mit ihrem Spielzeug zu beschäftigen. Andere brauchen ständig Gesellschaft und können mit sich allein nichts anfangen. Solche Kinder versuchen wir zu ermuntern, sie behutsam zur Selbstgenügsamkeit hinzuführen, weil diese für uns ein positiver Zug ist, der die Entfaltung der eigenen Möglichkeiten begünstigt und letzten Endes selbständig macht.

Es dauert einige Zeit, bevor eine vielbeschäftigte Mutter merkt, daß ein Kind auch allzu selbstgenügsam sein kann.

Elly deutete nicht. Nie versuchte sie Gegenstände zu erlangen, die sich außerhalb ihrer Reichweite befanden; sie schien ihr Vorhandensein gar nicht wahrzunehmen. Sie war gern in ihrem Bett und in ihrem Laufställchen; nahm man sie heraus, so krabbelte sie von Zimmer zu Zimmer. Aber es war der reine Bewegungsdrang, der sie dazu trieb, nicht Neugier. Sie zog nicht an Lampen und Tischen, sie schob nichts von seinem Platz, sie machte keine Schublade auf. Es bedurfte keiner Sicherung der Treppe, wie sie bei den anderen Kindern nötig gewesen war. Elly war gar nicht daran interessiert, nach unten zu gelangen, und es bestand auch keine Gefahr, daß sie hinunterfiel. Wiewohl vieles nie in ihr Bewußtsein vordrang, nahm sie jede Kante wahr. Zudem akzeptierte sie Begrenzungen mit einer Bereitwilligkeit, die deutlich machte, daß sie sie willkommen hieß. Eines Tages lernte sie im Spiel mit ihrer Schwester, die Treppe hinaufzuklettern, und wir erwarteten, daß sie die neuerworbene Fähigkeit nun oft erproben würde. Doch schon nach zwei Tagen – wir hatten das Wochenende in einem Haus ohne Treppen zugebracht – dachte sie nicht mehr daran. Erst sechs Monate später machte sie den nächsten Versuch.

Sobald sie aufrecht sitzen konnte, nahm sie die Mahlzeiten mit uns am Tisch ein. Sie griff mit den Fingern nach dem, was man ihr vorlegte, oder ließ es sich von mir in den Mund schieben; manchmal wies sie es auch zurück. Was die anderen aßen, interessierte sie nicht. Sie war zufrieden. Nicht teilnahmslos – sie lächelte, lachte sogar. Sie war einfach zufrieden.

Wenn sie, was selten vorkam, einmal Schwierigkeiten machte, dann stets wegen etwas, was jedem außer ihr trivial vorkam. Man hatte ihr die Milch in einem Glas statt in ihrem silbernen Becher gegeben oder nach der Mahlzeit statt vorher. Es war nicht leicht zu erraten, was ihr nicht gefiel, denn sie lieferte uns keinen Anhaltspunkt; aber wir mußten uns bemühen, es herauszufinden, denn sie pflegte bei solchen Gelegenheiten in lautes Geschrei auszubrechen, das erst verstummte, wenn wir das Problem gelöst hatten.

Wir hatten nie daran gedacht, daß sie ein zurückgebliebenes Kind sein könnte, doch während der sechsmonatigen Wartezeit nach ihrem Krankenhausaufenthalt drängte sich uns die Befürchtung ständig auf. Wenn eine Zweijährige noch nicht richtig läuft, kaum etwas sagt oder versteht, immer wieder dasselbe oder gar nicht spielt, was anders könnte sie sein als entwicklungsgehemmt? Wir selbst und auch die Ärzte meinten Intelligenz wahrzunehmen. Doch das intelligente Aussehen eines Kindes ist ein ungreifbares Phänomen, eine Sache der Interpretation. Greifbar ist nur, was das Kind wirklich *tut*. Und dieses Kind tat von morgens bis abends beinahe nichts. Weshalb sollte sein In-sich-selbst-Versunkensein als zielgerichtet und konzentriert gedeutet werden, nur weil es uns in unserer Unerfahrenheit so vorkam? Sahen wir nicht vielmehr den umwölkten, starren Blick eines zurückgebliebenen Kindes, dessen in sich gekehrte Art die natürliche Haltung gegenüber einer seinem Begreifen entzogenen Welt war? Bei Jugendlichen – ja schon bei größeren Kindern – sind uns die Diskrepanzen zwischen dem, was sie zu tun vermögen, und dem, was sie tatsächlich tun, bis zum Überdruß vertraut. Aber bei einem Kleinkind? Elly war etwas über ein Jahr alt, als sich ihre Entwicklung zu verlangsamen begann. Sie war nie krank gewesen, hatte niemanden entbehren, keine Umweltveränderung ertragen müssen. In diesem Alter erwartet man gemeinhin, daß der Organismus spontan reagiert. Was er leisten kann, leistet er. Wenn Elly irgend etwas nicht tat, so hieß das zweifellos, daß sie nicht dazu befähigt war.

Doch so sehr wir uns auch an den Gedanken zu gewöhnen versuchten, wir fanden ihn nicht überzeugend. Ich wußte nicht viel von zurückgebliebenen Kindern, aber ich dachte mir, daß man sie vor allem an fruchtlosen Bemühungen erkennen müßte. Elly bemühte sich nie um etwas, und das wenige, das sie zu tun lernte, gelang ihr gleich beim erstenmal. Ich stellte mir entwicklungsgehemmte Kinder schwerfällig, unbeholfen, linkisch vor. Ellys Griff war fest, sie bewegte sich bedächtig, mit nachtwandlerischer Sicherheit. Sie stolperte nicht, fiel nicht hin, verschüttete nichts, ließ nichts fallen. Wie schön ihre Kette auf- und abschwang! Aber wie selten sie ihre kleinen, tüchtigen Finger gebrauchte! Mit der Zeit begann sie ein paar elementare Wünsche kundzutun. Sie verlangte nun endlich nach etwas – einem Stück Kuchen vielleicht, wenn wir am Tisch saßen. Natürlich bat sie nicht mit Worten darum und auch nicht mit irgendwelchen Lauten. Und ebensowenig griff sie selbst danach. Statt dessen packte sie den nächstbesten menschlichen Arm und dirigierte ihn entschlossen zu dem begehrten Objekt. Sie benutzte diesen fremden Arm und die Hand wie ein Werkzeug, so als ob der zugehörige Mensch nicht existierte.

Es war unmöglich, ihre Intelligenz testen zu lassen. Sie hätte durch den Psychologen einfach hindurchgeschaut. Jeder Test setzt eine Kommunikation voraus; in Ellys Fall kam keine Kommunikation zustande, und so konnte man ihr nicht begreiflich machen, was man von ihr erwartete – die bloße Idee, daß ein Mensch bezüglich eines anderen Erwartungen hegen könnte, war ihr schon fremd. Wir konnten sie nicht testen – aber ich konnte sie beobachten. Ein mit uns befreundeter Psychologe erwähnte einmal, daß ein zweijähriges Kind imstande sein müßte, einen Turm aus vier Bauklötzchen zu errichten. Elly besaß Bauklötzchen. Gelegentlich benutzte sie eines, um damit auf die Seiten eines Buches zu klopfen, während sie sie umblätterte. Das war alles.

Eines Tages setzte ich mich neben sie auf den Boden und baute aus vier Klötzchen einen Turm. Fein säuberlich trug sie ihn Block für Block wieder ab – schwungvolle Zerstörung lag ihr nicht. Ich nahm ihre Hand und benutzte sie als *mein* Werkzeug, um einen neuen Turm zu errichten. Daraufhin setzte sie sehr ordentlich einen dritten auf. Genauso verhielt sie sich, wenn es darum ging, Pflöcke in Löcher zu stecken oder Ringe auf einen Stab zu legen. Immer dieselbe Passivität, diese scheinbare Unfähigkeit; wenn jedoch die Initiative von außen kam, konnte sie Prinzip und Technik sofort begreifen.

In jenen Jahren sah ich Elly nur ein- oder zweimal nach Kinderart etwas nachahmen – spontan ein gehörtes Wort oder die Handlung eines anderen wiederholen. Elly tat so wenig von dem, was andere taten. Und ihre spärlichen Wörter und Handlungen entsprangen überdies noch nicht einmal einem sozialen Kontext, sondern, so schien es, dem Nichts. Um Kontakt bemüht, tat ich genau das, was sie nicht tat; ich richtete mich nach *ihr*, ich imitierte *sie*. Bedeckte sie also ein Blatt mit vagem Gekritzel, so folgte ich ihrem Beispiel. Nun langweilt das einen Erwachsenen bald; nach einer Weile zeichnete ich Kreise, ein oder zwei Gesichter und ein paar Fische. Elly achtete nicht darauf und kritzelte weiter.

Am nächsten Tag malte sie jedoch plötzlich ihre ersten geschlossenen Figuren. Drei Tage, nachdem ich ein Kreuz gezeichnet hatte, tat sie dasselbe. Erforderte es nicht mehr Intelligenz, eine Figur nach drei Tagen aus dem Gedächtnis wiederzugeben als gleich, wie es ein normales Kind getan hätte? Wie hoch würde ihr das bei einem Intelligenztest angerechnet?

Aber das waren Lichter, die kurz aufflackerten und verlöschten. Elly türmte einige Monate lang Bauklötzchen übereinander. Dann erfand sie, was schon erstaunlicher war, spontan ihr eigenes Klötzchenspiel, indem sie achtzig oder hundert Klötzchen in schnurgeraden parallelen Reihen anordnete. Sie beschäftigte sich unablässig damit, so wie sie mit ihrer Kette gespielt hatte. Es war immer dasselbe: Jede neue Fertigkeit endete, statt zu schwierigeren Aktivitäten zu führen, in steriler Wiederholung, bis sie schließlich aufgegeben wurde. Nach drei Wochen hatte sie genug von Kreisen. Nach sechs Monaten waren die Bauklötzchentürme vergessen. Und jedesmal war es ein so endgültiges Sichabwenden, daß man den Eindruck haben konnte, sie hätte sich nie mit diesen Dingen beschäftigt.

Manches tat sie auch nur bei einer einzigen Gelegenheit. So sah sie zum Beispiel am Tage ihrer Heimkehr aus dem Krankenhaus eine Schere auf dem Boden des Spielzimmers liegen und sprach daraufhin ganz unvermittelt das Wort aus, klar und deutlich. Und noch einmal, schon weniger deutlich. Sie gebrauchte es nie wieder. Eines Tages nahm sie die Kehrichtschaufel und den Handbesen und kehrte den Boden, wie jedes andere kleine Mädchen, das seiner Mutter gleichen möchte. Einmal »fütterte« sie eine Puppe mit Cornflakes. Einmal, nur einmal. Alle ihre Handlungen sind eine Augenblickssache und gehören sofort der Vergangenheit an. Man mißtraut seinen Sinnen, man mißtraut seinem Gedächtnis. Hatte ich es wirklich gesehen? Hatte sie es je getan?

Wieviel nahm sie von der Welt auf, die sie umgab? Fast nichts, so schien es. Eines Tages jedoch, mehrere Monate vor ihrem dritten Geburtstag, brach eine Bleistiftspitze ab, während wir nebeneinander auf dem Boden Papier bekritzelten. Elly stand auf, drückte mir den Bleistift in die Hand und schob mich zur Tür. Ich verhielt mich passiv; ich konnte nicht glauben, daß sie wirklich ein bestimmtes Ziel im Auge hatte. Aber sie dirigierte mich tatsächlich durch zwei Zimmer hindurch in ein drittes, geradewegs zum Bleistiftspitzer. Es wunderte mich, daß sie genau wußte, wo er stand und wozu er diente. Wenn sie das wußte, was mochte sie dann noch alles wissen?

Ich brachte sie wieder zum Arzt – demselben gescheiten Praktiker, der ihr auf die Welt verholfen, ihre Abnormität erkannt und ihre ersten Tests überwacht hatte. Er beobachtete sie, während sie bunte Holzdübel sehr sorgfältig in die zugehörigen Löcher steckte, und erklärte, sie mache nicht den Eindruck eines zurückgebliebenen Kindes. Es könne – er stockte. Es könne etwas anderes sein. Er sei kein Experte in Psychologie.

Ich war es ebensowenig.

Ich wußte nur, daß mein viertes Kind nicht wie seine Geschwister war, die mich brauchten und mich liebten wie ich sie. Elfen hatten mein Baby entführt und eins der ihren dagelassen. Und nun bewegte sie sich Tag für Tag mitten unter uns, ohne uns ganz anzugehören, fügsam, wenn wir uns ihr näherten, teilnahmslos, wenn wir uns entfernten, gelassen, unbeschwert, in vollkommenem Gleichgewicht. Sie existierte unter uns, aber ihre Daseinsebene lag anderswo. Solange keine Forderungen an sie gestellt wurden, war sie zufrieden. Wenn Lächeln und Lachen Glück widerspiegeln, war sie innerhalb der unsichtbaren Wände, die sie umschlossen, sogar glücklich. Sie bewohnte eine wehrhafte, selbsterrichtete Burg. Aber wir konnten sie nicht dort belassen. Wir mußten angreifen, einzudringen versuchen, nicht weil sie unglücklich darin gewesen wäre, was nicht zutraf, sondern weil das Gleichgewicht, das sie gefunden hatte, in seiner Vollkommenheit jegliche Chance einer Weiterentwicklung zunichte machte. Wir hatten alles akzeptiert; jetzt mußten wir unsere Einstellung ändern. Eine erschreckende Arroganz unsererseits, denn – was hatten wir ihr zu bieten? Wer von uns war so zufrieden wie Elly? Die Welt, in die wir sie hineinziehen wollten, war eine Welt der Gefahren, Fehlschläge und Frustrationen, der unerfüllten Wünsche und des Leides ebenso wie der Aktivität und der Liebe. Warum sollte sie ihr Nirwana verlassen? Doch sie gehörte auch uns, nicht nur sich selbst, und wir wollten sie bei uns haben. Und wenn es nicht genug war, was wir ihr zu bieten hatten – es gab nichts anderes. Angesichts eines lebensverweigernden kleinen Kindes entschwinden alle existentiellen Bedenken. Uns blieb keine Wahl. Wir waren entschlossen, jede List zu nutzen, um die Festung zu stürmen. Wir waren entschlossen, jede Verführungskunst zu gebrauchen, um unser Kind in ein menschliches Dasein hineinzulocken.

Elly lebte nur scheinbar isoliert, denn schließlich wohnte sie ja bei uns. Ihr Haus beherbergte noch fünf Menschen außer ihr. Wir gingen an ihr vorbei, wir sprachen, wir berührten sie, wir sorgten für sie. Es wird Zeit, uns vorzustellen, die Familie, die Ellys Umwelt hätte darstellen sollen.

Ellys Vater ist Professor. Er erwirbt Wissen, er lehrt, er schreibt. Seine Arbeit ist abwechslungsreich, anspruchsvoll und im großen und ganzen befriedigend. Er ist an einem kleinen, sehr guten College* tätig, wo die Professoren sowohl Lehrer als auch Gelehrte sind, die nicht nur aus der Ferne dozieren, sondern mit ihren Studenten wirklich arbeiten. Schon bevor wir uns mit Ellys Problemen auseinanderzusetzen hatten, waren wir der Überzeugung gewesen, daß alles Lernen letzten Endes von den – wie man sie heute mit einem Anflug wissenschaftlicher Objektivität nennt – »zwischenmenschlichen Beziehungen« abhängt. Wir konnten nur nicht ahnen, was für eine schwere Probe unseren Überzeugungen noch bevorstand.

Wir sind eine durch und durch akademische Familie. Mein Mann ist der Sohn eines Professors, meine Mutter wurde zu einer Zeit, in der man auf die Erziehung eines Mädchens noch keinen besonderen Wert legte, aus einer kleinen Südstaaten-Provinzstadt in ein College im Norden geschickt. Ich selbst habe an der gleichen Universität, an der mein Mann sein Studium abschloß, meinen Master of Arts gemacht, danach aber aufgehört, weil ich keine klaren Ziele hatte. Als David promovierte, waren wir schon vier Jahre verheiratet, und mit seinem Eintritt ins Berufsleben schien mir die Zeit für Kinder gekommen. Ich hatte drei, bevor Elly geboren wurde. Als ich von meiner Schwangerschaft erfuhr, waren Sara sieben, Rebecca sechs und Matthew drei Jahre alt. Es war eine abgerundete, gut geplante Familie, zwei Mädchen und ein Junge.

Es gibt Tausende solcher Familien in diesem Land. Unser geräumiges Haus gehört zu einem homogenen Gemeinwesen, wo Nachbarn Freunde sind, große Rasenflächen ineinan-

---

* Institution auf Universitätsebene, wo der niedrigste akademische Grad des Bachelor of Arts (B.A.) und des Bachelor of Science (B.S.) erworben werden kann.

der übergehen und Kinder ungefährdet umherstreifen können. Unsere Stadt ist ein idealer Ort für Kinder. In unserer unmittelbaren Umgebung wohnten fünfzehn oder zwanzig mögliche Spielgefährten für Sara, Becky und Matt. Sie gingen bei uns ein und aus, ließen Bälle, Kaugummipapier und die diversesten Kleidungsstücke zurück, und unsere Kinder taten in anderen Häusern dasselbe. Diese Kinder waren mit Sorgfalt und beachtlichem Erfolg von modernen Müttern wie mir aufgezogen worden. Die meisten von uns waren für eine berufliche Karriere ausgebildet und hatten dann unsere Mutterschaft zum Beruf gemacht. Wir lasen, wir diskutierten unsere Probleme miteinander. Zwar wußte ich in theoretischer Hinsicht weniger über die kindliche Psyche als das Gros der anderen, aber ich setzte wie sie meine ganze Intelligenz und Intuition ein, um meinen erzieherischen Pflichten so gut wie möglich gerecht zu werden. Ich hatte fasziniert die ersten Sprechversuche meiner Kinder überwacht. Ich hatte die ersten Zeichen der sprachlichen Entwicklung beobachtet, die von der Welt der Menschen und Objekte zum Beginn des abstrakten Denkens führt. Ich hatte Bücher mit ihnen angeschaut und ihnen vorgelesen. Ich hatte Ton und Modellierpaste für sie besorgt. Ich hatte ihnen die Zahlen und Buchstaben beigebracht und sie Wörter buchstabieren gelehrt. Ich hatte darauf geachtet, daß sie die klassischen Kinderbücher erhielten, die sowohl ihre Phantasie anregten als auch belehrend waren. Ich hatte gestraft und belohnt; ich hatte versucht, sie zu Großzügigkeit, Selbstbeherrschung und Güte zu erziehen. Ich hatte gewaschen und gekocht, zugeredet und diskutiert. Ich hatte mich voll und ganz der Aufgabe gewidmet, die ersten Jahre dieser kleinen Wesen zu überwachen, und ich war sehr stolz auf mein Werk. Jeder hätte gesagt – und viele Leute taten es –, daß ich drei reizende Kinder hatte.

Müßte ich sie beschreiben, dann würde ich es an dieser Stelle tun. Ihre unterschiedlichen Charaktermerkmale, die Stärken und die Schwächen eines jeden von ihnen sind Teil von Ellys Geschichte. Doch dieser Teil muß aus Fairness zu ihnen unvollständig bleiben, selbst auf die Gefahr hin, daß ich nicht die ganze Wirklichkeit erfasse. Ich schreibe hier nur das Notwendige nieder, das Auf-der-Hand-Liegende, was von Lehrern, Freunden und Nachbarn bestätigt wurde. Unsere Kinder waren intelligent, aufnahmebereit und anpassungsfähig. Überdies waren sie – obwohl das ziemlich belanglos ist – außergewöhnlich, ja beinahe unwirklich hübsch mit ihrem goldblonden Haar und der rosa schimmernden Haut. Ich schwelgte in ihrem hübschen Aussehen, das mir jedesmal wie ein Wunder vorkam, wenn ich an meine eigene, in dieser Hinsicht weniger begünstigte, bebrillte Kindheit dachte. Ich war, wie gesagt, furchtbar stolz darauf, drei solche Kinder hervorgebracht zu haben. Aber ich hatte die Vorstellung, daß mein Werk im wesentlichen getan sei und ich mich jetzt auch wieder einigen anderen Dingen zuwenden könnte.

Denn inzwischen hatte ich gemerkt, daß ich keine Frau war, die ausschließlich in Haushalt und Familie aufgehen konnte. Ich spürte eine Berufung in mir – etwas, das mir selbst einzugestehen ich während meiner Ausbildung zu scheu und bescheiden gewesen war. Als ich auf der Universität war, hatte ich zwar schon ein wenig unterrichtet, aber erst jetzt war ich sicher, daß die Lehrtätigkeit genau das war, was mir zusagte. Ich hatte sieben Jahre damit zugebracht, kleine Kinder etwas zu lehren, und mit einigem Erfolg. Nun wollte ich junge Menschen unterrichten, deren Verstand meinem eigenen eher entsprach. In zwei Jahren würden alle Kinder die Schule besuchen, und ich hätte wieder etwas Zeit, um zu lesen und mein Wissen auf den neuesten Stand zu bringen. Ich konnte schreiben oder eine Schule ausfindig machen, wo man mich stundenweise arbeiten ließ.

In diesem Stadium hoffnungsvoller Planung überraschte mich meine vierte Schwangerschaft. Alles würde noch einmal von vorne beginnen. Ich war anfangs ein wenig deprimiert, weil sich die Tore von neuem für mich geschlossen hatten, doch ansonsten verlief die Zeit zunächst normal. Meine Niedergeschlagenheit wich bald einer tragikomischen Wut, und schließlich fand ich die ganze Angelegenheit nur noch erheiternd. Als ich im sechsten Monat war, bekamen die Kinder die Masern. Ich hatte sie nie gehabt und machte mir große Sorgen. Doch mein Arzt versicherte mir, daß die Masern im Gegensatz zu den Röteln dem ungeborenen Kind kaum gefährlich werden könnten. Außerdem, so meinte er, irrte ich mich vermutlich; die meisten Leute hätten irgendwann Masern gehabt. Vielleicht hatte ich es nur vergessen. Ich war dennoch beunruhigt und wandte mich deshalb an eine Bostoner Ärztin, mit der ich befreundet war. Sie bestätigte all das, was ich schon gehört hatte. Also erhielt ich von meinem eigenen Arzt Gammaglobulin, damit die Krankheit zumindest milde verliefe, falls ich sie mir zuzöge. Als ich sie dann tatsächlich bekam, ging es mir ziemlich schlecht, aber nach einer Woche war alles überstanden, und ich erholte mich schnell.

Drei Monate später, am 20. Juli 1958, kam das Baby pünktlich und ohne Komplikationen zur Welt. Wieder einmal hatte ich ein Kind geboren – eine unerhörte Erfahrung, die sich mit keiner anderen vergleichen läßt. Arzt und Schwestern bewegten sich hin und her wie im Traum. Ich lag völlig erschöpft im Kreißsaal, in jenem Zustand der aufs höchste gesteigerten Empfindsamkeit, der einer Anstrengung folgt, die einen Menschen total beansprucht hat. Was war es diesmal? Ein Junge, ein Mädchen? Die Schwester nahm die Antwort vorweg. »Es ist ein prächtiger Junge.«

Doch das stimmte nicht. Die Schwester hatte sich vielleicht versprochen, einen Fehler gemacht, den sie sofort korrigierte. Aber nach länger anhaltenden Schmerzen ist man sehr verwundbar: Bis zu diesem Moment der Enttäuschung war ich mir nicht bewußt gewesen, wie sehr ich mir einen Jungen gewünscht hatte – einen Bruder für Matt, der sich nun unter drei Schwestern isoliert fühlen würde, einen Jungen, für den man größere Träume träumen kann... Aber es war ein Mädchen, und der Arzt hatte recht gehabt: Die Masern hatten keinerlei Spuren hinterlassen. Es war ein gesundes, wohlgestaltetes Kind, außergewöhnlich nur darin, daß sie Tag und Nacht schrie, weil sie Koliken plagten. Und selbst dies war in unserer Familie nichts Ungewöhnliches. Becky hatte dasselbe durchgemacht. Und letzten Endes sind diese Säuglingskoliken auch nichts Besorgniserregendes, sondern lediglich eine Belastung für das Kind und seine nächsten Angehörigen. Elly wurde abwechselnd von meiner Mutter und von mir gewiegt und gehätschelt, damit die Familie tagsüber ein wenig Ruhe hatte und nachts schlafen konnte. Elly schrie weiter und wuchs. Als sie dreiundeinhalb Monate alt war, hatte sie die Koliken im wesentlichen überstanden, und mit fünf Monaten war sie ein heiteres, munteres Kind.

Schon ein zweites Baby beobachtet man nicht mehr so genau wie das erste, und das vierte noch weniger. Dennoch erinnere ich mich, daß Elly anfangs im großen und ganzen pünktlich alles tat, was ein normales Kind zu tun pflegt. Mit sieben

Wochen lächelte sie, wenn sie ihr Geschrei einmal unterbrach. Mit zwei Monaten lächelte sie sogar schon ihren Teddybär an, was uns sehr früh vorkam. Sie begann um dieselbe Zeit wie die anderen nach Gegenständen zu greifen. Wie sich aus Fotografien ersehen läßt, war sie mit fünf Monaten ein aufgewecktes, fröhliches Baby, das aus seinem Badewännchen heraus den Beschauer anlächelte. Manchmal spielt einem das Gedächtnis einen Streich. Meine Kinder haben alle das gleiche Haar und die gleiche Gesichtsfarbe, und ihre Babyfotos ähneln sich sehr. Nach drei Jahren, als Elly uns schon längst entrückt war, nahm ich mir einmal die alten Fotos vor, um festzustellen, wann es angefangen hatte. Ich fand das Bild eines lachenden Babys, dessen Augen am Gesicht seines Vaters hingen, der die Aufnahme machte. Ich legte es weg. Das war nicht Ellys leerer Blick, der niemanden wahrnahm. Die Fotos mußten durcheinandergeraten sein. Das war nicht Elly, das war Matt. Aber ich irrte mich. Zwei Jahre später brachte mir meine Mutter einen Abzug dieser Aufnahme, auf dem das entsprechende Datum vermerkt stand. Es war Elly. Das lächelnde Baby hatte wirklich existiert. Sie war damals anders gewesen.

Wie jedes meiner Kinder stillte ich auch Elly neun Monate lang. Ihr kleiner, weicher Körper schmiegte sich wie die anderen in meine Arme, und es schmerzte mich, Elly zu entwöhnen. Ich bin eine überschlanke, nervöse Frau. Heitere Gelassenheit kenne ich kaum, und so schätze ich die seltenen Gelegenheiten, die mir dazu verhelfen. Die langen Stunden, die ich damit verbrachte, entspannt meine Kinder zu stillen, während jeder von uns beiden zufrieden im anderen ruhte, waren für mich die glücklichste Zeit ihres Säuglingsalters.

Als ich Elly entwöhnte, war sie noch ein richtiges Baby. Die Kinder der meisten anderen Leute beginnen nach sechs Monaten alles mögliche zu unternehmen – sie setzen sich auf, sie krabbeln, sie fallen um, sie verschlucken Nadeln. Im selben Alter, in dem sich fremde Kinder bereits an ihren Laufställchen hochziehen, liegen die meinen noch den ganzen Tag auf einer Decke. Ich kannte das. Matthew hatte sich erst mit acht Monaten aufgesetzt; Becky brauchte elf Monate, bis sie zu krabbeln anfing, siebzehn, bis sie ohne Stütze stehen konnte, und neunzehn, bis sie laufen lernte. Bei Elly sahen wir zunächst nur, daß sie zu allem noch einen Monat mehr benötigte. Mit neun Monaten saß sie endlich aufrecht. Mit einem Jahr krabbelte sie herum. Monate vergingen, ohne daß sie zu laufen angefangen hätte. Eine andere Familie wäre angesichts so zögernder Fortschritte vielleicht beunruhigt gewesen. Wir sahen keinen Grund dafür. Elly krabbelte sehr sicher herum, nachdem sie einmal damit begonnen hatte. Und daß sie, auch als sie sich fortbewegen lernte, noch so genügsam schien – welche Mutter von vier Kindern hätte das nicht als eine Tugend betrachtet?

Wann fing es also an? Eine meiner Freundinnen, die selbst vier Kinder hat, sagt, sie habe schon ein ungutes Gefühl gehabt, als Elly erst acht Monate alt war, weil das Kind, ohne auch nur eine Klapper in der Hand zu haben, so zufrieden dalag. Hat sie damit einen entscheidenden Punkt getroffen? Es gibt Fotos aus jener Zeit (die Daten sind vage; wir konnten ja damals nicht ahnen, daß Elly einmal ein Fall für die Medizin sein würde). Das freundliche, lebendige Lächeln ist fortgewischt, und nur auf einem einzigen Foto blickt sie in die Kamera. Ihre Miene ist ernst. Hatte es damals begonnen? Aber diese Fotos stammten von einem bestimmten Tag. Und auch ein Baby fotografiert sich nicht alle Tag gleich gut. Vielleicht war sie einfach müde gewesen...

Hatte es etwas zu bedeuten, daß sie schon mit acht Monaten, gut gestützt auf einem Stuhl sitzend, jene seltsame Anspannung aller Muskeln zeigte, die ihren Körper anfallartig erzittern ließ und bis heute ihre Reaktion auf intensives Interesse oder Vergnügen geblieben, nur leider nie in Gegenwart eines Arztes aufgetreten ist? War es bezeichnend, daß sie noch mit einem Jahr keinerlei Gefallen an dem ersten Versteckspiel hinter einer Windel fand, das ihre Geschwister mit vergnügtem Kreischen quittiert hatten? Andererseits unterscheiden sich Kinder natürlich voneinander, und nicht alle mögen dieselben Spiele. Elly schien selbständig und fröhlich. Uns fiel jedenfalls damals nichts an ihr auf.

Man stellt sich die Frage nach einem etwaigen Trauma und findet keines. Sie war nur selten und niemals ernsthaft krank. Ein paar leichte Erkältungen, die fieberlos abliefen. Mit sechs Monaten die Windpocken in ungewöhnlich leichter Form. Mit siebzehn Monaten Ohrenschmerzen. Wir merkten es daran, daß sie wimmerte und sich das Ohr rieb. Sicherheitshalber holten wir den Arzt – zum erstenmal in ihrem Leben.

Es ging ihr schon besser, als er kam, und sie hüpfte lachend in ihrem Bettchen auf und ab. Ich weiß noch, daß er sagte: »Was für ein reizendes Kind!« Und doch hatte es damals zweifellos schon begonnen.

Ihre eigene Gesundheit war intakt; die meine ebenfalls. Es hatte keine Krankenhausaufenthalte gegeben und nur eine einzige Trennung von uns – für ein Wochenende, als sie neun Monate alt war. Verblüfft hält man nach weniger offenkundigen Gründen Ausschau – kleinen Vorfällen und Erlebnissen, die sich nachträglich als bedeutsam erweisen könnten. Einmal rannte ein Kind mit Ellys Sportwagen gegen eine Bodenwelle, und sie wurde herausgeschleudert und fiel auf den Kopf. Eine Verletzung? Doch als ich sie aufhob, war sie nicht im mindesten benommen und schrie kräftig und laut. Dann war da jene Reise, die wir in Ellys zweitem Sommer unternahmen, einen Monat nach ihrem ersten Geburtstag. Es war eine typische Kombiwagen-Safari, auf der wir nacheinander verschiedene Freunde besuchten. Einmal übernachteten wir unter sehr provisorischen Umständen und schliefen schlecht, auch Elly. Dementsprechend war die Fahrt am nächsten Tag ein regelrechter Alptraum. Die Kinder quengelten, das Benzin ging uns aus, und zudem verloren wir Geld. Elly wollte nicht schlafen und weinte stundenlang. Wir kamen völlig erschöpft bei der Familie an, die uns als nächste erwartete, und dann stürmte es auch noch so, daß wir drei Tage nicht aus dem Haus konnten, was bedeutete, daß sich sieben Kinder ständig in einem nicht sehr großen Wohnraum aufhalten mußten. Elly quengelte immerfort. Ich hatte sie noch nie so gesehen. Als sich das Wetter besserte, krabbelte sie allein in dem stillen Garten herum, und es gab keine weiteren Komplikationen. Hatte es damals begonnen? War jene aufregende, unbequeme Woche der Anfang?

Ich bezweifle es. Etwas so Gewöhnliches kann kaum derart verheerende psychische Folgen für ein Baby nach sich ziehen – wenn das Baby zuvor gesund war. Dennoch erwähne ich es, so wie ich alles andere erwähnt habe – die Masern, die Koliken, den Sturz aus dem Sportwagen und die Tatsache, daß ich eine intellektuelle Mutter war, die sich mit ihrer weiblichen Rolle keineswegs zufrieden gab und das vierte Kind eigentlich gar nicht wollte. Denn irgendwo liegt die Erklärung – hier oder in dem, was sich vielleicht eines Tages über das komplexe Gleichgewicht des kindlichen Metabolismus oder die Choreographie der Elektronen im kindlichen Gehirn aussagen läßt. Ich muß in diesem Bericht jeden potentiellen Anhaltspunkt verzeichnen und nicht zuletzt das, was auf mich selbst zurückfällt. Unsere Daten müssen so vollständig wie möglich sein, wenn irgendwann einmal jemand das Wesentliche vom Unwesentlichen trennen soll.

Elly wuchs also heran, und obschon wir uns rückblickend an das eine oder andere Detail erinnern, setzte ihr Zustand alles in allem doch ganz unmerklich ein. Wir wußten, daß wir ein Kind hatten, das mit zweiundzwanzig Monaten noch nicht sauber war – aber das gleiche traf auf die meisten unserer Nachbarskinder zu. Sie lief noch nicht, doch der kleine Junge ein paar Häuser weiter saß ebenfalls zufrieden in seinem Laufställchen, bis er zwei war. Sie benutzte keinen Löffel – aber sie aß sehr fingerfertig mit den Händen. Sie sprach nur ein paar Worte, doch es war uns hinlänglich bekannt, daß Kinder in diesem Punkt nicht alle gleich sind, und im übrigen hatte Einstein auch erst mit vier zu sprechen angefangen. Die verschiedenen Anzeichen, die wir nun so klar erkennen, ließen sich damals leicht auf individuelle Unterschiede zurückführen. Schließlich soll man seine Kinder ja auch nicht drängen. Oft bemerkte irgend jemand, ich sei so an besonders intelligente Kinder gewöhnt, daß mir ein durchschnittlich begabtes Kind langsam vorkomme. Elly wirkte aufgeweckt und zufrieden und zeigte nicht die geringste Koordinationsstörung. Wir waren nicht beunruhigt, zumal wir mit den Jahren gelernt hatten, daß man sich meist grundlos aufregt und daß in vielen Fällen übertriebene Sorge einem Kind mehr schaden kann als das, was sie auslöst.

Wir wurden uns allerdings nach und nach bewußt, daß wir Elly für ein »schwieriges« Kind hielten. Mit vierzehn Monaten war ihre Betreuung noch so einfach gewesen, und da ich mich ja auch um die anderen Kinder kümmern mußte, war ich eine Zeitlang ganz froh, daß sie so geringe Ansprüche an meine Geduld stellte. Sie krabbelte zufrieden herum, entfernte sich nie zu weit, schlief lange und vertrieb sich munter die Zeit, wenn sie aufwachte. Sie versuchte nicht aus dem Bett zu klettern, aber das hatten ihre Geschwister ebenfalls nicht getan, und ich dachte mir auch nichts dabei, daß sie mich nicht rief. Das war Unabhängigkeit. Sie war so selbständig, so heiter und glücklich in ihrem begrenzten Aktivitätsbereich, daß es zu keiner der Willenskonfrontationen kam, wie sie zwischen Müttern und aktiveren Kindern an der Tagesordnung sind. Ich setzte sie wie ihre Geschwister mit dreizehn Monaten nach dem Frühstück auf den Topf. In der ersten Woche hatte die Methode Erfolg, dann nicht mehr. Ich beschloß, noch ein wenig zu warten, »bis sie soweit war«. Beim vierten Kind ist man großzügiger. Ich konnte nicht wissen, daß sie noch vier Jahre lang »nicht soweit sein« würde. Auch daß sie den Löffel nicht handhaben lernte, beschäftigte mich nicht weiter. Sie aß sauber und ordentlich, und da sie die Mahlzeiten mit uns am Tisch einnahm, war es leicht, sie zu füttern, wenn es etwas gab, was ihre wählerischen Finger nicht anfassen wollten. Und am allerwenigsten hätten wir daran gedacht, sie zum Laufen zu drängen. So fanden wir das Leben mit Elly leicht, bis uns gegen Ende ihres zweiten Lebensjahres allmählich das Gefühl beschlich, daß es nicht mehr leicht war.

Dabei hatte sie sich gar nicht verändert. Sie war so anspruchslos wie eh und je. Aber man erwartet von einer beinahe Zweijährigen doch einiges. Zumindest, daß sie, wenn sie auch selbst wenig sprach, die einfachen Dinge verstand, die man zu ihr sagte. Aber wir konnten bitten, verwehren, eine Belohnung anbieten, sie kommen oder gehen heißen – es geschah nichts. Es war, als hörte sie uns nicht.

Es wurde immer problematischer, sie Babysittern zu überlassen; sie setzen von einem Kind dieses Alters voraus, daß es Anweisungen befolgt und auf alles mögliche reagiert – auf den Ton der Stimme, auf ein Lächeln, auf den Anblick anderer Kinder, die den Raum betreten. Elly, selbstzufrieden auf dem Boden sitzend, blickte nicht einmal auf.

Wir haben auch aus dieser Periode Fotografien. Auf einer sieht man ein rundliches blondes Kind mit einem merkwürdig gespannten Ausdruck in die Kamera schauen. Von der gelösten, heiteren Art, an die ich mich erinnere, ist nichts zu sehen, aber ich weiß auch, was für einen Kampf es kostete, bis diese Fotos entstehen konnten. David machte sie, wie immer, und wir anderen, die Kinder und ich, versuchten währenddessen mit allen Mitteln, Elly auf uns aufmerksam zu machen und zu erreichen, daß sie uns anblickte. Bei all diesen ungewöhnlichen, beharrlichen Machenschaften war es kein Wunder, daß sie unruhig wurde. Ein zweites Foto zeigt sie einigermaßen entspannt in den Armen ihrer Schwestern, den Blick durch uns hindurch ins Leere gerichtet. Auf einem anderen lacht sie sogar; allerdings lacht sie niemanden an, und man sieht Saras und meine ausgestreckten Arme; zu zweit hatten wir sie gekitzelt, um diese Fröhlichkeit zu erzielen, die selbst auf den Fotos ein bißchen frenetisch wirkt.

Dabei konnte sie durchaus spontan lachen, und wenn wir einen solchen Moment hätten festhalten können, wäre ein ganz normales Bild zustande gekommen. Aber dieses Lachen war im wahrsten Sinn des Wortes spontan – es sprudelte aus dem Nichts hervor, es bezog sich auf keine menschliche Situation. Man konnte es weder mit Worten noch durch Mimik hervorlocken – nur indem man sie kitzelte, also durch einen unmittelbaren körperlichen Reiz. Die Kinder taten es anfangs hin und wieder, dann – da ihre kleine Schwester sie praktisch nie beachtete – immer seltener. Elly belästigte ihre Geschwister nicht, und sie brauchte sie nicht. Auf allen vieren kroch sie vergnügt und zufrieden von Zimmer zu Zimmer, vom Hintergarten zum Vorgarten, den Pfad hinunter, die Einfahrt entlang… immer ihrer eigenen Wege.

Ich habe die Worte unseres Arztes noch gut in Erinnerung: »Wenn Sie nicht beunruhigt sind, ich bin es.« Elly war zweiundzwanzig Monate alt und fast ein Jahr lang nicht mehr in seinem Sprechzimmer gewesen. Einmal nur war sie in der Zwischenzeit untersucht worden – wegen der bereits erwähnten Ohrenschmerzen. In der vertrauten Umgebung ihres Bettes wohlig geborgen, war sie dementsprechend munter und fröhlich gewesen; der Arzt, den wir riefen, hatte sie nie zuvor gesehen. »Was für ein reizendes Kind!« hatte er gesagt.

Hausbesuche sind für uns etwas Ungewöhnliches; in fünfzehn Jahren haben wir vielleicht vier erlebt. Wir sind lax, was Ärzte betrifft, denn wir waren von jeher in der glücklichen Lage, Gesundheit für etwas Selbstverständliches halten zu können. Nie sahen wir eine Notwendigkeit, Fachärzte zu konsultieren. Der ausgezeichnete praktische Arzt, der mich von Elly entband, untersuchte sie im ersten Jahr drei- oder viermal und gab ihr die üblichen Injektionen. Mit dreizehn Monaten hatte sie ein leichtes Ekzem, das er mit der einzigen Penicillinspritze, die jedes meiner Kinder erhalten hat, beseitigte. Es war an sich Zeit für ihre Impfung, aber er fand es besser, sie wegen des Ekzems zu verschieben. Es war typisch für uns, daß Monate verstrichen, ehe wir uns endlich aufrafften, Elly wieder zu ihm zu bringen. Da es nur um die Impfung ging, erwartete ich nichts Besonderes, als ich Elly auf den Untersuchungstisch setzte. Der Arzt fragte, ob sie laufen könne. Ich verneinte, fügte aber hinzu, daß auch Becky und Matthew es erst spät gelernt hatten und Elly bereits anfing – wenn man ihre Hände festhielt. Ich wollte es ihm zeigen. Ellys Knie knickten ein, und sie bewegte sich auf allen vieren fort. »Spricht sie?« – »Ein paar Wörter.« Die Erkenntnis kam nicht plötzlich, sondern begann sich barmherzigerweise allmählich herauszukristallisieren. Jedes Symptom konnte für sich allein völlig unwesentlich sein. Kinder sind unterschiedlich. Aber wenn man alles zusammennahm...

Doch weder der Arzt noch ich hatten diesen Punkt indessen schon erreicht. Er meinte lediglich, sie sollte in einem Krankenhaus beobachtet werden. Es bestanden augenfällig zwei Möglichkeiten. Die eine war Phenylketonurie, jene bereits erwähnte Krankheit, die vorzugsweise bei hellblonden, blauäugigen Mädchen vorkommt und, wenn sie nicht frühzeitig erkannt wird, Retardierung verursacht, sich aber durch Diät kontrollieren läßt. Die andere war Schilddrüsenunterfunktion, und das würde nicht nur erklären, daß sie kaum sprach, sondern auch, daß sie noch nicht laufen konnte. »Die Gelenke sind nicht kräftig genug... vielleicht durch diese Schwäche.« Merkwürdigerweise legte sich die aufkeimende Besorgnis wieder. Der Arzt hat nur dieses schlaffe und passive Geschöpf auf dem Boden seines Sprechzimmers gesehen, ich hingegen, die ich Elly kenne, wie sie die Daumen ihres Vaters mit ihren kräftigen Fingern umklammert und sich hochziehen läßt, ich, die ich täglich beobachten kann, wie sie ihr Bett als Trampolin benutzt, ich habe keinerlei Befürchtungen, daß mit Ellys Gelenken etwas nicht stimmt. Und selbstverständlich ist das auch nicht der Fall. Der dreitägige Krankenhausaufenthalt fördert keinerlei physische Schäden ans Licht. Unser Hausarzt beobachtet sie, untersucht ihr Gehör, zieht einen Kinderarzt hinzu. Gemeinsam gelangen sie zu der Feststellung, daß sie sich »noch innerhalb der Kurve normaler Entwicklung« halte. Es ist der mit den Familienverhältnissen nicht vertraute Kinderarzt, der bemerkt, sie mache »den Eindruck eines Kindes, das viel allein gewesen ist«. Wenn man bedenkt, daß sie ihr kurzes Leben in einem von Aktivität durchpulsten Haus zugebracht hat, dann ist die Diagnose in diesem Ausspruch bereits enthalten. Aber weder wir noch die Ärzte kommen darauf.

Ich war auf eine irrationale Weise erleichtert über das negative Ergebnis des Tests. Noch nie war eines meiner Kinder im Krankenhaus gewesen. Die Ärzte hatten uns davon abgeraten, Elly zu besuchen, weil sie befürchteten, es könne sie aufregen. Am Abend hatte ich zum erstenmal seit Jahren kein kleines Kind zu Bett zu bringen, und ich setzte mich in ungewohnter Muße mit einem Buch ins Wohnzimmer. Doch ich konnte nicht lesen. Ich legte Brahms' ›Requiem‹ auf – die Musik, die ich in der Nacht von Ellys Geburt gewählt hatte, um die Zeit der ersten Wehen zu überbrücken. »Denn alles Fleisch, es ist wie Gras, und alle Herrlichkeit des Menschen wie des Grases Blumen.« Ich saß im Lehnstuhl und hörte zu und weinte um mein Kind – mein Kind, dessen Fleisch wie

»des Grases Blumen« war, dessen Geburt zu dieser Musik begonnen hatte und das vielleicht nicht ganz vollkommen war. Ich war so stolz auf meine aufgeweckten, hübschen Kinder gewesen... So war ich wirklich froh, als die Ärzte keinen körperlichen Defekt feststellten. Ich hatte mich doch nicht getäuscht; mein Kind war kräftig und gesund, und es würde laufen, sobald der gegebene Zeitpunkt kam. Ellys Knochen und ihr Gehirn – alles war in Ordnung. Sie würde wachsen und gedeihen und ihren Platz in einer vom Glück besonders begünstigten Familie einnehmen.

Man kann Demut lernen. Ein Jahr später wurde Elly in einem größeren, moderner ausgestatteten Krankenhaus von neuem untersucht. Und diesmal erfüllte mich in schlaflosen Nächten nur die eine Hoffnung, daß man einen physischen Mangel finden möge, irgend etwas, das mit einer Diät oder mit Tabletten behandelt werden könnte. Ich betete beinahe darum. Und als sich wieder herausstellte, daß mein Kind vollkommen gesund war, bedeutete das für mich Herzeleid und war keine Sache des Stolzes.

Doch vorerst gab es noch kein Herzeleid. Ellys Arzt und der Kinderarzt hatten uns gesagt, wir sollten sechs Monate abwarten und uns noch nicht beunruhigen. Ich erinnere mich an einen anderen Satz: »Ich glaube nicht, daß Sie eine Niete gezogen haben.« Wir freuten uns, das zu hören. In einem solchen Fall stößt man sich nicht an der Ausdrucksweise. Wir warteten also und beobachteten Elly. Sie lernte kurz nach ihrer Heimkehr aus dem Krankenhaus gehen. Sie lernte neue Wörter. Aber wir merkten jetzt, daß sie die alten vergaß, und sie achtete auch nach Monaten noch genausowenig wie früher auf das, was wir sagten. Wenn sie sich bei ihrer Entlassung aus dem Krankenhaus noch »innerhalb der Kurve normaler Entwicklung« befand, so hielt das nicht lange an. Sie blieb immer weiter zurück. Doch wir holten kein anderes Gutachten mehr ein. Wir waren von Anfang an entschlossen, nicht in denselben Fehler zu verfallen, den so viele Eltern entwicklungsgehemmter oder anormaler Kinder begehen: eine quälende, hektische und kostspielige Pilgerschaft anzutreten, von einem Spezialisten zum anderen, von Stadt zu Stadt, immer in dem verzweifelten Bemühen, Hoffnung zu kaufen. Unfähig zu sprechen, zu begreifen, auf ihre körperlichen Bedürfnisse zu achten, war Elly funktionell in jeder Hinsicht zurückgeblieben. Wenn gelegentliche Handlungen auf Intelligenz hindeuteten, so sagte uns der gesunde Menschenverstand, daß so etwas vermutlich bei allen entwicklungsgehemmten Kindern vorkam. Und zweifellos waren alle Eltern versucht, einem solchen pathetischen Aufflackern eine viel zu gewichtige, illusorische Auslegung zu geben.

Wir verbrachten das Wartejahr nicht passiv. Es war die Zeit, in der unsere beharrlichen kleinen Angriffe auf Ellys Festung einsetzten, die Zeit, in der wir die Belagerung begannen, von der dieses Buch handelt. Dennoch war es ein Jahr des Abwartens. Wir hatten das Empfinden, es sei zu früh, um sich absolute Gewißheit über den Zustand des Kindes zu verschaffen. Es war besser zu warten, so dachten wir – besser für Elly und für uns alle. Es war besser, würdiger, normaler, das Familienleben wie bisher weiterzuführen, als mit so vagen Symptomen zu anderen Ärzten zu gehen und ebenso vage Meinungen mit nach Hause zu nehmen. Es war würdiger – und auch klüger. Mein Mann ist Physiker, und wir sind auf wissenschaftliches Denken eingestellt. Wir nahmen an, daß Ärzte genauso vorgehen wie andere Wissenschaftler: indem sie Folgerungen aus Daten ableiten. Hier aber lagen nur wenige Daten vor. Zwei Ärzte hatten sie unzureichend gefunden. Wir wollten ausharren, bis sich mehr angesammelt hatte.

Wir warteten die sechs Monate ab und weitere sechs Monate. Dann machten wir uns zögernd daran, einen zweiten Vorstoß auf eine Diagnose zu unternehmen. Elly war noch nicht ganz drei.

Glücklicherweise brauchten wir nicht lange herumzufragen. Ein guter Freund von uns, selbst Arzt und Dozent, hatte viele Verbindungen zu den Bostoner und New Yorker Forschungskrankenhäusern. Sein kleiner Junge, genauso alt wie Elly, war sowohl geistig als auch körperlich schwer zurückgeblieben. Seine eigenen bitteren Erfahrungen hatten ihn klug gemacht. So wußte er, was wir brauchten: einen Arzt, der mit der Entwicklung auf dem Gebiet geistiger und physischer Krankheiten Schritt hielt, vor allem aber ein intelligenter, warmherziger Mensch war. Er empfahl uns Dr. Blank – einen bekannten Kinderarzt und Professor für Kinderheilkunde, einen hervorragenden Mann, auf dessen Urteil man sich verlassen konnte.

Wir fuhren mit Elly nach Boston und übernachteten bei

Freunden. Am Morgen machte ich Elly für den Besuch bei Dr. Blank fertig. Ich zog ihr ein blaugetupftes Musselinkleid an. Schöne Kleider bedeuteten Elly nichts, aber für uns war es tröstlich, daß sie entzückend aussah, als wir abfuhren. Der Moment, in dem man zum erstenmal wegen eines geistig anormalen Kindes einen Arzt konsultiert, bringt eine große nervliche Belastung mit sich. Dieser Arzt war der Freund eines Freundes; gegenüber vielen anderen Eltern waren wir im Vorteil. Dennoch waren wir besorgt. Würde man mit ihm sprechen können? Würde er bereit sein, uns zuzuhören? Wir versetzten uns in seine Lage: Ein Ehepaar, das er nicht kannte, brachte ihm ein gesundes, hübsches, schwer geschädigtes Kind zur Untersuchung. Er war ein hervorragender, erfahrener Arzt, aber er konnte nur das analysieren, was er sah, und was gab es bei Elly schon zu sehen? Es war kaum anzunehmen, daß sie, wie ein Jahr zuvor bei unserem Hausarzt, schlaff dasitzen würde, womit ihm dann nur ihr nichtssagendes Schweigen und unser Bericht blieb, um zu etwaigen Schlüssen zu gelangen. Und warum sollte er uns glauben?

Aber wir hatten Glück. Unser Freund hatte gut gewählt. Dr. Blank verfügte sowohl in beruflichem als auch in menschlichem Sinn über außergewöhnliche Qualitäten. Wir erzählten ihm, was wir über den Kontakt mit Elly gelernt hatten, und er nutzte unsere Erfahrungen, um in dieser Routineuntersuchung so weit an Elly heranzukommen, wie es nur wenigen Menschen möglich war. Wir empfahlen ihm, sie zu kitzeln, und er tat es. Er schwenkte sie auf und ab. Er verlor keine Zeit mit Worten. Er verstand es, mit Kindern umzugehen. Innerhalb von zehn Minuten hatte er ihr Lächeln und ihr Lachen gesehen – für uns etwas durchaus Alltägliches, nicht aber für die Ärzte, die sie bisher untersucht hatten.

Wir waren beruhigt. Gegenüber diesem sympathischen, gescheiten Mann, der uns zu vertrauen schien, konnte man sich natürlich geben. Ich begann eins unserer Spiele mit Elly. Ich hatte eine Tüte Süßigkeiten gekauft, um sie zu beschäftigen, falls sie unruhig werden würde. Nun nahm ich ein Bonbon heraus und steckte es ihr in den Mund. Sie ignorierte mich nicht. Sie sah nicht durch mich hindurch. Sie nahm sich kein zweites Bonbon heraus. Statt dessen griff sie in die Tüte und gab *mir* eines. Wenig zwischenmenschliche Aktivität für eine einstündige Sitzung, aber wir waren zufrieden. Dr. Blank hatte Elly von ihrer besten Seite kennengelernt. Wir würden uns auf sein Urteil verlassen können.

Gleich zu Anfang hatten wir ihn gebeten, uns schonungslos über die schlimmste Möglichkeit aufzuklären. Wir waren darauf vorbereitet, erwarteten beinahe schon zu erfahren, daß wir uns, wie so viele Eltern zurückgebliebener Kinder, einem Selbstbetrug hingegeben hatten, daß nichts Mysteriöses an unserer Elly war, daß alle positiven Zeichen nur in unserer verzweifelten Phantasie existierten, daß sie einfach ein zurückgebliebenes Kind war und ein schwerer Fall überdies, weil sie mit fast drei Jahren noch immer nicht auffassungsfähig für die menschliche Sprache war.

In meinen Augen konnte es nichts Schlimmeres geben. Ich hatte, wie jedermann, hier und da ein zurückgebliebenes Kind gesehen und von solchen Fällen gehört. Keine Familie bleibt ganz davon verschont. Mein eigener Onkel war durch einen Unfall vor seiner Geburt verletzt worden und hatte nie gehen oder sprechen gelernt. Mir graute vor diesem Problem. Gegen alles, was meine Kinder an mich herantragen konnten, fühlte ich mich einigermaßen gewappnet, nur hier war ich im Zweifel. Ein gewisser Stolz auf den Intellekt hatte mit sich gebracht, daß ich Retardierung für das Schrecklichste hielt, was einem Kind, einer Familie und mir zustoßen konnte.

Doch offenbar gab es noch etwas Schlimmeres: Autismus. Dr. Blank hatte Kinder wie Elly schon öfter gesehen. Der Psychiater Leo Kanner von der Johns-Hopkins-Universität in Baltimore hatte zwanzig Jahre lang eine sonderbare Kategorie Kinder erforscht, Kinder, die viel mit psychotischen, neurotischen, hirngeschädigten und zurückgebliebenen Kindern gemein hatten, ihnen aber zugleich unähnlich waren. Sie hatten Ellys leeren Blick und ihre Unerreichbarkeit, ihre Unfähigkeit, mit anderen in Beziehung zu treten. Sie reagierten nicht, wenn man sie anredete; manche von ihnen waren ursprünglich für taub gehalten worden. Sie sprachen kaum oder haspelten allenfalls lange Formeln herunter – Fernsehwerbesprüche, Kinderreime, sogar Namenslisten von Präsidenten. Sie waren stets besonders geschickt mit den Händen, hatten alle eine Vorliebe für exakte, gewissenhaft ausgeführte Anordnungen von Objekten. Es waren ausnahmslos ungewöhnlich gesunde, aufgeweckte und hübsche Kinder.

Sie hatten sogar die gleichen intellektuellen Eltern: Mein Mann und ich waren die typischen Eltern autistischer Kinder.

Viele Psychiater nennen diesen Zustand »Kindheitsschizophrenie«. Aber Kanner, der unter seinen kleinen Patienten zahlreiche Schizophrene hatte, fand, daß hier ein anderes Syndrom vorlag. Er nannte es »frühkindlichen Autismus«. Und Autismus war es, was Dr. Blank für die schlimmste Möglichkeit hielt. Die Fähigkeiten eines zurückgebliebenen Kindes sind begrenzt, doch es kann Fortschritte machen. Die Intelligenz des autistischen Kindes hingegen kann normal oder gar überdurchschnittlich sein. Sie läßt sich nicht feststellen. Abgeschlossen von der Umwelt, geborgen und zufrieden in seinen immer wiederkehrenden Handlungen, gebraucht es sie nie und enthüllt sie noch nicht einmal im Verlauf eines Tests. Sein Zustand, eine bloße Imitation der Retardierung, ist im praktischen Sinne oft kaum davon zu unterscheiden.

Der Defekt schien psychischer, nicht physischer Art zu sein. Kanner hatte allerdings mit psychotherapeutischen Methoden niemals etwas erreicht. Dr. Blank wollte Elly stationär noch etwas eingehender untersuchen; bei zwei autistischen Kindern war kurz zuvor ein sonderbarer Stoffwechseldefekt festgestellt worden. Falls eine solche Störung vorlag, wäre dies etwas Greifbares, das vielleicht auch behandelt werden könnte – wenn nicht heute, dann später. Lag das Problem hingegen allein in Ellys kleiner Seele, so waren die Aussichten düster. Mit medizinischen Mitteln war ihr dann kaum oder, wie Dr. Blank meinte, gar nicht zu helfen.

Wir nahmen Elly mit nach Hause. Einen Monat später brachten wir sie noch einmal für drei Tage nach Boston. Ich durfte gar nicht daran denken, was wir Elly mit diesen häufigen Krankenhausbesuchen antaten, wenn die Störung psychischer Natur war. Sie war so still, so weltabgewandt – ich konnte nur hoffen, daß sie, die nur einmal eine kurze Trennung von uns erlebt hatte, ihre Ichbezogenheit nutzen würde, um sich gegen diese Erschütterungen ihres friedlichen Daseins zu schützen. Der Gedanke an sich war gar nicht abwegig. Elly achtete nicht auf Menschen, also würde das Krankenhaus sie nicht weiter bedrücken. Dennoch wußte ich, daß es sich nicht so verhielt. Während jener drei Tage vor einem Jahr hatte sie geweint und das Essen verweigert. Ihre Beziehung zu uns war inzwischen enger geworden. Sollten wir sie

erneut verlassen, ohne ihr eine Erklärung liefern zu können?
Es schnitt mir ins Herz. Doch es blieb uns nichts anderes übrig, und ich lernte allmählich, schmerzliche Gedanken von
mir fortzuschieben. Da mir Elly nie erzählen würde, wie sehr
sie gelitten hatte, würde es fast so sein, als wäre es nie geschehen. Ich war ohnehin machtlos dagegen. Besser als in dieser
Kinderklinik konnte Elly nirgendwo versorgt werden.
Menschliche Ärzte, erfahrene Pflegerinnen... Erfahren genug, um die Bedürfnisse meines stummen Kindes zu begreifen und auf eine Weise zu befriedigen, die es annehmen
konnte? Es war vernünftiger, solche Fragen nicht zu stellen.

David und ich brachten Elly also ins Krankenhaus. Es war
ein sehr weitläufiges, riesengroßes Gebäude mit vielen Stock-
werken. Vielleicht erschien es mir auch deshalb so riesig und
erdrückend, weil ich mit der Krankheit nicht vertraut war.
Ich war stets nur als völlig gesunder Mensch in Kliniken gewesen, hatte sie als eine Art Dienstleistungsstelle betrachtet,
wo mir die Mandeln entfernt wurden und wo ich entbunden
hatte. Doch diese Klinik war anders. Sie war voll von Kindern – Kindern aus der ganzen Stadt, dem ganzen Land, und
keines von ihnen war völlig gesund. Und auch Elly, die so
fröhlich aussah in ihrem hübschen Kleid und die nicht ahnte,
was mit ihr geschehen würde, war nicht ganz gesund.

Elly sollte um zehn Uhr aufgenommen werden. Wir mußten eine Weile in der Halle warten; sie war schon unruhig, als
wir endlich den Aufzug betraten. Man hatte uns als erstes eröffnet, daß die für Fälle wie Elly vorgesehene Station über-
füllt war und man sie deshalb auf eine andere Station legen
mußte, wo es mehr Platz gab. Wir hatten außerdem gehofft,
ihr die Trennung leichter machen zu können, indem wir uns
schnell und unauffällig zurückzogen. Doch als wir oben an-
langten, stellte sich heraus, daß auf der neuen Station im Augenblick niemand frei war, um sich Elly zu widmen. Wir wurden in ein Vierbettzimmer geführt und mit Elly, ihrem Kran-
kenhausnachthemd und einem kleinen weißen Bett unserem
Schicksal überlassen.

Platz gab es in diesem Zimmer wirklich genug. Nur in einem der anderen Betten lag ein Kind – ein blasses, stilles Mädchen mit tiefeingesunkenen Augen und dunklem Kraushaar.
Es mußte ungefähr neun Jahre alt sein. Ein dünnes Röhrchen
ragte aus seiner Nase und war an einen Apparat angeschlos-

sen. Neben ihm saß seine Mutter; sie hatte dasselbe dunkle, gekräuselte Haar und war fast genauso bleich.

Sie sprachen nicht und wandten nicht den Kopf, als wir hereinkamen. Erst später erfuhren wir, daß dies die Endstation für hoffnungslose Krebsfälle war.

Die Zeit verstrich. Elly zeigte wenig Neigung, um elf Uhr morgens im Bett zu liegen. Vielleicht war das positiv zu werten. Wir versuchten sie abzulenken, taten – mit Rücksicht auf unsere stummen Leidensgefährten natürlich leise und diskret – alles mögliche zu ihrer Zerstreuung, hatten aber nicht viel Erfolg damit. Einmal ging David fort, um zu erfragen, wie lange es noch dauern würde. Aber erst nach drei Stunden wurden wir weggeschickt, und die Ärzte kamen.

In Dr. Blanks Bericht, den ich glücklicherweise erst viel später zu sehen bekam, steht über die Untersuchung folgendes: »…Ein gutentwickeltes, gesund wirkendes, blondes, blauäugiges Mädchen, das sich, unter seiner Decke versteckt, im Bett hin und her wiegte. Es weinte fast unausgesetzt und sprach kein Wort. Kopf normal groß… Fontanelle geschlossen… Ohren und Trommelfell vollkommen normal. Pupillenreaktion absolut befriedigend… Nase normal, Mund ebenfalls, Nasenlöcher leicht erweitert. Keine ungewöhnliche Lymphknotenvergrößerung. Herz, Lunge und Abdomen normal… Kopfhautnerven, tiefe Sehnenreflexe, motorische und sensorische Reaktionen alle im Bereich des Normalen, Gang und Haltung normal.« Hämoglobin und Urin waren ebenfalls normal. »Das EEG bei Tiefschlaf normal. Schädelradiographie ohne Befund. Serum-Komplementbindungstest für Masern-Antikörper negativ.«

Sie war also ganz gesund. Nichts deutete darauf hin, daß sie im Mutterleib die Masern gehabt hatte oder daß ihr Zustand auf eine etwaige Enzephalitis zurückzuführen wäre. Sie war gesund, soweit es sich durch medizinische Testverfahren feststellen ließ. Dr. Blank machte uns klar, daß das nicht viel besagte. Wenn er keine Stoffwechselstörung nachweisen konnte, so hieß das nicht, daß keine vorlag. Eine sichere Diagnose war ebenfalls unmöglich. Ellys Intelligenz war noch immer eine unbekannte Größe; man hatte keinen Weg gefunden, sie zu testen. Er sprach von Autismus und ersparte uns die anderen, viel bedrohlicher klingenden Begriffe: Kindheitspsychose, Kindheitsschizophrenie. Er wußte, daß wir ohnehin bald darauf stoßen würden. Doch selbst über Autismus bestand keine Gewißheit. »In vielerlei Hinsicht scheint sie ein autistisches Kind zu sein, das kaum Kontakte zu anderen Kindern herzustellen vermag. Ihre offenbar normale erste Entwicklungsphase, die dann ein Plateau erreichte, ihr Interesse an kleinen Objekten und ihrer methodischen Anordnung, der fehlende Sinn für die Sprache – alles deutet darauf hin. Andererseits gefällt es ihr, wenn man sich im Spiel physisch mit ihr befaßt, sie bezieht auch gern ihre Eltern in die ›Spiele‹ ein, die sie kennt, und das paßt nicht in dieses Bild.« Daß sie sich gern kitzeln ließ, daß sie mir Bonbons gab, hatte die Diagnose kompliziert. Später dachte ich, daß die Diagnose nicht so schwankend ausgefallen wäre, wenn Dr. Blank sie nur im Krankenhausbett gesehen hätte. Wie viele »klassische« Fälle von Autismus mögen von Ärzten und Psychiatern diagnostiziert werden, die den Patienten nie in Gesellschaft vertrauter Menschen erlebt haben?

Einen eigentlichen Rat konnte er uns nicht geben. »Bringen Sie sie heim«, sagte er, »und tun Sie, was Sie bis jetzt getan haben… Schenken Sie ihr viel Liebe… Halten Sie mich auf dem laufenden…« Ein etwas hilfloses Achselzucken, Mitgefühl, Bedauern. Ein sympathischer, gütiger Mann, der ein viel zu tüchtiger und intelligenter Arzt war, um Gewißheit vorzutäuschen, wo er keine sah. Das bewunderten wir an ihm, und es gab uns Vertrauen.

Es änderte im Grund kaum etwas, daß wir nicht genau wußten, was Elly fehlte. Aber man strebt naturgemäß nach Erklärungen, wünscht sich eindeutige Situationen, denen man sich anpassen kann. Hier gab es weder vollendete Tatsachen noch eine mögliche Planung. Dies war nicht die gefürchtete Retardierung, die wir immerhin als etwas Endgültiges hätten hinnehmen können. Wenn wir sicher gewesen wären, daß Elly sich nicht normal entwickeln würde, hätten wir uns darein fügen können. Aber Autismus? Wie konnten wir uns auf etwas Unbekanntes einstellen? Mit Autismus zu leben würde einem Leben unter Wasser gleichen. Vielleicht gelangten wir nie an die Oberfläche, doch es blieb uns auch nicht die Wahl zu ertrinken.

In früheren Zeiten hatte ich mich manchmal gefragt, ob das Schicksal es nicht allzu gut mit mir meine. Und ich hatte daran gedacht, daß mir, wenn die Dichter recht hatten, wohl noch

einige Heimsuchungen bevorstehen mußten, die die Waag-
schalen wieder ins Gleichgewicht brachten. Es ist schwer,
nicht stolz auf sein Glück zu sein. Hybris wohnt uns allen
inne: Daß man ihren Namen kennt, hilft einem nicht, ihr zu
entgehen. Irrationalerweise hatte ich mir eingebildet, daß ich
alles, was ich besaß, in gewisser Weise verdient hätte, daß es
zum Teil mein Werk sei. Wir verdienen nichts. Wir haben
lediglich ein Anrecht darauf, Menschen zu sein comme les
autres.

»Andererseits gefällt es ihr, daß man sich im Spiel physisch mit ihr befaßt, sie bezieht auch gern ihre Eltern in die Spiele ein, die sie kennt, und das paßt nicht in dieses Bild.« Wir waren dankbar für jede Kleinigkeit, die gegen die schlimmste aller möglichen Diagnosen sprach. Der Zustand war nicht ganz hoffnungslos. Er konnte sich ändern. Wir hatten schon einiges erreicht. Dr. Blank hatte Ellys pathetisches, rudimentäres Kontaktbegehren für spontan gehalten. Wir indessen wußten, daß das nicht zutraf. Die Unsicherheit seiner Diagnose war der schönste Lohn für unsere Bemühungen um Elly.

Zwölf Monate lang waren wir bis dahin aktiv gewesen. Ein Drittel ihres kurzen Lebens hatte Elly in einer Art Belagerungszustand verbracht. Gleich nachdem sie von ihrem ersten Krankenhausaufenthalt zurückgekehrt war, hatten wir uns einige Taktiken zurechtgelegt. In den folgenden Kapiteln sind sie beschrieben und zugleich die Fortschritte, die Elly von zweiundzwanzig Monaten – die Zeit, um die herum ich Bericht zu führen begann – bis zu vier Jahren machte. Die spätere Entwicklung wird im weiteren geschildert.

Ich habe bereits erwähnt, daß wir entschlossen waren, uns nichts vorzumachen, als wir sie das erstemal nach Hause brachten – ein Kind, das nichts begriff, nicht sprechen und nicht laufen konnte. Der Arzt hatte gemeint, sie sei noch als normal zu bezeichnen. Es war uns indessen klar, daß diese unterste Stufe der Normalität angesichts der gegebenen Umweltbedingungen ganz und gar nicht normal war. Anstaltskinder oder Kinder aus zerrütteten Familien, wo es an Kommunikation mangelte und ständig laut herging, mochten vielleicht wie Elly erscheinen und dennoch normal sein. Elly nicht. Auf Ellys Intelligenz zu beharren und mit der Idee zu spielen, daß sie ihre Fähigkeiten lediglich zurückhielt, wäre unsinniger Selbstbetrug gewesen. Sie war ein zurückgebliebenes Kind im wahrsten Sinne des Wortes. Sie war zurückgeblieben in dem, was sie tat. Warum sollten wir unterscheiden zwischen dem, was sie tat, und dem, was sie war? Warum sollten wir uns einbilden, ihre Retardierung wäre

»anders«, eine »besondere«? Wir sind stolze Menschen, und wir wollten uns nicht einfältig benehmen.

Doch gleichzeitig waren wir nicht gesonnen, Elly ihrer selbstgewählten Isolierung zu überlassen. Früher hatte ich mich über ihre Anspruchslosigkeit gefreut; jetzt mußte ich sie bekämpfen. Man mußte Zugang zu ihr suchen, mit ihr spielen, ihr Neues zeigen, sie in die Familie hineinziehen. Sie war gern allein gewesen, sie hatte Stunden in ihrem Bett zugebracht. All das mußte nun enden. So wenig sie unsere Gesellschaft zu brauchen schien, sie würde uns um sich haben. Sie mochte sich damit begnügen, eine Kette auf- und abschwingen zu sehen; ich mußte geeigneteres Spielzeug für sie beschaffen und sie über diese Dinge an anspruchsvollere Erfahrungen und Fertigkeiten heranzuführen versuchen.

Man mußte mit Bewegung und dem Tastsinn beginnen. Verglichen mit der Berührung empfindet der lebende Organismus das, was Gehör und Augen wahrnehmen, indirekt, distanziert. Die Menschen können ohne Sehvermögen und in völliger Taubheit existieren. Sie können so mit ihren Gedanken beschäftigt sein, daß sie nichts von allem, was sie umgibt, sehen oder hören. Berührt man sie jedoch, so kommen sie zu sich. Berührungen werden am unmittelbarsten erfaßt.

Laute, Geräusche vermittelten keinen Kontakt zu Elly. Ihr visuelles Fassungsvermögen versprach nicht viel mehr – mich schaute sie wohl manchmal an, öfter als alle anderen Menschen, aber von besonders günstigen Situationen wie der morgendlichen Begrüßung abgesehen, beachtete sie auch mich nicht.

Es sei denn, ich kam sehr nahe an sie heran. Berührte ich sie, so merkte sie das. Und obgleich sie weder zu hören noch zu sehen schien, bewegten sich ihre Beine, Arme und Finger. Sie konnte Sinneswahrnehmungen meiden, aber sie vermochte nicht gänzlich zu negieren, daß sie einen Körper hatte.

So zeigte sich in ihren Bewegungen ab und zu ganz deutlich die Diskrepanz zwischen dem, was sie tat, und dem, wozu sie fähig war. Ich erinnere mich noch gut, wie uns eines Tages eine Freundin mit ihrem Kleinsten besuchte, der ein wenig älter war als Elly. Johnny hatte schon Monate zuvor laufen gelernt. Er hatte sich, wie so viele Kinder, in seinem Drang voller Ungestüm in diese neue Erfahrung gestürzt, noch bevor er körperlich weit genug entwickelt war. Er war gestolpert, gefallen, aber er lief. Wir hatten beide gelacht, als er, weil er wohl laufen, sich aber noch nicht so leicht hinsetzen konnte, aus dem Stand förmlich auf sein Hinterteil plumpste. Elly konnte auch stehen, und sie setzte sich ebenfalls, doch sie tat es, indem sie sich mit einer für ihr Alter ungewöhnlichen Anmut niederkauerte. Meine Freundin brachte unser beider Gedanken zum Ausdruck, als sie ausrief: »Elly, du schwindelst uns was vor!« Das war das Kind, das nicht laufen konnte? Natürlich konnte sie laufen. Sie würde gehen, sobald sie den Wunsch verspürte, einen Fuß vor den anderen zu setzen. Dennoch dauerte es Monate, ehe sie anfing.

Genauso verhielt es sich mit der Fertigkeit ihrer Hände. Sie hatte mit etwa fünfzehn Monaten begonnen, mit den Fingern zu essen, aber sie benutzte keinen Löffel. Wir hatten die üblichen Tricks angewandt, einen kleinen Löffel für sie bereitgelegt, ihr verführerische Dinge vorgesetzt, für die man einen Löffel brauchte, doch Elly hatte sich nicht darum gekümmert. Eines Tages war sie vor uns mit dem Essen fertig geworden, und wir hatten sie aus ihrem hohen Stuhl gehoben. Plötzlich hatte sie – kaum groß genug, um an den Tisch heranzureichen – einen langen, unhandlichen Löffel ergriffen und sich damit einen beachtlichen Happen meines Desserts in den Mund befördert. Es geschah so schnell, daß wir es kaum sahen. Dann war sie fort. Wir machten am nächsten Tag einen neuen Versuch mit ihr. Ihre Hand wurde schlaff.

Es hatte natürlich keinen Zweck, auf sie einzureden. Ein Kind, das nicht auf die Worte »Elly, da ist ein Keks« reagiert, wird kaum die Drohung begreifen »Wenn du nicht den Löffel nimmst, bekommst du kein Eis«. Doch selbst Tauben kann man die Beziehung zwischen Belohnung und Leistung beibringen; dieselben Methoden, mit denen man Ratten lehrt, durch ein Labyrinth zu laufen, hätten vielleicht auch angewandt werden können, um zu erreichen, daß unsere Tochter einen Löffel hielt. Jetzt lernen Kinder wie Elly durch die Verhaltensänderungsverfahren, die Psychologen wie Ivar Lovaas und Frank Hewett von der Universität von Kalifornien in Los Angeles entwickelt haben, nicht nur selbst zu essen, sondern auch auf andere Menschen zu reagieren, sogar zu sprechen; das gewünschte Verhalten wird dabei in verschiedene Stadien zergliedert, und jeder Zentimeter Fortschritt ist ein Stimulans für den nächsten kleinen Vorstoß auf das Ziel. Heute werden die Eltern in solchen Methoden unterwiesen. Aber als Elly zwei Jahre alt war, standen diese therapeutischen Experimente noch in den Anfängen. Sie war schon sieben, als ich überhaupt zum erstenmal davon hörte.

Wir merkten sehr bald, daß Zwangssituationen nicht nur quälend für Elly waren, sondern obendrein auch zu nichts führten. Ich habe schon erwähnt, daß sie mit siebzehn Monaten lernte, die Treppen hinaufzukrabbeln, es allerdings dann vergaß. Nach Monaten – sie war gerade aus dem Krankenhaus zurückgekommen – lernte sie es wieder, und mit ein wenig Hilfe gelangte sie auch hinunter. Aber für sie war das nicht, wie für andere Kinder, eine erweiterungsfähige Fertigkeit, die sie mit Genugtuung in neuen Situationen angewendet hätte. Sie konnte diese eine Treppe hinauf- und hinunterkrabbeln, aber keine andere. Eines Tages – sie war etwas über zwei Jahre alt – trugen wir sie bei Freunden die Treppe hinauf und ließen sie auf halber Höhe stehen. Ich lächelte von unten ermutigend zu ihr auf. Sie begriff die Situation sofort, obwohl sie doch sonst nur so wenig verstand. Sie begann zu weinen, und zwar auf eine Weise, wie wir es nicht von ihr gewöhnt waren: Sie quengelte wohl gelegentlich oder weinte auch einmal laut, wenn ihr etwas weh tat, aber nie heftig oder lange. Bei dieser Gelegenheit aber weinte sie herzzerreißend, verzweifelt, zornig, tief aus dem Inneren heraus, wohin wir nie vordrangen. Wir warteten zwanzig Minuten. Dann trugen wir sie hinunter. Was hätte sie gelernt, wenn wir noch länger hart geblieben wären? Nichts, glaube ich, nur, daß wir bereit waren, sie unvorstellbar grausam zu behandeln. Ich bin beinahe überzeugt davon, daß sie sich ihr Leben lang nicht von der Stelle gerührt hätte.

Aber ihr Verlangen herunterzukommen war immerhin so stark, daß sie weinte. Das allein war schon selten. Normalerweise bot ihr ihre Gleichgültigkeit einen besseren Schutz. In fast allen Situationen arbeitete ihr Mangel an Interesse für sie und gegen uns. Die Ratte möchte das würzig riechende Kügelchen, die Taube das Korn. Was begehrte Elly so sehr, daß sie, um es zu bekommen, irgendwelche Bedingungen erfüllt hätte? Kein Keks, kein Spielzeug, keine Ausfahrt. Ein Kind, das wie ein Zen-Jünger die Fähigkeit erwirbt, seine Wünsche zu unterdrücken, erreicht allmählich einen satori-ähnlichen Zustand. Gelassen, in vollkommenem vegetativen Gleichgewicht kann es sich damit begnügen, ganz einfach nichts zu tun. Einem wunschlosen Wesen gegenüber ist jedes von außen herangetragene Stimulans machtlos.

Immer wieder schien es also, als ob sie könnte, aber nicht wollte. Daher rührten natürlich auch die Zweifel des Arztes. Diese kräftigen Beine, diese so perfekt gesteuerten Finger, die die Glieder einer Kette erforschten, waren schwach und nicht zu gebrauchen, sobald sie mit einer gestellten Aufgabe konfrontiert wurden. Und was verlangte man von Elly? Daß sie kletterte, nach etwas griff, lief – all jene Betätigungen, in die sich andere Kinder in ihrem begeisterten Lerneifer spontan stürzen. Elly schien kräftig zu sein. Aber zwischen ihr und einer normalen Entwicklung lag diese furchtbare Schwäche, eine Schwäche, die durchaus real war, auch wenn sie offenbar nicht von den Muskeln, sondern vom Willen herrührte.

Wer kann unterscheiden, was gewollt und was ungewollt ist? Wer würde sich rühmen, Gedanken lesen zu können – und dazu noch die eines kleinen Kindes, das nicht sprach? So kann ich nur sagen, daß Ellys Schwäche den Eindruck machte, als sei sie gewollt. Ich bin mir dabei vollauf bewußt, wie schwer es ist, zu glauben, daß ein kleines Kind fähig sein soll, seine Lage abzuschätzen – wie es verängstigte Erwachsene tun – und zu beschließen, daß gegenüber den Risiken der Aktivität und des Heranwachsens alles andere vorzuziehen ist, sogar das totale Sichabschließen von der Umwelt. Das scheint… das ist, als ob… *als ob*. Immer wieder gebrauchten wir diese Formulierung, während wir nach Erklärungen für die seltsamen Widersprüchlichkeiten unseres Kindes Ausschau hielten. *Als ob* – aber wir konnten und können keine Gewißheit erlangen. Andererseits sind unsere Interpretationsversuche unvermeidlich. So müssen die Worte »als ob« dazu dienen, uns ständig daran zu erinnern, daß es keine zuverlässigen Interpretationen für uns gibt.

Es war, als ob Elly frühzeitiger, als man es bei einem Kind für möglich hielte, erkannt hätte, daß sie, wenn sie nie etwas zu tun versuchte, niemals ein Mißlingen zu fürchten brauchte. Sie war wohlgestaltet und kräftig, aber im Vergleich zu einem normalen Kind machte sie von ihrem Körper kaum Gebrauch. Die ersten Belagerungspläne mußten dieser zugänglichsten und am wenigsten abstrakten von Ellys Schwächen gelten. Es war sinnlos, sich auf die Eroberung von Ohren zu versteifen, die nicht hören wollten, und Augen, die nichts sahen. Man mußte als erstes versuchen, dem Kind sein oberstes angestammtes Recht, den Gebrauch des Körpers, wieder nahezubringen.

So hochtönend und kompliziert das klingt, es beschreibt etwas außerordentlich Simples. Es hat nichts Esoterisches, wenn eine Mutter mit Takt und Sensibilität versucht, ein kleines Kind immer wieder zu neuen Untersuchungen zu ermutigen. Das lernt jede Mutter. Alles, was ich in dieser abnormen, extremen Situation tun konnte, war nichts anderes als eine Erweiterung und Intensivierung all dessen, was ich auch mit meinen normalen Kindern unternommen hatte. Es scheint sehr einfach, und das war es auch. Wie hätte es anders sein können? Selbst die erfahrensten, besten Kindertherapeuten gehen, was ihre eigentlichen Handlungen anbetrifft, im Grund keine komplizierten Wege. Sie suchen nur die richtigen Ansatzpunkte.

Eine der ersten Fertigkeiten, die wir ihr beibringen konnten, war das Aus-dem-Becher-Trinken. Sie saß mit uns am Tisch, sie aß selbst, aber obwohl ihr kleiner Becher bequem erreichbar vor ihr stand, griff sie nie danach. Wenn sie trinken sollte, hielt ich ihn für sie fest. Nie schlossen sich ihre Finger um ihn, geschweige denn, daß sie ihn zum Mund gehoben hätte. Sie wurde zwei Jahre alt und war noch immer unfähig, den Becher zu fassen. Am Tisch. In der Badewanne war sie sogar fähig, höchst geschickt Wasser von einem Becher in den anderen zu gießen.

Monate vergehen. Es ist Ende November; Elly, im Juli geboren, ist fast zweieinhalb Jahre alt.

Eines Tages überrascht sie uns beim Abendessen. Schnell und entschlossen hebt sie ein mit Milch gefülltes kleines Glas hoch und gießt seinen Inhalt fein säuberlich in ihr Apfelmus. Ich hatte am Vortag zum erstenmal Milch in ihr Apfelmus geschüttet, aber das erklärt kaum etwas. Denn Elly ist der urmenschliche Nachahmungstrieb fremd. Nichtsdestoweniger scheint ihr Widerstand etwas nachzulassen; am nächsten Tag nimmt sie in der Badewanne einen ihrer Becher und trinkt daraus. Und wieder einen Tag später hebt sie ihr Cornflakes-Schüsselchen, trinkt schnell ein wenig Milch daraus und schüttet den Rest auf den Tisch.

Es gab normalerweise so wenige Veränderungen in Ellys

Verhalten, daß kein besonderer Scharfsinn dazu gehört, um eine neuerwachte Bereitschaft herauszuspüren, die sich vielleicht nutzen ließ. Ich hatte aus Erfahrung gelernt, daß Elly im Gegensatz zu anderen Kindern durch Belobigungen nicht ermutigt, sondern in den Rückzug getrieben wurde. Sobald man irgendeiner ihrer Handlungen Beachtung schenkte, hörte sie auf, es zu tun. *Als ob* sie nicht zu weiterem Fortschritt verpflichtet werden wollte – *als ob* sie fürchtete, daß jede Konzession, die sie machte, sofort ausgenutzt würde. Ich wußte, daß man jede neue Fertigkeit am besten ignorierte.

Also besorgte ich einen besonders kleinen Becher – so winzig, so unauffällig, daß man ihn kaum als Herausforderung betrachten konnte. Ich füllte ihn mit Ellys Lieblingssaft, aber nur zur Hälfte. Es war zwar bei ihrer ungeheuren Sorgfalt nicht einmal anzunehmen, daß sie aus einem vollen Glas etwas verschüttet hätte, aber ich wollte selbst die geringste Gefahr eines Versagens ausschließen. Ich stellte den Becher nicht auf den Eßtisch, wo ihre etwa zum Vorschein kommende Geschicklichkeit bemerkt werden würde, sondern auf einen niedrigen Stuhl. Es war noch nicht Essenszeit, aber Elly hielt sich wie gewöhnlich in der Küche auf. Sie entdeckte den kleinen Becher, und als sie danach griff und ihn austrank, taten wir so, als hätten wir nichts gesehen. Wir stellten den Becher nun auch nicht gleich an ihren Platz auf dem Eßtisch, sondern gaben ihr zu trinken wie zuvor. Erst nach einigen Tagen stellte ich das Becherchen vom Stuhl auf den Tisch, und ich ließ wieder mehrere Tage verstreichen, ehe ich es durch einen größeren Trinkbecher ersetzte. Man muß die Konzessionen anderer respektieren und anerkennen, daß sie sie mehr gekostet haben, als es vielleicht scheint. Selbst ein kleines Kind hat sein Gesicht zu verlieren, und wir vermuteten, daß Elly viel in ihr Unvermögen investiert hatte, wenngleich wir nicht wußten und bis heute nicht wissen, was es war und ist.

Genauso verhielt es sich, wenn man sie für ein neues Spielzeug interessieren wollte, und diese allmähliche Erweiterung ihres Horizonts schien sogar noch wichtiger als die Entwicklung von Fertigkeiten beim Essen und Trinken. Mein Tagebuch verzeichnet aus der Zeit nach ihrem Krankenhausaufenthalt folgendes: »Sie spielt noch immer hauptsächlich mit Rasseln, die sie vorzugsweise dazu benutzt, um auf Bilderbücher zu klopfen. Gewisse rhythmische Körperbewegungen wie Rütteln und Schaukeln (auf einem Stuhl oder im Bett praktiziert) sowie das Schwenken einer Kette und das Beklopfen von Gegenständen sind im Grund ihre einzige Aktivität. Man kann sie stundenlang ohne Spielzeug in einem Bett allein lassen; sie fällt weder herunter noch klettert sie heraus. Spiele, bei denen Pflöcke in Löcher gesteckt oder Ringe auf einen Stab gelegt werden sollen, sind für sie nur insofern interessant, als sie sie auseinandernimmt und die einzelnen Teile benutzt, um damit auf etwas herumzuklopfen.«

Schon bevor sie ins Krankenhaus kam, hatte ich versucht, sie dazu zu bringen, Ringe auf einen Stab zu setzen. War es zu früh gewesen, oder hatte ich es bloß falsch angefangen? Als sie zurückkehrte, überlegte ich mir eine neue Methode. Ich hockte mich auf den Boden neben sie und spielte für mich, ohne in irgendeiner Weise Aufmerksamkeit auf das Spielzeug zu lenken. Langsam legte ich einige der größeren Ringe auf. Dann einen kleineren, aber etwas schief, wenn auch nicht so sehr, daß er Elly Schwierigkeiten bereiten konnte; und inzwischen war das, was ich tat, doch ein wenig interessanter geworden als das, was sie tat (nichts, wie gewöhnlich). Ich rückte ein bißchen ab und blickte in eine andere Richtung. Als ich meine Augen wieder zu dem Stab wandern ließ, saß der Ring an der richtigen Stelle.

Ich wiederholte das ein paarmal und riskierte dann etwas mehr. Vielleicht würde ich Elly schon den kleinsten, am einfachsten aufzusetzenden Ring geben können. Ich drückte ihn ihr nicht in die Hand, denn Elly akzeptierte Gegenstände nie auf so direktem Wege. Statt dessen legte ich ihn neben ihre Hand. Und sie nahm ihn und setzte ihn auf den Stab.

Am nächsten Tag setzte sie bereits alle Ringe auf, ohne Schwierigkeit, denn sie war im Grunde ja schon lange dazu fähig gewesen. Bald lernte sie auch von selbst, sie der Größe nach zu arrangieren – einer der ersten Hinweise auf etwas, was sich uns mit der Zeit immer deutlicher offenbarte: den auffallend ausgeprägten Ordnungssinn eines autistischen Kindes, der sie vielleicht auch dazu bewogen hatte, jenen ersten, von mir rein intuitiv schief aufgesetzten Ring an die richtige Stelle zu rücken.

Wie schwer es ist, zu vermeiden, daß dieser Bericht einer Aufzählung stolzer Erfolge gleicht! Denn was hatte ich eigentlich erreicht? Außer dem Beklopfen von Büchern, dem Schwenken der Kette und dem Sich-hin-und-her-Wiegen legte Elly nun Ringe auf einen Stab – immer wieder und immer wieder, als sei sie erleichtert über die Abwechslung. Mit jeder der wenigen Aktivitäten, die ich ihr zu suggerieren vermochte, war es dasselbe: Zuerst freudig aufgegriffen, wurde sie wiederholt und wiederholt und schließlich aufgegeben, als ob – *als ob* – sie ihrer überdrüssig geworden sei. Sie machte nie ein sinnvolles Spiel daraus, und ich fand keine Möglichkeit, ihr zu helfen. Bauklötzchen waren dazu da, um sie aufeinanderzutürmen und dann nebeneinander aufzureihen, aber nie, um ein Haus zu bauen. Zu der Zeit hatte ich allen Grund zu glauben, daß Elly gar nicht wußte, was ein Haus war, daß ihr nur das ein Begriff war, was sie aß und was sie am Körper trug. Mein Bericht, das muß ich noch einmal betonen, kann nicht wie der Bericht über ein normales Kind gelesen werden, wo die Beschreibung einer Aktivität für eine ganze Gattung gültig ist. Wenn ich über die zweijährige Elly berichte, brauche ich nicht auszuwählen, was ich beschreiben soll. Was ich erzähle, ist alles, was es zu erzählen gibt.

Doch diese kleinen Erfolge waren wertvoll. So begrenzt Ellys Spektrum auch blieb, es war weniger begrenzt als zuvor. Jeder noch so geringfügige Sieg stärkte etwas in Elly und in uns. In Elly vielleicht ein schwaches Gefühl der Tauglichkeit, in uns die notwendige Hoffnung, daß unsere Tochter hinter ihrer stummen Verständnislosigkeit ein bißchen Verstand verbarg. Nicht zuviel Hoffnung – trügerische Hoffnung war etwas, wovor wir uns schützen mußten. Nur genug, um den nächsten Angriff zu unternehmen.

Elly wird älter; sie ist fast drei. Wir haben sie zu einem Picknick mitgenommen. Zusammen sitzen wir auf einem vorspringenden Felsen neben einem Bach. Wo der Boden holprig oder steinig war, habe ich sie getragen; obwohl sie graziös und sicher läuft, genügt die geringste Unebenheit unter ihren Füßen, um sie erstarren zu lassen. Ich werfe einen Stein neben uns ins Wasser – ein Aufspritzen, ein Plumpsen, eine neue Erfahrung für mein Kind, das kaum über Erfahrungen verfügt. Elly müßte das auch tun können, denke ich. Sie braucht kaum die Hand auszustrecken. Ich gebe ihr einen Stein. Sie hat in diesen Monaten Fortschritte gemacht; ich lege ihn ihr nicht direkt in die Hand, aber sie nimmt ihn von meiner Handfläche. Sie läßt ihn ins Wasser fallen (daß sie ihn, wie eine normale Dreijährige, mit Genuß hinein*werfen* würde, ist natürlich unvorstellbar). Ich reiche ihr einen anderen und noch einen. Das Spiel gefällt ihr. Die Steine liegen aufgehäuft neben uns. Ich rücke ein wenig ab und stoße sie mit dem Finger an, um ihre Aufmerksamkeit auf die Steine zu lenken. Sie möchte noch einen Stein. Wird sie ihre Hand die fünfzehn Zentimeter ausstrecken, die nötig sind, um sich selbst einen zu holen?

Nein, sie tut es nicht. Heute noch nicht. Ich dränge sie nicht; ich weiß, daß es nichts nützen würde. Meine Unbeweglichkeit ist ein Spiegelbild der ihren. Ich habe warten gelernt.

Die Bereitschaft wächst, wenn auch viel langsamer als bei dem langsamsten normalen Kind. Jede neue Fertigkeit macht die nächste leichter, wenn auch nicht leicht. Und das ist der Grund, weshalb ich mich weiter bemühe. Mir geht es weniger darum, daß mein Kind selbst essen lernt und eine Anzahl rudimentärer Fertigkeiten erwirbt – wiewohl mich das selbstverständlich entlastet –, sondern hauptsächlich darum, ihr Lebensgefühl zu steigern. Ich gehe dabei von der Annahme – mehr dem Glauben – aus, daß auch der winzigste Erfolg eine Spur hinterlassen *muß*. Jede neue Leistung stärkt das Selbstvertrauen und ist zugleich ein Vorstoß in jene mit einem Schutzwall versehene Leere, eine Bereicherung der furchtbaren Einfalt und Anspruchslosigkeit. Und wenn sich Elly auch jeder Attacke widersetzt, so nehmen wir doch an – lange Zeit bleibt es bei einer bloßen Annahme –, daß sie sich darüber freut. Sie ist zwar, was ihre Entwicklung betrifft, aller eigenen Initiative unfähig, aber wir klammern uns an die Überzeugung, daß sie sich letzten Endes freuen wird, sich zu entfalten, groß zu werden.

Also bemühen wir uns weiter, nicht zuviel, aber auch nicht zuwenig, mit so simplen Methoden, daß es lächerlich erscheint, sie überhaupt zu erwähnen. Sie ist drei Jahre und ein paar Monate alt, als sie sich plötzlich für das Licht interessiert. Sie weiß, daß es aufleuchtet, wenn man an einer Schnur zieht oder einen Schalter bewegt. Ich habe es sie nicht gelehrt, wäre auch gar nicht dazu imstande gewesen; es gehört zu den Dingen, die sie, wie sich herausstellt, einfach weiß. Wenn sie Licht möchte, führt sie meine Hand zum Schalter. Aber es ist meine Hand, die ihr Werkzeug ist, nicht ihre eigene; sie selbst kann den Schalter nicht bewegen. Um ihr beizubringen, wie man das Licht andreht, muß man zunächst den am einfachsten zu bedienenden Schalter des Hauses aussuchen. Es kann nicht die Schnur sein, an der man ziehen muß, und auch kein altmodischer Schalter, der eines Drucks bedarf, denn man durfte diesem kräftigen Kind nur die allergeringste physische Anstrengung abfordern. Ich nehme ihre Hand. Ich streiche damit über den Schalter. Zuerst nach unten, Licht aus, denn das ist leichter. Es dauert einige Zeit – wie lange, weiß ich nicht mehr. Endlich kann sie es allein tun.

Obwohl Wasser sie fasziniert, ist es natürlich schwerer, einen Hahn zu öffnen. Den Hahn in der Küche, der nur eines geringen Drucks bedarf, lernt sie von selbst bedienen – vielleicht nutzte sie dabei ihre Erfahrungen mit dem Lichtschalter. Aber ein gewöhnlicher Hahn erfordert sowohl Druck als auch eine Drehbewegung. Ich lege Ellys Hand darauf; Handgelenk und Finger werden schlaff. Meine Hand bedeckt Ellys Hand völlig, und indem ich die ihre als Werkzeug verwende, drehe ich den Wasserhahn auf. Die ersten Male wende ich allein alle Kraft auf. Elly liebt das Wasser, und sie hat nichts gegen eine Wiederholung einzuwenden. Unmerklich – ich hoffe, es ist unmerklich – läßt mein Druck nach. Die kleine Hand unter der meinen ist nicht mehr ganz schlaff. Es scheinen doch Muskeln da zu sein. Ich lasse ihre Fingerspitzen unter meiner Hand einen halben Zentimeter hervorschauen, als ich das Wasser wieder andrehe. Einen Zentimeter. Eineinhalb Zentimeter. Ganz allmählich kommt meine Hand auf ihrem Handrücken, auf ihrem Handgelenk zu liegen. *Sie dreht weiterhin den Hahn auf.* Meine Hand liegt auf ihrem Arm. Schließlich ruht nur noch ein Finger auf ihrer Schulter, der es ihr ermöglicht, die Fiktion aufrechtzuerhalten, daß ich es bin, die die Handlung vornimmt. Wir haben über eine volle Stunde über dem Waschbecken zugebracht. Und wir sind noch nicht fertig; am nächsten Tag muß der Prozeß erneut vollzogen werden, damit die Fertigkeit wiederauflebt, aber es geht schon schneller. Dann ziehe ich meinen Finger zurück; jetzt genügt meine Gegenwart. Am nächsten Tag tut sie es allein, glücklich, begeistert, ein ums andere Mal. Sie begreift den gesamten Vorgang, selbst Dinge, die mir zu schwierig vorgekommen waren, als daß ich versucht hätte, sie ihr zu erklären. Nie läßt sie das Becken überlaufen, nie dreht sie den

Heißwasserhahn auf. Doch das Werk ist noch nicht ganz getan. Wochenlang bedarf es eines kurzen Gewöhnungstrainings, wenn sie sich vor einem nicht vertrauten Wasserhahn sieht. Es dauert lange, bis die neue Fertigkeit vollkommen ist.

Elly scheint sich sicherer zu fühlen, wenn sie sich als unfähig betrachtet, irgend etwas zu tun. Ihre Unfähigkeit wirkt nicht nur gewollt, sondern auch sorgsam gehütet. Ich erinnere mich, wie sie, vier Jahre alt, nach beträchtlichen Fortschritten von der Art, wie sie hier verzeichnet sind, für ihr Bad bereit gemacht wird. Sie kann sich noch nicht ausziehen, aber seit einigen Wochen streift sie die Schuhe ab, wenn ich sie aufgeschnürt habe. Heute weigert sie sich mit schelmischem Lachen. (Daß sie gelernt hat, andere zu necken, stellt natürlich einen großen Fortschritt im Kontakt mit den Mitmenschen dar, doch darauf komme ich später noch zurück.) Ich unterdrücke die Versuchung, ihr zu helfen. Der Schuh steckt so lose an ihrem Fuß, daß er fast herunterfällt. Elly, die »unfähig« ist, sich die Schuhe anzuziehen, schätzt die Situation ab und schlüpft sehr geschickt wieder in den Schuh. Sie wollte ihn nicht ausziehen, und so zog sie ihn auch nicht aus!

Was immer es war, das Elly davon abhielt, ihre Hände zu gebrauchen, hemmte sie auch in der Beherrschung ihres Körpers. Ihre außerordentliche Behutsamkeit, die bewirkt hatte, daß wir uns, als sie klein war, weder vor Treppen noch vor Kanten ängstigten, verminderte sich nicht. Wir konnten nur annehmen, daß sie genausogut wie andere Kinder zu Balanceakten und Kletterkunststücken fähig war – so wie wir angenommen hatten, daß sie laufen konnte. Drei Jahre lang waren die Gegenstände auf oberen Borden sicher; wenn Elly sie nicht erreichen konnte, zog sie nie einen Stuhl heran, um hinaufzusteigen und danach zu greifen. Über vier Jahre lang wurde sie in ihr Bett gehoben und herausgeholt. Mit der Zeit ließ ich die Seitenteile heruntergeklappt und stellte einen Stuhl neben das Bett. Elly streckte die Beine versuchshalber nach dem wartenden Stuhl aus und zog sie wieder zurück. Dabei erinnerten wir uns gut eines aufregenden Abends ein Jahr zuvor, an dem uns die größeren Kinder, die auf Elly aufpaßten, nach Hause holen mußten. Sie war, da wir Gäste hatten, in einem ihr unvertrauten Raum in ihrem Laufställchen untergebracht worden und dreimal herausgeklettert. Wie hatte sie es geschafft? Das Laufställchen war höher als die Seitenteile ihres Bettes. Niemand vermochte es zu sagen; sie hatte es natürlich nicht vor Zeugen getan. Als ich heimkam und sie wieder hineinlegte, blieb sie da. Natürlich; sie konnte doch nicht klettern, oder?

Genauso verhielt es sich mit Treppen. An einem Novembertag – sie war fast zweieinhalb – ging sie behutsam, auf jeder Stufe mit beiden Füßen innehaltend, die Treppe eines örtlichen Museums herunter. Es waren breite, flache, leicht zu bewältigende Stufen. Erst im April stieg sie die höheren Stufen zu Hause hinunter. Jahre verstrichen, ihre Beine wurden länger, und noch immer ging sie die Treppe hinunter, indem sie jede Stufe mit beiden Füßen betrat. Sie war sechs, als sie Stufen endlich wie ein normales Kind mit jeweils einem Fuß nahm.

Zaudern, Vorsicht, Widerwille, mit der physischen Umwelt in Kontakt zu kommen. Das klingt nach Furcht, und vielleicht war so etwas auch vorhanden. Andererseits machte sie keinen angsterfüllten Eindruck. Wieso auch? Sie hatte eine Methode gefunden, die sie vor den Anforderungen der Umwelt schützte. Ziehe an nichts, drehe an nichts, dann ist kein Mißlingen möglich und du hast deinen Frieden. Das war keine Angst in erkennbarer Form. Es zeigte sich nur eine stark ausgeprägte Vorsicht. Wir konnten etwas dagegen unternehmen, Elly sehr behutsam mit winzigen, für sie leicht zu bewältigenden Schritten kleinen Erfolgen zuführen und hoffen, daß sie mit der Zeit wie ein normales Kind Gefallen an der Meisterung der Dinge ihrer Umwelt finden würde. Aber der Prozeß war unvorstellbar langsam. Wir warteten auf den Zeitpunkt, da ein positives Ergebnis ohne unser Zutun ein neues nach sich ziehen und Elly sich von selbst, wie andere Kinder, von Fähigkeit zu Fähigkeit vorarbeiten würde. Aber er kam nicht. Die Initiative mußte immer von uns ausgehen.

Ein normales Kind entwickelt sich beinahe automatisch. Es benötigt keine Wärter, die ihm helfen, seine Sinne zu gebrauchen. Für ein normales Kind genügt es, eine Welt um sich zu haben, die man berühren, hören, sehen kann. Wenn man jedem Kleinkind erst beibringen müßte, wie man nach etwas greift, wie man lauscht oder interpretiert, hätte die menschliche Rasse nie überlebt. Selbst der begabteste Pädagoge dürfte kaum erwarten, die Entwicklung des Sprechvermögens, die selbst bei einer schwerfälligen, normalen Zweijährigen ganz spontan vonstatten geht, zu programmieren.

Elly hingegen war kein normales Kind. Sie war zwar kein spasmisches oder paralytisches Kind, aber wir konnten nicht als selbstverständlich annehmen, daß sie ihren Körper gebrauchen würde. Mit den abstrakteren Fähigkeiten des Hörens und Sehens war es dasselbe. Auch sie konnte man nicht als gegeben betrachten. Elly war nicht blind, aber der Sehvorgang besteht ja nicht nur aus Bildern auf der Netzhaut. Der Organismus muß aufnehmen, er muß interpretieren, bevor man behaupten kann, daß er sieht. Was sah Elly, als sie mit achtzehn Monaten die Seiten ihres bunten Bilderbuches umdrehte? War das Rot, Braun, Schwarz und Blau eine Katze, ein Auto für sie? Ich hätte es nicht sagen können. Ich konnte nur beobachten, daß sie die Seiten schnell und ohne Pause umblätterte. Einmal – nur einmal – hatte sie ganz offenbar ein Bild erfaßt; es handelte sich um einen blauen Teddybär wie ihren eigenen. Mit siebzehn Monaten. Dann verstrichen Monate, ein Jahr, ein weiteres Jahr, und nie mehr wies etwas darauf hin, daß sie ein Bild aufnahm.

Je abstrakter ein Unvermögen, um so schwieriger ist es zu erkennen. Da Elly so vieles nicht tat, begannen wir uns erst mit der Zeit Gedanken darüber zu machen, daß es vieles gab, was sie nicht zu sehen schien. Wir wußten natürlich, daß sie durch andere Menschen meist förmlich hindurchschaute. Aber wir brauchten lange, bevor wir merkten, daß sie nicht nur gegenüber Menschen blind war, sondern visuell kaum etwas aufnahm, was mehr als einen Meter entfernt war.

Ich habe schon erwähnt, daß sie nicht deutete. Nach einer

Weile wiesen wir sie auch auf nichts mehr hin; es war unmöglich, sie durch Gesten oder Worte dazu zu bringen, irgend etwas anzuschauen, was sich nicht in unmittelbarer Nähe befand. Hatte das etwas zu bedeuten? Schließlich konnte man Elly ja nur durch machiavellistische Schachzüge dazu bewegen, überhaupt etwas zu tun. Wenn sie einen Hund, auf den wir zeigten, nicht sah, so war das nicht weiter überraschend. Doch mit der Zeit merkten wir, daß ihre Unzugänglichkeit gegenüber visuellen Reizen erschreckend war.

Ein Wagen hielt nur einen Meter von ihr entfernt. Sie warf keinen Blick darauf. Ein Hund lief vorbei. Sie schien ihn nicht wahrzunehmen. Sie war schon über drei, als sie zum erstenmal aufblickte und einen Vogel sah. Und erst nachdem sie vier war, zeigte ihre Reaktion, daß sie eine vielleicht acht Meter entfernte Kuh neben der Autobahn wirklich gesehen hatte.

Ich selbst leide an einer ganz einfachen, aber schweren Kurzsichtigkeit, die zwischen dem sechsten und achten Lebensjahr, wenn ein Kind zu lesen beginnt, einsetzte. Natürlich dachte ich daran, daß bei Elly das gleiche Problem aufgetreten sein könnte, nur besonders früh. Ohne Brille kann ich eine Kuh auf der anderen Straßenseite ebenfalls nicht erkennen. Es schien mir jedoch unvorstellbar, daß Elly in dem Dunst leben könnte, der mich einhüllt, sobald ich meine Brille abnehme. Elly, die nie eine ungeschickte Bewegung machte, nie fiel. Sie fand sich in ihrer Umwelt perfekt zurecht. Wenn wir einen Spaziergang machten, kannte sie jede Straßenecke. Ich konnte hinter ihr zurückbleiben, und sie führte mich nach Haus. Sofern sie nicht über irgendeinen sechsten Sinn verfügte – und auch daran habe ich gedacht –, mußte sie sich, so folgerte ich, die Position der Bäume und Gebäude im Vorübergehen eingeprägt haben; sie mußte sie also gesehen haben.

Wir hatten außerdem das Gefühl, daß jede Erklärung mehrere Symptome umfassen mußte. Wir hatten gelernt, daß es kein Mangel an Kraft oder Koordination war, der Elly davon abhielt, ihre Hände zu gebrauchen. Wir konnten also annehmen, daß ihre begrenzten visuellen Fähigkeiten keine physischen Ursachen hatten, sondern auf denselben mysteriösen Willensdefekt zurückzuführen waren. Wer dem, was er sieht, keine Bedeutung beimißt, ist auf seine Weise blind. Unsere Aufgabe war nicht, Ellys Sehkraft zu bessern, sondern den

Kreis dessen, was sie betrachtenswert fand, zu erweitern, ihr zu helfen, Bedeutung in all dem zu finden, wovon wir einigermaßen sicher waren, daß sie es sah.

Denn was Elly für wichtig hielt, schien sie sehr wohl zu sehen. Hunde oder Kühe bemerkte sie weder von weitem noch von nahem. Unsere Katze ignorierte sie vollständig, mehr noch, als sie ihre Geschwister ignorierte. Aber es gab Dinge, die sie nicht ignorierte – Farben, abstrakte Formen. Daß sie diese sah, stand zweifelsfrei fest.

Eines Tages – sie war zwei Jahre und acht Monate alt – zog ich ihr ihren Anorak an. Normalerweise konnte sie es kaum erwarten, aus dem Haus zu kommen, doch an diesem Tag benahm sie sich merkwürdig. Statt sich gefügig ankleiden zu lassen, versuchte sie mir zu entwischen, und sobald ich fertig war, stieg sie die Treppe hinauf. Ich wartete, und als sie nach einer Weile noch immer nicht wieder erschien, ging ich nach oben und fand sie über einem Mosaikspiel, das ich auf eine Kommode gelegt hatte, um ihr Interesse zu wecken. Sie hatte es entdeckt, als ich sie die Treppe hinuntertrug, und ganz offenbar beschlossen, sich damit zu beschäftigen. Daher ihr Widerstreben.

Es handelt sich um ein gewöhnliches Legemosaik, das aus Rauten, Dreiecken und Vierecken in vier verschiedenen Farben besteht und mehrere Anordnungsmöglichkeiten bietet. Elly nahm vor meinen ungläubigen Augen vier Rauten und kombinierte sie zu einer größeren Raute; ein paar Dreiecke, auf die sie dabei stieß, schob sie zur Seite. Das wiederholte sie noch zweimal und wandte sich dann den Vierecken zu; sie arbeitete mit einer unbeschreiblichen Konzentration. Zwanzig Minuten lang war sie voller Eifer bei der Sache. Die abstrakten, nichtssagenden Formen schienen für sie durchaus Sinngehalt zu haben. Es fiel ihr auch leicht, zwischen ihnen zu unterscheiden. Dennoch war dies dasselbe Kind, hinsichtlich dessen Intelligenz wir schwere Zweifel hegten, das sich kaum für normales Spielzeug interessierte und dessen Spieltrieb sich darin erschöpfen konnte, daß es Sand durch die Finger rinnen ließ oder Bauklötzchen in parallelen Reihen anordnete.

Als sie fertig war, räumte ich das Mosaik fort. Ich wollte nicht, daß das Spiel allzu schnell in ein bloßes steriles Wiederholen entartete. Zwei Wochen später suchte ich es von neuem hervor, und sie ordnete die einzelnen Teile sowohl der Farbe als auch der Form nach. Eine Woche darauf brachte ich ihr ein anderes Spiel, bei dem sie Sterne, Acht- und Sechsecke gut unterschied. Aber die Konzentration war verschwunden. Die Sache war zu leicht, als daß sie interessant gewesen wäre. Es schien keine Möglichkeit zu geben, von hier aus weiterzugehen.

Natürlich besaß sie auch Puzzlespiele, von denen wir, da es dabei Formen zu erfassen galt, hofften, daß sie eine Vorbereitung für das Erkennen von Bildern sein könnten. Bis dahin hatte ich allerdings nur geringe Erfolge mit ihnen gehabt. Ich holte sie dennoch ab und zu hervor, aber Elly beteiligte sich nur selten selbst. Sie sah mir zu, während ich die Puzzles zusammensetzte, und wenn sie auch keine große Begeisterung an den Tag legte, so war sie doch mit mehr Aufmerksamkeit dabei als sonst im allgemeinen. Um sie in das Spiel hineinzuziehen und zu erfahren, inwieweit sie ein Bild kannte, legte ich ab und zu ein Teil falsch an. Unfehlbar berührte mich ihre Hand, um mich zu korrigieren. Mit zweidreiviertel Jahren, im selben Alter, in dem sie sich für Zusammensetzspiele zu interessieren begann, beherrschte sie sozusagen auf passive Weise drei Puzzles, die ihrer Altersstufe angemessen oder sogar etwas anspruchsvoller waren. Ich vermutete, daß sie eigentlich mehr hätte leisten können, wußte aber noch nicht, wie ich sie dazu bewegen sollte.

Erst einige Wochen später kam der Durchbruch. Elly war fast drei. Kurz zuvor hatten wir in Boston, während Elly im Krankenhaus untersucht wurde, nach Spielzeug Ausschau gehalten und ein sehr viel einfacheres Puzzle gefunden als die, an die sie gewöhnt war; es bestand lediglich aus fünf Teilen, die außerdem mit Einkerbungen versehen waren, so daß sie sich unschwer ineinanderfügen ließen. Zuerst zeigte Elly, wie üblich, wenig Neigung, die Teile in die Hand zu nehmen, doch als sie merkte, wie leicht die Sache war, konnte sie offenbar nicht mehr widerstehen. Probleme, an denen sie bei komplizierteren Puzzles gescheitert war, löste sie sofort. Dieses einfache Spiel gefiel ihr. Während der nächsten Wochen setzte sie es oft zusammen – so oft, daß ich befürchten mußte, sie werde bald, wie meist, das Interesse daran verlieren.

Ich räumte das neue Puzzle fort, und als ich es nach einer Woche wieder hervorholte, brachte ich auch die drei alten mit. Da sie in der gewohnten Umgebung das Interesse an ihnen verloren hatte, sorgte ich für einen neuen Rahmen und stellte die Schachteln in ein Zimmer, in dem sie sich noch nie mit ihnen beschäftigt hatte. Das leichte Puzzle lag obenauf. Sie setzte es schnell zusammen, nahm es wieder auseinander und holte sich dann ein anderes, das zuunterst lag. Es stellte den gestiefelten Kater dar, und sie war bisher nicht damit fertiggeworden. Ohne lange zu überlegen, setzte sie die leichten Teile davon selbst zusammen. Die Stiefel des Katers indessen sind wohl ähnlich, aber nicht vertauschbar; selbst ein Erwachsener verwechselt sie leicht. Als sie nicht passen wollten, wimmerte Elly und nahm alles wieder auseinander. Ich half ihr mit den Stiefeln, und wir beendeten das Puzzle zusammen. Wenn ein Teil etwas sperrig war, drückte ich es mit Ellys Hand fest. Am nächsten Tag suchte sie wiederum das Kater-Puzzle heraus, setzte es diesmal – von mir beobachtet, ohne daß sie es merkte – vollkommen zusammen und drückte die Teile fest, wie ich es ihr gezeigt hatte.

Mit dem leichten Puzzle hatten wir unser Ziel erreicht. Wieder einmal wurde das Prinzip veranschaulicht: Wollte man Elly eine neue Fertigkeit beibringen, so genügte es nicht, daß sie nachgewiesenermaßen im Bereich ihrer Möglichkeiten lag. Sie mußte so lächerlich einfach sein, daß sie keinerlei Herausforderung oder Bedrohung, keine Verpflichtung für die Zukunft darstellte. Nur dann wagte es Elly, sich darauf einzulassen. Ich wußte das. Die Erfahrungen mit dem Löffel, dem Becher, den Ringen hatten es mich gelehrt.

Elly konnte also jetzt Puzzlespiele zusammensetzen. Sie begriff neue im Nu. Die meisten Kinder lassen sich vom Bild leiten, nicht nur von der Form. Elly hingegen hatte einen so scharfen Blick für Formen, daß sie keine weiteren Anhaltspunkte brauchte. Sie konnte ein Puzzle sogar zusammensetzen, wenn die Bildseite umgedreht war. Die Puzzle-Schachteln stapelten sich. Dem Kater gesellten sich ein Fisch, ein Elefant, eine Feuerspritze zu. Oft vergnügte sich Elly damit, sämtliche Schachteln umzukippen. Wenn wir dann das Durcheinander ordneten, bestimmte sie die Herkunft der einzelnen Teile noch schneller als ich. Ihr Vermögen, Form und Farbe zu unterscheiden, war verblüffend. Aber vermochte sie das Bild als solches wahrzunehmen? War es ihr beim Zusammensetzen des Katers wenigstens dunkel bewußt, daß die Stiefel nach unten und der Kopf nach oben gehörten?

Offenbar nicht. Fünf Monate später scheiterte sie noch immer an ihrem ebenfalls fünfteiligen allereinfachsten Puzzle, das wir nach dem Erfolg des ersten gekauft hatten. Das problematische Teil stellte eine rundherum regelmäßige gelbe Sonne dar. Der einzige Hinweis auf die richtige Orientierung waren die aufgemalten Augen; wenn man auf ihre Stellung achtete, paßte sich das Teil leicht ein. Elly lernte es nicht, den simplen Hinweis zu erkennen. Augen, Gesichter überhaupt, gehörten einfach nicht zu den Dingen, die für sie Bedeutung hatten. So kam sie über diese Schwierigkeit nicht hinweg, wiewohl ihr weitaus kompliziertere Puzzles gelangen.

Es war etwas Erschreckendes an Ellys klaren Augen, die erstaunliche und uns nicht zugängliche Einzelheiten zu unterscheiden vermochten und für alles Offenkundige blind waren. Elly war drei Jahre alt, und ich hatte noch immer nicht herausgefunden, ob sie erkannte, daß eine Puppe menschliche Gestalt hatte. Plastische Darstellungen, die sowohl den Tastsinn als auch das Auge ansprechen, sind immerhin etwas weniger abstrakt als Bilder.

Wir sitzen mit einer kleinen Puppe auf dem Boden. Sie gehört Ellys Schwestern und verfügt über eine umfangreiche Garderobe. Ich kleide sie an. Elly zieht sie aus, wählt ein anderes Modell, wir beginnen von neuem. Das Spiel nimmt sie mehrere Wochen lang gefangen. Kann ich daraus schließen, daß sie die Puppe als Darstellung des menschlichen Körpers erkennt? Ich brauche mehr Beweise. Also denke ich mir interessante Situationen für die Puppe aus, aber natürlich sind sie für Elly nicht interessant. Eines Tages kommt mir die Idee, mit den Zehen der Puppe zu spielen, sie abzuzählen und zu kitzeln, wie ich es so oft mit Ellys Zehen tue. Elly bleibt gleichgültig, doch am Abend überrasche ich sie dabei, wie sie in der Badewanne die Zehen der Puppe zählt, und dann höre ich das vergnügte Aufkreischen, das für sie den Höhepunkt eines Kitzelspiels anzeigt. Es scheint offenkundig, daß sie die Puppe kitzelt; sie sieht also, daß auch die Puppe Zehen hat.

Heute bin ich mir über das Prinzip im klaren, von dem ich damals nur eine dunkle Vorstellung hatte, so daß ich es nur zufällig anwendete: Um die Augen und Ohren und später den Verstand solcher Kinder zu erreichen, muß man mit körperlich erkennbaren Sensationen beginnen. Von Ellys Zehen zu den Zehen der Puppe. Erst drei Monate später kommt mir, während wir mechanisch die Seiten eines Kunstbandes umblättern, die Idee, dieses Verfahren auch auf die nackten Zehen der Renaissance-Jesuskinder zu übertragen. Und Elly *lacht*. Das ist seit jenem einzigen Mal vor zwei Jahren das erste Beispiel dafür, daß Farbe und Form eine Bedeutung erlangt haben und Elly ein Bild sehen kann.

Von ihrem eigenen Körper zur bildlichen Darstellung. Im gleichen Monat beginnt sich Elly für das Kindergartenübungsbuch ihres Bruders zu interessieren. Aufmerksam, aber ohne etwas zu erkennen, wendet sie, wie gewohnt, die Seiten um. Doch jetzt habe ich eine leise Ahnung, wie ich vorgehen muß. Als wir auf die große, realistische Abbildung einer Eistüte stoßen, nehme ich ihre Hand und lasse sie die Eistüte tätscheln. Bald darauf schaut sie sich das Buch wieder an; jetzt entsteht bei der betreffenden Seite eine Pause in dem mechanischen Umblättern: Dieses Bild sieht sie jedenfalls.

Das Buch enthielt viel Brauchbares; ich benutzte die Abbildung eines Schulspielplatzes dazu, um Ellys Finger die Rutschbahn hinuntersausen und Wippe und Schaukel ausprobieren zu lassen. Ihr Vergnügen zeigte eindeutig, daß sie begriff. Kamen wir zu dieser Seite und ich unternahm nichts, so legte Elly meine Hand auf die ihre, damit ihre Finger die Rutschbahn hinaufsteigen könnten. Sie ging nicht so weit, ihre Hand selbst zu bewegen. Aber offenkundig war sie glücklich über die neue Erweiterung ihrer Welt.

Doch hieß das nicht, daß sie fähig gewesen wäre, von sich aus weitere Vorstöße in dieser Richtung zu machen. Sie schaute ihre vielen Bilderbücher genauso teilnahmslos an wie bisher. Offenbar mußte jedes neue Bild separat erobert werden – wie es bei Lichtschaltern und Wasserhähnen der Fall gewesen war. Als wir eines Tages – es war zwei Wochen später – das Bild eines kleinen Mädchens betrachteten, ergriff Elly mit einer diktatorischen Geste meine Hand. Ich dachte, sie fände es, wie so oft, an der Zeit, die Seite umzudrehen, aber das stellte sie nicht zufrieden. Ich sollte mit ihrer Hand das Bild tätscheln. Sie wollte, daß ich ihre Augen auf das Bild aufmerksam machte. Das war wirklich ein Fortschritt. Ich merkte allerdings auch, daß es ihr offenbar gleichgültig war, ob sie die Figur berührte oder den leeren Raum um sie herum.

Damals hätte ich eigentlich ein Programm ausarbeiten müssen, aber Planung ist nicht meine Stärke, und außerdem hatte ich auch nur eine sehr vage Vorstellung von dem, worauf wir hinauswollten. Ich ahnte nicht, daß Bilder mir ein Jahr später bereits eine bessere Kommunikationsmöglichkeit bieten würden als Worte. So machte ich fast aufs Geratewohl weiter und benutzte das Material, das mir im Haushalt zufällig unter die Hände kam. Aus Frauenzeitschriften schnitt ich bunte Abbildungen von allerlei Eßbarem aus und führte sie, um die Kluft zwischen Darstellung und Erfahrung zu überbrücken, an Ellys Mund und an den meinen. Eines Tages fand ich einen Ritz-Cracker abgebildet; er war so winzig, daß ich bezweifelte, ob sie ihn erkennen würde. Ich schnitt ihn aus und gab ihn ihr. Sie wußte, um was es sich handelte. Sie steckte ihn sich in den Mund und aß ihn.

Doch die hoffnungsvolle Tendenz wurde von Rückschlägen unterbrochen. Das Ausschneidespiel, das ursprünglich ihre Aufmerksamkeit auf Bilder ziehen sollte und an dem sie später auch insoweit aktiv teilnahm, als sie ihre Hand dabei auf die meine legte, entartete, wie so vieles andere, in sterile Wiederholung. Sie achtete jetzt nicht mehr auf die Bilder, die ich ausschnitt. Was sie wollte, war, daß die Zeitschrift in Streifen zerschnitten würde, und ob es sich dabei um Text oder Abbildungen handelte, war ihr ganz gleich. Es war, als zöge sie sich absichtlich von einem Sinngehalt zurück, den sie drei Monate zuvor offenbar gern akzeptiert hatte. Dennoch nahm sie mehr mit den Augen auf als früher, wenn man sie dazu bewegen konnte, es zuzugeben.

Abbildungen von Autos gefielen ihr, und sie hatte nichts dagegen, daß ich sie ausschnitt. Für Eßbares interessierte sie sich jetzt kaum mehr, und auf menschliche Gestalten oder Gesichter reagierte sie normalerweise nicht. Eines Tages jedoch bezeigte sie aus unerfindlichen Gründen ein gewisses Interesse für das Gesicht eines Halbwüchsigen auf dem bunten Deckblatt einer Zeitschrift und ließ es mich ausschneiden. Es schien sie auch zu freuen, daß ich auf der nächsten Seite das Gesicht eines kleinen Mädchens ausschnitt. Darauf folgte ein Wagen, und anschließend begnügte sie sich wieder mit simplen Papierstreifen. Ich tat ihr den Gefallen, aber nach mehreren Seiten versuchte ich – ermutigt durch die ungewöhnliche Duldsamkeit, die sie an jenem Tag gezeigt hatte – die Schere um eine menschliche Gestalt herumzuführen. Elly widersetzte sich, wurde zornig. Sie brachte jene unartikulierten rauhen Protestlaute hervor, die man von Taubstummen kennt und die bis zum heutigen Tag eine Zerreißprobe für meine Nerven darstellen. Als ich dennoch weitermachte, zerknüllte sie das Bild und warf es fort. Ich schnitt wieder Streifen und versuchte es dann noch einmal mit der Figur – mit demselben Resultat. Nun suchte ich ein schönes Auto und fing an, es in Stücke zu zerschneiden. Das mißfiel ihr ungeheuer; auf menschliche Umrisse durfte ich nicht achten, es war mir aber ebensowenig gestattet, so zu tun, als sähe ich den Wagen nicht.

Zurück also zu den Papierstreifen. Meine Gedanken sind anderswo; wer weiß, wo die ihren sind. Da kommt das Foto eines Mannes. »Schau, ein Daddy mit Brille«, sage ich leichthin, und ich erwarte in keiner Weise, daß sie es erfaßt. Ein Wort ab und zu ist ganz einfach angebracht. Man weiß ja nie… Ich beginne zu schneiden – aber keine Streifen; ich führe die Schere um den Kopf herum. Elly widersetzt sich nicht.

Plötzlich bemerkt sie die Brille, die der meinen sehr ähnlich ist, lacht, nähert ihr Gesicht dem meinen, schlingt die Arme um meinen Hals. Ich lache und drücke sie an mich und schneide weiter. Sie sieht lachend zu, hält das Bild lachend an ihr Gesicht, wie um es zu küssen – sie hat noch nie jemanden geküßt. Die Triumphe sind genauso mysteriös wie die Niederlagen. Lachend nehmen wir das ausgeschnittene Gesicht mit, als ich sie zu ihrem Nachmittagsschläfchen nach oben bringe.

Ein paar Wochen später kam mir eine neue Idee. Ich begann Bilder auszuschneiden, die ich selbst gezeichnet hatte. So konnte ich Gegenstände auswählen, von denen ich wenigstens vermutete, daß sie für Elly bedeutsam waren. Ich fertigte aus Pappe ein Baby mit beweglichen Armen und Beinen, die ich mit Musterklammern befestigte. Elly sah passiv, aber gefesselt zu, wie das Baby Form annahm; während ich arbeitete, hörten meine ungläubigen Ohren sie sogar »Bay-bay« (von »Baby«) sagen. Doch sehr bald erlosch ihr Interesse; als ich dem Baby Papierkleider anzuziehen versuchte, warf sie sie fort. Ich zeichnete unser Haus und schnitt eine Tür aus, die man öffnen und schließen konnte. Das gefiel ihr, obwohl sie bis dahin noch nie auf die Abbildung eines Hauses reagiert hatte. Ich machte eine Elly-Figur in Elly-Kleidern, und sie schien ungewöhnlich interessiert, womit ich meine, daß sie sie eine Weile festhielt und anstarrte, bevor sie sie fortlegte. Sie warf eine Vater-Figur auf den Boden. Und was eine Mutter-Figur werden sollte, gedieh durch Ellys Einschreiten nie über die Kopfumrisse hinaus. Ich sah, daß ich sie nicht drängen durfte, daß ich das Tempo verlangsamen und ihr gestatten mußte, für jeweils zwei Schritte vorwärts einen Schritt zurück zu tun.

Ein Vorteil des zeichnerischen Verfahrens lag auch darin – wie ich erst jetzt erkannte –, daß sich der Vorgang nach und nach vollzieht. Ein fertiges Bild wird als Ganzes wahrgenommen. Eine Zeichnung, die jemand gerade macht, lenkt durch das Allmähliche und Spannende des Prozesses die Aufmerksamkeit auf sich. Zuerst der Kopf, dann Arme, Körper, Augen, Nase, Mund – nicht immer in derselben Reihenfolge. Jeder Strich ist ein Ereignis. Was kommt als nächstes? Ich zeichne langsam, aber ohne Unterbrechung. Anfangs zeichnete ich die Umrisse sorgfältig und realistisch; ich erwartete nicht, daß Elly mit einer großzügig skizzierten Darstellung etwas anfangen könnte. Beim Bilderausschneiden hatte Elly lediglich zugeschaut. Doch während ich zeichnete, *beobachtete* sie mich.

Ellys Aufmerksamkeit war etwas Unerforschliches und Kostbares – groß, wenn sie ihren eigenen Angelegenheiten zugewandt war, klein oder überhaupt nicht vorhanden, sobald es um die Belange anderer Leute ging. Und ein fallengelassener Bleistift konnte bereits aller Konzentration ein Ende machen. Manchmal, wenn sie mir gegenübersaß, zeichnete ich sogar spiegelverkehrt, nur, um ihr Interesse nicht zu verlieren.

Es wurde Juni. Elly war fast vier. Mehr als ein halbes Jahr war vergangen, seit sie zum erstenmal Kinderzehen auf Bildern erkannt hatte. Doch sie hatte für keinen Teil des Körpers ein Wort. Wieviel, so fragte ich mich, wußte sie wohl von ihrem Körper, diesem wichtigsten aller Erfahrungsfaktoren? Eines Tages zeichnete ich mit ihr, spielerisch, ohne etwas Besonderes im Sinn zu haben. Ich begann, wie so oft, ein Kind zu zeichnen, und fing mit den Füßen an. Ich zeichnete Zehen, Füße, Beine, Höschen. Doch dann kam mir die Idee, daß ich den Vorgang des Zeichnens als solchen ausnutzen könnte, um herauszufinden, was Elly tun würde, wenn ich die Figur nicht fertigstellte. Wenn ich jetzt zu zeichnen aufhörte, konnte ich vielleicht Ellys passives Zusehen in aktive Mitarbeit verwandeln.

Ich ließ also die Hand auf das Papier sinken, den Bleistift noch zwischen den Fingern, und wartete. Ein paar Sekunden vergingen; dann stieß Elly meine Hand an. Ich zeichnete den Rumpf fertig, hielt inne. Elly wollte mehr sehen; ich fügte einen Arm dazu und hörte wieder auf. Elly berührte meine Hand, und ich begann gerade mit dem zweiten Arm, als ich spürte, daß sie nicht einverstanden war. Sie war keine passive Zuschauerin mehr, sie hatte ihre eigene Vorstellung. Sie verlangte als nächstes den Kopf. Ich zeichnete ihn, hielt inne und stattete die Figur schließlich auf Ellys Aufforderung hin mit einem zweiten Arm aus, so daß sie vollständig war. Es hatte sich erwiesen, daß Elly, die erst kurz zuvor gelernt hatte, ein Bild visuell zu erfassen, genausoviel über die bildhafte Darstellung des menschlichen Körpers wußte wie jedes andere Kind.

Aber immer war ich es, die tatsächlich zeichnete, die aktiv war. Wäre es nicht besser, wenn Elly selbst zeichnete? Das war sehr schwer zu erreichen. Zeichnen bedeutete, daß ein Druck aufgewendet, daß Bleistift, Buntstifte, Pinsel festgehalten werden mußten, und Elly hatte dafür keine Kraft in den Händen. Ich habe im ersten Kapitel von den Kreisen gesprochen, die sie malte, als sie zweieinhalb war, und bald danach wieder aufgab. Sie faßte keinen Buntstift mehr an – wenn es einem gelang, ihr einen zwischen die Finger zu stecken, so war der Strich, den sie damit zog, so dünn, daß man ihn kaum sehen konnte. Nach jenen ersten, wie durch ein Wunder entstandenen Kreisen zeichnete Elly fast ein Jahr lang gar nichts mehr.

Eine ungewöhnlich aktive und einfallsreiche Babysitterin hatte auf sie aufgepaßt, während ich ausgegangen war, und statt ruhig zuzusehen, wie Elly nichts tat, hatte sie versucht, ihre Aufmerksamkeit zu fesseln. Ich hatte ihr erzählt, daß Elly Formen erkennen konnte, und Jill hatte Papier und Buntstifte genommen und ein ganzes Blatt mit Dreiecken bedeckt. Sie zeichnete dreißig, bevor Elly selbst ein dünnes, wackliges Gebilde verfertigte, das aber unverkennbar ein Dreieck war. Wie war es dazu gekommen? Ich war nicht da und hatte es also nicht verfolgen können.

Aber es war ein in zweifacher Hinsicht bemerkenswertes Ereignis.

Jene Zirkel und Kreuze der Vergangenheit waren nicht in spontaner Nachahmung eines Modells entstanden, sondern erst nach einer gewissen Zeit. Sie tauchten unerwartet am nächsten Tag oder nach einer Woche auf und lieferten dem hoffnungsvollen Betrachter einen Beweis für Intelligenz, aber auch für jenes seltsame Sichabschließen von der Umwelt und das Fehlen zwischenmenschlichen Kontakts. Das Kind zeichnete zwar einen Kreis, doch durfte er nicht die Imitation eines von einer anderen Person gezeichneten Kreises sein; er mußte aus dem Nichts kommen. Diese zittrigen Dreiecke waren etwas Neues. Sie bestätigten nicht nur die verborgenen Fähigkeiten des Auges, der Hand und des Gehirns, sondern auch einen persönlichen Kontakt. Der Eifer und das Interesse des jungen Mädchens stellten eine Verbindung zu Elly her, die um so bemerkenswerter war, als Elly sonst durch Fremde einfach hindurchschaute.

Vielleicht reagierte sie genauso, wie normale Kinder so oft reagieren. Für fremde Menschen sind sie imstande, mehr zu tun als für ihre Eltern, weil sie wissen, daß sie das zu nichts verpflichtet. Jedenfalls ließ ich die Sache fürs erste auf sich beruhen und holte dann zwei Tage später Papier und einen Malkasten. Es mochte schwierig sein, Wasserfarben und Pinsel zu handhaben, aber sie erforderten dafür keine Druckausübung.

Diesmal kopierte Elly mein Modelldreieck sofort. (Es gibt normale Dreijährige, die nicht dazu fähig sind, doch das wußte ich damals nicht.) Während der nächsten drei Monate konnte man sie hin und wieder dazu bewegen, etwas zu zeichnen. Immer war es Zeichnen; die heikle, ordnungsliebende Elly benutzte Farben nie, um im eigentlichen Sinn des Wortes zu malen, nie spritzte und klekste sie auf dem Papier. Sie, die Farben spontan unterschied, zeigte keinerlei Interesse daran, verschiedene Farben beim Malen zu benutzen. Sie verfertigte nur monochrome Zeichnungen, stets blieb sie bei der Farbe, mit der sie angefangen hatte. In jenem Jahr kamen Filzstifte auf den Markt, und Elly zog sie sehr bald vor, weil sie nicht mehr Druck verlangten als Wasserfarben und leichter zu handhaben waren. Denn die physische Schwäche war noch immer außerordentlich vorherrschend – letzten Endes lernte sie etwa um dieselbe Zeit erst einen Lichtschalter bedienen.

Elly zeichnete schnell und ohne Pause jeweils ungefähr zwanzig Minuten lang. (Ich registrierte das natürlich; eine große Konzentrationsspanne ist ein Zeichen von Intelligenz.) Sie zeichnete Kreuze, Punkte, Linien, Kreise, Dreiecke. Nie strichelte sie drauflos. Alle Linien schienen unheimlich vorbedacht, das Produkt eines Beschlusses. Ich gewöhnte mich daran, jedes Blatt durch ein neues zu ersetzen, sobald sie etwas darauf gezeichnet hatte, denn wenn ich es liegen ließ, wurden Kreuze und Dreiecke sehr bald sorgfältig mit einem dichten Punktschleier überdeckt. Wieder war es, als ob sie etwaige Verpflichtungen scheute, die das Eingeständnis ihrer neuen Fertigkeit mit sich bringen könnte.

Ellys Zeichnungen waren selten spontaner Art. Meist handelte es sich um Kopien von Figuren, die wir gezeichnet hatten. Wir beschränkten uns im allgemeinen auf Figuren, weil Elly um diese Zeit – mit etwa dreieinviertel Jahren – noch keine Bilder erkannte. Auch Buchstaben sind nur Figuren, wenn man sie der Bedeutung entkleidet, die wir ihnen gegeben haben. Irgend jemand – vielleicht eines der Kinder – schrieb einmal mit Wasserfarbe Ellys Namen in Blockbuchstaben. Als Elly das nächste Mal zeichnete, machte sie ein wackliges E. Wie früher kam die Handlung verzögert. Sie besaß noch immer die außergewöhnliche Fähigkeit, Eindrücke festzuhalten und nach unbestimmter Zeit ohne weitere Übung unverändert wiederzugeben. Etwa eine Woche später fügte sie ein L hinzu – dieses dreijährige Kind, das weder sprechen noch verstehen konnte.

Es war sehr ermutigend, solange es anhielt. Aber als zweieinhalb Monate mit vielleicht zehn Zeichensitzungen vergangen waren, schwand Ellys Interesse. Es war jetzt schwerer, sie dazu zu bewegen, selbst zu zeichnen; nur einmal bedeckte sie ein Blatt mit Rechtecken, indem sie meine schlaffe Hand als Werkzeug benutzte. Drei Monate nach ihren ersten Dreiecken zeichnete ich ihr ein paar als Vorlage, in der Hoffnung, sie würde selbst auch einige zeichnen. Sie wollte nicht. Als ich es mit dem alten Trick versuchte, eines unvollendet zu lassen, war die Linie, die sie beisteuerte, schwächer und zittriger als ihre allerersten. Ich nahm ihre Hand und zeichnete mit ihr ein Muster aus Querstrichen. Das war neu und interessant, und nach zwei oder drei Blättern zeichnete sie ebenfalls ein paar Striche. Zweimal holte sie in den folgenden Tagen zu meiner freudigen Überraschung selbst Stift und Papier herbei, um zu zeichnen. Sie legte auch jedes fertige Blatt beiseite, statt die Figuren mit Punkten zu bedecken. Es war ein angemessener Abschied. Sechs Monate lang griff sie nie mehr freiwillig zu Pinsel, Filzstift oder Bleistift. Nur einmal während dieser Zeit benutzte sie meine Hand als Werkzeug, um zwei parallele Linien, ein E und zwei L zu zeichnen. Ich gab ihr den Pinsel. Sie machte noch ein letztes L allein, und mehr war aus ihr nicht herauszuholen.

Ich bedrängte sie nicht. Es schien nicht der Mühe wert. Ich hoffte, daß eine Pause die Fortschritte nicht ausradieren, sondern in gewisser Weise festigen würde. So räumte ich Farben und Stifte fort, damit sie ihr, wenn sie wieder auftauchten, reizvoll und neu vorkämen. Doch als Elly mit fast vier Jahren endlich wieder eigenhändig ein paar Linien zog, geschah es mit einem anderen Hilfsmittel und in einer völlig neuen Situation. Sie besuchte ihren Vater im College und benutzte dort zum erstenmal Kreide und Tafel. Ein einzigartig befriedigendes Medium für Elly. Alles, was sie zeichnete, konnte sofort wieder gelöscht, widerrufen, rückgängig gemacht werden, so, als wäre es nie gewesen.

Elly mochte ihre Fähigkeiten sich selbst gegenüber verleugnen. Aber wir kannten jetzt zumindest einige von ihnen. Sie konnte ihren Körper und ihre Hände gebrauchen. Sie konnte zeichnen. Und noch mehr: Sie konnte nicht nur Umrisse und Objekte sehen, sondern auch Menschen und sogar bildhafte Darstellungen von Menschen. Es war viel mehr als zwei Jahre zuvor. Wir mußten damit zufrieden sein.

Ellys physische und visuelle Unzulänglichkeiten waren für
uns offenkundig. Aber anderen Menschen fielen sie nicht auf,
nachdem sie einmal laufen gelernt hatte. Nur wer sie genau
beobachtete, bemerkte den leeren Blick in dem scheinbar aufgeweckten Gesicht, die Passivität hinter der Geschicklichkeit
und der scheinbar vitalen Kraft. Als Elly zweieinhalb, drei,
vier Jahre alt wurde, war es für die meisten Leute, die sie
kannten, ihr größter Defekt, daß sie nicht mehr als ein paar
unverständliche Silben sprach – vor allem da sie ansonsten ein
reizendes, intelligent wirkendes Kind war. Und unwillkürlich drängte sich die Überlegung auf, ob die Sprachzentren im
Gehirn einen spezifischen Schaden erlitten haben könnten.

Für uns indessen, die wir sie besser kannten, war dies nur
der sichtbare Teil des Eisbergs. Eine Sprachstörung? Jeder,
der mit ihr gelebt hatte, mußte gespürt haben, daß das Problem viel tiefer ging. Selbst wenn man sich einzig und allein
mit der Sprechunfähigkeit befaßte, hatte die Tatsache, daß sie
nichts sagte, weniger Gewicht als die, daß sie nichts verstand
oder – schlimmer noch – einen überhaupt nicht zu hören
schien.

Es ist nicht ungewöhnlich, daß bei einem autistischen Kind
anfänglich Taubheit diagnostiziert wird. Angesichts eines so
mysteriösen Falls versucht man es zwangsläufig mit einigen
Hypothesen. Retardierung? Das Kind kann aufgeweckt wirken, wenn es will. Taubheit würde fast alles erklären – Ellys
Unfähigkeit zu sprechen, ihr mangelndes Fassungsvermögen;
auch ihr Sichabschließen von der Umwelt wäre ganz natürlich, wenn sie in einer stummen Welt lebte. Sie reagierte auf
Laute ebensowenig wie auf Sprache.

Ich erinnere mich, daß sie eines Tages mit dem Rücken zur
Einfahrt auf dem Rasen saß. Etwas Befremdliches ereignete
sich, von dem man annehmen würde, daß es jedem kleinen
Kind auffallen müßte. Unsere Nachbarn hatten einen Kamin-
brand. Auf unseren kleinen Vorhof kam mit entsprechendem
Lärm eine echte rote Feuerspritze. Elly blickte nicht einmal
auf. So vorsichtig sie auch in allem war, was den Körper unmittelbar gefährden konnte, sie achtete jahrelang nicht auf

Motorenlärm, der doch unter Umständen etwas überaus Bedrohliches ankündigte. Signale, die um sie herum laut wurden und nicht direkt auf ihren Körper einwirkten, ignorierte sie völlig.

Doch Taubheit paßte ebensowenig wie die anderen Hypothesen zu allen Fakten. Für die wenigen Signale, denen sie Bedeutung beimaß, konnte ihr Gehör abnorm scharf sein. Aus irgendeinem Grund mochte sie die Geschirrspülmaschine nicht, und sie konnte noch durch eine geschlossene Tür hören, wenn man sie anschaltete. Im übrigen sprach sie ja gelegentlich – der beste Beweis dafür, daß sie nicht taub war. Ab und zu – bisweilen drei- oder viermal am Tag – sagte Elly ein Wort. Diese Wörter mußten von irgendwoher kommen. Taube Kinder haben keine Möglichkeit, sich Wörter anzueignen.

Wir brauchten auf Ellys erstes Wort auch nicht einmal besonders lange zu warten. Sie hatte mit vierzehn Monaten vollkommen normal »Teddy« gesagt. Etwa einen Monat später sagte sie »Mama«. Im nächsten Monat »Dada« (von »Dad«). Jeder Monat brachte ein Wort. Es dauert einige Zeit, bis man merkt, daß das neue Wort den alten nicht hinzugefügt wird, sondern sie ersetzt; daß sie immer nur über ein Ein-Wort-Vokabular verfügte. Es dauert auch eine Weile, bis es einem auffällt, daß sie – obwohl sie »Teddy« sagen kann (und dies, wenn sie ihren Bären vor sich hat, so daß man weiß, es handelt sich nicht um einen Zufall) – auf das Wort »Teddy«, von einem anderen ausgesprochen, mit keinem Zeichen des Begreifens reagiert. Bei einem normalen Kind ist der passive Wortschatz viel größer als der aktive. So ist man nicht vorbereitet auf das Phänomen eines Kindes, bei dem der aktive Wortschatz jämmerlich klein, der passive aber noch kleiner ist.

Elly war zweiundzwanzig Monate alt, als ich über ihre Sprechübungen Buch zu führen begann. In der Regel trug ich ein Wort erst ein, wenn Elly es mindestens dreimal in einem überzeugenden Kontext gebraucht hatte; ich machte lediglich mit dem seltsamen Zufallstreffer »Schere« eine Ausnahme. Es war nicht schwer, genau zu sein, denn es gab nur sehr wenig zu verzeichnen. Mit zwei Jahren hatte Elly sechs verschiedene Wörter ausgesprochen – die oben erwähnten, »Ada-gehen«, »Nein-nein« und ihren eigenen Namen. Davon schien sie allerdings nur zwei zu verstehen. Sie drehte sich um, wenn man

»Elly« rief, und sie hielt in jedwedem Tun inne, wenn man
»Nein-nein« sagte. Zeitweise reagierte sie auf »Komm«, wiewohl sie das Wort nicht selbst gebrauchte. Das war alles.

Nicht daß sie sich stumm verhalten hätte. Sie erfüllte das
Haus mit ihren fröhlichen Lauten, den melodiösen »Ba-bas«
und »Ah-ah-ahs« eines normalen Kleinkinds. In dem Sommer, in dem sie zwei wurde, hörte ich sie oft morgens im Bett
ihren Namen aussprechen. »El-ly«, sagte sie, lachend, kichernd, »El-ly«. Die Laute, selbst die Konsonanten, waren
außerordentlich klar. Ich freue mich, daß ich Gelegenheit
hatte, sie zu belauschen. Ungefähr einen Monat lang sagte sie
es. Dann vergingen mindestens zwei Jahre, bis sie ihren Namen wieder aussprach, und als sie es tat, klang es sehr undeutlich. Selbst heute noch sagt sie ihn nicht so klar wie in jenem
Sommer vor sechs Jahren.

Doch ihre Sprache war nicht nur dürftig, sie hatte auch
noch eine andere, viel bedeutsamere Eigenheit. Elly sprach
Wörter wohl aus – wenn auch nicht oft –, aber sie gebrauchte
sie nicht, um sich mitzuteilen. Sie faßte die Sprache nicht als
Verständigungsmittel auf. Als sie zweieinhalb war, hatte ich
meinem Verzeichnis verschiedene Wörter hinzugefügt. Einige waren simple Substantive wie »Buch«, »Nadel« und
»Milch«. Bei anderen handelte es sich um Ausrufe – für Elly
Lautverbindungen –, die sich auf bestimmte Aktivitäten bezogen; so zum Beispiel das »Da ist se!«, mit dem sie auf das
Versteckspiel reagierte, wofür ich sie endlich hatte interessieren können. Aber nicht eines dieser Wörter wurde *je benutzt*,
wenn man dies vom bloßen Aussprechen unterscheidet.
Manchmal sagte Elly »Mama«, sobald sie mich erblickte, und
manchmal nicht. Nie gebrauchte sie den Namen, um mich zu
rufen. Sie mochte »Teddy« sagen, wenn sie ihn sah. Nie verlangte sie namentlich nach ihm.

Das hing natürlich mit der Tatsache zusammen, daß sie
ganz allgemein nur sehr wenig forderte. Wenn es einem gleich
ist, ob Mama kommt oder nicht, wird man sie kaum rufen.
Wenn man den Teddybär nicht so gerne haben möchte, daß
man die eigene Hand danach auszustrecken bereit ist, dann
wird man kaum mit einem Wort um ihn bitten. Doch selbst
als sie Wünsche zu äußern begann – etwa mit zweieinhalb
Jahren –, tat sie das nicht über die Sprache. Sie hatte andere
Methoden. War der Gegenstand nahe, so nahm sie die Hand

des nächstbesten Anwesenden und benutzte sie als Werkzeug. War er weiter entfernt, so schob oder führte sie einen hin. Es gab Verschiedenes, was sie besonders gerne aß oder trank, und anderes, was ihr nicht so sehr schmeckte. Doch obwohl die Nahrung zu den wenigen Dingen gehörte, die bei ihr ein Verlangen auszulösen vermochten, verfügte sie nur über ein einziges Wort aus diesem Bereich: »Milch«, und das merkwürdige war, daß sie sich gar nicht besonders viel aus Milch machte. Die Sprache hatte für Elly keinerlei funktionellen Charakter, und es war im Grund verwunderlich, daß sie unter solchen Umständen überhaupt einige Wörter beherrschte.

Denn woher konnten diese Wörter gekommen sein? Wenn sie sie nicht irgendwann gehört und begriffen hätte, wäre es ihr unmöglich gewesen, sie sich überhaupt anzueignen. Jedes von Ellys Wörtern war aus dem allgemeinen Sprachschatz zu ihr vorgedrungen. Doch man hatte den Eindruck, als verwandelte es sich, sobald sie es erworben hatte, in ihr Privateigentum.

Als sie drei Jahre alt war, umfaßte meine Liste zwanzig Wörter. Von diesen sprach sie allerdings in dem ganzen Monat vor ihrem dritten Geburtstag nur fünf. Die meisten von ihnen waren seit Monaten außer Gebrauch, und einige, wie das klare und häufige »Elly«, waren ganz aufgegeben worden.

Wohin entwischten sie? Manche verschwanden einfach. Elly lernte mit zwei Jahren »Milch« und »Nadel« und verlor sie mit zweieinhalb. Sie war fünf, als sie sie wieder sagte, und dann schienen sie absolute Neuerwerbungen zu sein. Einige gingen die seltsamsten Wege.

So hatte »Ball« eine höchst merkwürdige Geschichte. Sie hatte das Wort im Alter von zwei Jahren erworben, und beinahe unmittelbar darauf verschwand es von der Bildfläche. Sechs Monate später tauchte es einmal auf. Zwei Monate danach sagte sie es dreimal in einer ganzen Woche. Nach weiteren sechs Monaten sagte sie es wieder. Es hatte nie etwas mit den Bällen zu tun, die es bei uns zu Hause gab. Elly sagte es einmal, als sie einen kleinen Gummifußball sah, in dem keine Luft mehr war – ein Objekt, das für eine Zweijährige nur mit wirklichem Scharfblick überhaupt als Ball zu identifizieren war. Zehn Minuten später, als sie einen gewöhnlichen Ball gezeigt bekam, blieb sie stumm. Sie sagte es einmal, als ich einen durchlöcherten Plastikgolfball in ihre Badewanne warf. Das Wort existierte offenbar tief in ihrem Inneren. Aber nur ein ungewöhnlicher Anreiz konnte es hervorlocken.

Der Wortschatz anderer Kinder entwickelt sich wie ihre physischen Fähigkeiten. Sie fügen ein Wort ans andere und beginnen dann, sie zu kombinieren. Elly tat das nicht. Jahrelang war jede Erweiterung ihres Vokabulars mit einer Beschränkung verbunden. Meist verschwand das alte Wort einfach. Aber manchmal konnte man den Prozeß verfolgen. Ich war dabei, als Elly das Wort »Auge« erwarb, und ich sah es an Sinn verlieren und untergehen.

Sie war drei Jahre alt, als sie es aufgriff. Wiewohl körperliche Sensationen ihren Hauptzugang zur Welt darstellten, war es das einzige einen Teil des Körpers bezeichnende Wort, über das sie verfügte. Sie war über vier, ehe sie sich ein weiteres aneignete. Sie lernte es auf eine für sie ungewöhnliche Weise – nicht von mir, sondern von einer Freundin, und es bezog sich zudem nicht auf ein richtiges Auge, sondern auf ein großes, stilisiertes Auge auf einer Bademütze. Sie wiederholte es am nächsten Tag in einem neuen, korrekten Kontext, behielt es eine Zeitlang bei und sagte es, um Beifall einzuheimsen, mehrere Male am Tag. (Mit drei Jahren war sie weit genug fortgeschritten, um sich über Lob freuen zu können.) Ich versuchte, den Sinngehalt des Wortes zu bewahren, indem ich auf Puppen- und Menschenaugen, manchmal auch auf Bilder verwies, und Elly gefiel das. Sie hatte ein »Augen«-Spiel: Es bestand darin, daß sie meine Brille abnahm, »Auge« sagte und lachte. Ich konnte sogar fragen: »Wo hat das Hündchen sein Auge?«, und eine Antwort erhalten, obwohl vorher alle »Wo«-Fragen genauso beantwortet worden waren wie »Wo ist dein Bauchnabel?« – nämlich durch das entzückte Enthüllen jener ein wenig komischen Körperstelle. Aber Wiederholung hat ihre Gefahren, wie ich schon an Ellys Bauklötzchenspiel gesehen hatte. Innerhalb eines Monats büßte das Wort bereits an Bedeutung ein und wurde zu einem Beifall eintragenden Trick. Zwei Monate später war es endgültig außer Gebrauch, und Elly gab keinerlei Begreifen zu erkennen, wenn es ausgesprochen wurde.

Als sie drei Jahre und zehn Monate alt war, berichtete ich Dr. Blank: »Noch immer kommen und gehen die Wörter; keine große Veränderung. Wöchentlich werden ungefähr fünf bis sechs benutzt.« Um ihren vierten Geburtstag herum überprüfte ich meine Liste, in der alle Wörter verzeichnet waren, die ich sie hatte sprechen hören, das Datum ihrer Aneignung und die Häufigkeit ihres Gebrauchs. Insgesamt waren es einunddreißig. Mein damaliges Resümee lautete folgendermaßen: »Unter den einunddreißig Wörtern, die sie während ihrer vier Lebensjahre im korrekten Kontext ausgesprochen hat, sind zwölf oder dreizehn, deren Benutzung mich heute nicht überraschen würde. Andere würden mich dazu veranlassen, hier eine spezielle Eintragung vorzunehmen. So zum Beispiel die Wörter Nr. 27, 28 und 29, was zeigt, daß sie auch frisch Erworbenes vergessen kann.«

Das hieß also, daß Elly in vier Jahren kaum irgendwelche Fortschritte gemacht hatte. Ihr Wortreservoir war größer, aber sie gebrauchte nicht mehr Wörter und diese nicht öfter als ein Jahr zuvor. Was hingegen das Begreifen anlangte, so bot sich ein etwas tröstlicheres Bild. Elly sprach regelmäßig Wörter und gab sie wieder auf, doch sobald sie einmal etwas, was wir zu ihr sagten, zu verstehen begann, neigte sie dazu, daran festzuhalten.

Man konnte eine langsame, aber stetige Zunahme dessen verzeichnen, was sie erfaßte und worauf sie reagierte. Mit zwei Jahren drehte sie sich um, wenn wir »Elly« riefen, und krabbelte auf das Wort »komm« zu uns heran. Als sie zweieinviertel Jahre alt war, schien sie die Bedeutung von »Jetzt gehen wir ada« – »hinauf« – oder »hinunter« zu erkennen. Mit zweieinhalb reagierte sie richtig auf »Gib mir (die Nadeln, das Buch, den Pinsel)«. Aber in allen diesen Fällen konnte man sich des Eindrucks nicht erwehren, daß sie, während sie scheinbar für Wörter empfänglich war, in Wirklichkeit nur auf die nichtverbalen Hinweise reagierte, die sie der Situation entnahm. Wenn ich »komm« sagte, hielt ich ihr die Arme entgegen. Meine ausgestreckte Hand begleitete das »gib mir«.

Erst als sie drei Jahre und zwei Monate alt war, konnte ich in meinem Notizbuch vermerken: »Auf ›komm‹, auf ›Jetzt gehen wir ada‹, ›Setz dich auf deinen Stuhl‹ reagiert sie nun absolut sicher, *selbst wenn* ich, während ich spreche, außer Sicht bin – das heißt, wenn kein für die Situation typischer Anhaltspunkt gegeben ist.« Nachdem sechs Monate verstrichen waren, konnte ich »Mach die Tür zu«, »Hol deine Windeln«, »Wir wollen hinausgehen« und »Jetzt fahren wir mit dem Auto« hinzufügen. Die Entwicklung hielt an; zwei Monate später berichtete ich Dr. Blank folgendes: »(Sie) versteht jetzt weitaus mehr Anweisungen und Anregungen wie ›Steck deinen Fuß hinein‹ und ›Klettere auf deinen Stuhl‹. Diese sind alle ziemlich lang; ihre Reaktion scheint mehr dem kompletten Lautmuster zu gelten als einzelnen Wörtern. Sie reagiert zum Beispiel auf ›Komm, wir wollen hinaufgehen und dich baden‹, während sie viel leichtere Sätze wie ›Butter, Elly?‹ nicht zu begreifen scheint, auch wenn die betreffenden Wörter zu ihrem Vokabular gehören. Sie versteht diese Wörter nur, wenn sie selbst sie ausspricht«.

Bei dem, was sie verstand, handelte es sich im Grund um eine begrenzte Reihe routinehafter, erwarteter Sätze. Ich versuchte einmal – es war sechs Monate später – ein Spiel mit ihr, bei dem die Anweisungen eine flexible Reaktion erforderten. »Leg die Bohne in meine Tasche«, »Leg die Murmel in meine Hand«. Es war zu früh. Sie begriff nichts.

Doch es gab Fortschritte. Wir fühlten uns ein wenig ermutigt. Das Fasssungsvermögen schien uns zu dieser Zeit wesentlich wichtiger als die Sprache, denn wenn Elly ihre Mitmenschen verstand, so zeigte das besser als alles andere, daß sie kontaktfähig war. Es ist durchaus möglich zu sprechen, ohne daß ein Kontakt existiert; das Wort »autistisch« (vom Griechischen »autos«, das heißt Bezogensein auf sich selbst) deutet schon darauf hin. Begreifen hingegen ist Kontakt als solcher. Wir konnten fürs erste mit der langsamen Steigerung von Ellys Hörfähigkeit zufrieden sein – sofern sich das Wort »zufrieden« auf unsere Unterwasserexistenz anwenden läßt. Auf das Sprechvermögen selbst mußten wir warten.

Und was *taten* wir nun eigentlich während all dieser Zeit? Nicht sehr viel im Grund. Die Methoden, die wir ersannen, verdienten kaum, als solche bezeichnet zu werden. Doch sie richteten sich nach Ellys Möglichkeiten, und im übrigen mußten wir selbst erst lernen, wie man Elly helfen konnte, damit sie Laute mit Sinngehalten verband.

Wieder erwies es sich als positiv, daß wir vorher schon Kinder gehabt hatten. Die meisten Eltern autistischer Kinder haben dieses Glück nicht, denn die Störung scheint vornehmlich Erstgeborene zu befallen. Aber wir hatten bei drei Kindern den jeweils unterschiedlichen Prozeß des Sprechenlernens verfolgt, und wir wußten, wie man mit kleinen Kindern reden mußte. Das heißt, mit normalen kleinen Kindern; für Elly konnte ja nicht dasselbe gelten, da sie von alledem, was wir sagten, nur das wenigste aufnahm. Doch so groß war der Unterschied auch wieder nicht: Letzten Endes ist das, was man vernünftigerweise zu sehr kleinen Kindern sagen kann, ohnehin begrenzt. Bei Elly schrumpften die Möglichkeiten noch mehr zusammen. Aber wir würden sie nicht auf den Nullpunkt gelangen lassen. Wir mußten es vermeiden, ständig auf Elly einzuschwatzen, denn ein unveränderlicher Geräuschhintergrund wird leichter überhört als vereinzelte Laute – und die Sprache war für Elly grundsätzlich ein Geräusch. Doch sprechen mußten wir, ob sie uns hörte oder nicht.

Wir versuchten, einfache und unkomplizierte Dinge zu sagen und möglichst zu warten, bis Elly in unsere Richtung blickte. Wir sprachen so klar, wie wir konnten. Wir vermieden lange Sätze. Wir benutzten weitgehend Ellys eigenes Vokabular, wiewohl sie ja auch davon nur wenig zu begreifen schien. Wir achteten darauf, möglichst nur einen Ausdruck für eine Sache zu verwenden. Gewissenhaft erwähnten wir alle Gegenstände, die Elly benutzte oder mit denen sie spielte, oder solche, die sie im gleichen Augenblick zufällig beachtete; dennoch vergingen Monate und Jahre, und sie erwarb nur einen kärglichen Bruchteil davon. Ganz bewußt schickten wir unseren Spielen und Aktivitäten bestimmte Redensarten oder Ausrufe voraus; so kam es, daß ihr »Vokabular« mit vier Jahren nicht nur einfache Objektwörter enthielt, sondern auch feststehende Ausdrücke oder Lautverbindungen, die sich mit vertrauten Beschäftigungen oder Handlungen verbanden, so das »Da ist sie« des Versteckspiels oder das freudige »Hui«, mit dem sie die Rutschbahn hinunterschoß. Wir experimentierten mit Schwankungen der Lautstärke – ein lauter Ton würde ihre Aufmerksamkeit vermutlich leichter auf sich lenken; außerdem nistete immer noch eine gewisse Furcht in uns, sie könne zumindest teilweise taub sein. Später, als ihr Schutzwall etwas niedriger wurde, entdeckten wir, daß sie selbst auf ein Flüstern zu antworten fähig war, aber in den ersten Jahren achteten wir darauf, sie aus der Nähe und mit etwas gehobener Stimme anzusprechen.

Wir fanden heraus, daß neben der Lautstärke bei Elly auch eine bestimmte Art wohlwollender Aggressivität wirkte. Wir lernten es von anderen. Von selbst wären wir um so weniger darauf gekommen, als man bei einem verschlossenen Kind instinktiv eher sanfte, zurückhaltende Methoden für angezeigt hält. In dem Sommer, in dem Elly drei wurde, besuchte uns ein alter Freund mit seiner Frau – jener schon erwähnte Arzt, der selbst einen zurückgebliebenen Sohn besaß und uns an Dr. Blank verwiesen hatte. Natürlich betrachteten Fred und Joann unsere Elly mit besonderem Interesse. Joann wußte vieles, wovon ich nichts ahnte, und außerdem hatte sie bereits Methoden gefunden, um zu ihrem schwerfälligen kleinen Sohn vorzudringen, der augenscheinlich ganz anders war als die geschickte, flinke Elly. Fröhlich, lebhaft, aggressiv, begann Joann unsere Tochter mit höchster Lautstärke zu traktieren; und sie schrie dabei keine Wörter, sondern sinnlose Silben wie »ba-ba!« und »la-la!«. Und Elly hörte sie. Statt erschreckt zurückzufahren, wie man es vielleicht erwartet hätte, schaute sie sie an und lachte. Monate danach sagte sie noch immer »la-la!«.

Aber die Sprache ist nicht das einzige lautliche Gebiet, das Bedeutungsgehalt besitzt. Es gibt auch noch die Musik. Eines der besten Argumente gegen echte Taubheit war in Ellys Fall, daß sie allem Anschein nach von Anfang an Töne hatte hören können, wenn ich Klavier spielte. Doch wie so oft bei ihr kam nichts dabei heraus. Sie verlor das Interesse an Musik, und erst ein ganzes Jahr später, kurz ehe sie drei wurde, merkte ich, daß sie wieder darauf reagierte.

Und auch bei dieser Gelegenheit waren es andere Menschen, nicht wir, die sie dazu anregten. Obwohl ich ihr regelmäßig vorsang und einige ihrer eigenen Laute nicht unmusikalisch klangen, hatte sie niemals selbst eine erkennbare Melodie gesungen. Aber als wir einmal bei Freunden zu Besuch waren – wir blieben eine Woche, so daß der Aufenthalt für Elly eine deutliche Unterbrechung der täglichen Routine bedeutete –, sang die halbwüchsige Tochter des Hauses Elly ein Lied vor, in dem ein Boot und Ruder vorkamen. Sie machte ein Spiel mit vielen Schaukelbewegungen darauf, und Elly war offenbar so davon angetan, daß sie es noch ein paar Wochen nach unserer Rückkehr sang; wir konnten sogar das Wort »Ruder« unterscheiden. Dann wurde es aus dem Repertoire gestrichen. Wir sangen es weiter, aber was Elly betraf, so existierte es nicht mehr.

In jenem Herbst bekamen wir eine Folksongplatte mit einfachen, ansprechenden Liedern, die Elly zu gefallen schienen. Wir legten sie oft auf, und einmal im Januar, Elly war dreieinhalb, meinte ich – und ich hätte es fast beschwören können – sie eines der Lieder singen zu hören. Um sie zu ermutigen, begann ich leise mitzusingen. Ich hätte es besser wissen müssen, hatten mir doch viele andere Erfahrungen gezeigt, wie wichtig es war, so zu tun, als bemerkte man Ellys Fortschritte nicht. Kaum hatte ich angefangen, hörte sie auch schon auf.

Doch meine unüberlegte Einmischung hatte ihre Sangesfreude nur gehemmt, nicht vernichtet. Sechs Wochen später sang sie das Lied wieder, vom Anfang bis zum Ende, und bis zum März jenes Jahres beherrschte sie fünf verschiedene Lieder, davon ein selbsterfundenes, und sie hatte auch das Lied von dem Boot wieder aufgegriffen. Sie sang gut und mit zunehmender Sicherheit und rhythmischer Perfektion. Und so, wie sie ein Jahr zuvor angefangen hatte, das simple Verlangen nach Essen zuzugeben, fand sie jetzt eine Methode, einen subtileren Wunsch zu äußern. Sie tat es natürlich nicht mit Worten und auch nicht durch eigenen Gesang kund – aber wenn sie wollte, daß ich ihr vorsänge, legte sie mir leicht die Hand auf die Lippen. Was ein ungewöhnlicher Fortschritt war.

Wir waren mit Dr. Blank in Verbindung geblieben. In jenem Frühjahr schlug er vor, Elly einen Plattenspieler mit fünfundvierzig Umdrehungen und einem massiven Arm zu kaufen, den Kinder leicht handhaben könnten. Diese Vorsichtsmaßnahme war völlig unnötig: Wir kauften einen gewöhnlichen Apparat, und schon am ersten Tag wechselte Elly die Platten und steckte sie sorgfältig wieder in das zugehörige Album; sie unterschied die einzelnen Schallplatten vermutlich nach Farbe und graphischer Gestaltung der Hülle. Ich hatte bis zum nächsten Tag warten wollen, um ihr zu zeigen, wie der Apparat funktionierte. Aber plötzlich hörte ich aus Ellys Zimmer im ersten Stock Schallplattenmusik; sie hatte keine Belehrung gebraucht. Es schien tatsächlich alles eine Frage der Bewertung zu sein – was sie für wichtig hielt, konnte sie ebenso schnell lernen wie ein normales Kind.

In jenem Jahr nahm die Musik einen wesentlichen Platz in Ellys Leben ein. Wir fanden es nur etwas entmutigend zu sehen, daß Ellys Vorliebe denselben obsessiven Charakter hatte wie jede andere ihrer bisherigen Interessen. Drei volle Monate lang ließ sie täglich die ›Dreigroschenoper‹ ablaufen. Doch insgesamt war die Entwicklung positiv. Wir merkten bald, daß es sich bei Ellys neuerwachter Fähigkeit zu singen nicht lediglich um eine der sattsam bekannten, ständig wiederholten autistischen Aktivitäten handelte, die hinter hohen Mauern geübt wurden. Ganz im Gegenteil: Der Gesang eröffnete einen unerwarteten Weg der Kommunikation.

Ohne es recht zu wissen, hatten wir dafür ein Jahr zuvor die Grundlage geschaffen. Wir singen gerne, mein Mann und ich. Wir haben allen unseren Kindern vorgesungen und Elly vielleicht besonders oft, weil wir weniger mit ihr sprechen konnten. So hatten wir beispielsweise ein spezielles Gutenachtlied und ein anderes, dessen Melodie besonders einfach war, für Autofahrten:

> Wir fahren mit dem Auto
> Wir fahren mit dem Auto
> Elly und Mama
> fahren mit dem Auto

Dabei ließ sich »Mama« durch andere Familienmitglieder ersetzen, und wir dachten, daß dies Elly vielleicht helfen könnte, die Namen ihrer Geschwister zu behalten, wiewohl es nicht so aussah, als ob sich diese Hoffnung erfüllen würde. Elly wurde auch fast fünf, bis sie endlich Namen lernte, aber »Wir fahren mit dem Auto« war eins ihrer ersten Lieder. Merkwürdigerweise sang sie es das erstemal nicht im Auto, sondern zu Hause, einen Tag, nachdem ich den simplen Text gesprochen hatte. Das war der Anfang einer seltsamen und ermutigenden Entwicklung, die »Ellys Leitmotive«, wie wir sie später nannten, sichtbar werden ließen. Wir merkten, daß dieses sonderbare Kind, das nicht einmal das einfachste Wort zu erfassen vermochte, Melodien aufnehmen und sie einer Idee dienlich machen konnte.

Melodien wurden für Elly Worte. ›Ringel-, Ringelreihen‹ war die erste. Sie war in jenem Frühling dreidreiviertel Jahre alt, und sie hatte das Spiel schon seit vielen Monaten gekannt. Jetzt aber griff sie seine Melodie auf und benutzte sie spontan, um Kinder zu bezeichnen, die einen Kreis bildeten, dann wandte sie sie auf einen Kreis schlechthin an. Auf die ersten

Noten reduziert, benutzte sie die Melodie über ein Jahr lang zur Bezeichnung kreisförmiger Gegenstände.

Andere Leitmotive folgten. ›Happy birthday‹ bedeutete Kuchen und im weiteren auch Kerzen und Feuer. Das Auf und Ab der Tonleiter beschrieb Treppen. Wir fanden heraus, daß wir unsere Kommunikation mit ihr erweitern konnten, indem wir neue Leitmotive vorschlugen. Sie nahm diese viel leichter auf als Worte, und sie behielt sie auch. ›London Bridge‹ wurde ein Motiv für Brücken; das Zwergenlied aus ›Schneewittchen‹ diente dazu, das Verb »graben« zu illustrieren. Obwohl sie jetzt viele Lieder beherrschte, sang sie ihre Leitmotive nie ohne Anlaß oder um der reinen Liedqualitäten willen. Sie sang sie auch nicht mit musikalischem Gefühl wie die anderen, sondern schnell, schematisch, funktionell – eben gut genug, damit sie ihren Zweck als Kommunikationsmittel erfüllten. Musik verschaffte ihr Zugang zu Worten, denn natürlich barg jedes Leitmotiv einen verbalen Keim in sich. Sie hatte das Auto-Lied zum erstenmal aufgegriffen, nachdem ich den Text *gesprochen*, nicht gesungen hatte. Das einzige musikalische Motiv, dessen verbaler Inhalt keinerlei Verbindung mit der entsprechenden Situation zu haben schien, zeigte, als wir es endlich begriffen, deutlicher als alle anderen den verbalen Inhalt von Ellys Musik. Lange konnten wir uns nicht erklären, weshalb Elly mit vier Jahren immer das französische Volkslied ›Alouette‹ sang, wenn wir sie nach beendeter Haarwäsche kämmten. Erst als sie über sechs war und viel flüssiger sprach, lösten wir das Rätsel: »Alouette« kam »all wet« (ganz nass) gleich – Wörtern, die sie mit vier weder gesagt hatte noch zu verstehen schien. Doch zweifellos hatte sie die Laute aufgenommen und über die Musik einen Zusammenhang hergestellt, den sie verbal nicht herstellen konnte oder wollte.

Die Musik vermittelte mir auch manchmal einen Einblick in ihr Denken, den mir Worte noch nicht eröffneten. Ich schreibe hier ein bemerkenswertes Ereignis nieder, so, wie ich es damals in meinem Tagebuch aufzeichnete. Es fällt lediglich ein bißchen aus dem chronologischen Rahmen, denn Elly war zu jener Zeit viereinhalb.

»Heute *hörte* ich Elly denken. Es war wie bei Wagner: Brunhilde singt, und gleichzeitig erklingt aus dem Orchester das Walhalla-Motiv, und man weiß, daß sie an Walhalla *denkt*, obwohl sie von etwas ganz anderem singt.

Elly und ich spazierten über das College-Gelände. Wir kamen mit dem Fahrrad und stellten es an einem Schuppen ab. Dann gingen wir ein Stück zu Fuß und kehrten zurück. An der Stelle, wo der Pfad abzweigte, der uns wieder zu dem Fahrrad geführt hätte, beschloß ich, den Spaziergang noch etwas zu verlängern und einen kleinen Umweg zu machen. Als wir an der Abzweigung vorbeigingen, sang Elly ganz leise – für sich, nicht für mich – einen oder zwei Takte von ›Riding on the bike‹ (Mit dem Fahrrad fahren). Es war offenkundig, daß sie sich überlegte, wie wir wohl auf diesem Pfad zu unserem Fahrrad gelangen könnten. Ich sagte ihr, wir würden das Fahrrad gleich wiederfinden, und sie schien mich zu verstehen, denn sie lief munter weiter. Ein paar Minuten später stellte sie mit ihren viereinhalb Jahren ihre erste Frage: Als wir um eine Wegbiegung kamen, gab sie – nicht in Melodienform – eine Reihe Laute von sich, aus denen ich ganz klar den *Rhythmus* von ›Riding on the bike‹ heraushörte, und sie endete mit einem deutlichen Steigen der Tonhöhe, wie sie es noch nie gebraucht hatte. Es war, als hätte sie mich gefragt, wann wir denn nun zu unserem Fahrrad gelangen würden. Ich versicherte ihr noch einmal, daß wir bald da seien, und sie war fröhlich und zufrieden, bis wir den Schuppen erreichten.«

Nur wer mit einem von Mauern umgebenen Menschen gelebt hat, kann ermessen, was diese Erweiterung der Kommunikationsmöglichkeiten für uns bedeutete, auch wenn sie noch so rudimentär war (und blieb). Für Musik schien jene Barriere, die noch immer zwischen Elly und Worten stand, schon nicht mehr zu existieren. Und das war sehr wesentlich, denn nach unserer Überzeugung – zuerst war es nur eine Hoffnung gewesen – mußte es andere Barrieren in Mitleidenschaft ziehen, wenn eine fiel.

Wogegen man bei Elly am schwersten ankam, war ihre Unfähigkeit zu sprechen und zu verstehen. Wir konnten mit gewissem Erfolg langsam auf Körperbeherrschung und bestimmte Fertigkeiten hinarbeiten und das visuelle Wahrnehmungsvermögen zu erweitern suchen. Aber viel wichtiger wäre es gewesen, über das Gehör zu einer Kommunikation zu gelangen. Das Sprechvermögen ist eine offene Pforte. Die

Person, die nicht sprechen kann, ist eingekerkert, und wer nicht zu sprechen gewillt ist, lebt in einer von Wällen umgebenen Festung. Wer will bei Zwei-, Drei-, Vierjährigen feststellen, zu welcher Kategorie sie gehören oder ob überhaupt ein Unterschied vorhanden ist?

Das Sprechvermögen war von entscheidender Bedeutung: Es bestimmte über die Zukunft. Für autistische Kinder, die mit fünf Jahren noch keine sinnvolle Sprache entwickelt hatten, lautete nach Kanners Erfahrung die Prognose »sehr schlecht«. Man brauchte uns nicht zu erläutern, was »sehr schlecht« hieß; wir wußten, daß ein wesentlicher Prozentsatz von Kanners Patienten als funktionell Schwachsinnige in Institutionen eingewiesen worden waren. Angesichts einer so geringen Anzahl erfaßter Krankheitsfälle war es allerdings nicht gut, in statistischen Begriffen zu denken, und noch schlimmer war es, sich auf einen zu genauen Zeitpunkt festzulegen. Und dennoch – so weit wir die Zahl fünf auch in unserem Gedächtnis zurückdrängten, sie blieb darin haften.

Während ich schreibe, gliedere ich auf, unterteile, deute Beziehungen an. Ganz bewußt erwähne ich irgend etwas zuerst. Das ist unvermeidlich; um die Dinge zu berichten, muß ich sie aufgliedern. Ich muß analysieren, und indem ich analysiere, verfälsche ich. Analysierte Erfahrung ist nicht mehr gelebte Erfahrung. Schwäche, Blindheit, Taubheit, Isolation: Ich habe hier in vier Abschnitte geteilt, was im Grunde doch nur ein und dasselbe ist. Die folgenden Seiten befassen sich eingehend mit Ellys Isolation und den Methoden, die wir uns ausdachten, um diese Abkapselung zu durchbrechen, aber eigentlich handelt es sich nur um ein neues Kapitel über den gleichen Gegenstand.

Ellys Kontaktunfähigkeit ging aus allen bisher geschilderten Phänomenen hervor. Ob ich nun sage, daß Elly ihre Hände nur ungern gebrauchte oder daß sie anderer Leute Hände, ohne deren Existenz als menschliche Wesen zu beachten, als Werkzeuge benutzte – ich liefere auf jeden Fall nur zwei verschiedene Beschreibungen einer einzigen Realität. Elly nahm visuell nichts wahr und am allerwenigsten Menschen. Sie hörte nichts, aber was sie am wenigsten aufnahm, waren menschliche Stimmen, was sie am wenigsten verstand, waren die Worte und Belange anderer. Sie sprach nicht; es wäre merkwürdig gewesen, wenn sie es getan hätte. Ein Kind, das selbst seine Hände nur widerstrebend als Werkzeuge gebraucht, wird sich kaum bemühen, sich das wichtigste aller Werkzeuge, die Sprache, anzueignen, denn sie ist prinzipiell ja eine Bestätigung anderer – ein Zugeständnis des Bedürfnisses nach Kontakt und Zusammengehörigkeit.

Welche von Ellys Unfähigkeiten ist als primär anzusehen? Sollte man – was das Natürlichste scheint – das auffallendste Symptom hervorheben, die Isolierung im Selbst, die dem Autismus seinen Namen gab? Oder verlangen die Phänomene eine eingehendere Prüfung? Sollte man davon ausgehen, daß ein tieferliegender Defekt, der alle anderen erklären würde, vorhanden war – eine Unfähigkeit des Gehirns beispielsweise, Wahrnehmungen zu entschlüsseln oder verwertbar zu machen? War es möglich, daß ein kleines Kind angesichts einer Welt, in der ein unentwirrbares Chaos der Eindrücke sogar die Unterscheidung zwischen Objekten und Menschen erschwerte, sich zum Schutz gegen die Anarchie rundherum hinter Mauern verschanzte? Die Psychologen formulieren die Frage in ihrer eigenen Sprache: Was ist das Primäre, eine Affektstörung – eine Störung des Gefühls oder der Emotionen – oder eine Wahrnehmungsfehlfunktion? Doch selbst die Psychologen werden noch Jahre warten müssen, bis sie die Antwort kennen.

Glücklicherweise braucht man keine Antwort, um mit der Arbeit zu beginnen. Was ist das Primäre? Bei einem lebenden Organismus gibt es nichts Vorrangiges. Was immer man gegen eine von Ellys mangelnden Fähigkeiten unternahm, wirkte sich auf die anderen aus. Jedes Spiel, das wir spielten, jede Übung, die wir erfanden, damit Elly mehr Gebrauch machte von ihrem Körper, ihren Augen, ihren Ohren, ihrer Stimme, ihrem Verstand, trug außerdem dazu bei, die sorgsam gehütete Isolierung zu durchbrechen, die für ihre Umgebung der offenkundigste und bedrückendste Aspekt ihres Zustands blieb.

Andere Kinder sind gelähmt, taub, stumm – und sie wirken nicht nur so, sie sind es tatsächlich. Aber diese Kinder fühlen, reagieren, suchen Kontakte. Ganz gleich, mit welchem Gebrechen sie behaftet sind, irgendeine Kraft in ihnen treibt sie dazu, die Mauer zu durchstoßen, die ihre Behinderung zwischen ihnen und der Welt aufgerichtet hat. Sind sie blind, so erforschen sie ihre Umgebung mit den Fingern, sind sie taub, so greifen sie nach dem, was sie haben wollen, oder stoßen einen unartikulierten Schrei aus. Was soll man denken, empfinden und tun, wenn man sich vor einer Zweijährigen – der eigenen Tochter – sieht, die keine Neugier zeigt, sich niemandem nähert, die weder feindliche Gefühle noch Zorn zum Ausdruck bringt und nichts begehrt?

Das autistische Kind ist sich selbst genug. Seine gesamte Tätigkeit oder Untätigkeit ist darauf ausgerichtet, diesen Zustand unverändert zu belassen. Doch was uns, die wir in dieser Zeit der extremsten Abkapselung mit Elly lebten, beeindruckte, war nicht, wie man annehmen könnte, ihre Unzulänglichkeit, sondern eher die Tatsache, daß sie mit ihrer Umwelt außerordentlich leicht fertig wurde. Sie hatte Mittel und Wege gefunden, um sich eine Welt zu sichern, mit der sie es aufnehmen konnte, und war das gelassenste aller »gestörten Kinder«. Eine normale Zweijährige erfährt an einem Tag mehr Unruhe und Frustration als Elly in einer Woche.

Ellys Unvermögen auf allen Gebieten wirkte zusammen, um die Umwelt ihren Bedürfnissen anzupassen. Wenn man sich mit achtzehn Monaten dazu entschließt, den Rest seines Lebens auf einer Decke sitzend zuzubringen, dann hat man keinerlei Probleme zu befürchten. Riskiert man es hingegen, aufzustehen, herumzulaufen, Dinge zu begehren, sich gefühlsmäßig an andere zu binden, die Welt zu erkunden und in ihr aktiv zu werden – kurz, akzeptiert man sein Menschsein –, *dann* hat man Probleme. Wie wir alle. Vielleicht sollten wir uns eher wundern, daß ein normales Baby sich so willig in diese rauhe Welt einfügt.

Aber was hätte Elly mit dreizehn, fünfzehn, achtzehn Monaten tatsächlich *beschlossen* haben sollen? Einem Kleinkind Entscheidungen zu unterstellen ist widersinnig. Doch während wir mit diesem Baby lebten, Monat für Monat, sah es fast so aus, *als ob* eine derartige Entscheidung getroffen worden wäre.

Wer dem Ideal totaler Selbstgenügsamkeit huldigt, hat sie bestimmt noch nie selbst erlebt. Das geheimnisvolle Lächeln mag an Buddha erinnern, auf dem Gesicht eines kleinen Kindes wirkt es monströs. Heftige Sehnsüchte und Begierden zu entwickeln, mag auf die Dauer Kummer eintragen, aber es gehört nun einmal zum Menschen. Daß Elly nie etwas begehrte, war das Schlimmste von allem. Und hier setzten wir an. Es war auch noch schlimm für uns, als sie – zuerst selten, dann häufiger – nach etwas verlangte und einen fremden Arm zu dem begehrten Objekt dirigierte. Doch es war besser als totale Wunschlosigkeit.

Mit der Zeit wich der diktatorische Griff einer federleichten Berührung, einem ganz schwachen Druck – gerade ausreichend, um die gewünschte Wirkung zu erzeugen. Das zu akzeptieren war einfacher. Wir konnten diese neue, sanfte Note als ein Zeichen dafür auslegen, daß sie sich anderer Menschen und ihrer Gefühle bewußt zu werden begann. Dies war eine ermutigende Betrachtensweise. Aber es ließ sich ebenso als eine Anwendung des von Elly intuitiv erfaßten Prinzips der geringstmöglichen Anstrengung erklären. Eine bloße Berührung reichte nun aus, um Elly das zu beschaffen, was sie sich wünschte. Und daß wir uns Elly anpaßten, hieß nicht unbedingt, daß sie sich auch uns anpaßte.

Eine schwedische Mutter, die von einem ähnlichen Fall berichtete, nannte ihr kleines Mädchen »das Kind in der Glaskugel«. Was ist die Aufgabe derer, die versuchen, das Unantastbare zu berühren? Wie soll man die Welt begehrenswert für jene gestalten, die sie nicht begehren? Man lockt mit einer Blume, einer Stoffpuppe, Süßigkeiten. Man zeigt auf einen Vogel. Alles wird ignoriert – diesmal, das nächste und das übernächste Mal. Wie kann man mitteilen, daß Berührung, Sehen und Hören Freude verheißen, daß die Welt den belohnt, der sich für ihre mannigfaltigen Gesichter interessiert? Wie – die zermürbendste Frage von allen – kann man zu jener ummauerten Seele mit der Botschaft durchdringen, daß andere Menschen existieren, daß sie herzlich und liebevoll sind und einander brauchen?

Man bereitet eine Invasion vor. Eine Invasion ist nicht leicht. Es gibt Skrupel – besonders für den, der selbst Zurückhaltung, Beherrschung und Abwehr schätzt. Es gibt Risiken – daß man dem Geschöpf, dem man helfen will, Schaden zufügt, indem man es zu heftig bedrängt. Oder daß man gegen die ständige Teilnahmslosigkeit, die man so leicht als Zurückweisung interpretieren kann, unzulänglich gewappnet ist. Es ist nicht einfach, in ein Gebiet einzudringen, wo man, wie man mit Grund annehmen kann, weder gebraucht wird, noch erwünscht ist; und es ist nicht einfach, immer zuversichtlich daran zu glauben, daß das, was man anzubieten hat, überhaupt erlangenswert ist.

Glücklicherweise ist alles, was wir tun, im Grunde höchst simpel, so simpel, daß wir unsere Skrupel und Zweifel überwunden haben – denn letztlich spielen wir ja nur mit einem Kind.

Man legt sich ganz einfach auf den Boden neben Elly, während sie, in eine ihrer absurden Aktivitäten vertieft, dasitzt, damit man sich auf einer Höhe mit ihr befindet, wenn sie aufblickt; und unsere Hand ist bereit, eine kleine Veränderung in dem Schema ihrer Tätigkeit vorzunehmen, auf die Elly dann reagiert oder auch nicht. Oder man steht neben ihrem Gitterbett, jenem Symbol ihrer Zurückgezogenheit, in gewisser Hinsicht zugleich Refugium und beliebtes Spielzeug. Ist sie

erst einmal da, so wird das Bett eine Erweiterung ihres Körpers; sie kann sich darin herumwerfen, hüpfen, federn, einen
Fuß in der Luft vielleicht, und wenn sie müde wird, sich wiegen
und schaukeln, bis sie einschläft. In ihrem Bett löst sich ihr ge-
spanntes Auf-der-Hut-Sein; sie ist zu Hause. Dieses Kinderbett ist ein Modell ihrer Festung. Es ist ein ausgezeichneter
Ort, um einfache, Kinder ansprechende Spiele zu spielen. Man
imitiert zum Beispiel mit der Hand ein Tier. Daumen und drei
Finger krabbeln an der Bettkante entlang. Der vorgestreckte
Mittelfinger vibriert, folgt schnüffelnd einer Spur. Wohlge-
borgen hinter ihrem Gitter, schaut Elly interessiert zu. Das
Tier läuft, bleibt stehen, läuft weiter. Als Ellys Aufmerksamkeit erlahmt, fängt es an herumzutollen, springt über die
Brücke, die der andere Arm baut, auf Ellys Schulter, um sie im
Nacken zu kitzeln, und Elly lacht. Ihr gefällt dieses Spiel, das
die Spezialität ihres Vaters ist. Bald hält sie ihren eigenen Arm
hin, damit das Tier hinauflaufen kann. Sie streckt den Fuß aus,
um den Kinderreim zu hören, nach dem ihre Zehen abgezählt
werden, ihre Hand, auf deren Fläche ein anderes Spiel vonstatten geht, und alle diese Spiele enden mit einem Kitzeln und einem vergnügten Aufkreischen. In diesen Augenblicken erscheint Elly einfach kindlich. Aber bei jedem anderen Kind
werden die Spiele komplizierter, führen irgendwohin. Unsere
Spiele sind nicht wertlos, wir haben auch Spaß daran. Während
wir sie spielen, scheint ein Kontakt zwischen Elly und uns zu
bestehen. Doch sobald wir aufhören, verkriecht sie sich wieder
in sich selbst. Sie akzeptiert den Anreiz, aber wenn er endet,
vermißt sie ihn nicht. Wohin gelangen wir von hier aus? Man
kann sie nicht den ganzen Tag kitzeln.

Elly liegt mit dem Gesicht nach unten auf dem Boden, die
Beine wie ein Frosch seitlich abgewinkelt. Sie ist unter einer
Decke und völlig unsichtbar, aber ich kenne die Stellung und
den gleichmäßigen Atemrhythmus, der dazu gehört. Sie ist
mir entrückt, sie braucht mich in keiner Weise. Ich kauere
mich neben sie, bereit, in ihre Welt einzutreten, sobald sie es
will. Meine Finger stehlen sich unter die Decke, dann meine
Hand. Keine Reaktion. Mein Kopf folgt. Elly weiß, daß ich
da bin. Jetzt haben wir uns beide von allem, was uns umgibt,
zurückgezogen, aber wir sind einander nahe. Wir sind in eine
tiefinnerliche, warme, dunkle Geborgenheit gehüllt, die ein
körperlicher Ausdruck anspruchsloser Intimität ist. Hier gibt

es keine Schwierigkeiten, nichts zu tun, nichts zu sagen. Man braucht nur Muße und die Bereitschaft, eine geraume Weile unter der Decke zuzubringen.

Wir machten ein Spiel daraus, die Decke plötzlich zu lüpfen, um Elly darunter zu »entdecken«. Als sie zwei war, konnten wir sie zu jenem Versteckspiel bewegen, das wir, als sie zehn Monate alt war, vermißten, und sie gab dazu sogar ein paar »Da ist sie«-Laute von sich. Mit der Zeit gingen wir weiter, aber nur ein bißchen. Allmählich schien sie mich gerne in ihre Abgeschlossenheit aufzunehmen. Mit dreieinhalb erfand sie sogar selbst ein neues »Entdeckungsspiel«: Sie ist in einem Wandschrank, ich muß die Tür öffnen. Besser noch, wir beide sitzen still in dem dunklen Wandschrank, die Tür ist zugezogen – sie und ich, dicht nebeneinander, alle anderen ausgesperrt. Wir tun das selbst heute noch manchmal.

Eine seltsame Tatsache half uns bei unserer Arbeit. Wir erlebten es mehr als einmal; etwas Ähnliches vollzog sich auch bei der bereits beschriebenen Begegnung mit Joann. Doch es hatte früher schon so etwas gegeben: Irgendein großer, lauter, herzlicher Vatertyp besuchte uns sporadisch auf der Durchreise, sah unsere kleine Elly, von deren Zustand er nichts wußte, und schwenkte sie hoch, drückte und kitzelte sie, während sie entzückt aufkreischte und kicherte wie jedes andere Kind. Einmal sah ich bei einem solchen Besuch erstaunt, wie Elly – die unzugängliche Elly – vom Boden aufstand, zu dem Fremden ging und auf seinen Schoß kletterte. Eineinhalb Jahre später, als wir Elly zu ihrer zweiten Krankenhausuntersuchung brachten, erinnerten wir uns an seine magische Wirkung und nahmen Elly mit zu ihm. Doch sein Zauber hatte sich verflüchtigt. Er wußte inzwischen, daß irgend etwas mit ihr nicht stimmte, und behandelte sie so, wie es jeder intelligente, sensible Mensch tut – zartfühlend, behutsam, vorsichtig. Elly sah ihn gar nicht.

Was sollten wir aus der Tatsache machen, daß Elly gerade auf eine rauhe Initiative reagierte, von der man gemeint hätte, sie fände sie abstoßend? Invasionen werden vom Glauben getragen. Wir sind nie Menschen mit einer angeborenen Glaubensfähigkeit gewesen, und Glaube fand hier auch kaum einen Ansatzpunkt. Während wir unentwegt Ellys hohe Mauer bestürmten, half uns deshalb die Tatsache, daß wir sie auf Invasionen sehr positiv hatten reagieren sehen. Es hielt uns aufrecht, daß sie sich, wiewohl sie selbst nicht die Initiative ergreifen konnte, darüber freute, wenn ein anderer sie ergriff.

Jedesmal, wenn wir einen neuen Vorstoß unternahmen, indem wir ihre Hand ergriffen – so wie sie unsere ergriff –, sie hochhoben, ihre so beharrlich schlaffen Finger manipulierten, ermutigte uns der Gedanke, daß wir in der Burg vielleicht auf einen Freund zählen durften, eine fünfte Kolonne, die uns zwar nicht beistehen konnte, aber immerhin unseren Sieg erhoffte.

Wir mußten lernen, was Schauspieler wissen – Schauspieler und gute Lehrer: daß es gilt, jede etwa vorhandene Kluft zwischen einem selbst und dem Gegenüber, sei es ein Publikum oder ein einzelnes Kind, zu überbrücken; dabei muß die Anstrengung stets vom Akteur ausgehen. Und das einzige Material, das eine solche Brücke bauen kann, ist die Kraft der eigenen Persönlichkeit. Man muß sich auf eine Weise geben, die einem vielleicht, wenn man das Schauspielern noch nicht gelernt hat, übertrieben oder unnatürlich erscheint. Daran darf man sich aber nicht stoßen. Mit der Zeit lernt man, starke und leise Töne zu gebrauchen, Laute und Schweigen, Nachdruck, Tempowechsel, Gesten. Und da die Distanz, die man zu überbrücken sucht, nicht – wie beim Schauspieler – eine räumliche ist, kann man Mittel anwenden, die dem Mimen nicht zu Gebote stehen. Man kann Überraschungseffekte durch eine physische Annäherung erzielen; man kann die Aufmerksamkeit fesseln, indem man sich der Berührung bedient, die so vielfältig differenzierbar ist wie die Stimme. Es gibt zahlreiche Möglichkeiten; man findet sie, wenn man nach ihnen Ausschau hält. Aber auf irgendeine Weise schickt man seine Persönlichkeit in das wartende Vakuum hinaus. Man wird Torheiten begehen, sich lächerlich machen. Doch auch das läßt sich nicht vermeiden. Früher als man glaubt, gewöhnt man sich daran.

Es ist Verführung, darüber muß man sich im klaren sein. Man geht mit allem Charme, den man einzusetzen hat, ungefragt und ungebeten daran, eine andere Person dazu zu bringen, daß sie einen liebt. Wenn das, was man tut, mehr als Verführung sein soll, dann muß man die Verantwortlichkeit der Liebe auf sich nehmen. Man muß die Tatsache akzeptieren, daß Liebe bindet. Es darf kein Versprechen angedeutet werden, das man nicht zu erfüllen gewillt ist. Man kann ein solches Kind nicht aus seiner Burg herauslocken und dann nicht da sein. Man muß darauf gefaßt sein, daß Abhängigkeit die Isolierung wohl zu mildern vermag, sie aber nicht ganz vertreibt.

Natürlich spielte Elly die meisten Spiele mit mir. Sie hätte in ihrem Bruder, ihren Schwestern und vor allem ihrem Vater begabtere Spielpartner gehabt, aber sie waren zu viele Stunden des Tages nicht zu Hause. Ich war ihre ständige Spielgefährtin, und im ersten Jahr unserer Bemühungen wurde sie in zunehmendem Maße abhängig von mir. Sie schlief jetzt nicht mehr stundenlang, sie krabbelte auch nicht mehr allein im Garten herum. Zuerst war ich es, die sich dort einfand, wo sie war; dann begann sie mir überallhin zu folgen, bis es schließlich nur noch selten vorkam, daß wir uns in verschiedenen Räumen aufhielten. Sie wollte nicht einmal mehr, daß sich andere Kinder an unseren Spielen oder Spaziergängen beteiligten. Ich sah dieses neue Abhängigkeitsverhältnis mit gemischten Gefühlen entstehen, aber die Freude behielt die Oberhand. War es doch letzten Endes genau das, was wir angestrebt hatten – daß sie kontaktfähig würde. Sie sonderte sich ohnehin noch immer allzu leicht ab. Wenn keine anderen Kinder anwesend waren, die einen Teil meiner Aufmerksamkeit beanspruchten, war sie auch jetzt noch imstande, mich völlig zu ignorieren. Ich konnte das Haus verlassen, ohne daß sie das auch nur beachtet hätte. Ich konnte nach einem Tag wiederkommen und dann ein paar Minuten lang mit ihrem Vater oder ihren Geschwistern sprechen, ohne daß sie sich, wenn sie auf dem Boden spielte und mir den Rücken zugekehrt hielt, beim Klang meiner Stimme umdrehte.

Obwohl Elly zu selbständigem Spielen unfähig war, hatte sie es gern, wenn jemand für sie ein Spiel inszenierte. Die meisten unserer Spiele habe ich schon geschildert. Aber es gab eines, das ich bisher unerwähnt ließ, weil es keine bestimmte Fertigkeit verlangt: unser Spiel mit Stofftieren und Puppen. Ich hoffte, das Puppenspiel könnte Elly das Tor zum gesellschaftlichen Leben öffnen, dessen sie sich in keiner Weise bewußt zu sein schien.

Sie war fast drei, als es mir endlich gelang, ihr Interesse für eine Babypuppe zu wecken. »Interesse« ist vielleicht zuviel gesagt; sie schaute zu, während ich das Püppchen anzog, und ließ sich dazu herab, ihm die Kleider auszuziehen. Das Spiel ging mechanisch vonstatten: Elly wählte die Kleider aufs Geratewohl aus, ich zog die Puppen an, sie zog sie wieder aus. Das war alles. Aber ich konnte nicht mehr erwarten, denn trotz ihres ausgeprägten Farbensinns bezeigte Elly nicht das geringste Interesse für ihre eigene Kleidung. Wir beschäftigten uns mit der Puppe um die Schlafenszeit, doch war Elly nicht dazu zu bewegen, die Puppe zu Bett zu bringen. Erst als ich im Haus einer Freundin ein Puppengitterbettchen sah, kam mir der Gedanke, daß Elly, ganz auf ihr eigenes Gitterbettchen eingestellt, die Bestimmung dieses Puppenbetts vielleicht eher zu erkennen vermöchte als die der konventionellen Betten, in denen unsere Puppen schliefen.

Ich lieh mir das Bett und nahm es mit nach Hause. Es tat seine Wirkung sofort. Elly wurde gerade für die Nacht gewickelt, als sie es erspähte; kaum hatte sie die Windeln an, stieg sie herunter, trat an das Puppenbett und stellte einen Fuß hinein. Wir setzten uns beide daneben und zogen, wie gewöhnlich, Puppen an, als Elly aufstand, zu ihrem eigenen Bett ging, in das sie bereits ein Buch gelegt hatte – was zu ihren normalen abendlichen Vorbereitungen gehörte –, das Buch herausnahm und es zu dem Puppenbett trug. Sie versuchte es hineinzulegen, vergeblich, weil es viel zu groß war. Ich holte ihr ein Miniaturbuch, aber sie schob es beiseite. Für Elly war das Puppenbett kein Spielzeug, sondern ein lebensnotwendiges Möbelstück. Sie spielte noch eine Weile mit den Puppenkleidern und stellte dann wieder ihren Fuß in das nicht einmal fünfundzwanzig Zentimeter lange, winzige Bett. Als nächstes versuchte sie hineinzusteigen – für eine Dreijährige ein schwieriges Unterfangen, aber sie schaffte es, von mir gestützt, einen Moment darin zu stehen.

So wenig Interesse Elly bis dahin für derlei Spielsachen bekundet hatte, sie hatte sie doch noch nie mit realen Gegenständen verwechselt. Kein einziges Mal hatte sie Anstalten gemacht, sich auf einen Puppenstuhl zu setzen oder Puppenkleider anzuprobieren. Das Gitterbett war etwas anderes, wenngleich ich noch heute nicht begreife, warum. Vielleicht sprach es jenen geheimnisvollen tiefinnerlichen Teil von Elly an, der sich nach geschlossenen Räumen sehnte. Auf jeden Fall hatte ich das Gefühl, daß wir uns auf heiklem Boden bewegten und ich langsam vorgehen mußte. Ich zog also weiterhin die kleine Puppe an – das Spiel hatte nun seinen vierten

Monat erreicht –, ließ aber zwei Wochen verstreichen, bevor ich sie in das Gitterbett legte.

Elly schien gar nicht darauf zu achten. Sie hatte keine neuen Versuche gemacht, selbst in das Bett zu gelangen, und sich offenbar an seinen Anblick gewöhnt. Doch im stillen bildete sich eine Bereitschaft heran. Vier Tage vergingen, und jeden Abend legte ich als letztes die Puppe in ihr Bett. Am fünften Abend holte Elly entschlossen das alte Puppenbett aus einem Schrank und versuchte hineinzusteigen. Vielleicht war sie durch das Gitterbett darauf aufmerksam geworden – ich vermute allerdings, daß sie immer gewußt hatte, wozu es diente. Zufälle spielen bei Fortschritten eine große Rolle; es traf sich, daß der Holzrahmen des Bettes nicht mehr ganz intakt war, und ich brachte es zur Reparatur, ohne daß Elly protestiert hätte. Die Matratze blieb. Wie absichtslos legte ich das Puppenkopfkissen und die kleine Bettdecke darauf. Zu meiner Überraschung nahm Elly sofort eine zweite Bettdecke, legte sie sorgfältig auf die erste und glättete sie mit befriedigter Miene. Als ich ermutigt das Püppchen in das so vorbereitete Bett legen wollte, fand ich zu meinem Erstaunen bereits einen kleinen Teddybären unter der Decke. Endlich ein Moment echten Verstehens und zugegebenen Vergnügens. Elly lachte, tätschelte die Decke und sagte sogar »ni’-ni’« – (night-night, das heißt good night, gute Nacht) ihr einundzwanzigstes Wort. Triumphierend ließ sie sich zu Bett bringen.

Ich kann nicht oft genug betonen, wie langsam sich dieser Prozeß vollzog. Es war, als ob Elly und ich einander zu verbergen trachteten, worauf wir hinauswollten. Was für das Gitterbett zuviel verlangt schien, konnte in dem normalen Puppenbett akzeptiert werden, und noch besser offenbar auf der bloßen Matratze, denn als das Bett repariert war, sträubte sich Elly dagegen, daß die Matratze wieder an ihren Platz zurückkam. Zweimal in einer Woche bereitete Elly das Lager auf dem Boden. Der zweckentsprechenden Verwendung des Gitterbettchens waren wir allerdings keinen Schritt nähergekommen, wiewohl Elly womöglich noch faszinierter davon war als zuvor. Sie trug es mit sich herum. Sie füllte es mit Crackers. Doch sobald ich eine Puppe oder ein Stofftier hineinlegte, nahm sie sie wieder heraus. Es war, als ob – *als ob* – sie sehr gut wüßte, worauf ich hinsteuerte, mir aber, wie es eine ihrer Babysitterinnen ausgedrückt hatte, »den Gefallen nicht tun wollte«.

Wie sollte man vorgehen? Es war unmöglich vorherzusagen, auf welche Weise man einen Keil in diesen massiven Widerstand treiben konnte – unmöglich für mich; mit einer entsprechenden Ausbildung oder etwas mehr Naturtalent für die Betreuung von Kindern hätte ich vielleicht einen Plan ausarbeiten können. So tappten wir fast blindlings weiter.

Eines Tages – Wochen später – kam mir plötzlich die Idee, eine zu große Puppe in das Miniaturgitterbett zu legen. Der Kopf hing höchst unbequem heraus; das Mißverhältnis war augenfällig. Elly erblickte die Puppe und entfernte sie ganz automatisch, wie immer. Aber nach ein paar Minuten kam sie wieder. Sie schaute mir ins Gesicht, lachte und legte die Puppe wieder zurück – nicht die Babypuppe oder die kleinen Bären, die so gut hineinpaßten, sondern den übergroßen Eindringling, der so offenkundig nicht dahin gehörte. Für diese Puppe holte sie sogar Bettuch, Decke und Kopfkissen herbei, hellauf lachend, fröhlich und vergnügt – wie auch ich. Und am Ende (ich hab' dich erwischt, und ich tu' dir nicht den Gefallen) nahm sie, noch lauter lachend, das ganze Arrangement wieder auseinander.

Dies war der Höhepunkt eines Prozesses, der sich von dem Zeitpunkt an, als sie das Puppengitterbett zum erstenmal erblickte, über insgesamt siebenundfünfzig Tage hinzog.

»Sie will Ihnen nicht den Gefallen tun.« Die Babysitterin hatte bemerkt, daß Elly auf dem Autorücksitz gerne sang, wenn sie sich unbeobachtet glaubte, aber innehielt, sobald man sie anschaute. Wir alle hatten bemerkt, daß sie eine neue Melodie nur selten sofort sang. Meinem Kind schien der angeborene Nachahmungstrieb des Menschen also fremd zu sein. Was hatte der Imitationsvorgang an sich, das Elly zurückscheuen ließ? Sie *konnte* doch offenbar imitieren – die wenigen Wörter, die Melodien, die gezeichneten Figuren, ihre spärlichen Aktivitäten bewiesen das. Warum sträubte sie sich dagegen? Und weshalb zog sie es auf jeden Fall vor, erst eine gewisse Zeit verstreichen zu lassen? Eine Handlung läßt sich doch am besten unmittelbar nach ihrer Ausführung wiederholen. Elly benachteiligte sich durch den Aufschub ja nur selbst. Was für einen Sinn konnte er also haben?

Vielleicht, so dachte ich, sollte er die Isolierung bestätigen.

Wenn man eine Melodie spontan nachsingt, gibt man damit einen bestehenden Kontakt zu. Eine Sender-Empfänger-Beziehung. Wartet man eine Weile ab, so wird dieser Kontakt erfolgreich verschleiert. Die Aktion kann jetzt den Eindruck erwecken, ganz auf eigene Impulse zurückzugehen.

Ich begann mich auf Ellys Imitationsschwierigkeiten zu konzentrieren, doch es verging eine lange Zeit, bevor mir ein Gegenmittel einfiel. Der Einfall war nicht etwa besonders brillant – ich würde den Prozeß einfach umkehren – wenn sie mich nicht nachahmen wollte, dann würde *ich* sie eben nachahmen.

Ich begann in dem Herbst, nachdem sie drei geworden war. Damals schien eine allgemeine Bereitschaft zu einer Weiterentwicklung aufzukeimen; die ersten Bildbetrachtungsübungen, die Bemühungen mit Schaltern und Wasserhähnen, das Spiel mit Puppen – all das fiel in diese Zeit. Elly war nicht stumm. Zwar sagte sie nur selten ein Wort, aber sie brachte wenigstens typische Babylaute hervor. Diese imitierte ich nun gelegentlich, so gut ich es vermochte.

Nach etwa vier Monaten ahmte ich eines Tages fünf kurze Laute nach, die in gehobenem Tonfall endeten: »Ay-ah-ah-ah-AH!« Und diesmal reagierte Elly mit einer Wiederholung. Ich ahmte sie erneut nach. Sie lachte. Ich probierte noch zwei andere Laute aus, das explosive Ba-ba und das La-la, das sie von Joann gelernt und nie vergesen hatte. Sie imitierte sie sofort. Daraufhin riskierte ich alles und sagte »Auge«, das Wort, das sie so gut gelernt und dann aufgegeben hatte. Munter und fröhlich wiederholte sie auch dies.

Es war ein Kontakt zwischen uns entstanden – nicht durch Berührung, die man ja nur schwer ignorieren kann, sondern durch Laute. Ein großer Sprung vorwärts, so schien es, doch inzwischen wußten wir, daß Elly nicht sprunghaft fortschritt. Wir behielten das Spiel bei, und Elly hatte weiterhin ihren Spaß daran. Sie wählte gern schwierige Laute, als gefiele es ihr, sie anschließend von mir zu hören. Sie imitierte weitere unsinnige Silben. Aber sie sagte kein zweitesmal »Auge«. Überhaupt gelang es mir nach jenem ersten Tag nie mehr, sie über Laute an irgendein vergessenes oder noch benutztes Wort heranzuführen.

All dies – der unter die Decke gesteckte Kopf, das Puppenspiel, die Imitationsübungen – diente ein und demselben

Zweck: menschliche Kontakte zu fördern. Und es begannen sich allmählich kleine Beweise für einen gewissen Fortschritt anzusammeln. In den Wochen vor ihrem dritten Geburtstag erlebte ich all das, was ich jetzt aufzähle: Während eines Kitzelspiels stocherte sie plötzlich belustigt mit ihrem Finger auf *mich* ein. (Es geschah sechs Monate lang nicht mehr.) Sie gab mir ein Bonbon, wie etwas später in Dr. Blanks Sprechzimmer, und sie steckte es mir auch selbst in den Mund und beschränkte sich nicht darauf, meine Hand zu dirigieren. Nachdem ein älterer Herr ihre Hand gekitzelt hatte, hielt sie sie ihm noch einmal hin. Sie machte sogar ein wenig den Clown für ihn, wie es ein normales Kind getan hätte. An einem denkwürdigen Nachmittag umarmte sie spontan ihre Schwester. Drei oder vier Male schubste sie die Kinder, und zwar nicht auf die gleichgültige Stör-mich-nicht-Art, die wir gewohnt waren, sondern mit dem ersten Zorn und der ersten Feindseligkeit, die sie je gezeigt hatte. Es mag seltsam erscheinen, Zorn als Fortschritt anzusehen, aber der Gleichgültigkeit ist er vorzuziehen. Er wirft allerdings auch Probleme auf, besonders wenn er nicht zu Hause, bei den eigenen Kindern, zum Vorschein kommt, wo man vermittelnd und erklärend eingreifen kann, sondern bei anderen.

Von Anfang an hatte ich mich vor allem bemüht, Elly in Sozialsituationen einzuführen – sie mit Menschenansammlungen zu konfrontieren, in Geschäfte und zu Freunden mitzunehmen, besonders, wenn diese Kinder hatten. Es schien mir das vernünftigste, und es bereitete keinerlei Unannehmlichkeiten; dafür war Elly viel zu weltabgekehrt. Sie saß da und lief herum und spielte manchmal auch mit fremdem Spielzeug, während ich mich unterhielt und hoffte, daß ihre bloße Anwesenheit in einem sozialen Milieu schon gut für sie sei. Doch als Elly ein bißchen mehr aus sich herausging, brachte ihr Fortschritt Schwierigkeiten mit sich. Einmal beachtete sie plötzlich den kleinen Jungen einer Freundin, statt wie zuvor durch ihn hindurchzuschauen, und gab ihm ein Bauklötzchen. Wir waren natürlich hocherfreut. Aber durften wir uns noch freuen, als sie ihn später, ohne von ihm provoziert worden zu sein, mit unmißverständlicher Feindseligkeit umstieß? In der Theorie konnte ich feindliche Gefühle willkommen heißen; in der Praxis hingegen durfte ich Elly nicht dazu ermuntern, wenn wir uns weiterhin in der Gesellschaft bewegen wollten. Ich mußte ihr mit einem »Nein-nein« einen Klaps auf die Hand geben. Eine Woche danach schubste sie derselbe kleine Junge, und sie gab ihm den Stoß nicht zurück, sondern schlug sich statt dessen auf die Hand. Von da an beachtete sie kleine Kinder nicht mehr.

Dennoch war eine allgemeine Aufwärtsentwicklung festzustellen, die uns die unvermeidlichen Enttäuschungen ertragen half. Als Elly nahezu vier war, gab sie das Puppenspiel auf und ließ sich durch nichts mehr dazu verlocken. Andere Dinge nahmen seine Stelle ein. Die neuerworbene Fähigkeit, Späße zu machen, jemanden zu necken, verschwand nicht. Elly goß absichtlich Wasser über mich und lachte. Sie drehte das Licht aus, während wir gerade zu Abend aßen. Neckereien gehören an sich nicht zu den Aktivitäten eines autistischen Kindes.

Es gelang uns, ein paar auf Gegenseitigkeit beruhende Spiele einzuführen – Spiele, in denen Elly ihre Rolle übernehmen mußte. Elly, die noch sechs Monate zuvor einen Ball aus dreißig Zentimeter Entfernung teilnahmslos zu einem zurückgerollt hatte, holte ihn jetzt voll Begeisterung herbei, wenn man ihn mehrere Meter weit warf. Endlich konnte ich nun draußen das erleben, was mir bei den anderen Kindern soviel Freude gemacht hatte – daß ein kleines, lachendes Geschöpf aus fünfzehn Metern Entfernung herbeirannte, um sich in meine ausgebreiteten Arme zu werfen. Als Zweijährige hatte Elly mit mir allein Ringelreihen gespielt, wenn ich sie bei den Händen nahm und sie tanzen ließ; mit drei akzeptierte sie andere Familienmitglieder in dem Kreis; acht Monate später auch Fremde – es kam sogar vor, daß sie Straßenpassanten anschleppte, die mitmachen mußten. Es war jetzt nicht mehr schwer, sie mit Babysittern zusammenzubringen. Ich setzte sie dazu auf ihre Schaukel, stellte das neue Mädchen so auf, daß sie es vor sich hatte, und hielt mich selbst im Hintergrund, um die Schaukel anzustoßen. Das rhythmisch wiederholte Sich-Nähern und -Entfernen schien eine flexible menschliche Beziehung anzudeuten, aus der man sich stets zurückziehen konnte, so wie die Schaukel jedesmal wieder zurückschwang. Jahrelang achtete ich darauf, daß immer jemand vor ihr stand, wenn sie schaukelte. Ich nutzte jede Chance für eine wechselseitige Aktivität. Elly sah mir gern beim Bettenmachen zu. Es war gar nicht so schwer zu erreichen, daß sie ihre Hände bewegte und mir die Kopfkissen brachte – der Anfang eines Trainings, das mir bereits ein Jahr später ermöglichte, »Bring mir« zu sagen. Es wirkte alles zusammen. Sprache, Verstehen, der Gebrauch der Hände, soziale Kontakte waren untrennbar miteinander verbunden. Das eine förderte das andere. Elly blieb zwar weiterhin ein fremdartiges Geschöpf, wurde in manchen Bereichen sogar immer fremdartiger. Aber sie war uns nähergekommen.

Eines Tages – sie war ungefähr vier Jahre alt – ließ sich ihr Bruder auf ein Bett fallen. Elly, die sechs volle Monate lang keine Puppe mehr zu Bett gebracht hatte, deckte ihn fürsorglich zu. Mir stiegen Tränen in die Augen. Das war das Ziel, auf das wir hingearbeitet hatten.

Ein paar Wochen später fingen wir wieder zu zeichnen an. Ich zog einen Kreis und gab Elly den Buntstift. Mit schwachen, aber sicheren Strichen setzte sie vier Merkmale ein: zwei Augen, Nase, Mund. Wie nebenher zeichnete sie dann einen Rumpf dazu und Arme und Beine. Elly, deren Augen sechs Monate zuvor kein Bild erfassen konnten, deren Hände zu schwach gewesen waren, um einen Bleistift zu führen, hatte gezeichnet, kein Dreieck oder ein E, sondern eine menschliche Gestalt.

Am nächsten Tag machte sie den zweiten Versuch, und diesmal steuerte sie auch den kreisförmigen Kopf bei. Ihr Material war der Sandhaufen, ihr Gerät ein Stock; sie verwischte ihr Werk sofort. Ich mußte viele Monate warten, bis sie wieder zeichnete. Aber immerhin blieb mir diese tröstliche Erinnerung.

Das also waren Ellys vier erste Lebensjahre. Die Tage eines autistischen Kindes sind so leer, daß man kaum mehr als hundert Seiten braucht, um den Zeitraum, der bei einem normalen Kind der erfahrungsreichste ist, nahezu vollständig zu erfassen. Inmitten unseres geräuschvollen, aktiven Haushalts existierte Elly – eine kleine Insel weltabgekehrter Einfalt –, und um sie herum spielte sich unser Leben ab.

Ich kenne die Frage gut: »Ist es nicht schwer für die anderen Kinder?« Ja, es ist schwer für die anderen Kinder. In den ersten schlimmen Jahren war es sogar sehr schwer. »Warum spricht Elly nicht?« – »Ich war kleiner als sie, als ich zu sprechen anfing, nicht wahr?« – »Ist Elly zurückgeblieben?« – Die Kinder spürten natürlich, daß etwas nicht stimmte, und es bedrückte sie, nicht zu wissen, was es war. Aber wir kannten die Antwort auf ihre Fragen ja selbst nicht.

Es war bitter für sie, daß ein hübsches Baby, mit dem sie so gerne gespielt, dem sie so gerne Liebe geschenkt hätten, durch sie hindurchschaute. Es war traurig für einen kleinen Jungen von sechs Jahren und ein neunjähriges und ein zehnjähriges Mädchen, sich voll Eifer ein Geschenk für das erste richtige Weihnachtsfest ihrer zwei Jahre alten Schwester auszudenken und befürchten zu müssen, daß sie weder dem Gegenstand noch ihnen selbst auch nur einen Blick gönnen würde. Es war schwer zu lernen, aggressiv zu sein und doch auch wieder nicht allzu aggressiv, zu wissen, wann man das Schwesterchen kitzeln sollte und wann man aufhören mußte. Sara, die Elly von Anfang an als »ihr« Baby betrachtet hatte, schöpfte aus dieser besonderen Beziehung ein gewisses Selbstvertrauen. Es war leichter für sie, die Initiative zu ergreifen, als für die nicht so dominierende Rebecca oder für Matthew, der selbst noch klein war. Sara konnte Elly dazu bringen, sie anzuschauen. Sie verstand es, Elly wirkungsvoll zu kitzeln, mit ihr umzugehen. Den kleineren Kindern fiel es schwerer, sich aufzudrängen, wo sie nicht erwünscht waren. Deshalb achtete Elly auch mehr auf Sara als auf die anderen beiden. Viel Aufmerksamkeit schenkte sie allerdings keinem ihrer Geschwister. Und es ist sehr schmerzlich, sich jemandem zu nähern und zurückgestoßen zu werden. In unterschiedlichem Maß litten sie alle darunter.

Doch Kinder gewöhnen sich daran, übersehen zu werden – es beschäftigt sie so vieles, daß die Frage, ob sich ihre kleine Schwester für sie interessiert, niemals vitale Bedeutung erlangen kann. Elly gab nichts, forderte aber auch nichts. Sie nahm keine sehr wichtige Stellung im Leben ihrer Geschwister ein. Und wir hielten das im Grunde für gut. Wenn sie ihre Geschwister ignorierte, konnten sie sie ebenfalls ignorieren. Unsere Aufgabe war zunächst vor allem, dafür zu sorgen, daß sie den wenigen sie selbst berührenden Besonderheiten von Ellys Existenz wenn schon nicht positiv, so doch neutral gegenüberstanden. Später würden sie lernen müssen, die Unannehmlichkeiten und Verlegenheiten, die das Zusammenleben mit einem anormalen Kind mit sich bringt, zu akzeptieren. Die Bereitschaft dazu würde sich ganz von selbst entfalten, während sie mit Elly aufwuchsen. Aber wir konnten uns jetzt bemühen, so wenig Peinlichkeit aufkommen zu lassen wie nur möglich.

Wir hatten beschlossen – oder besser gesagt, wir hatten nie in Frage gestellt –, daß Elly bei uns leben sollte, damit sie – so hofften wir – von unserer Wärme und Liebe profitierte. Wenn aber Liebe ihre Therapie sein sollte, mußte man sie liebenswert finden können. Zuerst würden wir vielleicht nur verhindern können, daß sie andere abstieß. Doch das war immerhin ein Anfang; um der Kinder willen, um unseretwillen und um ihretwillen mußten wir alles tun, um das zu erreichen. Man kann von niemandem verlangen, daß er ein Kind bedingungslos liebt, am wenigsten von den Geschwistern.

Wenn Elly bei uns leben sollte, durften wir ihr nicht gestatten, destruktiv, schmutzig oder in ihren persönlichen Gewohnheiten unerträglich zu sein. Gegenstände, die den Kindern oder uns gehörten, mußten sicher sein. Man mußte sie überallhin mitnehmen können. Die Familie hatte ohnehin genug zu ertragen; sie sollte sich nicht obendrein noch wegen Ellys Benehmen oder Erscheinung schämen müssen. Glücklicherweise war Elly hübsch. Eines der unerklärlichen Details am Syndrom des frühkindlichen Autismus ist die Tatsache, daß die betroffenen Kinder durchwegs physisch attraktiv und besonders gesund sind. Das macht allen Angehörigen die Bürde etwas leichter. In dieser ungerechten Welt wird einem hübschen Kind vieles nachgesehen. Wir wuschen und bürsteten Ellys Haar regelmäßig (trotz beträchtlichen Widerstandes), achteten darauf, daß Nase und Mund immer sauber, die Finger nicht klebrig waren. Wir sorgten dafür, daß sie hübsche Kleider trug. Wenn sie sich beim Essen beschmutzte (was, wie ich schon erwähnte, seltener vorkam als bei normalen Kindern), entfernten wir die Flecken sofort oder zogen ihr etwas anderes an. Es bestand keine Gefahr, eine übertriebene Pedanterie auf Elly zu übertragen; sie war schon von Natur aus heikel. Vielleicht wäre es »natürlicher« oder »gesünder« gewesen, wenn es ihr gefallen hätte, schmutzig herumzulaufen, aber diese Lässigkeit lag ihr nicht. Es mochte ein Zeichen ihrer Krankheit sein, aber wir waren im Grund recht froh darüber, denn es erleichterte vieles.

Das Benehmen hingegen war schwerer zu steuern. Und eine gewisse Kontrolle war notwendig. Es ist nicht leicht, ein anormales Kind zu erziehen. Die Schwierigkeit liegt nicht so sehr im Kinde selbst als in der Tatsache, daß es einem widerstrebt, hart mit einem behinderten Geschöpf zu sein. Es ist nicht leicht, ein Kind, das einen nicht hört, für ein Vergehen zu strafen, wenn nichts darauf hindeutet, daß es überhaupt begreift, worin dieses Vergehen besteht. Man kann nicht sagen, daß Sara traurig sein wird, wenn Elly ihr Buch zerreißt. (Elly begann erst mit sechs Jahren zu verstehen, was »traurig« bedeutet.) Man kann nicht einmal sagen, daß Mama die Bücher fortnehmen muß, wenn Elly sie zerreißt. Man kann nicht sagen, daß das Badewasser, das sie auf den Boden schöpft, nach unten sickern und durch die Decke ins Erdgeschoß tropfen wird. Man kann nichts sagen, denn Elly begreift nur Handlungen, und auch die nur zu einem geringen Teil. Sie erfaßt lediglich, was sie berührt. Sie legt keinen Wert auf Dinge, also kann man weder mit Entzug noch mit Belohnung operieren. Was bleibt, ist die traditionelle Methode, die Anwendung von Gewalt.

Ich brauche modern denkenden Lesern nicht zu erklären, daß Gewalt in den Augen unserer Generation keine gute Methode ist. Einem normalen Kind mit Gewalt seinen Willen aufzunötigen ist schon schlimm genug – obwohl eine spontane gewaltsame Reaktion, wie die jetzige Elterngeneration herausgefunden hat, manchmal für alle Beteiligten weniger schädlich ist als Nachsicht und moralische Überredungsversuche. Bei einem anormalen Kind erscheint Gewaltanwendung zu brutal, um sie auch nur in Erwägung zu ziehen. Ich weiß nicht, ob ich dazu fähig gewesen wäre. Glücklicherweise mußte ich mich mit dem Gedanken nie auseinandersetzen. Der wesentliche Teil von Ellys Erziehung war geleistet, bevor wir wußten, daß mit ihr etwas nicht stimmte.

Schließlich hielten wir Elly ja zweiundzwanzig Monate lang für ein normales Kind, wenn sie uns auch in zunehmendem Maße beschränkt und widerspenstig vorkam. Sie reagierte weder auf Verbote noch auf Anweisungen; wenn sie etwas tat, was sie nicht tun sollte, war es fast unmöglich, sie davon abzubringen. Sie achtete überhaupt nicht auf uns. Ihr scheinbar offenkundiger Ungehorsam belustigte mich zuerst, irritierte und verärgerte mich aber sehr bald. Warum überschwemmte sie so hartnäckig den Boden mit Badewasser, wenn ich sie doch immer wieder bat, es nicht zu tun? Die anderen Kinder waren nie so gewesen. Warum konnte ausgerechnet sie nicht auf ihre Mutter hören?

Sie machte mich so wütend wie keines ihrer Geschwister je zuvor – so zornig, daß ich mich schäme, wenn ich daran denke. Und in meinem Zorn schlug ich mein kleines Kind, bis sich seine Haut rötete und es vor Schmerz und Empörung kreischte. »Nein, nein, nein, NEIN!« schrie ich. Ich weiß nicht, wie oft es dazu kam, drei- oder viermal vielleicht, nicht öfter. Dann war es nicht mehr notwendig. Elly begriff sonst nichts, aber sie verstand »Nein, nein«. Selbst einen harmlosen Klaps auf die Hand brauchte ich ihr nur noch selten zu geben. Ich mußte sie auch nicht mehr anschreien. Die Worte genügten.

Ich erfuhr sehr bald, daß sie möglicherweise gar nicht fähig gewesen war, das Verhalten, wofür ich sie bestraft hatte, zu ändern. Nach ihrer Rückkehr aus dem Krankenhaus wurde alles anders. Es vergingen Jahre, ehe ich wieder zornig auf sie werden konnte. Natürlich plagten mich Gewissensbisse wegen jener Wutausbrüche, und ich war froh, daß es außer Elly und mir keine Zeugen dafür gab. (Ich hätte mich geschämt, wenn mich die größeren Kinder so gesehen hätten.) Es war ein bitterer Gedanke, daß der einzige verbale Kontakt mit meinem Kind, den ich in zwei Jahren hatte erreichen können, aus dem Wort »Nein« bestand. Wörter haben für mich eine ungeheure Bedeutung. Mir war, als könnte jenes »Nein« einem ganzen Universum sein Minuszeichen aufzwingen.

Ich irrte mich. Mein Schuldgefühl war unnötig, und nach einiger Zeit empfand ich es auch nicht mehr. Und nicht nur, weil ich erkannte, daß es für Elly selbst gut war, wenn sie nun auf »Nein, nein« zuverlässig reagierte – das hatte ich im übrigen schon gewußt –, sondern auch, weil ich mir inzwischen klargemacht hatte, daß bei einem Kind wie Elly jeglicher Kontakt besser was als gar kein Kontakt. Es wäre zweifellos schön gewesen, wenn ich mit »Ich hab dich lieb« oder mit »Ja« zum erstenmal an Elly herangekommen wäre, obgleich man sich, um realistisch zu sein, vor Augen halten muß, daß das Wort »Nein« viel wesentlicher ist als »Ja« und die meisten Kinder es vorher lernen. Entscheidend war, daß ich mich Elly verständlich gemacht hatte. Und vielleicht war dieser Sturm von Gewalt und Emotionen notwendig, um die Mauer von Ellys Festung zu durchbrechen. In diesem Fall war ich froh, daß er im richtigen Moment ausbrach; ein halbes Jahr später hätte ich Elly gegenüber unmöglich Zorn empfinden können.

Ich hätte ihn also simulieren müssen, aber das wäre überaus schwierig gewesen. Es ist besser, einen heftigen Zorn wirklich zu verspüren, als ihn nur zu spielen. Aber wenn Wut die einzige Möglichkeit darstellt, einem Kind zu zeigen, daß es Grenzen für sein Tun gibt, und wenn man das Kind genügend liebt, um ihm diese Grenzen zu setzen, dann ist ein Zornausbruch notwendig. Ich bedaure inzwischen längst nicht mehr, daß ich einmal Gewalt gegen Elly angewandt habe.

Außerdem fand ich bald heraus, daß Elly Disziplin *verlangte*. Wenn sie ein Buch zerriß oder eine Wand bekritzelte und ich ihre Missetat übersah, nahm sie meine Hand und schlug damit auf die ihre. Gegen Ende ihres dritten Lebensjahres machte sie ein Spiel daraus – und es war, wie bereits erwähnt, höchst ungewöhnlich, daß Elly ein Spiel erfand. Ohne jede Provokation sagte sie selbst »Nein, nein«, ergriff meine Hand, schlug damit auf die ihre und lachte hellauf. Dabei lachte sie in den seltenen Momenten, in denen ich ihr tatsächlich einen symbolischen Klaps gab, nie. Ich merkte, daß auch Bestrafung eine Art Kommunikation darstellt. So negativ sie ist, sie schafft eine Verbindung, weil beide Teile etwas erwarten. Ich suchte nach Spielen, die auf dem Prinzip der Wechselseitigkeit beruhten; Elly zeigte mir, daß dies eines war. Wenn du das tust, dann tue ich jenes.

Ein normales Kind braucht diese Gewißheit einer vorhersagbaren Ordnung, kann sie aber zur Not entbehren. Für ein anormales Kind, dessen Störung von einem Kontaktmangel herrührt, ist sie wichtiger. Für ein autistisches Kind ist sie schlechthin wesentlich. Allen Beobachtern solcher Kinder ist es aufgefallen, wie viel sie auf Ordnung geben, daß sie mit Vorliebe pedantisch genau irgendwelche Gegenstände nach einem persönlichen, immer gleichbleibenden Schema anordnen und kleinste Veränderungen verstört registrieren. Ein autistisches Kind kann sich untröstlich gebärden, wenn es seine Milch vor dem Dessert statt danach bekommt oder ein fehlendes Puzzleteil die Vervollständigung einer Figur unmöglich macht. Man darf annehmen, daß diese Kinder ein besonders stark ausgeprägtes Bedürfnis nach einer geordneten sozialen Umwelt haben. Was sie bekümmert und beunruhigt, ist nicht die Willkürlichkeit oder Ungerechtigkeit einer Strafe. Für sie, die soziale Beweggründe gar nicht begreifen, sind alle Ereignisse gleichermaßen willkürlich, und Gerechtigkeit sagt ihnen nichts. Es sind vielmehr die Abweichungen von gewohnten Mustern – ihrer einzigen Gewißheit in einer unverständlichen Welt –, die ihnen zu schaffen machen. Wir wissen, daß man mit Kindern stets konsequent sein soll, und wir bemühen uns darum. Oft aber verhindern Trägheit, Unachtsamkeit oder besondere Situationen, daß die erwarteten Konsequenzen eintreten. Ein autistisches Kind nimmt die Besonderheiten einer solchen Situation nicht wahr, und seine Unruhe äußert sich in einem uncharakteristischen Aufruhr. Bei einem autistischen Kind müssen Nachsicht, Zaudern und Schonung, die man gerade ihm gegenüber besonders zu zeigen geneigt ist, um jeden Preis vermieden werden. Sie helfen dem Kind und seiner Familie nicht, sondern fügen ihnen nur schweren Schaden zu.

Dabei war Ellys Leben keineswegs durch Verbote eingeengt. Sie waren gar nicht nötig. Elly unternahm nur so wenig, und davon bedurfte kaum etwas einer Kontrolle. Sie war nicht destruktiv, sondern passiv, nicht aggressiv, sondern zurückhaltend. Das machte unsere Arbeit leichter. Sie achtete auf alles, was ihre eigene Sicherheit unmittelbar bedrohte. Mit den Gefahren des Straßenverkehrs verhielt es sich anders: So wie ich Elly niemals Vorsicht beim Laufen oder Klettern predigen mußte, hatte ich jahrelang keine Hoffnung, ihr beizubringen, daß man auf herankommende Autos achten mußte. Ich paßte selbst auf sie auf und dankte dem Himmel dafür, daß wir in einer Sackgasse mit wenig Verkehr wohnten.

Nur in einigen Punkten mußten wir streng sein, im übrigen durfte sie tun, was wie wollte. Da sie nur so wenige Verbote begriff – ich bezweifle, ob sie zu jener Zeit auch nur ein einziges wirklich verstand –, waren wir froh, diese auf ein Minimum beschränken zu können. Sie bezogen sich fast ausschließlich auf die Beschädigung von Gegenständen, die anderen gehörten – oder auch ihr selbst, wenn sie denen der anderen allzu ähnlich waren, als daß man von ihr hätte erwarten können, daß sie sie unterschied; so durfte sie zum Beispiel weder ihre eigenen Bücher noch andere zerreißen. Ansonsten ließ ich sie Schnee essen, durch Pfützen waten, und sie durfte sich schmutzig machen, wenngleich ich sie aus den erwähnten ästhetischen Gründen schnell wieder säuberte. Ich zwang sie nicht dazu, auf den Topf zu gehen, da ich es für nutzlos hielt. Es war charakteristisch für sie, daß sie ihre eigenen seltsamen Normen entwickelte; mit vier Jahren hielt sie den Urin den ganzen Tag an, um ihn abends in der Badewanne zu entleeren. Es schien sie nicht zu stören; nach einer gewissen Zeit störte es auch mich nicht mehr.

Derartige Verhaltensweisen versuchte ich nicht zu ändern, weil sie mir nicht wichtig erschienen. Was ich als wesentlich betrachtete, wäre allerdings mancher anderen Mutter vielleicht unwichtig vorgekommen: Für mich war es wesentlich, daß Elly mich weder nachts störte noch frühmorgens weckte. Da sich das nicht mit einem Klaps auf die Hand und einem »Nein-nein« erreichen läßt, machte ich von jedem Mittel Gebrauch, das mir einfiel. Ich legte animal crackers* in ihr Bett, damit sie sie fand, wenn sie aufwachte. Später – sie kletterte erst mit vier Jahren aus dem Bett, und sie war fünf, als sie die Tür öffnen lernte –, ging ich so weit, unsere Schlafzimmertür abzuschließen, weil sie uns eine Zeitlang allmorgendlich um halb sieben weckte. Es behagte mir keineswegs, ein kleines Kind auszusperren, das ich jahrelang dazu zu erziehen ver-

* Crackers, die die Form von Tieren haben und bei Kindern besonders beliebt sind.

sucht hatte, meine Gesellschaft zu suchen. Doch die entscheidende Frage ist nicht, was man einem Kind erlauben sollte, sondern vielmehr, was man selbst ertragen kann. Wenn die Mutter zusammenbricht oder die Familie, ist auch das Kind verloren. Jeder Mensch hat andere Eigenheiten. Aber was immer einen stört – sei es, daß das Essen verschmiert wird oder man sich bis ins Badezimmer verfolgt sieht –, es muß beseitigt werden, konsequent und ohne Schuldkomplexe. Und das ist nur durch Disziplin möglich. Jedem Kind gibt Festigkeit ein sicheres Gefühl. Doch das autistische Kind akzeptiert eine Beschränkung, sobald es deren Unverrückbarkeit einmal erkannt hat, sogar sehr gern als wesentlichen Bestandteil einer täglichen Routine.

Wenn ein anormales Kind in der Familie Hilfe finden soll, dann müssen alle gleichermaßen zu ihrem Recht kommen, das Kind selbst, sein Vater, seine Mutter, seine Geschwister. Die Mutter, die normalerweise durch die Umstände am stärksten belastet wird, muß sehr genau wissen, wieviel sie sich zumuten kann. Sie braucht keineswegs in fehlgeleitetem Selbstaufopferungsgeist alles hinzunehmen, denn ihr Zusammenbruch nützt niemandem. Sie muß auch abschätzen, wieviel der Rest der Familie ertragen kann, ohne die Bürde als zu schwer zu empfinden. Ich mußte dafür sorgen, daß das Leben meines Mannes und meiner Kinder nicht allzusehr um Elly und ihre Probleme kreiste.

Auch ich selbst brauchte ein gewisses Eigenleben. In den Stunden und Tagen, die ich damit zubrachte, Puzzlespiele zusammenzusetzen, in Wandschränken zu kauern und unter Decken zu liegen, war das natürlich nicht möglich. Zu Hause nahm mich Elly völlig in Anspruch. Ich weiß nicht, was geschehen wäre, wenn ich mich dem strengen Pflichtbewußtsein, das mich während der Schwangerschaft erfüllte, ganz unterworfen hätte. Ich hatte geglaubt, daß ich Elly nicht weniger geben dürfe als den anderen und meine Rückkehr in den Beruf noch sechs Jahre aufschieben müßte – bis sie in die Schule ging. Doch glückliche Umstände fügten es, daß alles anders kam.

Elly war gerade zwei; die sechsmonatige Periode des Abwartens und Beobachtens hatte begonnen. Wir waren besorgt, aber noch nicht verzagt. Es war Sommer, und ich las in der Zeitung, daß dreißig Kilometer von uns entfernt ein College eröffnet werden würde – das erste eines geplanten Zwei-jahres-College-Netzes, womit man den jungen Leuten unseres Staates Gelegenheit geben wollte, in unmittelbarer Nähe ihres Wohnsitzes zu studieren. Bei meinen Gedanken über eine etwaige Rückkehr in den Beruf war ich bisher immer über das Wie und Wo gestolpert. Das College meines Mannes hätte mich, selbst wenn ich qualifiziert gewesen wäre – was nicht der Fall war –, nicht anstellen können. Ich besaß keine Lehrerlaubnis und konnte deshalb nicht an öffentlichen Schulen lehren. Doch ein College wie dieses neue würde vielleicht Schwierigkeiten haben, geeignete Lehrkräfte zu finden. Ich konnte mich zumindest bewerben; viel riskierte ich ja nicht. Und mir bliebe auf jeden Fall Zeit, meine Bedenken allmählich abzubauen. Es war schon Mitte August; das College sollte im September eröffnet werden. Die nötigen Kräfte mußten also längst engagiert sein. Selbst wenn man mich nahm, würde ich kaum vor dem nächsten Jahr anfangen können.

Doch ich bekam die Anstellung sofort.

Hätte ich noch ein Jahr warten müssen, so hätte ich den Job vielleicht nicht angenommen. Ich hätte dann – weil ich bis dahin wußte, daß Elly kein normales Kind war – nur daran gedacht, wie sehr sie mich brauchte, und übersehen, wie wichtig es für uns alle war, daß ich eine Zuflucht hatte, die mir einen gewissen Ausgleich bot. Höchstwahrscheinlich wäre ich so zu dem falschen Entschluß gekommen. Ich hatte wirklich Glück. Mein neuer Job führte mich nur dreimal wöchentlich für wenige Stunden von zu Hause fort, aber er beanspruchte mich so sehr, daß er für mich eine Art vorbeugende Arbeitstherapie wurde, die mich vor dem Zusammenbruch bewahrte. Er tut es noch heute, und obgleich ich kaum davon sprechen werde, ist er eigentlich ein sehr wesentliches Element in diesem Bericht.

Natürlich brauchte ich jemanden, der in meiner Abwesenheit Elly betreute. Ausgebildete Fachkräfte kamen für mich nicht in Frage. So übernahm meine Zugehfrau, die Elly seit ihrer Geburt kannte, diese Aufgabe. Mein Gehalt reichte gerade aus, um das ihre zu zahlen. Elly brauchte im übrigen ja nicht viel. Ich wußte sie gut und liebevoll versorgt, solange ich fort war, und ihr Vater kam regelmäßig zum Mittagessen heim, so daß wir sicher sein konnten, daß alles seine Ordnung hatte. Ihr ruhiges Leben verlief beinahe noch ruhiger, als ich zu arbeiten anfing. Eine Weile befürchtete ich, daß es ihr an Stimulierung mangeln könnte, doch dann tröstete ich mich damit, daß sie diese Erholungsstunden vielleicht sogar gebrauchen könnte, und vielleicht verhielt es sich auch tatsächlich so.

Ich hatte zwei Jahre lang dieselbe Zugehfrau und dann eine Reihe von Haustöchtern, die bei uns wohnten, Elly halfen, mir halfen. Ich wählte sie so sorgsam aus, wie ich konnte, denn sie sollten ja nicht nur uns eine Stütze, sondern zeitweilig auch Mitglieder der Familie sein. Sie mußten flexibel und intelligent sein. Es ist schwierig, sich einer neuen Familie anzupassen, und noch schwieriger, wenn man die Aufgabe hat, ein autistisches Kind liebevoll zu betreuen und zu unterweisen. Aber ein sensibles und begeisterungsfähiges junges Mädchen kann für diese Aufgabe viel mitbringen – weit mehr oft als die emotionell erschöpfte Mutter.

Elly zog großen Nutzen aus der Abwechslung, die diese Mädchen in ihre eingeengte, leere Welt brachten. Die Bettdecke und der Wandschrank und die ruhigen Spiele mit mir gaben Elly viel, und einige Zeitlang vielleicht sogar alles, was sie verarbeiten konnte. Doch auf die Dauer war es nicht genug. Glücklicherweise waren wir eine große Familie. Elly brauchte die Lebhaftigkeit, die in einer großen Familie herrscht, und je weiter sie sich fortentwickelte, um so mehr profitierte sie davon. Die Kinder kamen aus der Schule, kitzelten Elly oder brachten ihr neue Bücher und Bälle mit, mit denen sie spielen konnte; im Sommer tollten sie mit ihren Freunden auf dem Rasen herum, und Elly rannte – wenn auch ohne eigentlichen Kontakt mit ihnen – ebenfalls hin und her.

Jedes Mitglied des Haushaltes behandelte sie ein wenig anders. Meine Stärke war die Beharrlichkeit, das stete Hinarbeiten auf ein Ziel. Ihr Vater war mehr für Späße und aufregende Unterbrechungen des täglichen Einerleis zuständig, für Spiele, auf die ich nie gekommen wäre oder an die ich mich nicht herangewagt hätte. Und für Elly waren Gelegenheiten, bei denen sie sich dem Spontanen, dem Abweichen von der Routine anpassen mußte, nur gut, nachdem sie einmal gewisse Fortschritte gemacht hatte. Selbst sie begann an solchen Dingen Gefallen zu finden. Die jungen Haustöchter taten manches, was wir nicht taten. Als Elly über vier war, begleitete sie sie ins Kino und zu Partys und lernte junge Männer mit Bärten und Gitarren kennen. (Für einige der jungen Männer war Elly der klassische Fall des aus der Gesellschaft »Ausgeflippten«. Sie sagten, sie beneideten sie, und mein Herz zog sich zusammen.) Daß jeder anders mit ihr umging, erwies sich als gut für Elly, jetzt, da sie größer war.

In den meisten Dingen waren zwar immer noch wir es, die uns Elly anpaßten, aber Elly lernte auch in vielem, sich uns anzupassen. Sie akzeptierte, daß Jill irgend etwas anders machte als Mutter. Ich mußte Ellys Äpfel schälen; Jill tat das nicht. Rosemary redete ihr zu, sich die Hose selbst anzuziehen, und hatte Erfolg damit. Elly fügte sich in derlei Neuerungen, wiewohl sie Abweichungen in meinem Verhalten nicht hingenommen hätte; sogar autistische Kinder werden irgendwann gewahr, daß sich die Menschen nicht gleich verhalten.

Das sozialistische Motto – jeder nach seinen Fähigkeiten – bewährte sich in unserem kleinen Kollektiv. Ich war froh, daß der Beruf mich gezwungen hatte, unsere Familie noch um ein Mitglied zu erweitern. Andererseits waren wir eine turbulente Gruppe, wenn man uns alle zu Hause antraf; manchmal erschöpften mich die Komplikationen so vieler zwischenmenschlicher Beziehungen ein wenig. Aber wir gaben Elly etwas, was ihre beschränkte Natur ebensosehr brauchte wie Zurückgezogenheit und stille Verbundenheit: Anreiz, Zufallselemente und Liebe in den verschiedensten Formen.

Die Helferinnen entlasteten auch die Kinder ein wenig. Ich wollte zwar, daß die Kinder uns in der Aufgabe, Ellys Entwicklung zu fördern, unterstützten, aber solange sie selbst noch Kinder waren, sollten sie ihren Beistand nicht als Arbeit auffassen. Sie sollten vor allem in ihrer natürlichen, frohen Art mit Elly spielen, was mir mit meinen vierzig Jahren doch nicht mehr so leichtfiel. Sie trugen sie herum, verkleideten sie, spielten Fangen mit ihr, fuhren sie im Sportwagen spazieren, rannten mit ihr durch den Garten. Ich wollte nicht zuviel von ihnen verlangen. Wenn sie Elly akzeptieren sollten, mußte ich darauf achten, daß die Notwendigkeit, »sich um sie zu kümmern«, sie nicht ständig von anderen Dingen abhielt, die sie lieber taten. Ich bemühte mich auch, ihnen Brücken zu bauen, die es ihnen leichter machten, sich mit Ellys mysteriösem Zustand abzufinden. Ich wies sie auf alles hin, was Hoffnung gab, und bald entwickelten sie selbst einen Blick für solche Dinge. Es war Ellys Bruder, der sie den Buchstaben E malen sah. Und ihre Schwester, der Elly eines Tages Puffmais in den Mund steckte, merkte an einem leichten Grunzen, das sie jedesmal hören ließ, daß sie die Körner zählte. Mir war jede Taktik recht.

Elly brachte Süßigkeiten in unsere zuvor so sehr auf ein gesundes Gebiß bedachte Familie; ich sorgte dafür, daß die Kinder wußten, wem sie all das Gebäck und die Bonbons verdankten. Ich machte sogar von intellektuellem Snobismus Gebrauch und erklärte den Kindern, nachdem wir den Begriff »frühkindlicher Autismus« kennengelernt hatten, Elly sei kein gewöhnliches zurückgebliebenes Kind, sondern leide an einer seltenen, interessanten und erst vor kurzem entdeckten Krankheit. Sie verdienten die kleine Befriedigung, die ihnen der Gedanke verschaffen konnte.

Im übrigen halfen wir uns, indem wir Elly viel länger, als es an sich gerechtfertigt gewesen wäre, »das Baby« nannten oder sonstige kindliche Kosenamen gebrauchten. Es war für uns alle nur gut, wenn wir Mittel und Wege fanden, die uns vergessen ließen, daß dieses Baby schon drei, vier, fünf, sechs Jahre alt war. Diese Wörter hielten unsere Erwartungen bescheiden; sie verschleierten den trotz allen Fortschrittes immer augenfälligeren Unterschied zwischen dem, was sie war, und dem, was sie hätte sein sollen. Elly selbst erleichterte uns das, weil sie ihren elfenhaften Zauber behielt und so klein und zart blieb. Selbst als sie verständiger, empfänglicher wurde, hatten ihr Lachen, ihr Lächeln und ihre Freude noch immer etwas babyhaft Durchsichtiges; es waren keine komplexen Äußerungen wie bei einem anderen Kind.

Natürlich wurde mit der Zeit die Aufgabe der Kinder einfacher. »Elly hat mich heute nachmittag umarmt!« – »Elly hat mir Puffmaiskörner gegeben, und sie hat sie *gezählt*!« Sie hatten Spaß an ihr, als sie begann, ihre Geschwister zu necken und vergnügt zu sein und ihnen ins Gesicht zu schauen. Und es machte sie stolz, etwas zu ihrem Fortschritt beigetragen zu haben.

In einer vom Ernst ihres Zustandes bedrückten Atmosphäre hätte Elly nie geholfen werden können. Eine fröhliche, natürliche Umgebung war das Beste, was man ihr bieten konnte. Wir wandten letzten Endes ja eine Spieltherapie an, und Spiel muß etwas Frohes sein. Es bringt keinen Nutzen, wenn man es grimmig, mit zusammengebissenen Zähnen betreibt, und einen Willensakt daraus macht. Wir versuchten so zu tun, als ob unser »Baby« wirklich noch ganz klein wäre, und unterhielten es dementsprechend. Wir sangen ihr die alten, schlichten Kinderlieder vor und machten Scherzreime auf »unser Dummerchen«. Elly konnte das nicht weh tun, und uns tröstete es. Mit Tränen, langen Gesichtern und aufopferndem Märtyrertum war Elly nicht zu helfen. Da wir wußten, daß Kinder sich die Haltung ihrer Eltern zu eigen machen, vermieden wir es, unser Schicksal als eine Tragödie oder eine Heimsuchung darzustellen, damit es die Kinder nicht auch so empfänden. Wohl war es Wunschdenken, unsere gemeinsame Aufgabe nicht als Last, sondern als Privileg anzusehen, doch es half dabei, daß sie zu einem Privileg wurde. Unsere um der anderen Kinder willen angenommene Haltung kam uns selbst soweit zugute, daß aus dem Schein – beinahe – Wirklichkeit wurde.

Beinahe. Ich will niemandem etwas vormachen. Nicht immer war es leicht, wenn ich mit Elly allein war, gab es Momente, in denen mich alle Munterkeit verließ. Doch das war nicht weiter schlimm. Gewiß war es wichtig, im Kontakt mit Elly heiter und positiv zu sein. Aber meistens bestand ja gar kein Kontakt. Die Stimmungsempfindlichkeit normaler Kinder war einfach nicht vorhanden. Man konnte, wenn sie durch einen hindurchschaute oder mit ihrer Kette beschäftigt war, durchaus in Passivität versinken, vor sich hinstarren, sogar laut weinen, wenn man das Bedürfnis hatte. Sie nahm keine Notiz davon. Manchmal empfand man das als tröstlich, manchmal nicht.

Ich kann auch nicht behaupten, daß es uns gelungen wäre, für die Kinder alle Unebenheiten zu glätten. Ich brauche nur an jene schreckliche Woche zu denken, in der Ellys Routine unterbrochen worden war und uns das schlechte Wetter an ein fremdes Haus fesselte. Elly war unruhig und quengelig, und wir alle waren gereizt. Damals rief eines der Kinder plötzlich mit wilder Intensität aus: »Wir sollten sie fortschicken! Sie gehört in eine Anstalt!« Die Worte kamen von der gutmütigeren ihrer beiden Schwestern, derjenigen, die nie etwas für sich zu verlangen schien. Nie zuvor waren sie ausgesprochen worden. Viel konnte man nicht antworten, aber irgend etwas mußte man entgegnen. Ich sagte, daß wir alle manchmal daran dächten und uns dieser Weg auch jederzeit offenstehe. Aber wir müßten uns jetzt, nachdem wir uns so um Elly bemüht hatten und sie uns endlich ein bißchen liebte, überlegen, wie es wäre, wenn wir sie in einer Anstalt besuchten und sich herausstellte, daß sie alles vergessen hatte und uns nicht einmal mehr erkannte. Ich weiß nicht, ob es die richtige Antwort war. Auf jeden Fall sprach nie mehr jemand davon.

Elly blieb bei uns, und wir wurden mit allen Problemen einigermaßen fertig. Mehr behaupten zu wollen wäre falsch. Vielleicht enthüllen meine Kinder eines Tages jemandem Leiden und Kümmernisse, von denen ich keine Ahnung habe. Aber wir sind zurechtgekommen. Die Kinder sind herangewachsen – unsere Älteste steht jetzt vor ihrem Studium –, und sie haben nie dazu geneigt, von Elly abzurücken. Sie nehmen sie ohne Verlegenheit überallhin mit und führen ihre seltsamen Fähigkeiten mit einem gewissen Stolz ihren Freunden vor. Und es überrascht mich eigentlich nicht. Wenn ich in dieser ganzen Angelegenheit eine feste Überzeugung hatte, dann die, daß wir gutgeratene Kinder hatten, die Elly und uns helfen und sich dadurch selbst vervollkommnen würden. Wie vieles uns auch beunruhigte, während Elly heranwuchs – in diesem Punkt waren wir völlig sicher. Ich habe es auch nie bedauert, daß sich unsere ansonsten so sehr vom Glück begünstigten Kinder mit diesem Problem auseinanderzusetzen hatten. Unsere Vorfahren hätten gesagt, wir alle haben unser Kreuz zu tragen. Unser Vokabular hat sich gewandelt, aber diese Worte haben einen kostbaren Sinn, der nicht verlorengehen sollte. Die Kinder sind nicht ärmer aufgewachsen, weil sie Elly in ihrer Familie hatten. Ich glaube, sie spüren das in gewissem Grad schon jetzt. Später werden sie es wissen.

Elly war über dreieinhalb, als wir sie zum erstenmal zu einem Psychiater brachten. Dr. Blank hätte uns natürlich leicht an einen verweisen können, wahrscheinlich sogar im gleichen Krankenhaus. Doch er sagte uns nur, daß Kanner, der ja Kinderpsychiater war, mit Psychotherapie bei autistischen Kindern nichts erreicht hatte. Beim derzeitigen Wissensstand gab es nichts, was Medizin oder Psychiatrie hätten tun können. Wir sollten weitermachen wie bisher und ihn auf dem laufenden halten. Und sechs Monate lang taten wir das.

Doch wir lebten nicht in einem intellektuellen Vakuum. Selbst in unserer kleinen Collegestadt geschah, was in New York oder Boston wohl früher eingetreten wäre: Der Gedanke an die Psychiatrie begann uns zu bedrängen. Irgend jemand hatte von Dr. Blank gehört; er stand als Kinderarzt in ausgezeichnetem Ruf, doch seine Voreingenommenheit gegen Psychiater war allenthalben bekannt. Jemand anderes war beunruhigt, weil »niemand etwas mit Elly unternahm«. Wieder jemand anderes fragte, ob sie nicht besser in einem Heim aufgehoben wäre, wo sie die angemessene Betreuung erhalten könnte.

Unsere Freunde waren glücklicherweise gebildet und taktvoll. Niemand gebrauchte harte, unangenehme Worte. Aber die Andeutungen waren nicht zu überhören. Ich konnte nicht darauf antworten. Ich konnte nicht sagen, daß Elly in einer Familie, die hart gekämpft hatte, um guten Mutes und normal zu bleiben, viel mehr von dem bekam, was sie brauchte, als in der bedrückenden Gesellschaft von ihresgleichen. Ich konnte nicht entgegnen, daß es bei mir, die ich *täglich* Stunden mit Elly arbeitete, niemals eine traumatische Unterbrechung geben würde, wie sie eintrat, wenn der Therapeut Ferien machte. Ich hatte noch nicht erkannt, daß ich unter ungewöhnlich günstigen Bedingungen arbeitete, da sich mein Kontakt mit der Patientin auf Erfahrungen konzentrierte, die besonders empfindliche Reaktionen auslösen: Ich weckte sie, gab ihr zu essen, brachte sie zu Bett, so daß ihre Hauptbefriedigungen von einer einzigen Person kamen.

Ich konnte derlei ketzerische Gedanken nicht aussprechen; sie gingen mir allenfalls flüchtig durch den Kopf.

In meinen selbstsicheren Momenten fand ich, daß sich meine Methoden kaum von den in der Psychiatrie angewandten unterschieden, die ich aus zwei Büchern kannte. Aber diesen Momenten folgten andere, in denen ich fürchtete, daß jeder Psychiater unsere Spiele sofort als das entlarven würde, was sie waren: die ungeschickten, törichten Versuche einer Mutter, die sich schon glücklich schätzen konnte, wenn sie in ihrer Unerfahrenheit – gehemmt überdies durch ihre tiefe persönliche Beziehung – keinen Schaden anrichtete. Denn welche möglichen Qualifikationen hatte eine Mutter schon vorzuweisen, um ohne professionelle Anleitung selbst mit ihrem psychotischen Kind zu arbeiten?

Es ist jetzt an der Zeit, dieses Wort einzuführen und mit ihm die Frage der Terminologie zu thematisieren. Denn wir merkten, daß hinsichtlich der richtigen Benennung von Ellys Verfassung keine Einigkeit bestand. »Autistisch« faßte nach Dr. Blanks Meinung, die wir inzwischen teilten, die spezifischen Elemente des Kannerschen Syndroms zusammen, die allesamt bei Elly auftraten. Für viele andere jedoch bedeutete das Wort noch immer im weiten, ursprünglichen Sinn »absolut selbstbezogen«. So gebrauchte es zum Beispiel auch der berühmte Bruno Bettelheim, und er wandte es vorbehaltlos bei Kindern an, die nach Kanners Kriterium keineswegs autistisch zu sein schienen.* Daneben benutzte er, wie zahlreiche seiner Kollegen, noch einen zweiten Fachausdruck: »Kindheitsschizophrenie«. Dieser schien aber nicht nur auf Elly und ihresgleichen – wenn es ihresgleichen überhaupt gab – anwendbar, sondern auf einen weitaus größeren Kreis Kinder, die einige von Ellys Symptomen und viele andere aufwiesen.

Wir wurden gewahr, daß es im terminologischen Bereich rivalisierende Klassifizierungsarten gab – daß es für die Psychiater eine Streitfrage war, ob es sich bei Kanners Syndrom um einen besonderen Zustand handelte oder ob es eine Unterart der Kindheitsschizophrenie oder damit gleichbedeutend sei. Einige unterstellten es, indem sie es eine »atypische Entwicklung« nannten. Manche bestritten, daß es überhaupt existierte. Alle aber stimmten zumindest darin überein,

* In seinem Buch ›Die Geburt des Selbst‹ beschreibt Bettelheim die eindrucksvolle Heilung eines von ihm als autistisch bezeichneten Kindes.

daß man den Zustand als Geisteskrankheit oder Psychose betrachten müsse. Eine kleinere Gruppe von Beobachtern, unter ihnen der holländische Psychiater Van Krevelen, sah in dem Zustand weniger das Resultat einer Erkrankung als das eines konstitutionellen Defekts, der nicht der Schizophrenie, sondern der Oliphrenie, dem Schwachsinn, zugeordnet werden mußte. Die Meinung dieser Minorität drang allerdings kaum zu uns vor – wir fanden sie lediglich in ein paar Veröffentlichungen erwähnt, die uns Dr. Blank empfohlen hatte.

Die überwältigende Mehrheit der amerikanischen Psychiater wollte den Zustand als eine Psychose aufgefaßt wissen – eine Ansicht, die von objektivster Seite, nämlich von unserer Krankenversicherung, bestätigt wurde. Die Kosten von Ellys klinischen Diagnosen waren zum Teil von der Versicherung übernommen worden, weil es sich bei ihrem Problem nicht um eine reine Verhaltensstörung und auch nicht um eine Neurose, sondern um eine echte Psychose handelte. Elly hatte den Normen entsprochen. Das Formular hielt es schwarz auf weiß fest. Unter Vorbehalt war Elly psychotisch. Und niemand außer ihrer Mutter arbeitete mit ihr.

Die Situation war, rein äußerlich betrachtet, widersinnig. Selbst der Zahnarzt, zu dem ich die erschrockene Elly wegen einer Karies brachte, meinte, es sei besser, wenn sie jemand anders begleite. (Wir machten die Probe – es war nicht der Fall.) Mir ist natürlich sehr wohl bekannt, daß die Mutter manchmal die ungeeignetste Person im Umgang mit ihrem Kind ist. Diese volkstümliche Weisheit wird heute von der Wissenschaft weitgehend bestätigt. Die letzten Menschen, die man für befähigt hält, mit einem »gestörten« Kind zu arbeiten, sind seine Eltern, denn wer war letzten Endes für die Störung verantwortlich?

Babys, so heißt es, sind unendlich verletzlich. Schon bevor sie sitzen oder krabbeln können, sind sie imstande, die Kälte der Zurückweisung zu fühlen. Sie können von ihren Eltern durch Vernachlässigung geschädigt werden; sie können auch geschädigt werden, indem die Eltern ihre Bedürfnisse zu schnell erfüllen.* Die ersten Jahre eines Kindes sind von entscheidender Bedeutung – das predigen die Psychologen allenthalben, und wenn man keine Bücher über Psychologie liest,

---

* Moorow und Loomis in dem von Gerald Caplan herausgegebenen Buch ›Emotional Problems of Early Childhood‹. New York: Basic Books 1955.

erfährt man es in vereinfachter, aber nicht wesentlich entstellter Form durch die Massenmedien. Wir hören ständig, daß unsere Kinder für immer durch das geprägt werden können, was wir in den ersten Lebensmonaten tun – es mögen sechs, zwölf oder vierundzwanzig sein. Wie sollen wir dieser Verantwortung gerecht werden?

Selbst den Eltern normaler Kinder merkt man in diesem Punkt eine gewisse Unruhe an. Welche Gedanken müssen dann die Eltern eines Kindes bedrängen, dessen Entwicklung falsch verlaufen ist? Bettelheim schreibt, daß in allen ihm bekannten Fällen kindlicher Schizophrenie die Zurückweisung durch die Eltern ein Element dargestellt habe. Die Psychiaterin Beata Rank legt als ihre »Haupthypothese« dar, daß »das atypische Kind eine ungeheure emotionale Entbehrung« erlitten habe, und fügt hinzu, »je kleiner das Kind, desto wichtiger ist es für uns Psychiater, die Persönlichkeit der Mutter zu ändern«.* Selbst der kluge, menschliche Erikson, der die Zurückweisung durch die Mutter das »Berufsvorurteil« der Kinderpsychiater nennt, wiederholt immer wieder, daß man »in jeder (!) Geschichte einer infantilen Schizophrenie eine Geschichte mütterlicher Entfremdung vom Kind finden kann«.

In dieser Hinsicht änderte es nichts, ob Ellys Krankheit »Schizophrenie« oder »Autismus« genannt wurde. Kanners ursprüngliche Hypothese stimmte mit der allgemeinen Ansicht der Psychiater überein. Er glaubte, daß die Eltern in der Entstehung des frühkindlichen Autismus eine große Rolle spielen. Zwar berücksichtigte er – wie Erikson – eine mögliche konstitutionelle Veranlagung des Kindes; er berichtete, daß viele autistische Kinder – im Gegensatz zu Elly – von der frühesten Kindheit an eindeutig teilnahmslos seien. Doch in seiner Diskussion der Krankheitsursachen spielten die Eltern eine weitaus größere Rolle. Er entdeckte einige merkwürdige Fakten, die ich hier kurz anführen muß, weil sie in gewisser Hinsicht unsere eigene Situation berührten.

Ich habe bereits erklärt, daß wir die typischen Eltern eines autistischen Kindes sind. Ich muß das jetzt näher erläutern. Sehr früh schon fiel Kanner bei seinen Untersuchungen auf, daß nicht nur die autistischen Kinder einander sehr ähnlich wa-

* Morrow und Loomis, ebenda.

ren, sondern erstaunlicherweise auch ihre Eltern. Unter den Vätern der ersten elf Fälle fand Kanner vier Psychiater, einen Rechtsanwalt, einen Chemiker, einen Pflanzenpathologen, einen Forstwissenschaftsprofessor, einen Werbefachmann, einen Ingenieur und einen erfolgreichen Geschäftsmann. Von den elf Müttern hatten neun eine abgeschlossene College-Ausbildung. Nicht gerade eine Durchschnittsgruppe, könnte man sagen; doch als Kanner weitere Fälle beobachtete, stellte er fest, daß sich das Bild nur wenig änderte.

Beinahe ausnahmslos standen die Eltern autistischer Kinder intellektuell wie beruflich über der Norm. Natürlich bedachte er, daß es sich einfach um die Charakteristika jener Eltern handeln könnte, die sich an einen hervorragenden Kinderpsychiater in einem berühmten Forschungszentrum wenden. Er überprüfte diese Möglichkeit, indem er die Unterlagen seiner autistischen Patienten den Unterlagen gegenüberstellte, die in seinen Kontrollordnern enthalten waren. Die Kontrollordner stellten einen Querschnitt seiner Praxis dar – alle Krankheitszustände, mit denen sich ein moderner Kinderpsychiater befaßt. Er verglich die beiden Elterngruppen und stellte fest, daß Kanners erster Eindruck richtig gewesen war. Die »autistischen« Eltern hatten sowohl als Gruppe wie auch individuell eine längere Ausbildung hinter sich und waren beruflich weitaus kompetenter. Außerdem unterschieden sie sich vor allem von den Eltern schizophrener Kinder dadurch, daß Geisteskrankheit bei ihnen und in ihren Familien ungewöhnlich selten vorkam. Während der Prozentsatz Geisteskranker in den Familien schizophrener Patienten höher war als bei der Gesamtbevölkerung, lag er bei autistischen Patienten niedriger.

Kanner begann sich daraufhin eingehender mit den Eltern zu befassen, die aus scheinbar so starkem Material derart von der Norm abweichende Kinder hervorgebracht hatten. Er nahm sich statt der Idee der »beruflichen Leistung« die weniger meßbaren Charakteristika vor, die einen beruflichen Erfolg möglich machten. Und er fand bei diesen Eltern außer der Intelligenz ungewöhnlich viel Energie, Beharrlichkeit und die Fähigkeit, sowohl Situationen als auch ihre Reaktionen darauf zu beherrschen. Bei seinen Unterredungen mit ihnen stellte er fest, daß sie sehr reserviert und weitgehend imstande waren, die Dinge distanziert und objektiv zu betrachten.

Wenn eine Gruppe Eltern so sehr vom Durchschnitt abwich, wie es hier der Fall zu sein schien, durfte man dann nicht vermuten, daß sie ihre Kinder auch anders behandelt hatten? Die Kombination aus Antrieb und Zurückhaltung mochte sich als gut für berufliche Erfolge erweisen; für die Kindererziehung war sie weniger tauglich. Kanner erschienen diese Eltern *allzu* verhalten, *allzu* beherrscht, kühle Leute, »gleichgültige, humorlose Perfektionisten, die mehr in der Welt der Abstraktionen zu Hause waren als unter Menschen und deren Umgang mit anderen auf einer gewissen Mechanisierung menschlicher Beziehungen gründete«.* Einer von ihnen, ein prominenter Chirurg, erklärte auf Kanners Frage sogar, er würde seine Kinder nicht erkennen, wenn er ihnen auf der Straße begegnete. Kanner sah in der Gruppe »Eisschrankeltern«, die »gerade so lange zusammenkommen konnten, um ein Kind zu erzeugen«. Es gab Ausnahmen – ungefähr zehn Prozent schienen herzlich und verständnisvoll zu sein. Und natürlich waren die schädlichen Auswirkungen ihrer Persönlichkeit nicht allumfassend: In sämtlichen Fällen waren die Geschwister der autistischen Kinder normal, und Autismus kommt auch, von eineiigen Zwillingen abgesehen, nie zweimal in einer Familie vor. Doch im übrigen war das Bild eindeutig.

Als mein Mann und ich von diesen Charakteristika erfuhren, erkannten wir uns unschwer selbst. Objektiv gesehen gehörten wir zu der Gruppe; wir hatten beide einen akademischen Titel erlangt und außer einem Großonkel nie Geisteskranke in der Familie gehabt. Subjektiv betrachtet kannten wir beide jene Schüchternheit, die sich als Zurückhaltung tarnt. Wir waren beide fähig, uns zu distanzieren, waren beide zur Selbstbeherrschung erzogen worden und vielleicht von Natur aus dazu veranlagt. Wir paßten gut zueinander, mein Mann und ich. Diese Merkmale hatten uns zusammengeführt und hielten uns vereint. Sie hatten uns gute Dienste geleistet. Wir hatten die meisten für positiv gehalten. Jetzt sahen wir sie in etwas Krankhaftes verwandelt.

Wir glaubten, die Zeit habe uns gelehrt, mit unserer

* L. Kanner und L. Eisenberg in ›Psychopathology of Childhood‹, herausgegeben von P. H. Hoch und J. Zubin. London: Grune and Stratton 1955.

113

Schüchternheit zu leben, sie zu bekämpfen, sie allmählich zu überwinden. Doch es ist leicht, sich selbst zu betrügen; die Psychologen wissen das. Man betrachte nur einmal – wie ich es getan habe – die folgende Beschreibung der Mütter »atypischer« Kinder, die Beata Rank in dem bereits erwähnten Buch liefert: »Nach außen hin können diese Mütter sehr ausgeglichen wirken; nicht selten sind sie in hohem Grade intellektuell hervorstechende Menschen. Eingehende Untersuchungen enthüllen jedoch, daß die meisten von ihnen unreif, narzißtisch und unsicher in sozialen Kontakten sind ... und heroisch gekämpft haben, um ihr Image einer hervorragenden Frau, Ehefrau und Mutter aufzubauen und zu erhalten. Je vollkommener der Erfolg ihrer Bemühungen, um so mehr glauben sie an Magie und an ihre eigene Magie (unbesiegbare Abwehrkräfte) ... Trotz ihres zur Schau getragenen Selbstbewußtseins und ihrer weltgewandten Art sind sie innerlich isoliert. Dieser Muttertyp neigt dazu, in zwei Schichten zu leben: Die oberste, für den Kontakt mit der Umwelt zuständige Schicht ist nur eine dünne Kruste, die eine starke Absonderungstendenz verdeckt. Wenn diese Zweischichtigkeit eine feste Lebensgewohnheit wird, kommt es zu einer schweren Störung.«

Der Artikel beschäftigt sich dann mit einzelnen Fällen: »Das Bild, das Mrs. I. von sich selbst hatte und erfolgreich der Welt präsentierte, war das einer gebildeten, tatkräftigen, charmanten Frau mit vielen Fähigkeiten und Interessen. Sie hatte einen akademischen Titel und war in ihrer beruflichen Laufbahn erfolgreich gewesen ... Während der Behandlung kam allmählich die hinter dieser Fassade verborgene Persönlichkeit zum Vorschein. Wir erkannten, daß sie eine sehr isolierte Person ist, die ihre Leere und ihren Hang zur Abkapselung damit zu bekämpfen sucht, daß sie sich unaufhörlich in Aktivität und Aufregungen stürzt.«

Es wäre töricht von mir gewesen, zu negieren, daß die Therapeuten, die unter der Fassade dieser Frau die Wirklichkeit entdeckt hatten, unter der meinen etwas sehr Ähnliches finden könnten. Eine beängstigende Vorstellung ... Doch irgendwie setzte sie sich nicht fest.

Es ist schwer zu erklären, warum uns keine Schuldgefühle bedrückten. »Natürlich fühlen sich alle Eltern schuldig«, hörte ich noch vor kurzem einen bekannten Psychiater in einer Fernsehsendung über Autismus sagen. Eine gute Freundin von mir, die selbst Psychologin ist, schlug einmal vor, ich sollte mich einer Psychoanalyse unterziehen, »um meine Schuldkomplexe zu überwinden«. Ich habe den Eindruck, sie glaubte mir nicht, als ich ihr versicherte, ich hätte nie welche gehabt. Dabei wäre es durchaus berechtigt gewesen, wenn ich derartige Gefühle entwickelt hätte. Selbst wenn ich keine typische Mutter eines autistischen Kindes gewesen wäre – ich hatte mich doch eindeutig nicht über meine vierte Schwangerschaft gefreut. Ich wußte das, und meine Freundin wußte es ebenfalls. Die Furcht, daß Elly die Menschen vielleicht nur deshalb ablehnte, weil sie von ihrer Mutter abgelehnt worden war, wäre im Freudschen Sinn eine durchaus folgerichtige Reaktion für mich gewesen, als ich allmählich den Ernst von Ellys Zustand erfaßte.

Das Dogma, daß alle Eltern von Psychotikern unter Schuldgefühlen leiden, kommt nicht von ungefähr. Die Populärpsychologie hat selbst bei Eltern normaler Kinder alle möglichen Befürchtungen erweckt. Die Situation wird noch durch die Tatsache verschlimmert, daß ganz allgemein unter anormalen und besonders unter autistischen Kindern unverhältnismäßig viele Erstgeborene sind. Das Verhalten dieser Kinder, ihre offenkundige Ablehnung aller Liebe ist für die unsicheren und unerfahrenen Eltern, die die Gefühle normaler Kinder ja noch nicht kennen, besonders erschreckend und erscheint ihnen noch verwirrender, als es schon ist. Für die Eltern ernsthaft geschädigter erstgeborener Kinder muß es heutzutage wirklich schwer sein, sich nicht in gewisser Weise verantwortlich zu fühlen.

Doch wir waren in einer glücklicheren Lage: Wir hatten Sara, Becky und Matt. Sie waren interessiert und intelligent und kamen in der Schule, in der Nachbarschaft und zu Hause gut zurecht. Wenn man die Eltern für jedes Versagen verantwortlich machen will, muß man ihnen auch die Erfolge gutschreiben. Es war natürlich möglich, daß unsere Erfolge wie bei Mrs. I. nur eine Fassade darstellten, daß ihre Nichtigkeit sich nun in diesem kleinen, atypischen Kind zeigte. Manchmal überkam uns ein alptraumhaftes Objektivitätsverlangen – Objektivität gehörte ja letzten Endes zu unserem Syndrom –, das uns die Dinge so sehen ließ. Doch diese Alpträume hielten dem Tageslicht nicht stand. Ein Blick auf unsere Kinder vertrieb sie. Wir waren stolz auf unsere Kinder. Wir hatten eine beachtliche Leistung mit ihnen vollbracht. Wir wußten es, und wir wußten, daß auch andere Menschen es wußten. Dieses Wissen und dieser Stolz hielten uns aufrecht, wenn wir die Formulierungen der Bettelheims unserer Welt lasen – dies und eine gewisse natürliche Skepsis. Die Familie eines Wissenschaftlers ist notgedrungen vertraut mit der langen Reihe plausibler Hypothesen, die sich später dennoch als unvollständig oder falsch erwiesen haben.

Zweifellos war das einer der Gründe, weshalb wir uns – bei allem, was wir ansonsten lasen – so wenig mit Psychologie befaßt hatten und auch keine Schuldkomplexe entwickelten, als wir mit der Zeit etwas mehr darüber lasen. Gespräche mit anderen Eltern autistischer Kinder haben mir inzwischen gezeigt, was für eine Tortur wir uns erspart haben. Wir wußten, daß wir Elly dasselbe gegeben hatten wie ihren Geschwistern. Elly hatte Wärme, Zärtlichkeit und Liebe empfangen. Außerdem hatte mich die Erfahrung mit drei Kindern gelehrt, daß Kleinkinder im Gedankenlesen keineswegs so begabt sind, wie oft behauptet wird. Elly hatte mit Sicherheit nie vermutet, daß ich – wie so viele Mütter normaler Kinder – eigentlich gar kein weiteres Baby hatte haben wollen.

Aber ich hatte mein viertes Kind bekommen, und es brauchte Hilfe; das gleiche galt für uns. Wir hatten fachärztliche Ratschläge eingeholt und befolgt. Doch wie will man sicher sein, daß man alles Menschenmögliche getan hat? Es gibt so viele Methoden... Eine Bekannte hielt mich im Supermarkt an: Sie hatte von einem Mann in Philadelphia gehört, der mit den Eltern anormaler Kinder gebetet und beträchtliche Erfolge erzielt hatte. Eine gute Freundin erwähnte in einem Brief eine mit ihr befreundete Theosophin und Hellseherin, die mit Ärzten in New York zusammenarbeitete. Später empfahlen mir andere das Rehabilitation Institute in Philadelphia; unerklärlicherweise ließ sich offenbar durch ein anspruchsvolles Programm physischer Therapie bei Hirngeschädigten jeglichen Alters manchmal eine bedeutende Besserung erzielen. Vielleicht konnte sich Elly auf allen vieren der Gesundheit entgegenarbeiten.

Ich schreibe das alles ohne jede Ironie nieder. Wenn man Probleme hat, wird man nicht so leicht ironisch. Ich habe katholische Freunde, die für Elly beten, und ich, die ich selbst nicht beten kann, nehme ihre Gebete dankbar an. Hätte die

Hellseherin in erreichbarer Nähe gewohnt, so wäre ich vielleicht mit Elly einmal zu ihr gefahren; ich wußte bereits, daß
manche Leute auf Elly fast magisch wirkten. In einem verzweifelten Fall denkt man lange nach, bevor man irgendeinen
Versuch ablehnt, der nach Ansicht vernünftiger Leute eine
gewisse Hoffnung in sich birgt.

Viele vernünftige Leute fanden, Elly brauche psychiatrische Betreuung. Einer unserer besten Freunde kannte eine
Fachärztin für Psychiatrie an einem berühmten Kinderinstitut; er machte sich sogar die Mühe, Ellys Fall mit ihr zu disku-
tieren, und berichtete uns dann, was sie gesagt hatte. Man
hatte offenbar bei Kindern wie unserer Elly erstaunliche Erfolge erzielt, vor allem, wenn die Behandlung früh genug an-
setzte. Die Zeit verstrich. Elly war dreieinhalb. Jeder Monat
zählte. Wir hörten uns alles an und waren uns sofort klar darüber, daß wir uns ewig Vorwürfe machen würden, wenn wir
nicht erkundeten, welche Möglichkeiten die Psychiatrie bot.
Was immer Dr. Blank sagte oder Kanner schrieb, wenn wir es
nicht mit der Psychiatrie versuchten, konnten wir nie behaupten, alles, was in unserer Macht stand, für Elly getan zu
haben.

Nachdem der Entschluß einmal gefaßt war, hatte ich es ei-
lig. Ich würde nicht mehr allein arbeiten müssen. Ich brauchte
unbedingt Unterstützung; endlich würde ich sie finden.
»Manchmal sind einfach alle meine Möglichkeiten erschöpft«, hatte ich zu der mit mir befreundeten Psychologin
einmal gesagt. »Mir fällt dann einfach nichts Neues mehr ein.
Sie (die Psychiater) haben soviel Erfahrung – sie kennen so
viele Spieltechniken, die sie mir zeigen könnten…«

»Na, daß sie *das* tun, glaube ich wieder nicht«, hatte sie geantwortet. Später erinnerte ich mich an ihre Worte.

Wir schrieben an Dr. Blank. Er billigte unseren Entschluß
mit einer gewissen Zurückhaltung. Wir setzten uns mit dem
Kinderinstitut in Verbindung, das in einer für uns noch relativ
leicht erreichbaren Stadt lag. Was Behandlung und For-
schungsarbeit betraf, so gehörte es zu den aktivsten des Landes. Wir wollten das Beste für unser Kind.

Die Arbeitsweise des Instituts wirkte in ihrer Gründlichkeit
sehr überzeugend. Elly sollte für eine exakte Diagnose zehn
Tage lang beobachtet werden, und sowohl für meinen Mann

als auch für mich waren ausführliche Interviews angesetzt. Da wir nicht so leicht für längere Zeit abkömmlich waren, blieb für die Unterredung nur die kurze Zeitspanne zwischen den beiden Semestern, und wir mußten auch rechtzeitig Bescheid erhalten, damit ich meine Mutter bitten konnte, bei den Kindern zu bleiben. Wir hatten uns deshalb Anfang Dezember an das Institut gewandt.

Man zeigte sich dort sehr verständnisvoll und versprach, uns bald einen Termin zu geben. Bis dahin brauchten wir nicht mehr nachzufragen. Und dann begann es. Wir warteten, unsere Unruhe wuchs, der Dezember endete, der Januar kam, und der Semesterschluß rückte näher. Wenn wir diese Chance verpaßten, würden wir vier Monate länger warten müssen, und zählte nicht jeder Monat? Kein Brief kam. Nach sechs Wochen waren wir so nervös, daß wir anriefen. Wir wurden auf drei Tage später bestellt. Glücklicherweise kam meine Mutter ohnehin zu Besuch, so daß wir den Termin akzeptieren konnten.

In diesem Institut, so sahen wir zu unserem Erstaunen, war man sich wohl theoretisch der Tatsache bewußt, daß die Menschen in Sozialzusammenhängen existieren und daß das Familienleben kompliziert ist, war jedoch nicht an dem menschlichen Dasein interessiert, das sich außerhalb des großen, komfortablen Gebäudes abspielte. Der problematischen Frage, wer unsere Kinder während unserer langen Abwesenheit versorgte, schenkte das Institut keinerlei Beachtung. Es interessierte auch niemanden, was wir mit Elly während unseres ersten Interviews anfingen. Wir hörten nämlich zu unserem Erstaunen, daß wir sie nicht mitbringen sollten. Sie nicht mitbringen? Wo sollte sie sich denn inzwischen aufhalten? In einer so gut mit Personal versehenen Institution würde es doch jemanden geben, der sich um sie kümmern konnte, während mein Mann und ich interviewt wurden? Nein, es gab niemanden. Und es war nicht üblich, den Eltern zu gestatten, das Kind zur ersten Unterredung mitzubringen. Zum Glück wohnten wir bei liebenswerten Freunden, die Elly ein wenig kannten; wir konnten sie ohne allzugroßes Unbehagen bei ihnen lassen. Doch wir dachten an die vielen anderen verzweifelten Eltern, die von überallher mit ihren Kindern angereist kamen. Hatten sie alle Freunde, die fähig waren, Babysitter für kleine Psychotiker abzugeben?

Aber wir schöpften wieder Mut, als wir das Institut betraten – ein riesiges altes Gebäude, das sehr freundlich, seriös und vertrauenerweckend wirkte. Für die Unterredung wurden wir getrennt. Man interviewte Vater und Mutter grundsätzlich nicht zusammen, damit sie sich nicht gegenseitig ergänzen, unterstützen und korrigieren konnten. Ich wurde einer Sozialhelferin zugewiesen, mein Mann dem Psychiater. So begann es.

Die Sozialhelferin erklärte mir zuerst, wie man vorzugehen pflegte: drei Interviews für Elly mit dem Psychiater, demselben, der sich mit ihrem Vater befaßte, ein Intelligenztest, eine Sitzung im Diagnosekindergarten und eine neurologische Untersuchung. Wir mußten uns nur noch auf den geeigneten Zeitpunkt für das Elektroenzephalogramm einigen.

»Das Elektroenzephalogramm?« Ich erinnerte mich an das desorientierte Kind, das ich acht Monate zuvor aus dem Krankenhaus heimgebracht hatte. Sollte Elly das noch einmal durchstehen? »Aber es *ist* doch schon ein EEG gemacht worden! Und alle möglichen Tests, sie war drei Tage lang in der Kinderklinik!« Hatte man die Unterlagen denn nicht gesehen?

Ein Elektroenzephalogramm sei in diesem Fall dann nicht nötig. Im übrigen, so wurde ich von der Sozialhelferin aufgeklärt, war es bei ihnen üblich, sich erst selbst ein Urteil zu bilden, ehe sie die Krankengeschichte lasen. Sie hatten ihre eigenen Methoden, um all das herauszufinden, was sie wissen mußten.

Diese Methoden, so stellte ich später fest, sind jedem vertraut, der sich mit Psychoanalytikern und Sozialhelfern* ein wenig auskennt. Wir jedoch waren weitgehend unvorbereitet. Die Situation schien ganz normal – zwei Leute saßen in einem Zimmer zusammen, der eine auf der Suche nach Information und Hilfe, der andere befähigt, sie zu vermitteln. Als Lehrer und als Individuen kannten mein Mann und ich beide Positionen. Obwohl oder vielleicht gerade weil wir so schüchtern waren, hatten wir zwischenmenschliche Distanzen weitgehend überbrücken gelernt. Und so merkten wir zunächst gar nicht, daß die Methode dieser Interviews darin bestand, sie so zu steuern, daß jede Möglichkeit einer natürli-

---

* Es handelte sich ganz offensichtlich um eine Art psychiatrisch geschulter Assistentinnen.

chen Beziehung zwischen den beiden Gesprächspartnern ausgeschaltet war. Ein einfaches, starr auf sein Ziel hin ausgerichtetes Verfahren. Wir sollten nicht befragt werden. Wir sollten lediglich sprechen, unentwegt sprechen, und dies vor einem nahezu passiven Zuhörer, der sorgsam darauf bedacht war, nicht die geringste Reaktion zu enthüllen und keine spontanen Bemerkungen zu machen.

Selbst unter den besten Voraussetzungen kann man nicht natürlich bleiben, wenn man einem stummen Partner etwas berichten soll. Und hier waren nicht die besten Voraussetzungen gegeben. Hier standen wir vor Gericht. Es bedurfte keines Wortes über die Verantwortlichkeit der Eltern für die infantile Psychose. Und *gesagt* wurde auch nichts. Aber der Gedanke hing in der Luft. Ich versuchte das Thema offen anzuschneiden und erwähnte den in diesem Kapitel zitierten Aufsatz über Mütter atypischer Kinder; ich durfte annehmen, daß man ihn kannte. Vielleicht würde ich auf diese Weise endlich erfahren, woran ich war. »Ah, Sie haben das gelesen?« lautete die mustergültig kontrollierte Erwiderung der Sozialhelferin. Und mehr sagte sie nicht.

Man konnte nicht natürlich sprechen, und dabei hing doch soviel davon ab, was die stumme Zuhörerin dachte. Da ich keinerlei Kommunikation zustande brachte, orientierte ich mich danach, wie ich Elly am nützlichsten sein konnte. Wenn ich mich gefügig und vernünftig zeigte, würde es mir am ehesten gelingen, in der knapp bemessenen Zeit die nötigen Angaben zu vermitteln.

Meine Familie, meine Schwangerschaft, Ellys gesamtes Leben – wie konnte ich all das erfassen? Ich legte zunächst das Material vor, das ich mitgebracht hatte – die Fotos, die Ellys Zustand seit ihrer frühesten Kindheit veranschaulichten, meine Aufzeichnungen über ihre Fertigkeiten, ihren Wortschatz, unsere Spiele und ihre Ergebnisse. »Wenn Sie das kurz durchsähen, könnten Sie mir Fragen stellen, und wir könnten daran anknüpfen...«

Doch natürlich verhallten meine Worte. Es war nicht ihre Gepflogenheit... Ich packte meine Unterlagen wieder ein.

Gehorsam begann ich sodann zu berichten. Ich habe ein gutes Gedächtnis, weiß über die Stadien kindlicher Entwicklung Bescheid und hatte Ellys Heranwachsen außerdem mit größter Aufmerksamkeit verfolgt. Ich bemühte mich, alles in meinen Bericht hineinzupressen, was mir irgendwie von Bedeutung schien. Ich fing mit der unerwarteten Schwangerschaft an, meiner Niedergeschlagenheit, und ich erwähnte jedes Detail, das ihnen Aufschlüsse bieten konnte. Ich kann nicht lange sprechen, ohne gelegentlich scherzhafte Wendungen einzuflechten. Sie lockern auf, schaffen eine freundschaftliche Atmosphäre. Die Sozialhelferin hörte sich meine Scherzworte mit orientalischem Gleichmut an, so wie sie sich alles anhörte, was ich sagte, auch wenn ich von Ängsten, Genugtuungen oder Leid berichtete. Nur einmal brachte ich sie aus der Fassung, als ich nämlich das Wort »autistisch« benutzte. »Wo haben Sie das her?« wurde ich sofort in scharfem Ton gefragt. »Von Dr. Blank«, antwortete ich, »dem Arzt, der uns hierher überwiesen hat…« – »Wir gebrauchen es nicht«, sagte die Sozialhelferin.

In einem anderen Zimmer bemühte sich mein Mann gleichermaßen, nützliche Auskünfte zu geben. Auch er fragte zuerst. So vieles an Elly war mysteriös. Diese Leute hatten so viele Kinder gesehen und konnten uns soviel sagen. Doch jede Frage wurde höflich abgefangen; wir könnten sie im abschließenden Interview stellen.

Nun durften wir ihnen Elly bringen. Da sie bei den ersten beiden Interviews nicht mit dem Psychiater alleinbleiben wollte, hatte ich Gelegenheit, sein Verfahren zu beobachten. Ich sah zu, wie er Plastilin, Süßigkeiten, ein Puppenhaus verwendete. Elly holte nacheinander sämtliche Einrichtungsgegenstände des Puppenhauses heraus und drückte methodisch jeweils ein Bein oder eine Kante in das Plastilin. Als sie die kleine Toilette ergriff, nahm sein Gesicht einen gespannteren Zug an. Doch Elly war es lediglich um einen weiteren Abdruck zu tun. Der Psychiater sprach wenig, und wenn, dann machte er nur die ruhige, immer gleichlautende, positive Feststellung: »Plastilin (Süßigkeiten, Puzzles, Puppenhäuser) können *Spaß* machen.« Ich glaubte zu verstehen, weshalb er das sagte. Eines Tages würde Elly vielleicht fähig sein, es zu begreifen.

Ich lernte manches aus den vorsichtigen, indirekten Annäherungsversuchen des Psychiaters und mehr noch aus der Beobachtung Ellys unter anderen gestörten Kindern im Diagnosekindergarten. Ein riesiger Spiegel hing an der Wand. Ich meinte seinen Zweck zu erraten und nahm mir vor, Elly nach unserer Rückkehr einen Spiegel zu kaufen. Der Intelligenztest faszinierte mich. Die Testleiterin vermochte ihre Überraschung über dieses verständnislose Kind, das den verbalen Testteil überhaupt nicht erfassen konnte, nicht ganz zu verbergen: Elly ärgerte sich, weil sie die Gegenstände, die sie eigentlich hätte identifizieren sollen, nicht von den Karten, an denen sie befestigt waren, lösen konnte – und dennoch zog sie Glasperlen auf, schichtete Bauklötzchen der Größe nach übereinander und fügte die Sterne und Halbmonde genauso schnell in die entsprechenden Formen ein wie ein Erwachsener. Das war ein Fortschritt. Im Krankenhaus hatte man sie überhaupt nicht testen können. Ich genoß auch die Untersuchung durch die Neurologin. Sie gab mir das Gefühl, wieder unter Menschen zu sein, beantwortete Fragen, wir scherzten, lachten. Als Ärztin hatte sie vermutlich kein Couchtraining erhalten. Sie durfte sich kontaktfreudiger zeigen.

Dann war es überstanden. Im großen und ganzen waren wir von diesen Leuten beeindruckt – vor allem von ihrer geschickten Art, mit Elly umzugehen, die am Ende ihrer letzten Sitzung versucht hatte, dem Psychiater mit ernsthafter Miene ins andere Stockwerk zu folgen. Es beunruhigte mich ein wenig, daß die Sozialhelferin noch am letzten Tag fragen konnte: »Lächelt sie überhaupt jemals?« Doch es war meine Schuld, daß ihnen Ellys fröhliche Seite entgangen war: Ich hatte unbedingt gewollt, daß sie uns herumtollen sähen, Ellys Lachen hörten, wenn ihr Vater sie in die Luft warf, und jeden Tag hatte ich mir vorgenommen zu fragen, ob sie uns nicht beim Spiel zuschauen wollten. Aber ich kam nie dazu, mit Elly zu spielen: Die kühle, distanzierte Atmosphäre ringsum hinderte mich daran. Und so brachten wir sie heim, um dort auf den Termin für das abschließende Gespräch zu warten, bei dem uns alle Daten vorgelegt würden und auch Fragen gestattet waren.

Wir warteten. Wieder hofften wir täglich auf einen Brief. (Jeder Monat zählt.) Wir warteten eineinhalb Monate lang. Dann endlich kam die Benachrichtigung, und wir machten die Fahrt noch einmal, um uns den Urteilsspruch anzuhören.

Im folgenden berichte ich, was wir über Ellys Zustand hörten. Es ist keine Zusammenfassung. Es ist *alles*, was sie sagten, wenngleich der Psychiater, ein ziemlich schleppend und undeutlich sprechender älterer Mann, viel mehr Zeit benötigte, um es auszusprechen, als für die schriftliche Wiedergabe erforderlich ist:

1. Elly brauchte Psychotherapie.
2. Die Resultate jenes Teils des IQ-Tests, der mit ihr hatte durchgeführt werden können, lagen über dem Durchschnitt ihrer Altersstufe, und man glaubte nicht, daß bei ihr ein geistiger Mangel vorlag.
3. »Sie hat viele Ängste.«

Man hatte also unsere Auskünfte überhaupt nicht benutzt; die Interviews mußten einen ganz anderen Zweck verfolgt haben. Wer Psychologie studiert hat, weiß vielleicht, was für einen. Ich kann nur Vermutungen anstellen. Vielleicht sollten wir enthüllen, wie wir als Menschen und Eltern waren. Vielleicht nicht. Denn auch darüber fiel kein Wort.

Natürlich stellten wir Fragen. Man hatte uns ja erklärt, wir könnten es tun. Doch keine unserer Fragen vermochte dem Psychiater noch etwas abzuringen, was über diese Feststellungen hinausging. Er sagte nicht, Elly gleiche irgendeinem Fall, der ihm zuvor begegnet war. Er sagte auch nicht, ein ähnlicher Fall sei ihm unbekannt. Wir hatten gehofft, von seiner umfangreichen Erfahrung mit anormalen Kindern profitieren zu können, doch als wir uns nach den übrigen im Institut untersuchten Kindern erkundigten, gab er uns vage zu verstehen, jedes Kind sei anders... Er wollte Ellys Zustand keinen Namen geben, schwieg sich auch über mögliche Prognosen aus. Ich fragte, ob er mir irgendeine Lektüre empfehlen könne. Krankengeschichten? Sie hatten mir schon einige Ideen vermittelt. So unschlüssig er zuvor schien, jetzt wurde er fest. Fallbeschreibungen waren schlecht für uns. Ich versuchte es mit etwas anderem. Der Kindergarten hatte mich beeindruckt. Gab es Bücher über Kindergartenmethoden für gestörte Kinder? Gestörte Kinder? Es sei schon sehr schwer, *normale* Kinder großzuziehen, sagte der Psychiater zu einer Mutter von vier Kindern.

Was sollten wir dann mit Elly unternehmen? Wenn wir in der Stadt lebten, so antwortete er, wäre Elly zweifellos ein Fall für das Institut. Aber wir wohnten nicht in der Stadt, und in unserer Nähe gab es keinen Kinderpsychiater.

Ein- oder zweimal brachten wir ihn durch unvermittelte Fragen dazu, etwas von Bedeutung zu äußern. Wir hatten unser akademisches Urlaubsjahr* vor uns und beabsichtigten, es in England zu verbringen. Sollten wir lieber hierher kommen, wo Elly behandelt werden konnte? Wieder zeigte er sich fest; wir sollten die Familienpläne nicht um einer Behandlung willen aufgeben, die vielleicht zu gar nichts führte und nur Groll in Elly säte – denn: »Wir vollbringen keine Wunder, wissen Sie.« Das war eine bittere Pille. Elly hatte keinen geistigen Mangel, und sie war noch keine vier Jahre alt. Dennoch konnte ein Jahr Psychotherapie unter Umständen spurlos an ihr vorübergehen. So schlimm stand es also um sie.

Irgendwann erwähnte er meine Aufzeichnungen. »Wir haben sie gelesen«, sagte er. Wir warteten auf irgendeinen Kommentar. »Sie waren sehr interessant«, versicherte er uns.

Die Unterredung dauerte nur vierzig Minuten. Wir suchten noch immer nach den magischen Fragen, als sie endete. Doch mehr Zeit konnte man uns nicht mehr gewähren.

Langsam gingen wir die Stufen des Gebäudes hinunter, das uns nun an Kafkas ›Schloß‹ erinnerte. Wir waren auf schlechte Nachrichten gefaßt gewesen; wir hatten damit gerechnet, erschüttert und verstört sogleich die Heimfahrt anzutreten. Statt dessen konnten wir nur hilflos lachen, und dann verbrachten wir einen wunderbaren Nachmittag in einem Museum.** Erst nach und nach regten sich Ärger und Unmut in uns, und wir wurden aus folgsamen Kindern wieder intelligente Erwachsene, die fähig waren, Entrüstung zu verspüren. Zehn Tage lang hatten wir jenen Computer mit Informationen gefüttert. Und als man uns am Ende gestattete, auf den Knopf zu drücken, ging nicht einmal das Licht an.

Doch wir waren immerhin einen Schritt weiter gelangt. Elly brauchte psychotherapeutische Hilfe. Wir mußten versuchen, sie ihr zu beschaffen. In unserer Nähe gab es keinen Spezialisten für Kinder, aber in der benachbarten Stadt befand sich eine staatliche Kinderklinik für Verhaltenssteuerung. Sollten wir uns dahin wenden? Das Institut war durchaus dafür gewesen.

Ich tat es, nachdem ich vorsichtshalber einen Monat hatte

---

* Wird den amerikanischen Universitätsdozenten alle sieben Jahre zu Forschungszwecken gewährt.

** Ellys Vater fügte hinzu: »Daß wir ein Museum wählten, war ganz natürlich. Künstler teilen sich uns sogar über große Zeitabstände hinweg mit, indem sie sehr sorgfältig, liebevoll und ehrlich vorgehen und alles enthüllen, was sie wissen.«

verstreichen lassen (wiewohl jeder Monat zählte), damit dem Institut Zeit blieb, den von mir erbetenen Bericht abzusenden. Als ich mich zu der ersten Besprechung in der Klinik einfand, war er noch immer nicht eingetroffen. Zwei Monate später schilderte ich Dr. Blank, der Elly ein Jahr lang nicht gesehen hatte, die erzielten Fortschritte. Natürlich, so bemerkte ich, sei mein Brief lediglich eine Ergänzung des Institutsberichts, der ihm inzwischen zweifellos vorliege. Doch das traf nicht zu, und aus gutem Grund. Er war noch gar nicht abgefaßt. Er wurde erst sechs Monate nach Ellys letztem Interview geschrieben, als ich mich aufgebracht an den Leiter des Instituts wandte.

Wenn ich unsere Erfahrung mit der anderer Leute vergleiche, stelle ich fest, daß wir trotzdem noch Glück hatten. Man behandelte uns gut. Ich wurde weder der Ablehnung meines Kindes noch einer krankhaften Mutter-Kind-Bindung bezichtigt. Der Leiter einer Klinik für autistische Kinder, die zu einem riesigen Krankenhauskomplex gehört, schrieb einmal, eins der größten Behandlungsprobleme sei der Widerstand der Eltern gegenüber der Idee, daß sie die Krankheit verursachen. Wir hätten ebensogut an ihn geraten können.

So hatten uns die Spezialisten weder gelobt noch beschuldigt, und sie hatten sich überdies bemüht, nichts Entmutigendes über Elly zu sagen. Dennoch waren wir verletzt und bedrückt. Wir hatten Erwartungen gehegt, die jedermann, der sich auf diesem Gebiet nicht auskennt, durchaus vernünftig erscheinen werden. Ganz unbewußt hatten wir darauf gehofft, daß man uns nicht als Patienten betrachten würde, sondern als schätzenswerte Mitarbeiter bei der Aufgabe, die kranke kleine Seele unseres Kindes zu heilen. Diese Aufgabe war sehr schwer, und wir hatten sie bisher allein gemeistert.

Wir hatten viel aus der Biographie Annie Sullivans gelernt, die das blinde und taube Kind Helen Keller aus dem Kerker seiner Einsamkeit befreite. Nun brauchten wir Informationen und zweckdienliche Methoden. Wir brauchten Teilnahme – nicht von der sentimentalen Art; wir waren schließlich erwachsene Menschen – sondern einen Beweis jenes Mitgefühls, das einem normale Ärzte so bereitwillig zeigen. Und – war es so unvernünftig? – wir brauchten ein bißchen Sicherheit, ein wenig Anerkennung, ein wenig Lob. Wir wären nie auf den Gedanken gekommen, daß diese Erwartungen naiv waren, daß der Abgrund zwischen den Eltern und der helfenden Institution keinesfalls durch zwischenmenschliche Beziehungen überbrückt werden durfte. Letzten Endes hätte es leicht sein müssen, es auszusprechen: »Sehen Sie, Sie sind Spezialist. Ich brauche Auskünfte, ich will mich über Spieltherapie informieren, ich muß alles erfahren, was man über Kinder wie Elly weiß, denn wer immer möglicherweise mit ihr arbeiten wird – ihr wichtigster Psychotherapeut bin ich.«

Aber natürlich war es nicht leicht; es war sogar unmöglich. Das System dieser Leute machte es unmöglich. »Autistisch« gehörte nicht zu ihrem Vokabular. Sehr weise, denn es paßte hervorragend zu ihnen. Wir kannten diese Unzugänglichkeit, dieses furchtbare Schweigen, diese Augen, die sich abwandten. Und die erschreckendste Entdeckung bei alledem war, daß es uns noch eher gelang, etwas gegen Ellys Burgmauern auszurichten, als an diese Spezialisten heranzukommen.

Gutsituierte, gebildete Angehörige des gehobenen Mittelstandes entgehen normalerweise der Entpersönlichung; es kommt kaum vor, daß sie hilflos instituionellen Händen ausgeliefert sind und auf den Stand von Kindern reduziert werden, denen man Situationen vermittelt, nicht erklärt. Diese Erfahrung ist sehr schmerzlich, aber sie hat einen tiefen erzieherischen Wert. Wir wissen jetzt, daß es keine bedrohlichere Attacke gibt als die gegen die persönliche Würde, keine schlimmere Entziehung als die der Achtung. Ich glaube, wir können uns nun vorstellen, was die Slum-Mutter empfindet, wenn die Fürsorgehelferin um die Ecke kommt. Dabei gehören doch nur geringe psychologische Kenntnisse dazu, sich an die Stelle eines anderen zu versetzen.

Die Spezialisten dieses Instituts versagten nicht, was ihr Wissen anbetraf. Sie brachten am Ende sogar einen einigermaßen detaillierten – allerdings nicht für unsere Augen bestimmten – Bericht zustande, der weit ausführlicher war als die drei orakelhaften Sätze, mit denen man uns abgespeist hatte. Vielmehr versagten sie, weil es ihnen an Phantasie mangelte. Sie waren unfähig, sich unsere Gedanken und Gefühle vorzustellen.

Ich kann mir denken, was sie in uns sahen – hochintellektuelle, kühle, beherrschte, gutinformierte Musterbeispiele des Kannerschen Elterntyps. Wir *waren* beherrscht; es blieb uns gar nichts anderes übrig. Eisschrank-Spezialisten schaffen

Eisschrank-Eltern, sofern die Eltern überhaupt stark genug sind, um ihre Impulse zu zügeln. Ich war in höchster gefühlsmäßiger Erregung zu meinem ersten Interview gegangen, darauf gefaßt, zu zittern, zu weinen, mich in Dankbarkeit aufzulösen. Da ich noch nicht einmal auf Vorwürfe stieß, sondern schlechthin gar keine Reaktion vorfand, unterdrückte ich meine Emotionen natürlich sofort und vergalt Sachlichkeit mit Sachlichkeit. Der von Kanner beobachtete Persönlichkeitstyp mag in seiner beherrschten, zurückhaltenden, distanzierten Art unangreifbar scheinen. Doch ein kluger Seelenarzt weiß, daß er gerade aus diesem Grund besonders verletzlich ist. So ließen mich meine jüngsten Erfahrungen auch die Geschichte jenes Vaters, der behauptet hatte, auf der Straße seine eigenen Kinder nicht erkennen zu können, in einem anderen Licht sehen. Ich überlegte, ob es sich hier nicht vielleicht nur um die ironische Antwort eines unglücklichen Mannes handelte, der sich in solchem Maße fehlinterpretiert sah, daß eine derartige Frage an ihn gerichtet werden konnte.

Ein Buch sollte ein stummer Dialog sein; der Leser, so hoffe ich, wird gleich ausrufen (wenn er es nicht schon getan hat): »Aber es sind doch nicht alle Psychiater so!«

Ich weiß es. Ich habe das Thema so ausführlich behandelt, weil viele so sind, und unter ihnen gute. Doch wir konnten schon acht Monate später feststellen, daß sie nicht notwendigerweise so zu sein *brauchten*. Und mein Ton wird auch ein ganz anderer sein, wenn ich unsere zweite Erfahrung mit der Psychiatrie schildere. Elly wurde das nächstemal in England untersucht, in der berühmten Hampstead Clinic. Diese war uns im Institut empfohlen worden, als wir von unseren Reiseplänen berichteten. Man hatte uns auch die Adresse zu schicken versprochen, es allerdings dann doch nicht getan. Wir erwähnten die Möglichkeit bei einer Zusammenkunft mit Dr. Blank. Sein Gesicht leuchtete auf. »Ja«, sagte er. »Bringen Sie sie dorthin. Im allgemeinen halte ich nicht viel von Psychotherapie, wie Sie wissen. Aber mit Anna Freud ist es etwas anderes. Ich werde ihr schreiben. Anna Freud… ganz gleich, was für eine Sprache man spricht – sie spricht sie auch.«

Ellys vierter Geburtstag verlief so ereignislos wie alle vorherigen, nur fand er in einer Familie statt, die sich für eine lange Abwesenheit rüstete. Zwei Tage danach sollten wir nach England fliegen.

Seit Wochen schon hatten sich große und kleine Koffer in Dielen und Gängen angesammelt. Elly kümmerte sich nicht darum. Wir sprachen fast nur noch über England und all das, was wir dort vorfinden würden. Elly hörte es nicht. Ihr Vater war bereits einen Monat fort. Elly fiel sein Fehlen nicht auf. Wir gaben uns keine besondere Mühe, sie in irgendeiner Art auf die Reise vorzubereiten. Ich wußte nicht, wie ich es hätte anfangen, welcher Worte ich mich hätte bedienen sollen. Es schien mir auch nicht notwendig. Elly zeigte sich nicht besonders anhänglich, was Orte betraf, und sie war schon früher von zu Hause fort gewesen. Wir hatten manchmal mit ihr anderswo übernachtet, eine Woche, zehn Tage in den verschiedensten Häusern zugebracht. Die neue Umgebung hatte sie nie beunruhigt. Ihre seltsame Unzugänglichkeit schirmte sie gegen alles ab.

Nur ein paar wenige Aspekte der Umwelt schienen für Elly Bedeutung zu haben. Es war nicht schwer, die Beständigkeit dieser Elemente zu wahren. Einige Dinge, die sie besonders gerne aß, ein paar unveränderliche Routinen – und im übrigen sorgten wir dafür, daß es überall, wo sie schlafen mußte, ein Gitterbett gab, das sie als ihre Festung betrachten konnte. Eine ihrer jüngsten Neuerungen, die sich, wie so oft, über Nacht in eine feste Gewohnheit verwandelt hatte, war eine Bettspreite, die über das Gitterbett gelegt werden mußte. Von allen Seiten und von oben abgeschirmt, war das Bett ein sicherer Zufluchtsort. Normalerweise hätte ich versucht, gegen ein solches Abkapselungssymbol anzugehen, doch jetzt akzeptierte ich es bereitwillig. Es würde sich als nützlich erweisen, wenn es galt, die fremde Atmosphäre eines neuen Hauses und Landes in die unveränderliche Umgebung zu verwandeln, die Ellys innere Welt brauchte.

Wir hatten den Reiseverlauf bis ins kleinste Detail ausgearbeitet, um Unterbrechungen, Verzögerungen und ähnliche mißliche Erfahrungen auf ein Minimum zu beschränken. Mein Mann war eigens früher geflogen, um ein Haus für sieben Personen zu finden und vorzubereiten – für uns sechs und Jill, das junge Mädchen, das uns half; ein Haus, das – ganz gleich, in welch chaotischem Zustand es ansonsten war – ein ordentliches Zimmer und ein Gitterbett für Elly enthielt.

Hilfsbereite Freunde brachten uns zu dem dreihundert Kilometer entfernten Überseeflughafen. Wir traten den Flug allein an; das Mädchen sollte erst einen Monat später nachkommen. Die Reise verlief gut. Elly weigerte sich zwar, irgend etwas Unbekanntes zu sich zu nehmen, aber ich konnte ihr wenigstens, geschickt in etwas Süßem verborgen, eine Dramamine-Pille verabreichen. Unter der leicht betäubenden Wirkung dieser Pille fand sie sich damit ab, von ihrer Spreite bedeckt, neben mir auf dem Sitz zur Ruhe gebettet zu werden. Zehn Stunden, nachdem wir Boston verlassen hatten, kamen wir in unserem neuen englischen Heim an, wo Elly, erschöpft wie wir alle, zufrieden in das alte weiße Krankenhausgitterbett kroch, das David gebraucht gekauft hatte.

Die rosafarbene Bettspreite tat ihre Wirkung. Nichts hatte sich verändert. Elly begann sich sofort hin- und herzuwiegen, vor und zurück, vor und zurück. Zu Hause hatte sie durch diese Bewegung ihr Bett im ganzen Zimmer herumgeschoben, bis wir es schließlich zwischen am Boden angenagelten Holzstücken verkeilt hatten. Hier machte es erheblich mehr Lärm: Beim Aufstoß der Eisenbeine erbebte der Fußboden. Doch bald war sie eingeschlafen.

In der darauffolgenden Woche ging alles gut. Da es noch niemanden gab, bei dem ich Elly hätte lassen können, begleitete sie mich zum Einkaufen, so wie sie es zu Hause getan hatte. Die neue Umgebung brachte keine sichtbare Reaktion hervor. Elly schien ganz ruhig zu sein.

Kleinere Schwierigkeiten gab es allerdings. So mochte Elly zum Beispiel den köstlichen englischen Apfelsaft nicht. Und sie vermißte heiße Würstchen. Sie hatte die von ihr akzeptierten Nahrungsmittel genauso streng begrenzt wie alle anderen Elemente ihrer Welt, und wenn eines davon ausschied, machte sich sein Fehlen sofort bemerkbar. Schon seit Monaten trank sie keine Milch mehr; da sie nun auch den Apfelsaft ablehnte, blieb ihr nur noch Wasser. Doch sie hatte sich schon früher gegen bestimmte Eßwaren aufgelehnt, und es war immer vorübergegangen. Sie war zwar dünn und blaß, aber zäh und widerstandsfähig und stets gesund. Sie paßte sich dem Leben in England mindestens ebenso leicht an wie wir. So hatten wir das Empfinden, alles in allem sei der Wechsel ziemlich reibungslos vonstatten gegangen.

Dann war sie eines Tages nicht mehr gesund. Ganz plötzlich begann sie zu wimmern, erbrach sich, schien sich zu beruhigen, erbrach sich zehn Minuten später wieder. Nun überrascht es an sich niemanden, wenn sich ein kleines Kind übergibt, besonders nach einem Wechsel in der Ernährung. Ich tätschelte sie, setzte mich neben ihr Bett und wartete. Nicht lange; denn gleich darauf würgte und hustete sie, ihr leerer Magen verkrampfte sich, und es kam doch nur noch ein wenig Schleim und Galle hoch. Es ging vorbei, und sie legte sich ermattet zurück. Fünf Tage lang hielt das an. Elly aß nichts und trank nichts. Anfangs spielte sie zwischen den einzelnen Übelkeitsanfällen noch, doch bald war sie zu schwach dafür. Sie hatte keinerlei Reserven und verfiel zusehends. Wenn ich sie hochhob, merkte ich zu meinem Schrecken, wie federleicht sie jetzt war. Unter ihrer blassen Haut traten Rippen und Gelenke hervor wie bei einem halbverhungerten Kind. Seltsamerweise suchte sie nicht in ihrem Bett Zuflucht. Vielleicht war es ihr starrer Sinn für das Angemessene, der sie davon abhielt, den ganzen Tag an einer Stätte zuzubringen, die für die Nacht vorgesehen war. Sie schleppte sich statt dessen mühsam von Zimmer zu Zimmer, um dort passiv auf einem Bett oder einem Teppich liegenzubleiben, bis sie der Brechreiz von neuem packte.

Der Arzt kam täglich, aber was ihr fehlte, war ihm ebenso rätselhaft wie uns. Elly hatte kein Fieber, keinen Durchfall und offenbar auch keinerlei Infektion; nur dieses fortgesetzte, sinnlose Revoltieren des leeren Magens quälte sie, das mit Wimmern begann und mit der erschöpften Resignation von Stummen endete. Der Arzt befürchtete eine gefährliche Austrocknung des Organismus, aber Elly weigerte sich, an den Süßigkeiten zu lecken, die wir ihr gaben, und lehnte auch Wasser ab. Ohne Worte gab es keine Möglichkeit, ihr zu erklären, daß sie krank war, daß Wasser ihr helfen würde. Ein Kind ohne Sprechvermögen ist genauso unerreichbar wie ein krankes Tier. Flößte ich ihr gewaltsam etwas Wasser ein, so kam es sofort wieder hoch.

Am sechsten Tag hörte der Brechreiz auf. Elly trank ein halbes Glas Wasser und aß einen Lutscher. (Es war nicht leicht gewesen, ihn zu finden. Später mochte sie englische Süßigkeiten, aber anfangs hatten sie die falsche Form.) Sie setzte sich auf. Am nächsten Tag trugen wir sie in die Küche hinunter. Noch zittrig führte sie mich geradewegs zum Kühlschrank. Sie legte meine Hand auf den Türgriff. Als ich die Tür geöffnet hatte, nahm sie mein Handgelenk und bedeutete mir, ein Ei herauszuholen.

Elly hatte über zwei Jahre, ihr halbes Leben lang, kein Ei mehr gegessen. Eier waren nicht unter den eßbaren Dingen, die sie zu sich nahm. Soweit mir bekannt war, wußte sie auch nichts über sie, denn Kochen interessierte sie nicht, wie so vieles andere, was menschlich war – sie beobachtete es allenfalls mit leerem Blick. So nahm ich das Ei etwas erstaunt heraus. Für unbefangene Augen ist es keineswegs offenkundig, daß ein Ei ein Nahrungsmittel ist; es hat für den, dem noch nie eines zu Gesicht gekommen ist, sowenig Verheißungsvolles wie eine Auster. Aber Elly, so stellte sich heraus, wußte alles über dieses Ei, sogar, wie es zubereitet werden sollte – als Rührei – und was für eine Pfanne dazu nötig war; all das gab mir ihr leichter Griff zu verstehen. Sie verlangte innerhalb einer Stunde sechs Eier und verbrachte die nächste Woche damit, daß sie in der Küche saß und dutzendweise Eier aß. Sie konnte natürlich keine bessere Rekonvaleszenznahrung wählen. Nach einer Woche war sie gesund.

Aber sie war auf eine merkwürdige Weise verändert. Wir brauchten uns zum Beispiel nicht mehr den Kopf darüber zu zerbrechen, wie man das laute Geräusch des aufschlagenden Bettes dämpfen könnte. Jahrelang hatte jene rhythmische Wiegebewegung zu Elly gehört, war eine der wenigen Aktivitäten ihres Lebens gewesen. Während ihrer Krankheit hatte sie davon ablassen müssen, weil sie zu schwach dafür war. Sie tat es nie mehr wieder.

Und während sie in Amerika unbekümmert die Nachbarschaft durchstreift hatte und selbst barfuß überall herumgelaufen war, setzte sie hier freiwillig keinen Fuß vor die Tür. Im Haus wirkte sie zwar fröhlich und munter, doch draußen bewegte sie sich nicht mehr ungezwungen; sie rannte nicht, hüpfte nicht, sondern kauerte sich irgendwo nieder, um im Sand zu wühlen oder mit Kieselsteinen zu spielen – und selbst das nur, solange jemand bei ihr war. Sie wollte nicht mehr mit uns spazierengehen. Wir bewogen sie dazu, ein paar Schritte zu tun – nur ein paar, denn sie begann sofort zu wimmern und, wenn wir uns hartnäckig zeigten, zu weinen; dann trugen wir sie einige Meter weit, setzten sie ab, entlockten ihr wieder ein paar Schritte, und so hielten wir die Fiktion des Spazierengehens aufrecht. Es war nur eine Fiktion. Aber wir wollten ihr nicht das Gefühl geben, daß sie mit ihrer Rückkehr in die früheste Kindheit Erfolg hatte.

Diese Veränderungen waren dauerhaft. Obwohl wir mit Takt, Behutsamkeit und Geduld nach vielen Wochen erreichten, daß sie wieder normal lief, ging sie, solange wir in England waren, nie mehr aus eigenem Antrieb nach draußen, und auch nach unserer Rückkehr in die vertraute Umgebung hielt sie sich stets zumindest in Sichtweite des Hauses.

Wir begannen uns über die Bedeutung jener plötzlichen Erkrankung, die keine feststellbare Ursache, nur Konsequenzen hatte, Gedanken zu machen. Lag ihr vielleicht eine traumatische Erfahrung zugrunde – mysteriöser Begriff, dem Jargon unserer Umgebung entnommen und nicht richtig verstanden? War die Reise ein psychisches Trauma, nicht ausgedrückt und für Elly nicht ausdrückbar, das tiefinnerlich festsaß und sich auf die einzig mögliche Art äußerte, nämlich in physischen Symptomen? Elly hatte die Übersiedelung scheinbar gelassen hingenommen. Aber wir hatten nicht überlegt, was es für ein vierjähriges Kind bedeuten mußte, das Zuhause ohne ein Wort der Erklärung zu verlassen. Eine Woche lang denkt man noch, es sei ein Besuch wie jeder andere. Doch wenn die Tage vergehen und keine Rückkehr kommt, wird es klar, daß das Zuhause einfach verschwunden ist, vom Erdboden verschluckt.

Ohne Sprechvermögen kann Elly keine Fragen stellen, ihre Unruhe nicht äußern. Keine Erklärung kann sie erreichen, selbst wenn ihr eine geboten würde. Nichts macht ihr begreiflich, daß das Zuhause noch existiert, daß es aus einem bestimmten Grund verlassen worden ist, daß sie eines Tages zurückkehren wird. Ein unverständliches Erdbeben hat über Nacht ihre physische Welt vernichtet. Denn da sie nicht über Wörter verfügte und keinen Kontakt zu Menschen hatte, war ihre Welt vor allem die physisch wahrgenommene – Spielzeuge, Möbelstücke, Häuser, Straßen. Wer wollte ermessen,

wieviel anderes das Verschwinden all dieser Dinge für Elly
auszulöschen schien? Bis zu welchem Grad war ihr zerbrech-
liches Selbst in jenen verlorenen Zimmern eingeschlossen?
Brachten sie auf räumlichem Wege – dem einzigen, den sie
fassen konnte – Zeit, Kontinuität der Persönlichkeit, Vergangenheit zum Ausdruck?

Auf derlei Fragen gibt es keine Antwort, und wir fanden
nie heraus, was es mit jener sonderbaren Krankheit auf sich
gehabt hatte. Doch wenn wir auf die Lösung dieses Rätsels
gewartet hätten, um zu einem Entschluß zu gelangen, wie wir
mit Elly vorgehen sollten, hätten wir wahrscheinlich nie etwas unternommen. In einigen Monaten stand uns eine zweite
Übersiedelung bevor, wieder ein anderes Haus; wir wollten
den Sommer in Österreich verbringen, bevor wir nach Amerika zurückkehrten, und Elly zeigen, daß ihr Zuhause gar
nicht verloren war. Wie konnte ich sie vorbereiten? Bei den
einzelnen Wörtern, die Elly mit den Monaten erlernte, handelte es sich immer um einfache Substantive. Es gab keines,
das ich für die Erläuterung so subtiler Themen wie Ort und
Zeit und Ursache hätte verwenden können – kein »Als«, kein
»Zurück«, kein »Wieder« oder »Bald«; »gehen«, »weil«,
»Österreich«, England«, »Amerika«, selbst das Wort
»heim« – dies alles kannte sie nicht. Wie soll man etwas sinn-
lich nicht Wahrnehmbares ohne Wörter mitteilen? Erörtert
man Vergangenheit und Zukunft mit seiner Katze?

Um diese Zeit begann mich die Frage zu beschäftigen, wie
ich Elly zu einem brauchbaren Gedächtnis verhelfen könnte.

Das entscheidende Wort war tatsächlich *brauchbar*. Wir
wußten, daß sie ein Gedächtnis hatte, und sogar ein ungewöhnlich gutes. Seine Wunderleistungen waren nichts Neues
mehr für uns. Sie war etwas über zwei Jahre alt, als sie eines
Tages verschwand – sie, die nicht sprechen und nichts begreifen konnte und kaum auf ihre Umgebung achtete. Es war
noch nie vorgekommen; sie konnte erst seit drei Monaten laufen und war bisher niemals allein irgendwohin gegangen. Wo
wollten wir sie suchen? Dann fiel mir ein, daß ich sie am Vortag in ihrem Sportwagen – sie lief noch nicht sehr ausdau-
ernd – mit in die Stadt genommen und dabei einen neuen Weg
gewählt hatte, der über einen Parkplatz führte. Die Streifen
und Pfeile auf dem Asphalt hatten sie so entzückt, daß ich sie
aus dem Sportwagen hob, damit sie ein wenig auf dem Boden

herumkrabbeln konnte. Es war ein dürftiger Anhaltspunkt, aber einen anderen gab es nicht. Ohne große Hoffnung begann ich meine Suche also dort. Und tatsächlich, ich fand sie damit beschäftigt, auf Händen und Knien einen Pfeil zu umrunden; der kleine Körper wäre einem Autofahrer weniger aufgefallen als ein Hund.

Um zu diesem Parkplatz zu gelangen, mußte sie durch drei weitläufige Hintergärten gehen, zwei Straßen überqueren, zwei mögliche Seitenstraßen hinter sich lassen und in die dritte einbiegen. Sie hatte zu Fuß eine Strecke zurückgelegt, die sie erst einen Tag zuvor kennengelernt hatte – und dies nur aus der Sportwagenperspektive. Sie war schnell gelaufen; denn von dem Augenblick an, in dem ich sie vermißte, bis zu dem, als ich sie fand, waren nur ein paar Minuten verstrichen. Eine bemerkenswerte Leistung für jede Zweijährige; überaus eindrucksvoll bei einem Kind, das nicht zu sehen und nicht zu hören und keinerlei Eindrücke zu registrieren schien – das manchmal tagelang nichts enthüllte, was auf Intelligenz hindeutete.

Ich testete sie. Die Mutter eines anormalen Kindes führt ständig Tests durch. Ich blieb auf unseren Spaziergängen absichtlich zurück und ließ sie die Führung übernehmen. Sie war nie unschlüssig, bog nie in die falsche Straße ein. Ein einziger Besuch, und sie hatte sich den Weg unfehlbar gemerkt. Und überdies brauchte dieses Wissen nie untermauert zu werden; mit dreieinhalb Jahren führte sie mich zu einem hinter einer Baumgruppe verborgenen Haus, in dem sie nur einmal – sechs Monate zuvor – gewesen war. Ich hatte mich an diese Fähigkeit so gewöhnt, daß sie mich nur noch in ganz außerordentlichen Fällen überraschte. Ich nahm sie als so selbstverständlich hin, daß ich mich wunderte, wenn die klugen, normalen Kinder meiner Nachbarin nicht perfekt über die Lage der einzelnen Zimmer unseres Hauses Bescheid wußten. Elly brauchte keine zweite Unterweisung.

Man mußte also nicht erst ein Gedächtnis schaffen. Elly erinnerte sich an ihr Zimmer, an ihr Haus, ihre Nachbarschaft, ihre Stadt. Die Erfahrungen, die ich ihr zugänglich machen wollte, waren nicht verlorengegangen; für Wörter unerreichbar, mußten sie dennoch vorhanden sein. Wie sicher das klingt! Dabei konnte ich bei Elly doch niemals sicher sein. Daß sie ihr Zuhause in der Erinnerung behielt, mochte für den Intellekt eine Gewißheit sein – die Emotionen sahen die Dinge anders. Sie zeigen einem nicht das Kind, das man aus gelegentlichen Leistungs- und Wissensproben konstruiert, sondern das Kind, das man jeden Tag vor sich hat, das Kind, das kaum etwas tut und nichts weiß. Dieses in Schleier und Nebel gehüllte Kind ist es, mit dem man arbeitet; der Verstand hinter seiner Stirn, so sehr er beeindruckt, wenn man alle Proben zusammennimmt, scheint stets nur eine dem Wunschdenken entsprungene Fiktion. Das Kind hat Erinnerungen an zu Hause, die wir freilegen können? Was für ein Optimismus! Das Kind ist uns völlig entrückt, und es hat überhaupt keine Vergangenheit.

Dennoch begann ich zu überlegen, was ich tun könnte. Elly besaß ein Puzzle, das ein großes Haus mit vier riesigen Fenstern darstellte; in jedem davon konnte man ein kleineres Puzzle zusammensetzen, so daß man die Einrichtung von vier verschiedenen Räumen sah: Küche, Wohnzimmer, Schlafzimmer, Bad. Ich hatte dieses Puzzle wochenlang angestarrt, bevor mir ein Gedanke kam: Ich würde unser Haus in den Staaten auf ein Blatt Papier zeichnen und sehen, ob es mir gelang, Ellys Erinnerungen an die Oberfläche zu locken, wo sie sie mit anderen teilen konnte.

Zusammen setzten wir uns oft auf den Boden wie so oft zuvor. Ich zeichnete das Haus. Elly schaute mit stiller Aufmerksamkeit zu; ihr leerer Blick wurde jetzt immer seltener. Natürlich hatte ich kein Foto mitgenommen. Unsicher versuchte ich die Fassade in meinem (schwachen) Gedächtnis zu rekonstruieren. Wie verlief die Dachschräge? Sollte ich den Kamin sichtbar machen? Wo lagen die Fenster, und wie groß waren sie? Während ich nachdachte, mußte ich zügig weiterzeichnen, selbst wenn irgend etwas nicht ganz korrekt ausfiel. Elly sah mir zu, und ich durfte ihr Interesse nicht durch Stümperarbeit aufs Spiel setzen. Ich zeichnete den Umriß des Daches, die richtige Anzahl Fenster, dann konzentrierte ich mich auf die Veranda, die ich noch gut im Kopf hatte. Drei Stufen, zwei Säulen (dorische), die Tür, der Briefkasten. Ich zeichnete Büsche und Blumen, und ein paar Narzissen (ein Wort, das Elly kannte) gaben dem Ganzen einen frühlingshaften Anstrich. Elly sah mit unverbindlicher Aufmerksamkeit zu. Wie bei ihrem Puzzle begann ich nun in die Fenster des Erdgeschosses die Einrichtungsgegenstände unseres Wohnraumes einzu-

zeichnen – Sessel, Tisch, Couch. Das Fenster war vollge-
stopft, von Perspektive konnte keine Rede mehr sein. Ich
wußte allerdings gar nicht, ob Elly Bilderperspektiven überhaupt wahrnahm. Warum sollte sie? Im Mittelalter hatte man
schließlich auch darauf verzichtet… Der Plattenspieler, über
allem anderen schwebend, komplett mit Tonarm, Nadel und
Platte, vervollständigte das Bild. Jetzt erwachte plötzlich Ellys Teilnahme. Gespannt und erregt begann sie auf und ab zu
hüpfen – ihr Zeichen dafür, daß ihr etwas gefiel. Sie setzte sich
wieder und fuhr mit dem Finger auf dem Kreis, der die Schallplatte andeutete, herum. Und nun fing sie zu singen an. Zuerst erkannte ich die Melodie gar nicht, weil es so lange her
war, seit ich sie zum letztenmal gehört hatte – aber dann fiel es
mir ein; sie stammte aus der ›Dreigroschenoper‹.

Fast ein Jahr lang hatte Elly diese Musik nicht mehr vernommen. Sie hatte eine spezielle Vorliebe dafür gehabt; über
zwei Monate lang hatte sie täglich nach der Platte verlangt.
Dann war sie, wie so oft, ganz davon abgekommen. Niemand
hatte die Melodien seither gesungen. Die Schallplatte war in
Amerika geblieben und gehörte, wie die Musik, zu einer un-
wiederbringlich verlorenen Vergangenheit. Doch sie war
nicht ganz verloren. Wir hatten einen winzigen Teil davon
wiedererlangt. Vielleicht konnten wir noch mehr finden.

Viele der Dinge, die ich zeichnete, riefen keine Reaktion
hervor. Merkwürdigerweise bekundete Elly kaum Interesse
für ihr Kinderbett, wiewohl ich es besonders liebevoll ausar-
beitete. Dafür faszinierte sie der Schaukelstuhl, und wieder
verriet sie durch Musik, daß sie meine Erinnerung teilte, denn
sie begann die Melodie eines Wiegenliedes zu singen, das sie
zum erstenmal gehört hatte, während ich sie in diesem Stuhl,
der in ihrem Zimmer stand, hin- und herschaukelte.

Danach wußte ich, wie ich vorgehen mußte. Elly war
glücklich, als ich einen großen Schaukelstuhl vor das Haus
plazierte, in dem eine bebrillte Mutter saß, die eine Elly mit
glattem Haar und Ponys in den Armen hielt. Ich wollte nicht
nur das Haus wieder herbeizaubern; ich wollte auch versuchen, es mit den menschlichen Beziehungen zu füllen, die
Elly so erfolgreich zu negieren bemüht war. Ich fertigte rohe
Porträtzeichnungen der Familie an, ein Gesicht in jedem Fenster, eine Gestalt unter der Tür, und obwohl Ellys eigentli-
ches Interesse noch immer dem Haus und den Möbeln galt,

den Details der Badewanne und des Waschbeckens, nahm sie die Figuren doch hin. Wir zeichneten oft, mehrere Male in der Woche, und die Zeit verstrich.

Dann verließen wir England, verfrachteten den Kleinbus und uns acht – inzwischen hatte sich meine Mutter zu uns gesellt – in ein Flugzeug, dann in einen Zug bis München. Das letzte Stück bis zu unserem Bestimmungsort, St. Gilgen, legten wir mit dem Wagen zurück. Die österreichischen Berge und die unwirklich blauen Seen kamen uns nach der eintönigen Umgegend der englischen Universitätsstadt paradiesisch vor, aber ich hatte noch nie erlebt, daß sich Elly um eine Szenerie gekümmert hätte. Wie würde sich die neue Veränderung auf sie auswirken? Während wir uns in den fremden Räumen häuslich niederließen, beobachteten wir Elly sehr sorgsam. War dies wieder ein Schock für sie? Würde sie wieder krank werden? Zu laufen aufhören? Nicht mehr nach draußen gehen wollen?

Am Tag nach unserer Ankunft begann ich zu zeichnen. Ich zeichnete das Haus in England, den Kleinbus, aus dem acht Köpfe herausschauten. Ich zeichnete das Flugzeug und den Bus, als er verladen wurde. Ich ließ uns alle das Flugzeug besteigen, und Elly erkannte sich und hüpfte und quietschte. Dann kam der Zug mit den acht Köpfen an den Fenstern; Elly, die nie auf die Abbildung eines Zuges reagiert hatte, war außer sich vor Vergnügen. Ich vergaß auch den Schlafwagen nicht, die drei Betten, eines über dem anderen, in dem einen ich, im zweiten Ellys Großmutter, im dritten Elly. Ellys Augen leuchteten, sie lachte, sie sagte »Tschu-tschu«, und den ganzen Sommer lang mußte ich all das immer wieder zeichnen, Menschen und Dinge.

Sie erbrach sich nicht wieder. Sie benahm sich außerhalb des Hauses absolut natürlich. Wir verlebten einen wunderschönen Sommer, und am Ende, vor unserer Zehntagefahrt nach Le Havre, begann Elly auch noch spontan den Topf zu benutzen. Aus alledem ließ sich natürlich, wie es bei negativen Beweisen stets der Fall ist, nichts Schlüssiges entnehmen. Vielleicht hätten wir ohnehin keine Schwierigkeiten gehabt. Ich weiß es nicht. Menschsein setzt unter anderem auch eine verwertbare Vergangenheit voraus. Damit sich ein Kind zu einem vollen Menschen entwickeln kann, braucht es eine Vergangenheit, zu der es Zugang hat. Selbst jetzt haben Elly und

ich noch nicht die verbale Stufe erreicht, die es uns ermögli-
chen würde zu sagen: »Erinnerst du dich?« Aber immerhin
schaut sie mir schon mit Vorliebe zu, wenn ich ihre drei Häuser zeichne – eines in Österreich, eines in England, eines in
Amerika. Da sie auch auf der jeweiligen Rückansicht besteht,
sind das sechs Bilder, und in jedem Fenster sieht man die entsprechenden Möbelstücke. Sie kann jetzt auch ein paar Fragen in Worte fassen: »Beckys Bett?« – »Daddys Bett?« –
»St.-Gilgen-Haus?« Österreich liegt fast vier Jahre zurück,
und die Erinnerung verblaßt allmählich. Dennoch fiel mir
kürzlich noch etwas Neues ein: Ich ergänzte das österreichi-
sche Bild durch eine rohe Skizze des hübschen Zwiebelturms
von St. Gilgen. Jeder Zwiebelturm hat seine Eigentümlich-
keit; man mußte schon sehr wohlwollend sein, um diesen zu
erkennen. Aber Elly kreischte sofort voll Begeisterung:
»St.-Gilgen-*Kirche*!« Und unverzüglich mußte ich auch die
Zeichnungen von Ellys englischem und amerikanischem
Haus mit der jeweiligen Kirche versehen. Die englische Spät-
gotik wurde kein Meisterwerk. Glücklicherweise kann ich
wenigstens die neuenglische Neoklassik täglich betrachten
und so mein Gedächtnis auffrischen. Elly hat das nicht nötig.

Ich habe die chronologische Ordnung meiner Geschichte ge-sprengt. Wir müssen nun zu der vierjährigen Elly zurückkeh-ren, die gerade in England angekommen ist. Sie war nicht das eben beschriebene Kind, das sich über meine Bemühungen um die vergleichende Kirchenarchitektur freut. Die damalige Elly hatte überhaupt erst sechs Monate zuvor eine gewisse Fähigkeit erlangt, Bilder zu betrachten. Sie war noch nicht imstande, auch nur die elementarste Frage zu stellen oder auf die elementarste Antwort zu reagieren. Sie hatte sich gerade von der schwersten Krankheit ihres Lebens erholt und war gedrückt, mit verengtem Horizont daraus hervorgegangen. Es war dieses Kind, das wir, sobald wir uns häuslich einge-richtet hatten, in der Hampstead Clinic vormerken ließen.

»Ganz gleich, was für eine Sprache man spricht, sie spricht sie auch«, hatte Dr. Blank von Anna Freud gesagt. Wir kamen allerdings gar nicht mit ihr selbst in Berührung. Es war nicht nötig, denn wir machten eine sehr überraschende Entdek-kung: Ihre Klinik war so von ihrem Geist durchdrungen, daß dort *jedermann* unsere Sprache sprach. Das Gebäude selbst unterschied sich kaum von denen, die wir bereits kannten; Kliniken für gestörte Kinder scheinen vorzugsweise in älte-ren, ein wenig schäbigen Häusern mit vielen Zimmern unter-gebracht zu sein. Das Untersuchungsteam war dasselbe – So-zialhelferin, Psychiater und Testpsychologe. Soweit ich es be-urteilen kann, waren auch ihre theoretischen Vorausset-zungen ungefähr die gleichen. Sogar die Puzzlespiele waren mir vertraut, die Elly für den Intelligenztest zusammensetzen mußte. Dennoch war alles anders. Das kalte, unverbindliche Spezialistentum, das wir in Amerika angetroffen hatten, gab es hier nicht. Sobald wir die Tür in Maresfield Gardens Nr. 21 durchschritten hatten, wurden wir nicht wie kranke Kinder, sondern wie Erwachsene, Menschen, Freunde behandelt.

Wir unterhielten uns mit feinfühligen, intelligenten Leuten über eine Angelegenheit von gemeinsamem Interesse. Sie zo-gen aus unserem Ton und unserem Benehmen gewisse Schlüsse und gestatteten uns, dasselbe bei ihnen zu tun. Mit jedermann dort kam es zu diesem gegenseitigen Sich-Aufeinandereinstellen, das wir Kommunikation nennen. In unserem eigenen Land waren wir von Fremden wie Fremde behandelt worden, und Fremde waren wir geblieben. Hier waren wir keine Fremden.

Die Psychologin lachte mit mir, während wir zusahen, wie Elly ihre Puzzles zusammensetzte. Der Rest beanspruchte nicht viel Zeit. Sie hatten den Bericht des Instituts vorliegen, der erst kurz vor unserer Abreise abgeschickt und selbstverständlich nicht uns, den Eltern, sondern ihnen, den Spezialisten, geschickt worden war. Sie hatten sowohl diesen Bericht als auch die Krankengeschichte gelesen. Die Sozialhelferin fragte mich nach Fotos von Elly. Ich hatte keine; nach den Erfahrungen mit dem Institut hatte ich sie in Amerika zurückgelassen. Ermutigt erwähnte ich meine Aufzeichnungen. Aber gewiß, sie würden sie sehr gerne lesen. Als wir eine Woche später wiederkamen, wußten sie, was darin stand.

Ich hatte beschlossen, auf alle Fälle durchzusetzen, daß man mich im Spiel mit Elly beobachtete. Doch ich brauchte mich gar nicht darum zu bemühen; die Sozialhelferin war ohnehin an unseren Spielen interessiert. Sie hatte selbstverständlich meine Aufzeichnungen ebenfalls gelesen. So konnte ich auf einzelne nur flüchtig gestreifte Punkte näher eingehen. Unter anderem schilderte ich ihr, ganz ähnlich, wie ich es hier im vierten Kapitel getan habe, auf welchem Wege ich nach und nach erreicht hatte, daß Elly einen Wasserhahn aufdrehen konnte. In solchen Dingen, so meinte ich, könnte sie mir bestimmt beratend beistehen. Ich vergesse ihre Erwiderung nie. »Ich habe eher den Eindruck, daß wir von *Ihnen* lernen können...«

Ich traute meinen Ohren nicht. Nachdem wir über verschiedenes andere gesprochen hatten, sagte sie etwas, worauf ich noch weniger gefaßt war. »Vermutlich hat man Ihnen schon oft erklärt, daß das ein sehr interessanter Fall ist.« Oft? Interessant? Man hatte uns überhaupt nichts erklärt, und am allerwenigsten das. Ich verspürte Erleichterung. Wenn man schwere Probleme hat, hilft es, daß jemand sie interessant findet. Aber ich hatte noch nicht alles gehört. Was den Fall so ungewöhnlich machte – die Worte waren Balsam für mein Gemüt –, sei die Beharrlichkeit und Energie der Eltern. Rückfälle hätten vorübergehenden Charakter behalten. »Eine schwere Regression ist jetzt kaum mehr zu befürchten.«

Ich glaube, ich begann nicht zu zittern. Die berühmte, von Kanner beschriebene Kontrolle ließ mich nicht im Stich, obwohl meine Haut plötzlich eine hauchdünne Hülle schien, die mit knapper Not das Chaos animalischer Dankbarkeit, das mich erfüllte, zusammenhielt. Für Güte ist man anfälliger als für Schmerz. Man entwickelt Abwehrkräfte gegen Mißachtung und Gefühllosigkeit; gegen Wärme und Verständnis nicht. Wenn man lange derartigen Belastungen ausgesetzt ist, hat man ein immenses Verlangen nach Freundlichkeit. Solange man keinen wirklichen Kummer kennt, denkt man vielleicht, das beste in einem solchen Fall wäre, daß niemand darauf einginge, daß die Leute einen nur in dem Bemühen unterstützen, so zu tun, als sei alles wie sonst. Aber es ist nichts so wie sonst. Und man möchte, daß die anderen das wissen. Was man braucht, ist nicht unausgesprochenes, sondern ganz offen bezeigtes Mitgefühl und Verständnis. Was man braucht, ist Liebe.

Zuviel verlangt? Es ist überraschend, wie großzügig man von manchen Seiten geboten bekommt, was man so dringend nötig hat. Ich erinnere mich bestimmt an jeden einzelnen Menschen, der in jenen Jahren gütig zu mir war, denn ich zehrte von der Güte. So erinnere ich mich zum Beispiel an den Mann, der, als ich mich für eine etwas peinliche Kapriole Ellys mit einem gemurmelten »Kein normales Kind« entschuldigte, lächelnd erwiderte: »Na, ich bin auch nicht ganz normal.« Meine Ehrenliste ist lang – zu lang, um sie hier wiederzugeben. Sie enthält die Namen von Laien und Spezialisten. Was sie uns gegeben haben, mag, oberflächlich betrachtet, unterschiedlich sein; im Grund war es dasselbe.

Vielleicht träfe das nicht zu, wenn den Ärzten und Psychologen ein unfehlbares Wissen über psychotische oder geschädigte Kinder zur Verfügung gestanden hätte, das sie uns hätten mitteilen können. Aber das war nicht der Fall, und sie machten uns auch nichts vor. Sie ersetzten ihr fehlendes gesichertes Wissen nicht durch Theorien. Aber sie schenkten uns etwas, was Laie und Spezialist gleichermaßen geben können – Mitgefühl, Verständnis und Unterstützung.

Das soll nicht heißen, daß sie keinen Versuch unternommen hätten, das, was sie wußten, anzuwenden und Elly in eine der von ihnen als sinnvoll betrachteten Kategorien einzuordnen. Sie waren in diesem Punkt wie in anderen Dingen aufrichtig und machten uns den Ernst des Zustandes, den wir aus den nebelhaften allgemeinen Feststellungen des Instituts nur vage hatten herauslesen können, unmißverständlich klar.

Bis dahin hatten wir uns für die Prognose von Ellys Zukunft lediglich auf eine kleine Anzahl Fallbeschreibungen stützen können, die Kanner einige Jahre zuvor zusammengestellt hatte.* Ihre Brauchbarkeit war fragwürdig, da sehr wenige von Kanners Patienten das Erwachsenenalter erreicht hatten; das Bild, das uns diese Fälle von Ellys Zukunftschancen vermittelten, umfaßte alle Möglichkeiten von der quasi-vegetativen Existenz in einem staatlichen Krankenhaus bis zur – in nur einem Fall gegebenen – scheinbaren Normalität. In Hampstead hingegen schätzte man den frühkindlichen Autismus als Kategorie offenbar ebensowenig wie in dem Institut, und so bestärkte man uns auch nicht in irgendwelchen vagen Hoffnungen, die auf Kanners Beobachtung beruhten. Die Sozialhelferin betonte, daß Elly die formativsten Jahre der Kindheit entgangen seien und daß dieser Verlust nie mehr ausgeglichen werden könne. Der Psychiater erörterte die Probleme, die für Kinder dann entstehen können, wenn sie die Grenzen zwischen sich und anderen wahrnehmen; in seinem abschließenden Bericht schrieb er: »Der Defekt liegt möglicherweise im Integrationsprozeß des Ego.« Und er brachte die Begriffe »Kindheitspsychose« und »Schizophrenie« vor, unterstrich jedoch ihre außerordentlich allgemeine Natur. Er nahm an, daß man den Begriff »Kindheitsschizophrenie« eines Tages als Sammelbecken mannigfaltiger Zustände ansehen würde, die gegenwärtig noch nicht unterschieden werden konnten.

Elly war völlig in ihr Spiel vertieft, während er sprach. Wie unter Zwang drehte sie immer wieder die Hähne des Waschbeckens auf, ließ Wasser einlaufen, drehte zu. Eine gespannte Erregung hatte sich ihrer bemächtigt. Das war eine neue Fixierung; in jedem Haus strebte sie jetzt unweigerlich den Waschbecken und Badewannen zu und schrie, wenn man sie daran hinderte. Das unerwartete Vorhandensein eines Waschbeckens in diesem Raum machte jeglichen Kontakt unmöglich. Sie war wieder in ihrer Burg, allem ent-

* Kanner und Eisenberg: Psychopathology of Childhood. Herausgegeben von P. H. Hoch und J. Zubin. London: Grune and Stratton 1955.

zogen. Der Psychiater des Instituts hatte es acht Monate zuvor günstiger getroffen.

Das Rauschen fließenden Wassers gab den Worten des Arztes noch mehr Gewicht: »Die Prognose lautet nicht gut.« Er erklärte, es sei nicht damit zu rechnen, daß sie je eine integrierte Persönlichkeit werden würde, und ich wußte sofort, daß er nicht nur an eine zurückgezogen lebende Frau dachte, die Briefmarken sammelte und nie heiratete.

Doch es war das nichtssagende Ausweichen des Instituts gewesen, das uns verletzte, nicht diese harte Offenheit. Wir waren dankbar dafür, daß diese Leute uns genug respektierten, um uns ihre Gedanken anzuvertrauen.

Und wenn wir uns auch nicht mehr auf die schwache Hoffnung stützen konnten, daß eine völlige Genesung möglich war, so hatten wir doch einen neuen Halt gewonnen: »Eine schwere Regression ist jetzt kaum mehr zu befürchten.« Die klugen, freundlichen Spezialisten dieser berühmtesten Kinderklinik der Welt hatten mich in meiner Arbeit bestätigt. Sie glaubten nicht, daß ich Elly in meinem vermessenen Alleingang Schaden zugefügt hatte. Sie glaubten, daß ich ihr geholfen hatte. Und sie empfahlen vorerst keine Psychoanalyse, sondern sprachen sich dafür aus, daß ich mit Elly wie bisher weiterarbeitete. Mit einem Unterschied: Von jetzt an würde ich fachkundige Anleitung haben. Eine ihrer Psychoanalytikerinnen war dabei, ihre Praxis in die Stadt zu verlegen, in der wir wohnten.

Anfangs ging ich dreimal wöchentlich zu ihr – für meine Begriffe oft, für ihre zu selten. Ein wenig erstaunt bemerkte ich, daß sich die Sitzungen nicht auf Elly, sondern auf mich konzentrierten. Erst viel später erfuhr ich von meinem Mann das einzige, was man mir in der Klinik verschwiegen hatte: Sie hatten geglaubt, ich würde weniger um Ellys als um meiner eigenen Emotionen willen Hilfe brauchen. Unsere Unterredungen kreisten jedenfalls mehrere Wochen lang um mich, wühlten allen möglichen Schlamm auf und nahmen viel Zeit in Anspruch, die ich eigentlich gar nicht hatte. Zugleich forderte mich die Psychotherapeutin immerfort auf, mir mehr Zeit für mich selbst zu nehmen, zu lesen, zu schreiben, Kontakte zu den Engländern zu suchen, und ganz allgemein ermutigte sie mich, mir begabt, heroisch und nicht gebührend geschätzt vorzukommen. Es war ein sehr angenehmer Prozeß. Alles, was sie mir sagte, war schmeichelhaft und mitfühlend; sie schien besser als jeder andere Mensch zu erkennen, wie hart meine Aufgabe war. Doch so dankbar ich auch für die Unterstützung war, mit der Zeit wurde ich unruhig. Ich wollte mich nicht soviel mit mir beschäftigen und kein Selbstmitleid in mir heranzüchten, denn beides brachte mir nicht den geringsten Nutzen.

Was dann geschah, war ein Beweis für die Intuition und die Flexibilität eines guten Psychoanalytikers. Wir waren offenbar fast gleichzeitig zum selben Schluß gelangt. Abrupt änderte sie ihr Vorgehen. Sie begann Elly zu Hause zu besuchen. Wir sprachen nicht mehr von mir, sondern über Ellys Probleme. Ich ging seltener zu ihr, und schließlich wurde sie für mich eine erfahrene Beraterin, die über Kinder gut Bescheid wußte und mich an ihrem Wissen teilhaben ließ. Doch sie war eine Beraterin, die mich jetzt gut kannte – wie ich sie. Wir freundeten uns sogar miteinander an, obwohl sie das zuerst aus beruflichen Erwägungen zu vermeiden suchte – eine persönliche Beziehung sei mit psychiatrischer Hilfe unvereinbar, sagte sie mir; ich hatte es nicht gewußt. Aber es gab zu vieles, das wir gemein hatten, und sie half mir gerade als Freundin sehr viel weiter.

Diese Hilfe nahm verschiedene Formen an. So verrieten zum Beispiel manche Wörter, die ich benutzte, daß ich gewisse Dinge voraussetzte. Mehrmals hatte ich von einem »Durchbruch« gesprochen. Freundlich erkundigte sie sich, was ich darunter verstünde. »Was erwarten Sie?« Ich erkannte augenblicklich, wieviel dieses Wort in sich schloß – wie viele romantische Gedanken, bestärkt durch zahlreiche Berichte über Heilungen, die einem wie Wunder vorkamen, es aber vermutlich für diejenigen, die die dunklen Geheimnisse des Unbewußten entschlüsseln konnten, nicht waren. Elly, so hatte man mir in dem Institut erklärt, habe keinen geistigen Defekt. Doch fast in ihrem gesamten Verhalten wirkte sie stark geschädigt. Wie war das zu erklären, wenn nicht durch irgendeine emotionale Sperre, eine Barrikade aus Ängsten und Depressionen, die niedergerissen und entfernt werden konnte? Wir hatten schon begonnen, sie abzutragen; war Elly nicht jetzt, wenn sie mit Jill, mit den Kindern, mit ihrem Vater, mit mir zusammen war, viel häufiger vergnügt und fröhlich als früher? Wenn sie körperlich gesund war und keinen geistigen Schaden hatte, dann mußte ihr Problem ein rein emotionales sein. Und lief das nicht darauf hinaus, daß sich in ihr ein normales Kind verbarg, das wir, wenn wir nur das richtige Mittel fanden, hervorlocken konnten?

All diese Erwartungen, so sah ich jetzt, beinhaltete das Wort »Durchbruch«. Ich hatte unwillkürlich angenommen, daß sich die Psychiatrie auf diese Art Optimismus stütze. Nun merkte ich, daß die klugen Spezialisten viel zuviel Erfahrung hatten, um derlei naive Ansprüche an ihre Methode zu stellen. Es gab Wunderheilungen, gewiß, und ein vor einiger Zeit erschienenes Buch* erzählt die Geschichte eines Jungen, der Ellys Double gewesen sein könnte und dem Spieltherapie die Brillanz seines Geistes und die Liebesfähigkeit seiner Seele erschloß. Zweifellos entspricht das den Tatsachen. Es geschehen Wunder. Aber ich hatte eine Frau vor mir, die zu gescheit war, um zu behaupten, daß sie einen solchen Prozeß herbeiführen könne, oder sich beziehungsweise mir die Illusion zu gestatten, daß sich hier einer vorbereite.

Manchmal sprachen wir von Wörtern, häufiger von den Dingen selbst. Wir begannen und schlossen mit spezifischen Details. Um die Zeit unserer ersten Sitzung brauchte ich gerade dringend einen Rat in einer ganz konkreten Angelegenheit: Elly, deren Darmentleerung außer den kleinen Unannehmlichkeiten gelegentlicher Reinigungsprozeduren nie ein Problem geboten hatte, begann ihren Stuhl unvermittelt tagelang zurückzuhalten. Bei ihrer starren Selbstkontrolle fiel ihr das leicht; schwer war für sie nur, den Dingen freien Lauf zu lassen. Monatelang hatte sie nur zwei- oder dreimal täglich uriniert, doch das hatte weder sie noch uns gestört. Sie hatte regelmäßig alle ein bis zwei Tage ihren Darm entleert, tagsüber in das Höschen, nachts in die Windeln. (Schon seit Jahren setzten wir sie nicht mehr auf den Topf.) Aber das änderte sich plötzlich, als David und ich – in der Freiheit schwelgend, die uns das liebenswerte, intelligente Mädchen bescherte, das nun bei uns lebte – einmal für elf Tage nach Paris fuhren. Alles ging gut in unserer Abwesenheit, nur hatte Elly, obwohl sie sich mit Dosenananas vollstopfte und in rauhen Mengen importierten amerikanischen Apfelsaft trank, keinen Stuhlgang. Auch als wir zurückkehrten, konnte sie sich nicht befreien.

* Virginia M. Axline: Dibs. Die wunderbare Entfaltung eines menschlichen Wesens. Bern und München ⁷1972.

Sie hatte zwar kaum Beschwerden, doch es konnte natürlich nicht ewig so weitergehen. Ein Abführmittel für sie zu finden war nicht einfach; sie nahm grundsätzlich nichts zu sich, was sie nicht kannte. Schließlich akzeptierte sie Feigensirup, geriet jedoch außer sich, als sie merkte, daß die Darmentleerung nun durch die künstliche Verflüssigung ihrer Kontrolle entzogen war. Sie beschmutzte die Windeln, die wir ihr ständig unterlegen mußten, und weinte herzzerreißend wie nie zuvor.

Die Psychoanalytikerin erwies sich damals als eine unschätzbare Hilfe. Sie interpretierte Ellys Verhalten als einen stummen Protest gegen unsere Abwesenheit; nachdem sie sich mit den Kinderärzten ihres Londoner Krankenhauses beraten hatte, gab sie uns ein harmloseres Abführmittel, das Elly nur daran hinderte, ihre Darmentleerung länger als vier oder fünf Tage zurückzuhalten. Das konnte ihr nach Meinung der befragten Ärzte nicht schaden – eine Versicherung, die für uns sehr wesentlich geworden ist, denn diese jähe Änderung in Ellys Verhaltensmuster erwies sich, wie so manche andere, als dauerhaft. Wir konnten von Glück reden, daß das Problem nicht aufgetreten war, solange wir noch keine Hilfe hatten. Moderne Eltern sind hinsichtlich des Reinlichkeitsthemas derart empfindlich und unsicher geworden, daß es uns ohne fachkundige Unterstützung beinahe unmöglich gewesen wäre, konsequent und besonnen vorzugehen.

Nicht daß uns der professionelle Beistand hier oder in anderen Fällen Patentlösungen geliefert hätte. Wir lernten durch ihn lediglich, uns auf einen modus vivendi einzustellen, bei dem wir Abwesenheiten und Unruhen vermieden. Der Nutzen, den ich aus meinen Sitzungen mit der Psychotherapeutin zog, lag weniger in ihren Ratschlägen für eine Steuerung von Ellys Verhalten oder dessen gelegentlicher Interpretation, sondern mehr in der Atmosphäre, die sie schuf.

Sie sagte mir zu Anfang, ich müsse mit Fehlern von ihrer Seite rechnen. Dies trug ihr in besonderem Maße meinen Respekt ein. Sie gab mir vielerlei Empfehlungen. Manches davon erwies sich als unanwendbar oder unwichtig, einiges als falsch. Wie hätte es auch anders sein sollen? Wenn man etwas erprobt, muß man Irrtümer in Kauf nehmen. Was mir bei unserer gemeinsamen tastenden Suche nach einem weiterführenden Weg Zuversicht gab, war gerade, daß ich Tatsachentreue vorfand, wo ich angewandte Theorie erwartet hatte. Ich hatte geglaubt, ich würde durch die verbalen Labyrinthe Freudscher Psychoanalyse geführt werden. Es war zwar gelegentlich von »oral« und »anal« die Rede, doch in Anbetracht unseres speziellen Problems war das nicht überraschend. Ich fand sehr bald heraus, daß es im Grund nur hieß: »Lassen Sie Elly mit Herden und Kühlschränken spielen, und verzichten Sie auf Badewannen und Spielzeugtöpfchen.« Elly brachte allerdings nur lauwarmes Interesse für Küchengegenstände auf, keines für Töpfchen, und niemand vermochte ihr Interesse an Badewannen zu dämpfen. Ich habe nie herausbekommen, ob sie mehr »oral« oder »anal« war, denn meiner Freundin, der Psychotherapeutin, lag der theoretische Bereich nicht sonderlich. Sie brachte nur selten eigene Interpretationen vor und war durchaus nicht begeistert, wenn wir selbst Ellys zunehmend komplexeres Verhalten mit sinnreichen Hypothesen zu erklären versuchten.

Eine davon betraf Ellys neuerworbene Fähigkeit zu zählen. Natürlich waren wir hocherfreut darüber. Doch diese Fähigkeit zeigte eine wunderliche Tendenz. Statt sich wie bei einem normalen Kind auszudehnen, so daß das Kind weiter und immer weiter zählen lernt, erstarrte sie zu einer Fixierung. Elly mußte vier Waschlappen im Badezimmer haben, vier Kekse auf dem Boden. Sie mußte sie haben; sie waren so wichtig für sie, daß wir sie ihre »Statussymbole« nannten. Wir wußten, daß sie rein intuitiv subtrahieren konnte, denn wenn ein oder zwei Kekse fehlten, wies sie alle, die man ihr anbot, zurück, bis man ihr genau die fehlende Anzahl gab.

Da wir dieses Verhalten notgedrungen stets im Auge haben mußten, bemerkten wir, daß Elly in der Woche, nachdem Jill zu uns gekommen war, ihrer Sammlung einen Keks und einen Waschlappen hinzufügte. Kurze Zeit darauf tat sie noch zwei Kekse hinzu – Schokoladenkekse diesmal, etwas größer als die anderen. Dann, als wir in Paris und Jill und die Kinder allein waren, verschwanden die zwei Schokoladenkekse und wurden durch vier Cracker ersetzt. Insgesamt waren nun neun Elemente notwendig – in zwei Gruppen zu je fünf und vier aufgeteilt.

Psychologie ist ein Spiel für jedermann. Unsere Zugehfrau, die außerordentlich nett zu Elly war, hatte bereits die Möglichkeit erwähnt, daß die vier Kekse die vier Kinder darstellten und daß Jill das fünfte sei. Davon ausgehend überlegte nun Jill weiter; die häufige Notwendigkeit, verlorene oder zertretene Kekse zu ersetzen, sorgte dafür, daß das Problem uns alle gefangennahm. Konnten die zwei Schokoladenkekse nicht die Eltern darstellen? Als sie den Familienkreis verließen, blieben fünf Kekse, und die ursprünglichen vier kamen hinzu, um der Unsicherheit über Jills Status Ausdruck zu geben, denn nun war es nicht mehr klar, ob sie als Kind oder als Ersatzmutter fungierte.

Diese Hypothese gewährte uns allen eine gewisse intellektuelle Genugtuung. Ich selbst war zwar an dem Gedankenspiel nicht beteiligt, da ich im Theorienaufstellen sehr zaghaft bin, aber ich fand, es sei ein hübscher Versuch, und berichtete unserer Psychotherapeutin davon. Es hörte sich so ähnlich an wie gewisse Dinge, die ich in Psychologiebüchern gelesen hatte, und ich dachte, es müßte ihr gefallen.

Sie bezeigte indessen keinerlei Interesse, sondern warnte mich davor, »Konstruktionen zu machen«. Ich war erstaunt; ich hatte mir unter angewandter Psychologie mehr vorgestellt als die rein pragmatische Methode, die ich – mehr von Aktion und Reaktion als von Theorien geleitet – bisher verfolgt hatte. Doch es freute mich, daß ich fachkundige Billigung gefunden hatte, um meine Arbeit an Elly wie zuvor fortzusetzen; zu etwas anderem wäre ich auch gar nicht fähig gewesen. Die Warnung vor Interpretationen half mir; ich lehnte sie nun zwar nicht etwa ganz ab, beurteilte sie aber danach, inwieweit sie den Tatsachen entsprachen.

Es gab ohnehin nur sehr wenige geistige Konstruktionen – so wahrscheinlich sie auch klangen –, die für das, was ich mit Elly unternahm, irgendeine Bedeutung hätten haben können. Ich konnte es unterlassen, in ihrer Gegenwart schmutzige Windeln zu waschen, wie mir die Psychotherapeutin geraten hatte, weil die Darmentleerung »das erste Geschenk des Kindes für seine Mutter« ist. Doch da sie auf den ganzen Vorgang auch weiterhin nicht achtete, merkte ich, daß ich wohl nie erfahren würde, ob die Routineänderung sie beruhigte oder ihre Erziehung zur Reinlichkeit beschleunigte.

»Konstruktionen«, ganz gleich, ob unser eigenes Werk oder das eines Spezialisten, sind zweifellos interessant. Es mag durchaus Fälle geben, wo sie nachweisbar zutreffen – wenn nämlich das Kind positiv auf Routineänderungen reagiert, die man aufgrund ebendieser Deutungen vorgenommen hat. Wenn es in Ellys Fall überhaupt solche Deutungen gab, so sind wir nicht darauf gestoßen. Die einzige »Konstruktion«, die sich hier anwenden ließ, war so offenkundig und von unserer Seite so tief empfunden, daß wir nicht darüber zu sprechen brauchten: Alle Kinder, ob krank oder gesund, brauchen Liebe, und die Aufgabe derer, die sie lieben, ist, Liebe zu verschenken – nicht auf eine Weise, die sie selbst befriedigt, sondern auf eine Weise, die das Kind akzeptieren und für seinen Entwicklungsprozeß verwerten kann.

Damit waren wir wieder bei spezifischen Fragen angelangt: Was sollte man mit Elly unternehmen, wie ihre leeren Tage ausfüllen, auf welche Weise ihre wenigen spontanen Versuche, eigene Spiele zu erfinden, ermutigen, wie ihr neue, brauchbare Erfahrungen beschaffen, wo sie von sich aus nicht dazu kam? Wie zuvor, lernte ich am besten durch Beobachtung. Zweimal kam die Psychotherapeutin zu uns nach Hause – ein weiterer Beweis ihrer Flexibilität, denn viele Kinder werden von Leuten behandelt, die sie nie daheim gesehen haben. So war es ihr möglich, einige ihrer Ideen aus unmittelbarer Anschauung auf ihre Zuverlässigkeit hin zu überprüfen. Sie konnte sich davon überzeugen, daß Ellys heikles, pedantisches Wesen nicht etwa krankhafte Ordnungsliebe zu Hause widerspiegelte – ein Blick auf das Wohnzimmer genügte! – und daß ihre Leistungsschwäche nicht eine Reaktion auf die unangemessen hohen Anforderungen unserer Familie war. Und während sie beobachtete, konnte ich zusehen, wie sie mit Elly spielte. Es war eindrucksvoll, denn sie gehörte zu jenen Menschen, die Elly in die Handlung hineinziehen konnten, ohne etwas von ihr zu verlangen.

Die meisten Leute versuchten mit Elly zu sprechen. Die Psychotherapeutin war, wiewohl höchst ausdrucksfähig, eine Expertin in nichtverbaler Kommunikation. Sie spielte Klavier für Elly. Sie holte Tassen und Untertassen herbei und brachte Elly dazu, Teeparty zu spielen. Sie setzte sich neben sie auf den Boden, um zuzuschauen, wie sie malte. Elly, an meine Zeichenstunden gewöhnt, wollte sie dazu bewegen, selbst zu zeichnen. Sie weigerte sich nicht, beschränkte sich aber auf rudimentäre Zeichen, die Ellys Versuchen glichen und kein unerreichbares Vorbild darstellten. Ein Jahr zuvor, als ich mit Elly zu malen anfing, hatte ich meine Zeichnungen absichtlich so realistisch wie möglich gestaltet, um ihr das Erkennen leichter zu machen. Die Technik hatte sich als sehr wirksam erwiesen, aber jetzt sah ich ihre Schattenseiten. Elly würde eher für jemand anders zeichnen als für mich.

Die Psychotherapeutin hatte einen Blumentopf gebracht. Sie versuchte, Elly dafür zu interessieren, ihn mit Erde zu füllen. Sie konnte sich zwar lediglich davon überzeugen, daß Elly für Schmutz weder eine Vorliebe noch eine Abneigung hatte, aber ich sah etwas, was sich vielleicht später verwenden ließ. Während ich die Psychotherapeutin beobachtete, hatte ich den Eindruck eines enormen Reservoirs, das zahllose Kunstgriffe und Fertigkeiten speicherte; die meisten davon waren bei diesem sehr einfachen Gemüt noch unanwendbar, aber ich konnte aus ihnen für die Zukunft so manches lernen. Ich hätte sie zu gerne im Umgang mit anderen Kindern beobachtet. Das war unmöglich, aber sie war bereit, mir über ihre Erfahrungen zu berichten.

Die Kinder, die sie beschrieb, schienen viel weniger schwere Fälle als Elly; selbst diejenigen, die nicht sprachen, hatten gezeigt, daß sie dazu fähig gewesen wären. Ich versuchte mir vorzustellen, daß Elly wie das kleine Mädchen, von dem ich hörte, mit dem Inhalt meiner Brieftasche spielte und dabei Spannungen und feindselige Gefühle enthüllte, die sonst nie an die Oberfläche drangen. Aber ich konnte es nicht. Wenn ich ihr meine Brieftasche gäbe, würde sie sie nicht beachten oder bestenfalls die darin enthaltenen Gegenstände in Reihen auslegen. Aber ich wollte mir die Idee für später aufheben, wenn Elly besser entwickelt wäre.

Sie machte stetige Fortschritte. Wir führten in England ein ruhiges Leben; innerhalb der Mauern und Zäune unseres gepflegten Vorortes spielten Kinder, aber ich wußte nicht, wie ich Elly in ihre Nähe bringen könnte. Auch zu Hause war sie auf den weiten, offenen Rasenflächen voller Kinder nur neben den anderen hergerannt. Hier gab es außer ihren Geschwistern keine Kinder, mit denen sie hätte herumlaufen können. Doch ich spürte eine schwache Bereitschaft aufkeimen. Ich brachte sie oft zu einem Spielplatz, wo sie mit abwesendem Blick eine Weile schaukelte, von kräftigen, drahtigen Jungen und Mädchen umgeben, die ihr nicht mehr Aufmerksamkeit schenkten als sie ihnen. Aber eines Tages, als eine Gruppe Kinder aus dem angrenzenden Schulhof kam, tat sie etwas

Unerwartetes – sie machte eine jähe Wendung und lief mitten in sie hinein.

Ich erzählte dies und andere, ähnliche Vorfälle der Psychotherapeutin. Und sie unternahm daraufhin den Schritt, der Elly mehr Nutzen brachte als alles andere, was für sie getan worden war. Sie vermittelte, daß Elly mit normalen Kindern in einen Kindergarten gehen konnte. Daß Elly inzwischen imstande ist, die Schule zu besuchen, haben wir großenteils der Intelligenz und Hingabe der Pädagoginnen an diesem hervorragenden Kindergarten zu verdanken. Da Elly nicht als Schülerin aufgenommen werden konnte, ließ mich die Leiterin mitkommen, so daß Elly als Gast gelten konnte. Auf diese Weise war es mir möglich, die Arbeit ungewöhnlich begabter Kindergärtnerinnen zu beobachten, bei denen man nicht hätte sagen können, wo der Unterricht endete und die Therapie anfing.

Denn wir waren nicht die einzigen Parias, die man hier zugelassen hatte. Elly war noch nicht einmal am schwersten behindert; sie zeigte sich weitaus gewandter als das körperlich überentwickelte, anschmiegsame mongoloide Kind, das sich so unbeholfen unter den Spielsachen bewegte. Ich erfuhr später, daß Eltern, die ihren normalen Kindern in diesem ausgezeichneten Kindergarten einen Platz sichern wollten, sie bereits bei der Geburt vormerken ließen. Es handelte sich nämlich keineswegs um ein Zentrum für Anormale; die gesunden Kinder waren bei weitem in der Mehrzahl. Aber für Kinder, die einen solchen Rahmen besonders dringend brauchten, fand die Leiterin immer einen Platz. Ganz gleich, ob ihr Problem körperlich oder seelisch bedingt war, durch Leid, einen Verlust oder zerrüttete Familienverhältnisse verursacht, sie wurden gleichberechtigte Schulinsassen, selbst wenn sie, wie das kleine mongoloide Kind, außer ihrer Hilflosigkeit nichts beizusteuern hatten. Tüchtigkeit und Phantasie verbanden hier kranke und gesunde Kinder zu einer gedeihlichen Gemeinschaft, in der fünfzig kleine Leute zwischen zweieinhalb und fünf Jahren nicht nur unterrichtet, gefördert und gepflegt wurden, sondern auch ihre Hauptmahlzeit erhielten. Sieben Stunden hielten sich die Kinder täglich dort auf; Elly kam als Gast allerdings nur zweimal wöchentlich für eineinviertel Stunden.

Ich lernte in dem Kindergarten viel, vor allem was Einfälle

und Findigkeit anlangt. Diesen Leuten schien nichts zu entgehen. Sie beobachteten Elly so genau, als hätten sie nichts anderes zu tun. Ellys Badewannen- und Waschbeckenfixierung, die nun schon ein paar Monate anhielt, hatte die Psychotherapeutin und mich sehr beschäftigt. Die Kindergartenleiterin hatte nur einmal gehört, daß Elly gern mit Wasser spielte, und als Elly das erstemal kam, fand sie Zuber, Tassen, Kessel und eine wasserdichte Schürze vor. Man hätte keine bessere Einführung wählen können. Elly war begeistert; sie gab fröhliche Vogellaute von sich, sie sang. Doch bald erschien ein kleiner Junge. Er wollte mitspielen. Elly hatte bisher natürlich immer nur nach eigenem Gutdünken gespielt und nie mit einem Kind ihres Alters.

In den meisten Fällen nahm sie andere Kinder überhaupt nicht wahr, obwohl sie ihre Geschwister und Erwachsene jetzt oft beachtete. Diesen Jungen sah sie indessen sehr wohl. Sie scheuchte ihn mit scharfen, besorgten Lauten fort. Andere Kinder fanden sich ein. Elly kümmerte sich nicht um sie; sie benutzten das Wasser nicht. Der kleine Junge nahm den Kessel und goß das Wasser aus. Elly kreischte, sprang wild in die Höhe und stieß ein paar rhythmische Töne aus, die, wie ich wußte, unser »Jetzt ist es genug« imitierten. Gelassen sorgte die Leiterin dafür, daß das Spiel weiterging. Während eine andere Kindergärtnerin für die zuschauenden Kinder neue Beschäftigungen vorschlug, dachte sich Miss J. ein Waschspiel aus, das Elly und der kleine Junge gemeinsam betreiben konnten. Elly beruhigte sich ein bißchen, und der kleine Junge verschwand ohnehin sehr bald. Nun war natürlich alles in Ordnung; als dann ein anderes Kind kam und sie wieder zu kreischen begann, erklärte Miss J. sehr freundlich, Elly habe noch nicht gelernt, etwas mit jemandem zu teilen, und ließ sie allein mit dem Bottich spielen.

Die verbliebene Zeit war ganz dem Wasser gewidmet. Elly wurde des Bottichs überdrüssig, verließ das Spielzimmer und fand einen Wasserhahn, unter dem ein großer Eimer stand. Sie hatte ihn gesehen, als wir zu einem ersten Gespräch in den Kindergarten kamen. Es war kein Spielzeug – Kinder spielten normalerweise gar nicht in diesem Raum, der zugleich als Waschraum und Toilette diente und große Waschzuber, vier kleine, durch halboffene Vorhänge abgetrennte Toiletten und vier kleine Waschbecken enthielt. Hier durfte Elly unabhängig von den anderen Kindern spielen. Sie füllte den Eimer und leerte das schwere, unhandliche Gefäß (die schwache Elly!) in eine der kleinen Toiletten. Sie machte ihn zu voll und verschüttete ein wenig Wasser auf den Boden und ihre Hose. Sie weinte vor Zorn – ein ganz anderes Geräusch als ihre vorherigen ängstlichen, schrillen Schreie –, aber als das Wasser aufgewischt war, kehrte sie zu dem Eimer zurück. Nur vermied sie es jetzt sorgfältig, zuviel Wasser einzufüllen. Sie spielte in hermetischer Absonderung, bis ihre Zeit um war – abgesehen von einem Gang ins Spielzimmer, wo sie eine Puppe holte, um sie anschließend auf den Eimer zu setzen, und einer zweiten kurzen Unterbrechung, während der sie zusah, wie eine Kindergärtnerin Wasser in den Zuber einlaufen ließ.

Sie wollte nicht fort, am Ende kehrte sie noch einmal zu dem Eimer zurück und leerte ihn in die Toilette. Miss J. sagte: »Auf Wiedersehen, Elly.« Keine Antwort. Sie beugte sich herab, näherte sich Ellys Gesicht. Elly sieht sie nicht. Sie küßt sie. Ellys Gesicht ist ausdruckslos. Wir gehen.

Ein wenig verheißungsvoller Anfang, aber zwei Tage später kommen wir wieder. Elly zögert – sie will nicht durch das Tor gehen. Ich trage sie hin, setze sie ab und warte. Sie läuft aus eigenem Antrieb hinein. Diesmal haben die aufmerksamen Beobachterinnen zwei Schüsseln bereitgestellt und zwei Puppen danebengelegt; so kann Elly ungestört neben einem anderen Kind mit ihrer Waschschüssel spielen. Doch es ergibt sich eine Schwierigkeit, die Miss J. nicht voraussehen konnte: daß Ellys Puppen im Bad sitzen und deshalb bewegliche Glieder haben müssen. Zufällig ist die Puppe des anderen Kindes so beschaffen, aber man kann Elly natürlich nicht gestatten, sie an sich zu reißen. Ich halte nach einer ähnlichen Puppe Ausschau, finde aber keine. Elly kreischt. Ruhig werden die Schüsseln und das Wasser fortgebracht, und man führt Elly an Spielsachen heran, die sie emotional nicht so stark ansprechen.

Das nächste Mal konnte Elly ihre Wasserfixierung auf die kleinen Waschbecken übertragen. Dies war eine weniger isolierte Beschäftigung; sie beobachtete fasziniert, wie sich die Kinder die Hände wuschen, vor allem weil die Rohre in einen offenen Abfluß führten, wo das Wasser sichtbar dahinschoß, sobald ein Stöpsel herausgezogen wurde. Als ein kleines Mädchen, dem Elly, ein wenig abseits stehend, zugeschaut hatte, fertig war, ging sie zu ihm und berührte seinen Arm. Sie wollte, daß es die ganze Prozedur noch einmal wiederholte. Ich erklärte es der Kleinen, die zuerst zögerte, dann aber einwilligte, nachdem ich hinzugefügt hatte, Elly bekäme vielleicht mehr Mut, wenn sie ihr zusehen dürfe. Das zweite Kind, an das Elly das gleiche Ansinnen stellte, weigerte sich. Ich erbot mich, das Becken selbst vollaufen zu lassen, doch das wollte Elly nicht. Statt dessen berührte sie das Kind noch einmal, und daraufhin tat ihr ein drittes kleines Mädchen, das die ganze Szene beobachtet hatte, ungefragt den Gefallen. Nun endlich wagte es Elly, selbst den Stöpsel hineinzustecken und das Wasser aufzudrehen; als der Stöpsel entfernt war, trat sie ein Stück zurück, um zuzuschauen, wie sich das Wasser in den Abfluß ergoß.

Die Kindergärtnerinnen mischten sich in diese Zwangshandlung nicht ein, nahmen sie aber zur Kenntnis. Elly begann jedesmal mit den Becken. Zuerst ließen sie sie so lange dort spielen, wie sie wollte, doch nach ein paar Malen fanden sie, Elly sei nun so weit, daß man diese Aktivität zugunsten einer freieren, ungebundeneren beschneiden könne.

Der Kindergarten war sehr gut mit Spielzeug ausgestattet – meist einfache Dinge wie Bücher, Puzzlespiele, Wagen, Rutschbahnen, Malutensilien. Unlustig begann Elly von den Kindergärtnerinnen ermuntert, all das zu erforschen. Es gab ein hohes, prächtig bemaltes und reich geschmücktes Schaukelpferd, auf dem Elly und andere Kinder, die sich für eine Weile zurückziehen wollten, sitzen und in rhythmischer Bewegung das Leben des Kindergartens überblicken konnten, ohne daran teilzunehmen. Nach einer gewissen Zeit kam stets eine Kindergärtnerin herbei, um das Kind, das zu lange allein gewesen war, wieder der Gemeinschaft zuzuführen und darauf zu achten, daß jeder, der schaukeln wollte, an die Reihe kam; manchmal sang sie auch das hübsche Schaukelpferdlied, das Ellys Leitmotiv für diese Schule wurde.

Wenn Elly ihren Platz einem anderen Kind abtreten mußte, kam sie herunter und ließ sich zum Spielen führen. Sie interessierte sich nicht mehr für Puzzles, obwohl sie sie jetzt ohne Schwierigkeit zusammensetzte. Sie strebte geradewegs der Puppenhausbadewanne zu, doch mit etwas Geschick konnte man ihre Aufmerksamkeit auf ein Spielzeugtelefon oder einen Wagen lenken. Sie probierte die Farben aus und bedeckte ein

Blatt Papier mit ordentlichen Parallelen. Malzeug gab es auch bei uns zu Hause, aber monatelang hatte sie, ganz gleich, was für eine Taktik ich anwandte, nur Farben gemischt und sie von einem Gefäß ins andere gegossen. Hier, wo sie andere Kinder vor Staffeleien sah, malte sie fast jeden Tag ein Bild – abstrakte Figuren in reinen, unvermischten Farben.

Sie begann auf die Menschen um sich zu reagieren; nach zwei Wochen zeigte sie einer Kindergärtnerin mit strahlendem Lächeln ein Spielzeugpferd. Obschon sie auf die Kinder weniger achtete, war sie doch beim sechstenmal bereit, das Wasser in dem Kübel mit jemandem zu teilen. Beim achtenmal beanspruchte sie nicht mehr die ganze Aufmerksamkeit einer Kindergärtnerin für sich. Nach vier Wochen legte mir Miss J. nahe, mich ins Büro zurückzuziehen; ich konnte Elly weiterhin durch die Glastrennwand beobachten, aber sie kam allein zurecht.

Elly gefiel der Kindergarten. Wenn sie auch vielleicht selbst nicht fähig war, die Monotonie ihrer Aktivitäten zu durchbrechen, so begrüßte sie doch jede Abwechslung, die von außen kam. Die Psychotherapeutin hatte mir empfohlen, Elly besonders nachsichtig und schonend zu behandeln, falls sie sich zu Hause nervös und gespannt zeigte. Sie war nicht nervös, doch ich konnte sehen, daß diese neue Erfahrung sehr unterschiedliche Gefühle in Elly auslöste. Zuerst war sie freudig erregt gewesen, wenn wir uns dem Gebäude näherten, aber als wir am sechsten Tag – in der dritten Woche – in eine Abzweigung einbogen, die sie, wiewohl zehn Minuten entfernt, als zum Kindergarten führend erkannte, sang sie einen Takt des Schaukelpferdliedes und begann bitterlich zu weinen. Sie weinte, bis wir ankamen. Ich parkte den Wagen wie immer auf der anderen Straßenseite und überlegte, was ich tun sollte. Es hatte doch so ausgesehen, als gefiele ihr der Kindergarten! Im übrigen konnte ich mich bei aller Toleranz der Kindergärtnerinnen nicht entschließen, ein weinendes Kind in das friedliche Gebäude zu bringen. Es würde besser sein, wenn sie aus freiem Willen hineingingе. Also blieb ich wartend sitzen, bis sie, noch immer weinend, selbst die Hand auf den Türgriff legte. Ich öffnete die Tür. Weinend trat sie ein wenig vor, um aus dem hohen Kleinbus gehoben zu werden. Ich stellte sie auf den Bürgersteig. Weinend machte sie sich daran, die Straße zu überqueren, das Tor zu öffnen, den Pfad entlangzulaufen, das Haus zu betreten. Drinnen angelangt, hörte sie zu weinen auf, und sie weinte kein zweites Mal mehr. Das nächste Mal wimmerte sie nur. Danach verlief die Fahrt zur Schule ohne Spannungen. Elly lernte, sie als selbstverständlich hinzunehmen.

Fünf Monate lang konnte Elly diesen Kindergarten besuchen. Dann mußten wir fort. Sie hätte ohnehin nicht viel länger bleiben können, denn einen Monat später, mit fünf Jahren, wäre sie altersmäßig schon nicht mehr akzeptabel gewesen. Es ist müßig, Spekulationen über die Fortschritte anzustellen, die sie dort hätte machen können. Miss J. hatte mir einen Jungen in Ellys Alter gezeigt, der spielte, redete, die Kindergärtnerin küßte und außer seinem eigenartig trippelnden Gang völlig normal wirkte. Zwei Jahre zuvor, so sagte sie mir, war er als stilles, scheues, verschlossenes Kind, das als taubstumm galt, aufgenommen worden. Die Kindergärtnerinnen bemerkten bald, daß er zusammenzuckte, wenn irgendwelche Gegenstände auf den Boden fielen; ganz allmählich – ich hatte die Methode ein wenig verfolgen können – war er an Aktivität und Sprache herangeführt worden. Miss J. war der Ansicht, Elly habe sehr viel mit James, so wie er damals war, gemein, und James kam im Herbst in eine normale Schule. Aber Elly war fünf, und James war zweieinhalb gewesen. Und weder Miss J. noch ich waren Diagnostiker – James' Behinderung mag sehr gut eine ganz andere gewesen sein. Nun, wir konnten, wie gesagt, ohnehin nicht bleiben.

Doch wir hatten wertvolle Erfahrungen gesammelt, die wir mit nach Hause nahmen; Elly konnte nach unserer Rückkehr in die Kindergartenklasse einer kleinen Privatschule eintreten. Sie ist seither ohne Unterbrechung zur Schule gegangen. Daß das möglich war, verdanken wir der Güte, Flexibilität und Intelligenz der englischen Spezialisten.

Wieder in Amerika, wandten wir uns, dem Rat der Psychotherapeutin folgend, an einen außerordentlich fähigen Psychiater, der sich kurz zuvor in einer nahegelegenen Stadt niedergelassen hatte. Wie immer in solchen Fällen, erschienen wir etwas befangen bei ihm, aber er empfing uns genauso freundlich und verständnisvoll wie seine englischen Fachkollegen. Wir hatten damit gerechnet, daß er uns eine therapeutische Betreuung für Elly vorschlagen würde, zumal sie nun wieder einen festen Wohnort hatte, und es war uns des zweifelhaften

Erfolges und der hohen Kosten wegen nicht ganz wohl bei dem Gedanken gewesen. Doch er tat es nicht. Nach drei oder vier Sitzungen, in denen er sich ausschließlich mit Elly befaßte, empfahl er mir, daß ich sie weiterbetreuen sollte wie bisher. Er erklärte sogar, Elly hätte sich selbst im besten Internat für gestörte Kinder nicht positiver entwickeln können als bei uns zu Hause.

Ich suche ihn ein- oder zweimal jährlich mit Elly auf, und er sagt mir, in welchem Maße sie sich weiterentwickelt hat. Wir kämen ohne ihn nicht mehr aus. Er fungiert als Mittler zwischen uns und der Welt. Er versorgt uns mit Dokumenten, Klassifikationen, Terminologie – mit all dem, was die verwirrten Verwaltungsangestellten und Lehrer, die sich mit Elly befassen müssen, beruhigt. Welche Schule nähme sie auf, wenn nur ihre Eltern ein Wort für sie einlegten? So hat sie ihre Zeugnisse und Gutachten; sie hat einen Psychiater. Wir schwelgen in einer aufmunternden Unterstützung. Er war es, der mir vorschlug, dieses Buch zu schreiben.

Vielleicht gewinnt er eines Tages den Eindruck, daß eine psychoanalytische Behandlung nutzen könnte; bisher sind vier Jahre vergangen, ohne daß er es angeregt hätte. Auf jeden Fall akzeptiert er uns einstweilen als Partner für die Behandlung unseres Kindes. Er hält sich nicht für den privilegierten Hüter eines Geheimnisses, zu dem wir keinen Zugang haben, weil wir nicht dafür qualifiziert sind. Was immer uns seiner Ansicht nach helfen kann, teilt er uns mit. Und er tut alles, was in seiner Macht steht. Es ist zugleich wenig und viel.

Als wir nach unserer ersten Begegnung mit Spezialisten verletzt und enttäuscht zu Dr. Blank kamen, sagte er uns, wir hätten zu viel erwartet. Die Psychiatrie sei eine Gabe, keine Wissenschaft. Wir pflichteten ihm bei. Was wir erbeten und mit unglaublicher Naivität zu erlangen geglaubt hatten, war der Rat eines liebevollen, weisen und guten Menschen. Wir waren bekümmert und enttäuscht gewesen, als wir diesen Rat nicht erhielten. Doch wir hätten eigentlich gar nicht überrascht sein dürfen. Nur sehr wenige Leute sind weise und gut. Es ist ein bemerkenswerter Beweis für den amerikanischen Glauben an die Macht des Geldes anzunehmen, daß es jemanden gibt, der Weisheit und Güte verkauft. Wir hatten kein Recht, schockiert darüber zu sein, daß wir diese Annehmlichkeiten bei unserem ersten Versuch nicht mit Dollars erstehen konnten. Müßten wir nicht vielmehr erstaunt und dankbar sein, daß einem Geld überhaupt Zugang zu den seltensten menschlichen Tugenden verschaffen kann, daß einige Psychiater weise und gut sind, echte Ratgeber, deren menschliche Qualitäten, wo nicht ihre Wissenschaft, zu einer Heilung beitragen können?

Es ist an sich einleuchtend, weshalb Psychiater Eltern als Mitarbeiter im allgemeinen wenig schätzen, auch wenn sie sie nicht aufgrund der Hypothese, daß ihre eigene pathologische Verfassung die des Kindes verursacht hat, in Patienten zu verwandeln suchen. Sie können nämlich noch eine Reihe anderer Gründe, darunter ein paar sehr gute, anführen, um die Fähigkeiten der Eltern, ihr Kind richtig zu behandeln, zu bezweifeln. Selbst einen Außenstehenden mag es wundern, wie Vater und Mutter unter den hemmenden Umständen, die ihrer Stellung anhaften, eine Therapeutenrolle spielen können.

Vernünftiges Handeln setzt einen gewissen Abstand voraus, den Eltern bei einem Kind gar nicht haben können; ihre natürliche gefühlsmäßige Bindung wird durch die konstante körperliche Nähe noch verstärkt. Obwohl sie sich damit begnügen müssen, von einem Tag auf den anderen hinzuarbeiten, können sie es nicht vermeiden, in die Zukunft zu denken; es ist schwer, die vergebliche Frage »Was wird aus ihm und uns werden?« zu unterdrücken. Da so viel auf dem Spiel steht, können sie dazu verleitet werden, einen Zwang auf das Kind auszuüben, wozu das Familienleben zahllose Gelegenheiten bietet. Wo ihre Verbundenheit und ihre Besorgnis keine nervöse, schädliche, übertriebene Aktivität auslösen, kann die entgegengesetzte Möglichkeit subtilere Probleme heraufbeschwören: Da sie ihr Kind lieben, sind sie unter Umständen nicht hinlänglich gegen die Mißachtung und Zurückweisung gewappnet, die jeder, der mit gestörten Kindern arbeitet, erwarten muß, gegen die Ablehnung, die einem vorsätzlich erscheint, obwohl man weiß, daß sie es nicht ist. So viele nicht akzeptierte Vorschläge; so viele ungehörte Worte; das Lächeln, das übersehen wird; Berührungen, auf die keine Reaktion kommt – bei alledem besteht die Gefahr, daß die Eltern am Ende viel zu verwundet sind, um einen neuen Angriff zu wagen, denn Zurückweisung schmerzt immer, auch wenn man sich daran gewöhnt hat. Und noch etwas kann ein Hindernis darstellen – die Tatsache, daß es für Menschen, die keine Spezialausbildung genossen haben, schwer ist zu wissen, was getan werden muß.

Kein Vater, keine Mutter wird diese Handikaps abstreiten – sie kennen sie viel zu gut. Doch nachdem wir Eltern in der klinischen Literatur nur wenig Lob gefunden haben, ist es an uns, unsere Handikaps in die rechte Perspektive zu rücken. Da wir uns ihrer bewußt sind, können wir lernen, sie zu überwinden. Und wir sollten erkennen, daß sie durch besondere Vorteile, die selbst der beste Psychiater nicht hat, ausgeglichen werden können.

Der erste dieser Vorteile ist ein sehr wesentlicher: die absolute Vertrautheit mit dem Fall von Geburt an. Jeder Kinderpsychiater, der sich mit der Vergangenheit seines kleinen Patienten befaßt, ist auf das angewiesen, was die Eltern ihm erzählen, mag er auch von vornherein entschlossen sein, die Hälfte abzustreichen. Selbst wenn es ihm gelingt, dem kindlichen Bewußtsein eine flüchtige Erinnerung zu entlocken, die sein Bild abrundet, muß er doch den Details im Lebenslauf des Kindes nachgehen, um den Sinn dessen zu erfassen, was er gefunden hat. Und seine Quelle für diese Details werden fast immer die Eltern des Kindes sein. Je kleiner das Kind, um so sicherer ist das der Fall, vor allem wenn sein Sprechvermögen beeinträchtigt ist und der Therapeut sich auf Gedankenlesen beschränken muß.

Die Eltern eines psychotischen Kindes sind für den Psychiater, was Informationen anbetrifft, eine wahre Fundgrube, die er schon aus zeitlichen Gründen niemals ganz ausschöpfen kann. Wenn ein Gegenstand oder ein Ort für das Kind eine Fixierung ist – wer außer den Eltern weiß über deren Ursprünge Bescheid? Wer kennt die charakteristische Einstellung des Kindes gegenüber Essen, Schlaf, Spiel so gut wie sie? Wer außer ihnen kann sagen, was es bedroht und was es erfreut hat? Doch wieviel von dem, was sie an möglichen bedeutsamen Fakten wissen, kommt dem Psychiater je zu Ohren? Psychiater und Eltern erforschen beide ein unbekanntes Land, aber die Eltern haben zumindest eine Karte, auf der die wesentlichen Markierungen eingetragen sind. Sie wissen vielleicht nicht alles, was sie wissen müßten, aber sie wissen mehr als jeder andere. Solange sich das Kind normal entwickelt und sie ihr Wissen nicht brauchen, werden sie möglicherweise gar nicht gewahr, daß sie darüber verfügen. Doch wenn der Zeitpunkt kommt, ist es da und kann genutzt werden.

Der zweite Vorteil ist eine andere Version des ersten: Genauso wie die Eltern die Vergangenheit des Kindes besser kennen, als ein Arzt es jemals vermag, wissen sie auch mehr von seiner Gegenwart. Sie können das Kind in all den mannigfaltigen Situationen, denen es ausgesetzt ist, beobachten, nicht nur in der künstlichen Situation einer therapeutischen Sitzung. Die Konflikte und Ängste der Kinder enthüllen sich dem erfahrenen Psychotherapeuten durch den Verdrängungsmechanismus; Geschwisterrivalität wird durch die Puppenfamilie sichtbar, mit der jeder Therapieraum ausgestattet ist. Probleme des Reinlichkeitstrainings durch die Miniaturtoilette im Puppenhaus. Auch der Vater oder die Mutter können Spielsachen verwenden lernen, aber sie dienen ihnen mehr zur Anregung des Kindes als zu diagnostischen Zwecken, weil ihnen dafür ja die unmittelbare Beobachtung zur Verfügung steht. Sie wissen, wie ihr Kind auf seine Brüder und Schwestern, auf die Großeltern, die Lehrer, auf Besucher reagiert. Vor allem die Mutter weiß, wie sich das Kind beim Frühstück und im Bad verhält, wie es Belastungen erträgt, wie es sich auf einer Party, im Supermarkt, im Zirkus benimmt. Sie bemerkt eher als der beste Psychiater eine Abweichung vom gewöhnlichen Verhalten, die eine neue Erklärung anbietet oder ein neues Stadium einleitet. Ich habe im vorherigen Kapitel geschildert, wie Elly plötzlich in eine Gruppe Schulkinder hineinrannte und was wir – Mutter und Psychotherapeutin – gemeinsam daraus machten. Ein solcher Moment hätte sich in einer therapeutischen Sitzung nie ergeben können.

Eltern sind *da*. Weil sie da sind, können sie handeln, sobald das Kind eine entsprechende Bereitschaft zeigt. In den ersten Lebensjahren steht fast immer ein Elternteil in wirklichem oder möglichem Kontakt mit dem Kind, vierundzwanzig Stunden lang. In Büchern über Kindertherapie heißt es immer wieder, daß die Erfahrungen des Schlafenlegens, des Fütterns und des Weckens für ein Kind besonders wesentlich sind. Man braucht erfahrenen Eltern auch nicht zu sagen, wann ihr Kind am empfänglichsten ist. Ihr durch Generationen hindurch überliefertes Wissen ist in den Rhythmus des Familienlebens eingegangen und kommt in den Riten der Familienmahlzeit und der Geschichte vor dem Einschlafen zum Ausdruck. Sogar Elly lächelte mich an, wenn ich sie morgens aus dem Bett hob.

Wenn man vierundzwanzig Stunden lang Kontakt hat, kann bei jeder Erfahrung ihre mögliche Verwertbarkeit erwogen werden. Der Alltag liefert einem weit mehr Material, als man sich selbst ausdenken könnte: eine Fahrt zum Milchgeschäft – bei einem solchen Anlaß stieg Elly zum erstenmal aus eigenem Antrieb in den Wagen –, zur Bäckerei, wo einem eine freundliche Frau einen Keks reicht und Elly »danke« zu sagen beginnt, der Besuch eines kleinen Mädchens, das Erdnußbutter ißt, worauf Elly sie ebenfalls zu essen anfängt. Kehrichtschaufeln, Spülbecken, Kieselsteine, eine Schale mit Cornflakes – in allen diesen Dingen liegen Lektionen verborgen. Und wenn man ein Kind seit seiner Geburt kennt, hat man eine ebenso gute Basis wie jeder andere, um zu beurteilen, welche dieser Erfahrungen ein Kind bereits nutzen kann und welche nicht. Sein Zurückweisen, eine gewisse Schärfe in der Stimme lehren einen den Unterschied zwischen Anreiz und Druck.

Das intime Vertrautsein mit dem Kind ist ein Vorteil, dessen Ausmaß mir erst nach und nach klarwurde. Man kennt sein Kind, und man kennt auch seinen Ehepartner und seine Familie. Natürlich nimmt man die zum Teil beträchtlichen individuellen Unterschiede in der Familie wahr, aber auch etwas, was weniger offenkundig ist – die Züge, in denen sich die einzelnen Mitglieder gleichen, die Verhaltensmuster, die die Eltern bei allen ihren Kindern, seien sie gesund oder krank, und auch bei sich selbst feststellen.

Mein Mann erinnerte sich, daß er als Kind sein Gitterbett genau wie Elly hin und her bewegte, bis es festgenagelt wurde. Eine gewisse Passivität war auch uns nicht fremd. Ellys physische Behutsamkeit wurde von uns allen geteilt, nur daß sie bei uns nicht ins Krankhafte überging. Wenn ich mir Elly betrachtete, dachte ich an Sara, die selbst als Baby nie einen Fremdkörper in den Mund nahm, und an Becky, die weinte, als ich sie zwang, den Wasserhahn aufzudrehen. Der kräftige Matt, dessen Bewegungen so perfekt ineinanderzuwirken schienen, war vier, als er endlich lernte, so fest auf die Pedale seines Dreirads zu treten, damit es fuhr. Meine Kinder öffneten ebensowenig wie ich als Kind Arzneiflaschen oder untersuchten ohne Erlaubnis Schränke oder Gefäße. Alle schwenkten, wenn sie erregt waren, auf eine verkrampfte Weise, wie man sie in anderen Familien nicht sah, die Arme. Alle scheuten sich davor, Druck anzuwenden; lange vor Ellys

Geburt hatte es mich insgeheim wütend gemacht, daß drei gesunde Kinder »Mami« riefen, weil eine Tür etwas sperrig war. Wir stürzen uns nicht einfach ins Leben. Insgesamt haben wir sechs Personen zusammen hundertvierzig Jahre gelebt – einen Großteil davon natürlich gleichzeitig. Der einzige Knochen, der bei uns zu Bruch ging, war eine große Zehe, und unser Medizinschrank enthält kein antiseptisches Mittel.

In gewisser Weise gehörte Elly also in unsere Familie. Sie hätte meine energische Nachbarin zur Verzweiflung gebracht, genauso wie die Vitalität der Nachbarskinder zuviel für mich gewesen wäre. Jede Therapie beginnt damit, daß man den anderen akzeptiert. Wir alle konnten Elly leichter akzeptieren, weil wir sie in uns selbst wiederfanden.

Diese profunde Kenntnis des Kindes in seiner Umgebung gipfelt darin, daß die Eltern seine Sprache kennen. Vielleicht ist das der bedeutendste aller Vorteile, die sie haben. In erster Linie verhindern Verständigungsprobleme die Arbeit mit Kindern, die entweder sehr klein sind oder aus einem anderen Grund nur schlecht oder gar nicht sprechen können. Und gerade die Kommunikationsschwierigkeit ist ein Maßstab dafür, wie dringend ein Kind Hilfe braucht.

Die Eltern – und ihre Verbündeten, die anderen Kinder und Haushaltshilfen, die in gewissem Grade alle die gleichen Vorteile haben – kennen die Sprache des Kindes. Sie haben sie auf natürlichem Weg gelernt, Monate und Jahre hindurch, Geste für Geste, Laut für Laut, Wort (endlich) für Wort. Sie haben eine spezielle Intuition entwickelt, um den Sinn der kindlichen Sprache schneller und treffsicherer zu erfassen, als es ein Fremder je vermag. Sie hören die Angst aus dem schrillen Kreischen heraus, das der Außenstehende nicht von Gelächter unterscheiden kann; sie wissen, daß Durch-das-Zimmer-Laufen oder Auf-und-ab-Hüpfen Zustimmung ausdrücken. Sie verstehen das neue Wort in seiner fluktuierenden Unklarheit, weil sie es in der Situation kennengelernt haben, aus der es hervorgegangen ist – und wenn es gefühlsmäßige oder symbolische Obertöne enthält, so können allenfalls sie das wissen.

Erst in ihrem fünften Lebensjahr begann sich Elly in größerem Umfang Wörter anzueignen, und was sie an Zahl gewannen, büßten sie an Klarheit ein. Wie hätte ein Fremder ein Kind verstehen wollen, das »Buh« für sechs verschiedene

Wörter von »Baby« bis »Fisch« gebrauchte? In jenem Sommer in Österreich sagte Elly »Huh« und weinte vor Enttäuschung, wenn wir nicht aus dem Zusammenhang errieten, ob sie wollte, daß wir ein Haus, eine Hand, eine Henne, einen Hut oder ein Pferd zeichneten. (Wenn *wir* dieses »Huh« imitierten, war sie nie befriedigt; sie hörte die feinen Unterschiede heraus.) Ist es denkbar, daß sich Elly unter der Anleitung eines geschickten Menschen, der sich *nicht* auf ein elementares Verständnis ihrer Sprache stützen konnte, bemüht hätte, deutlich zu sprechen? Wir versuchten das damals, indem wir freundlich sagten, wir könnten sie nicht verstehen, und darauf warteten, daß ihre Enttäuschung darüber eine bessere Aussprache bewirkte. Aber sie war noch nicht soweit; Kommunikation interessierte sie nicht genug, um eine Motivation zu schaffen. Jetzt, vier Jahre später, zeigen sich hier die ersten Ansätze – allerdings auch nur Ansätze.

Wenn Elly mit fünf Jahren zu einem Psychiater in Behandlung gekommen wäre – und selbst das wäre Jahre nach dem Beginn ihrer Fehlentwicklung gewesen –, hätte er Monate gebraucht, um ihre Sprache zu lernen, und auch dann wäre er in ihrer Welt immer nur Gast geblieben, hätte nie dazugehört. Und angenommen, er hätte durch einen übernatürlichen Sprachinstinkt erkannt, daß »Ih-ih huh« »England-Haus« hieß, so hätte er es dennoch kaum als das Verlangen interpretiert, ein Haus, an das sie sich erinnerte, gezeichnet zu sehen, und er wäre nicht imstande gewesen, ihre Enttäuschung über sein Versagen zu entschlüsseln. Wie viele Auslegungen mißlingen, weil jenes Wissen, das alle Eltern haben, fehlt? Als die englische Psychotherapeutin hörte, daß Elly einmal »Pipi« gesagt hatte, verwies sie das Wort in den Bereich der Toilette. *Ich* wußte aber, daß sie es ausgesprochen hatte, als sie unseren Nachbarsjungen Peter sah, und daß sie das übliche »Pipi« nie gehört hatte und demzufolge auch nicht hätte gebrauchen können. Es war kein besonderes Verdienst meinerseits; ich kannte lediglich ihre Sprache.

Gute Psychotherapeuten erreichen ohne sprachliche Mittel, allein mit Gegenständen und Spielmethoden schon erstaunlich viel. Aber einmal müssen sie zu Worten gelangen; wenn das Kind in eine sprechende Welt eintreten soll, müssen sie seine Sprache mit ihm erwerben, bis es die normale sprechen kann. Als ich die fünfjährige Elly zu ihrem jetzigen

Psychiater brachte, merkte er gleich, daß er sehr lange brauchen würde, um sie auch nur einigermaßen zu verstehen. Das war einer der Hauptgründe, weshalb er sie mir überließ. In einem so schweren Fall sei jeder therapeutische Prozeß langwierig, erklärte er mir, und der Erfolg ungewiß. Er brauchte nicht hinzuzufügen, daß psychiatrische Hilfe teuer ist. Das wußte ich. Ein weiterer Vorteil der häuslichen Therapie. Die Eltern arbeiten umsonst.

Es wäre vielleicht eleganter, diesen Punkt zu übergehen, vor allem da wir in der bevorzugten Lage waren, ihn nicht als ausschlaggebend betrachten zu müssen. Aber sehr viele Eltern sind weniger begünstigt. Kinder mit schweren Schäden brauchen eine intensive Therapie. Doch die Kosten einer Behandlung, die sich über Jahre hinaus erstreckt, können nur wohlhabende Eltern tragen, und selbst sie nicht mühelos. So bleibt der Familie, die sich keine oder keine langwierige Therapie leisten kann, nur die Möglichkeit, sie selbst zu übernehmen.

Der letzte Vorteil, den Eltern und auch andere Laien haben, mag sehr gut eine gewisse Demut sein. Diese Demut erwächst ihnen daraus, daß sie sich bewußt sind, keine Spezialisten zu sein, und mehr noch aus dem täglich und stündlich verstärkten Gespür für die Mysterien und Ungewißheiten des Zustandes, dem sie sich gegenübersehen. Immer wieder werden sie zu einer Erklärung gelangen, die plausibel erscheint, bis die Tatsache auftaucht, die ihr widerspricht. Da sich ihr Leben im Bereich der Fragen abspielt, auf die es keine Antworten gibt, gehen sie natürlicherweise von Erfahrungen aus. Sie haben gelernt, sich vorwärtszutasten; sie haben es nicht nur aus ihrer Erfahrung mit einem anormalen Kind gelernt, sondern auch aus dem Umgang mit normalen Kindern. Jahre vor Ellys Geburt erzählte mir eine Freundin im Verlauf einer jener Mutter-zu-Mutter-Plaudereien, durch die elterliche Erfahrungen Verbreitung finden, eine Geschichte. Sie enthielt eine gute Lehre, und ich möchte sie deshalb hier wiedergeben.

Meine Freundin und ihr Mann waren auf einer Reise, die sie mit ihren Kindern unternahmen, in Deutschland angekommen. Sie wollten eine Großtante des Ehemanns besuchen, die sie nie gesehen hatten und nur aus spärlichem Briefwechsel kannten. Seine Eltern hatten Deutschland schon sechzig Jahre zuvor verlassen; die jungen Amerikaner sahen dem Besuch mit einer gewissen Nervosität entgegen, weil sie befürchteten, daß die ungehinderte Spontaneität moderner Intellektuellenkinder bei deutschen Damen einer früheren Generation Anstoß erregen könnte. Deshalb waren sie erleichtert, als die alte Tante bei ihrer Ankunft vorschlug, die Kinder sollten im Garten spielen, während sich die Erwachsenen im Haus unterhielten. Nach ein paar Minuten wollte die Mutter nach dem Rechten sehen und fand zu ihrer Bestürzung ihren vierjährigen Sohn neben einer zerbrochenen Sonnenuhr. Als tolerante und verständnisvolle Mutter setzte sie ihm freundlich auseinander, jedermann wisse, daß ein solches Mißgeschick passieren könne und daß kleine Jungen Fehler machten; es sei aber viel besser, sich dazu zu bekennen, als so zu tun, als wäre man es nicht gewesen. Hand in Hand gingen sie hinein, und der kleine Junge sagte zu seiner Tante, es tue ihm schrecklich leid, daß er ihre Sonnenuhr kaputtgemacht habe. Die alte Dame betrachtete ihre jungen Verwandten belustigt und ein wenig verwirrt und erwiderte, die Sonnenuhr sei schon seit Jahren zerbrochen.

Ellys Fassungsvermögen ist noch immer zu primitiv, als daß es mich dazu verleiten könnte, ihr eine Interpretation ihres Benehmens zu liefern; dies »Warum« und »Weil« des menschlichen Handelns sind Wörter und Realitäten, die sie noch nicht versteht. Aber selbst wenn sie dazu fähig wäre, würde ich es mir lange und gut überlegen, bevor ich sie über die Hintergründe ihrer eigenen Handlungen aufklären würde; die zitierte Episode hat mir gezeigt, wie leicht es für einen bewunderten Erwachsenen ist, ein Kind von seiner eigenen Interpretation zu überzeugen. Nicht alle Psychotherapeuten sind so vorsichtig wie meine englische Freundin, die mich vor »Konstruktionen« warnte. In den Krankengeschichten, die ich gelesen habe, bin ich auf brillante, findige Deutungen gestoßen, und je scharfsinniger sie sind, um so mehr erschrecken sie mich. Eine Interpretation muß ziemlich offenkundig sein, wenn man sie bedenkenlos anbieten will. Ich habe von einem kleinen Mädchen gelesen, nicht älter als Elly und in der Sprache ebenso zurückgeblieben, dessen Psychiater aus obskuren Wörtern und Handlungen schloß, es fürchte, seine Mutter gekränkt zu haben. Möglicherweise traf das zu. Niemand fand es heraus, denn das Kind wurde nicht geheilt. Ein wenig Demut ist auf jeden Fall gut; wenn ein Psychotherapeut erklärt, daß sich ein Kind beispielsweise schuldig fühlt, kann er es von einem Druck befreien, mit dem es nicht fertig wird, er kann ihm aber auch Schuldgefühle einflößen, die es nie zuvor empfunden hatte. Eltern, die ein Kind so viel häufiger sehen als der Therapeut, sind mit Interpretationen sparsam, einmal weil ihnen die entsprechende Ausbildung dafür fehlt, und zum anderen, weil sie sich ihres Eintauchens in eine komplexe Realität bewußt sind, die diese Interpretationen jederzeit als vereinfacht, schädlich oder falsch entlarven kann. Man kann genausogut zuviel wie zuwenig wissen.

Und ich will keineswegs bestreiten, daß Eltern zuwenig wissen. Es liegt mir auch fern, Unwissenheit zu einer Tugend machen zu wollen; das ist sie nur unter der sehr speziellen Gegebenheit, daß die Spezialisten »so viele Dinge wissen, die nicht so sind«, wie Mark Twain von der Menschheit im allgemeinen feststellt. Und wenn auch viele von ihnen über Kastrationskomplexe, Masturbation, Zurückweisung durch die Eltern und dergleichen eine Menge wissen, was in besonderen Fällen nicht anwendbar ist, so wissen sie doch ungeheuer viel, was zutrifft, und das müssen die Eltern lernen. Der berühmte Kinderpsychiater Bruno Bettelheim, dessen Therapie für gestörte Kinder auf einer völligen Trennung von den Eltern beruht, hat geschrieben: »Liebe ist nicht genug«, und er hat recht. Man muß auch wissen, *wie* man lieben muß. Ich will das Wissen der Psychotherapeuten durchaus nicht herabsetzen, ich möchte nur, daß sie die Eltern daran teilhaben lassen.

Ich lernte das, was ich lernen mußte, von Elly und mit ihr zusammen – langsam und mühevoll. Aber ich hätte schneller, gründlicher und kontinuierlicher gelernt, wenn ich von Anfang an mit tüchtigen und mitfühlenden Spezialisten in Kontakt gewesen wäre. Als ich später Krankengeschichten las, tröstete es mich zu sehen, daß die Spezialisten im Grunde auch nichts anderes taten als ich selbst. Sie mögen Theorien haben, nach denen sie sich richten können, doch diese Theorien führten zu keiner allgemein akzeptierten Therapie.

Qualifizierte Experten, die sich mit Kindern wie Elly befaßten, versuchten es mit medikamentöser und Schock-Behandlung, Massage, sämtlichen spieltherapeutischen Mitteln – sogar mit Liebe. Aber sie standen in Kontakt zueinander und zu der Fachliteratur, während wir allein waren. Kein Mensch, ganz gleich ob er eine entsprechende Ausbildung erhalten hat oder nicht, denkt an alles oder auch nur an die vollzählige Reihe der begrenzten Möglichkeiten, die für einen bestimmten Fall in Frage kommen. Insofern kam es mir sehr zugute, daß ich jene deprimierenden Krankenberichte gelesen hatte und die Spezialisten des Instituts sowie die englische Psychotherapeutin im Umgang mit Elly beobachten konnte. Vier Stunden im Institut, vier mit der englischen Psychotherapeutin – das war meine gesamte Ausbildung, bis Elly viereinhalb Jahre alt war. Dann etwa fünfzehn Stunden in dem hervorragenden Kindergarten – wenn sie nur früher gekommen wären! Später schlug Ellys jetziger Psychiater vor, daß ich eine New Yorker Sonderschule für ernsthaft gestörte Kinder* besuchen sollte, wo ich freundlich aufgenommen wurde und in einem Tag Anregungen für die Arbeit von Monaten sammelte. Diese Erfahrungen waren die wertvollste Hilfe, die ich finden konnte, aber nur die letzte war geplant und mir empfohlen worden. Die anderen ergaben sich fast zufällig, und es waren insgesamt viel zu wenige.

Man hätte mir von berufener Seite aus der Kenntnis des Problems heraus zu viel mehr solchen Erfahrungen verhelfen können. Es lag mir fern, professionelles Wissen zu unterschätzen; ich wollte nur, daß mich die Experten bei ihrer Arbeit zuschauen ließen. Doch dieses Begehren war absolut unüblich, und ich brauchte Jahre, bis ich so weit gelangte, daß ich es aussprechen konnte. Zu der Zeit, als es am dringendsten notwendig gewesen wäre, sah ich keine Möglichkeit, es kundzutun, und ich kann mir im übrigen vorstellen, wie man mein Ansinnen an einem Ort aufgenommen hätte, wo man mir sagte, Krankengeschichten seien nicht gut für mich. Dennoch ist es in unserer fortgeschrittenen Zeit seltsam, daß eine Mutter auf ihre eigenen Einfälle und die Aufschlüsse angewiesen ist, die sie Zeitungsartikeln und Biographien von Annie Sullivan entnehmen kann.

Die Eltern anormaler Kinder brauchen Hilfe, aber nicht als Patienten. Die Unterstützung, die sie benötigen, ist von anderer Art. Sie müssen vor allem die Möglichkeit zum Lernen erhalten. Selbst diejenigen Psychiater, die mir nicht von Fachliteratur abrieten, förderten Lektüre nicht, und sie gaben mir auch keinerlei Hinweise, wo ich in diesem großen, mir fast

* Es handelt sich um die berühmte League School for Seriously Disturbed Children von Dr. Carl Fenichel.

gänzlich unbekannten Gebiet durch eigene Anschauung etwas hätte gewinnen können. Und obschon ich aus dem Lese-
stoff, der mir zufällig in die Hände fiel, einiges lernte, wieviel
mehr hätte ich aus der Beobachtung lernen können?

Ich plädiere dafür, daß die Schranken, die Eltern und Spezialisten trennen, niedergerissen werden. Warum gewährt
man den Eltern keinen Zutritt zu den Therapieräumen und
Sonderschulen? Die Schwierigkeiten sind offenkundig, aber
sie können überwunden werden. Die Gegenwart eines Beob-
achters kann die Therapie unterbrechen, und Kinder – vor allem anderer Leute Kinder – können nicht zu Meerschwein-
chen degradiert werden? Richtig. Doch man kann ja Mikro-
phone und Einweg-Glasscheiben verwenden. Ein ungeübter
Beobachter versteht nicht, was er sieht? Gut, dann muß eben
die Sitzung mit der Sozialhelferin oder dem Psychotherapeuten in eine Frage-und-Antwort-Ausbildungsperiode verwandelt werden. Wenn die Reaktionen der Mutter eine Analyse
erforderlich machen, so werden sie durch die gemeinsam erlebten Erfahrungen im Therapieraum für beide Teile besser
verständlich, als wenn sie vage aus Erinnerungen und Träumen rekonstruiert werden. Es gibt Mütter und Väter, deren
Persönlichkeit sie gänzlich ungeeignet für diese Arbeit
macht? Natürlich, das kommt bestimmt oft vor. Absolut un-
geeignete Eltern werden aber auch kaum Wert auf eine solche
Ausbildung legen. Und wenn sie es tun, dann kann man sie ja
ausschließen, sobald ihre Untauglichkeit erwiesen ist.

Schwere geistige Schäden bei Kindern sind viel zu weit verbreitet, als daß eine intensive Behandlung durch Spezialisten
in jedem Fall möglich wäre. Das heißt aber, daß man Laien
ausbilden muß – es sei denn, man will völlig resignieren. Vor
allem muß man die Eltern unterweisen, damit sie das, was sie
sowieso tun müssen, mit Geschick und größtmöglichem Erfolg tun. Mütter (und Väter, die Zeit haben) werden willige
Schüler sein – wie alle Menschen, die etwas lernen, was sie
dringend brauchen. Und es kann vorkommen, daß sie das,
was sie gelernt haben, später nutzen können, um anderen zu
helfen.

Ich habe bisher von den besonderen Vorteilen gesprochen,
die die Eltern anormaler Kinder haben. Es gibt aber noch einen anderen Vorteil, den ich nicht unerwähnt lassen darf. Es
ist kein spezieller – er ist sogar so alltäglich, daß man ihn leicht

übersieht oder für unwichtig hält. Es ist die generelle Erfahrung, über die bereits die Eltern normaler Kinder verfügen. Ich habe mir angewöhnt, geistige Gesundheit und Krankheit nicht als getrennte Zustände zu betrachten, wie sie die Worte zu beschreiben scheinen, sondern nur als Gradunterschiede. Die Bedürfnisse der Kranken sind vordringlicher als die der Gesunden, aber es sind im Grund dieselben. Kranke Kinder müssen akzeptiert, versorgt, getröstet, korrigiert werden – wie die gesunden. Und was am wichtigsten ist, sie müssen wie alle Kinder – wie alle Menschen überhaupt – respektiert werden. Gute Eltern haben keinen anderen Zauberschlüssel für den Umgang mit Kindern als einen überaus simplen: das Bemühen, jede Situation vom Standpunkt des Kindes zu sehen. Manchen Leuten gelingt das instinktiv, aber es ist eine Technik, die auch erlernbar ist.

Das Kind ist krank, seine Denkprozesse sind unvollständig, verzerrt? Wir alle dürften gelegentlich krank sein, und Verzerrung und Unvollständigkeit sind uns nicht fremd. Da unsere Kinder uns meist ein wenig ähneln, ist uns sogar ein besonderer Einblick möglich, weil er ja auf der Kenntnis unserer eigenen Person gründet. Unsere Kindheitserinnerungen helfen uns, die unserer Kinder zu verstehen.

Ich sehe ein kleines Mädchen vor mir, sieben Jahre alt, bis zur Unfähigkeit schüchtern und so verkrampft, daß die alltäglichsten Situationen Übelkeit und Erbrechen hervorrufen konnten. Ich erinnere mich an einen Vater, der dem kleinen Mädchen weniger aus täglicher Vertrautheit als aus despotischen Übergriffen bekannt war – Übergriffen, die Furcht und Mißtrauen weckten, ohne daß das Kind dies hätte bekennen können, weil Kinder ja schon früh lernen, daß man den Vater lieben muß.

Ich erinnere mich an ein Wochenende, an dem eine so akute Krise eintrat, daß ein Arzt gerufen werden mußte: Das kleine Mädchen hatte zwei Tage lang nichts bei sich behalten können, und der Arzt und die Mutter waren – in der Hoffnung, die Spannung würde von selbst nachlassen – übereingekommen, es nicht zum Essen zu zwingen. Ich vergesse nie, wie plötzlich der Vater ganz unerwartet in der Küche erschien, groß, gutaussehend, entschlossen. *Er* würde das Kind schon zum Essen bringen, diese Leute hatten ja keine Ahnung, es kam nur darauf an, wie man es anfing. Er würde eigenhändig ein einfaches, schmackhaftes Mahl zubereiten, dessen Anblick den Gaumen reizte. Dann könnten sie sehen, wie sie *ihm* zuliebe essen würde.

Und tatsächlich, sie aß, während er neben ihr stand; sie aß bis zum letzten bißchen Apfelbrei alles auf und kämpfte bei jedem Löffel mit einem würgenden Brechreiz. Auf diese Weise dachte sie ihn zufriedenzustellen, ihm zu geben, was er wollte, damit er sie in Ruhe ließ und sie nie mehr zu essen brauchte, solange sie nicht dazu fähig war. Sie konnte nicht ahnen, daß er danach glauben würde, sie könnte immer tun, was sie einmal getan habe; sie konnte nicht wissen, daß er ein echtes, erschreckendes Unvermögen (das sie ihr ganzes Leben hindurch begleitete) als die Laune eines verzogenen Kindes betrachten würde.

Auch diese Erinnerung ist Teil meiner Erziehung. Sie lehrte mich, als ich selbst Kinder hatte, Heroismus nicht mit Stärke zu verwechseln. Respekt muß aus Kenntnis erwachsen – man muß wissen, was ein Kind tun kann und was ihm im Augenblick oder vielleicht für immer unmöglich ist. Als Elly kam, machte ich mir zum Prinzip, was ich so lange zuvor schon gelernt hatte: Gelangt ein Kind einmal aufgrund einer gewöhnlichen Motivation zu einer unerwarteten Leistung, so darf man es nicht auf dieses Leistungsniveau festlegen; denn die eine Anstrengung kann seine Kraft bis zum letzten beansprucht haben.

Jeder Vater, jede Mutter ist einmal ein Kind gewesen und wahrscheinlich sogar ein Kind, das dem eigenen nicht unähnlich war. Alle Eltern können sich an Vorfälle erinnern, die ihnen helfen, die Verwundbarkeit oder Stärke ihrer Kinder abzuschätzen. Die Kindererziehung ist eine Übung in Selbsterkenntnis und der daraus entspringenden Achtung vor dem anderen. All jene unzähligen Familien, die verhältnismäßig glücklich leben, sind ein Beweis dafür, daß normale Eltern intuitiv um dieses Prinzip der Achtung wissen. Sie sind in vielen Dingen erfahren, doch was jede ihrer Handlungen durchdringt, ist ihr Geschick in der Anwendung jener goldenen Regel, die alle persönlichen Beziehungen lenkt. Das Familienleben ist die erste Schule, in der wir die Methoden der Liebe lernen, und wenn sie auch nicht perfekt ist, so kenne ich doch keine bessere.

Ich habe nicht gewagt, in meine Liste der elterlichen Vorteile die Liebe der Eltern zu ihrem Kind aufzunehmen. Liebe ist nicht nur nicht genug – man hat uns sogar beinahe davon überzeugt, daß sie ein Nachteil ist. Doch ich kann nicht glauben, daß wir für die Arbeit mit unserem Kind nicht taugen, weil wir es lieben. Auch wenn man liebt, kann man lernen, Abstand zu wahren und objektiv zu sein. Die Psychiater arbeiten selbst mit Liebe – nur daß sie in ihrer seltsamen Sprache »Übertragung« heißt. Sie wird gewöhnlich als Liebe des Patienten zum Therapeuten verstanden, aber die Psychiater haben von ihrem Meister Freud gelernt, daß sie in beiden Richtungen wirksam ist und sie den Menschen, dem sie helfen, ebenfalls lieben. Um aber zu verhindern, daß sie die Kraft der umgekehrten Übertragung auszehrt, haben die Psychiater gelernt, der therapeutischen Beziehung Grenzen zu setzen, und es ist unter anderem dieses Wissen, das sie den Eltern vermitteln können.

Sie haben auch die Gefahren einer Liebe erkennen gelernt, die das Geschöpf, dem sie zugewandt ist, zur Befriedigung ihrer eigenen Bedürfnisse benutzt. Eltern können tatsächlich ihre Kinder ausbeuten, um ihr persönliches Ego aufzubauen, genauso wie Lehrer ihre Schüler, Pfarrer ihre Gemeindemitglieder, Psychiater ihre Patienten – Eltern haben kein Monopol im Mißbrauch einer engen menschlichen Beziehung inne. Wenn Liebe helfen kann, so kann sie auch schaden. Den meisten von uns begegnet diese Art Liebe zum erstenmal in der Schule des Familienlebens – in der Kindheit anderer, sofern wir Glück gehabt haben, in unserer eigenen, wenn das nicht der Fall ist. Wir lernen sie beim Lesen, Beobachten, Zuhören unterscheiden – auf möglichst vielfältige Weise, denn es ist eine absolut unerläßliche Lektion. Wir wissen, wir dürfen es nie dahin kommen lassen, daß sich Elly schuldig fühlt, weil wir ihr so viel Zeit widmen mußten; wir dürfen nie die Worte »die besten Jahre unseres Lebens« aussprechen, nie vergessen, daß Elly uns nie um das gebeten hat, was wir ihr geben, daß wir es ihr aus freien Stücken gegeben haben. Glücklicherweise sind diese Prinzipien jedermann zugänglich, denn wir *müssen* sie selbst erwerben.

Wir müssen also die Irrwege der Liebe kennen, die nur uns selbst Nutzen bringen und nicht dem Menschen, den wir lieben. Doch wir sollten uns ihrer nicht allzu stark bewußt sein, damit wir nicht gehemmt sind für die Arbeit, die getan werden muß. Wir müssen die Lektion lernen, aber sie darf uns nicht einschüchtern. Allzuviel Einsicht wird zum Klischee; und wenn es ein Klischee gibt, das noch weiter verbreitet ist als das der elterlichen Abweisung, so ist es das der besitzergreifenden Mutter.

Die Seelenärzte erweisen den vielen Tausenden geschädigter Kinder keinen Dienst, wenn sie das Vertrauen der Eltern in das untergraben, was sie durch intelligente Liebe erreichen können. Intelligenz und Liebe sind keineswegs natürliche Feinde. Nichts schärft das Gespür für die Andeutungen und Schatten im Denken eines anderen mehr als die Liebe. Es gibt unzählige Eltern und ebenso Lehrer, Sozialarbeiter, Ärzte, Geistliche und Psychiater, gewöhnliche Männer und Frauen, die diese intelligente Liebe täglich praktizieren und wissen, daß Liebe nicht nur ein Gefühl, sondern auch eine Methode ist.

Gewöhnliche Männer und Frauen. Es soll hier mit Nachdruck festgestellt werden, daß die besonderen Vorteile der Eltern durchaus nicht selten, sondern weitverbreitet sind. Es ist eine Weile her, daß ich mich von den Spezialisten ausgeschlossen fühlte. Die, mit denen ich in letzter Zeit in Kontakt komme, behandeln mich fast so, als gehörte ich zu ihnen. Ihre liebenswürdige Art läßt mich vermuten, daß sie – wie vielleicht auch der eine oder andere Leser – denken, ich hätte etwas Außerordentliches geleistet, etwas, wozu nur wenige Mütter imstande gewesen wären. Ich glaube das nicht. Ich habe an meiner englischen Zugehfrau gesehen, daß eine ungebildete Mutter von sechs Kindern im Umgang mit einem psychotischen Kind soviel Takt zeigen kann, wie ihn nur wenige Experten aufbrächten.

Von den verschiedenen Arten des Erfolgs ist die erfolgreiche Elternschaft die am häufigsten anzutreffende; nur so konnte die Spezies überleben. Es ist auch die unauffälligste; jene Millionen Mütter und Väter nämlich, die ihre Kinder erfolgreich durch Krankheit und Krisen führen, lernt der Psychiater niemals kennen. Man darf nicht die immense Fülle an Güte, Wissen und Findigkeit unterschätzen, über die normale Eltern verfügen. Was mich betrifft, so möchte ich betonen, daß ich keine Wunder tue. Ich bin nicht »kinderlieb«; im Grunde mache ich mir nicht einmal sonderlich viel aus Kindern. Ich kannte keine, bevor ich eigene hatte, und selbst jetzt noch würde ich niemals freiwillig die Gesellschaft eines kleinen Kindes suchen. Was immer ich an Erfolgen aufzuweisen habe, darf nicht für etwas Außergewöhnliches gehalten werden.

Einmal schilderte ich in einer Anwandlung von Eigenlob und Selbstmitleid einer Freundin, die selbst drei Kinder besaß, was ich alles mit Elly unternommen hatte. Als mein Wortschwall endlich versiegt war, erwiderte sie mit heilsamer Nüchternheit: »Nun, etwas anderes konntest du ja nicht tun, oder?« Natürlich nicht. Sie brauchte mir nicht zu versichern, daß sie dasselbe getan hätte.

Psychotische Kinder sind aus Rätseln und Geheimnissen zusammengesetzt. Man weiß so wenig über sie, daß die Unterscheidung zwischen Laien und Spezialisten noch kaum Bedeutung erlangt hat. Es gibt viele Eltern, denen – wie uns – gar nichts anderes übrigblieb, als sich zu Experten in der Abnormität ihres Kindes heranzubilden. Ich habe einige dieser Eltern kennengelernt. Sie sollten nicht allein arbeiten müssen.

Ich habe die ersten vier Lebensjahre Ellys in fast allen Einzelheiten geschildert. Ihre nächsten vier genauso minuziös zu beschreiben wäre mir selbst in einem viel umfangreicheren Buch unmöglich. Zum einen ist ihr Verhalten komplexer geworden, und zum anderen habe ich, da sich ihre Abkapselung lockerte und Helfer und Lehrer immer mehr zu ihrer Entwicklung beitragen konnten, nicht mehr so sehr wie anfangs auf alles geachtet, was sie sagte und tat. Das meiste davon nahm ich allerdings doch wahr, und es ist ein Maßstab für ihren Fortschritt, daß ich nun über viele Daten verfüge, die hier einfach keinen Platz finden. Elly hat allmählich ein reicheres Leben zu führen begonnen, das sich nicht mehr in einem Notizbuch festhalten läßt.

Bei unserer Rückkehr nach Amerika war Elly fünf Jahre und zwei Monate alt. Die Hingabe und Intelligenz der englischen Kindergärtnerinnen hatten Ellys Anpassungsvermögen so weit verbessert, daß sie in eine kleine örtliche Privatschule eintreten konnte. Dort fügte sie sich in die Schulroutine ein und genoß die kleinen Anregungen der Kindergartenklasse: Modelliermasse, Farbe, Musik und Tanz. Nach zwei Jahren kam sie in die Vorschulklasse. Sie war älter als die anderen Kinder, aber es spielte keine große Rolle; denn sozial gesehen, war sie selbst dem jüngsten von ihnen an Reife weit unterlegen. Die Kinder versuchten anfangs mit ihr zu reden, doch sie gaben diese Bemühungen bald auf, als sie keine Antwort erhielten. Nur die aggressivsten von ihnen konnten einen Kontakt herstellen – ich erinnere mich an einen kleinen Jungen, der eine vergnügt lachende Elly im Zimmer herumzerrte.

Doch so etwas geschah nicht oft. Die meisten kleinen Kinder sind zu scheu und zu sehr mit sich selbst beschäftigt, um als Therapeuten wirken zu können. Elly reagierte auf ihre freundlichen, gütigen Lehrerinnen, nicht auf die Kinder, die ihre Gefährten hätten sein sollen. Es half ihr zweifellos, daß sie sich im gleichen Raum mit ihnen aufhielt, dieselben Dinge tat. Davon waren wir überzeugt. Sie trug nichts zum Gruppenleben bei, doch da sie noch immer sehr still und gefügig war, störte sie es auch nicht. Aber zumindest war sie nützlich beschäftigt, während sie nach und nach etwas Empfänglichkeit für einfache sprachliche Kommunikationen von Erwachsenen, die nicht zu ihrer Familie gehörten, entwickelte.

Denn als sie heranwuchs, wurde das Sprachproblem wichtiger als jedes andere. Durch die Sprache mußte sie zur Menschheit finden. Kanner betrachtete die Sprache als beste Basis einer Prognose. Das fünfte Lebensjahr war seiner Ansicht nach das entscheidende. Bis zu ihrem fünften Geburtstag hatte Elly tatsächlich Sprache als Kommunikationsform heranzubilden begonnen.

Wie ich an anderer Stelle erwähnte, hatte Elly nach der Zählung, die ich um ihren vierten Geburtstag herum vornahm, in ihrem ganzen Leben bis dahin einunddreißig verschiedene Wörter gesprochen, von denen sie damals nur noch knapp die Hälfte regelmäßig gebrauchte. Im Verlauf einer Woche sprach sie nicht mehr als fünf oder sechs. Sie reagierte auf eine Reihe elementarer Anweisungen. Das war alles.

Die Situation begann sich im gleichen Jahr – es war jenes, das wir im Ausland verbrachten – zu bessern, ganz allmählich, ohne jähen Umschwung. Vier Monate nach ihrem vierten Geburtstag hatte ihr Wortschatz die Zahl achtunddreißig erreicht. Und was noch wichtiger war – als ich die verschiedenen Wörter zählte, die sie in einer einzigen Woche gebraucht hatte, kam ich auf einundzwanzig. Zwei Monate später waren zwar nur drei neue Wörter hinzugekommen, und sie verwendete noch immer ungefähr zwanzig Wörter pro Woche, aber es waren im großen und ganzen die gleichen. Statt des enttäuschenden Auftauchens und Verschwindens ihrer früher erlernten Wörter bildete sich jetzt ein Sprachkern, mit dem wir rechnen konnten.

Gleichzeitig begann sie Interesse dafür zu zeigen, daß wir Dinge benannten – die Buchstaben ihres Alphabetkastens, die Früchte und das Gemüse auf dem hübschen Vorhang, mit dem ich ihr Schlafzimmer abgedunkelt hatte, damit wir ein bißchen mehr Schlaf bekämen. Sie versuchte auch selbst, »Erdbeere« oder »Sellerie« zu sagen – die Barriere gegen die Imitation war endlich gefallen. Aber sie sprach diese Wörter so schwerfällig aus, daß sie kaum zu verstehen waren und man sie nur aus dem Zusammenhang heraus erkennen konnte; ich trug sie nicht in die Wörterliste ein.

Unklar war alles, was Elly sagte; nur wer sie gut kannte,

verstand etwas. Endkonsonanten sprach sie niemals aus, die anlautenden Konsonanten undeutlich oder falsch. Mehrsilbige Wörter waren selten und verwandelten sich meist in exotische Gebilde; so wurde Beckys Name zu »Beh-Beh« und war nur zu erkennen, weil Elly etwa das Bild ihrer Schwester anschaute. Wie so vielem anderen schien auch dieser sprachlichen Unklarheit etwas merkwürdig Absichtliches anzuhaften. Wenn Elly ein Wort zum erstenmal sagte, kam es oft ganz deutlich heraus, wie beispielsweise das klare »Schere«, womit sie uns überraschte, als sie noch nicht ganz zwei war. Doch sobald sie es, oft mit einem schelmischen Lächeln, wiederholte, klang es nicht mehr so klar. Ihre Aussprache besserte sich auch nicht, als sie begann, sich Wörter leichter anzueignen; im Gegenteil, sie wurde schlechter. Es war, als ob *(als ob)* sie jetzt, da sie zu sprechen anfing, darauf bedacht wäre, ihre Unverständlichkeit beizubehalten, um – sich? uns? – die Bedeutsamkeit ihres Eintritts in die Welt zu verbergen.

Um dieselbe Zeit nahmen wir ein neues Phänomen wahr, das – wiewohl es mit der Sprache nichts zu tun hatte – ihrer sprachlichen Unklarheit vergleichbar schien. Sie kniff jetzt oft die Augen zusammen – manchmal bis zu dem Extrem, daß sie völlig blind herumtappte. Ein paar Sekunden, höchstens eine Minute lang hielt das an. Dabei wurde ihr Gesicht stets von einem schwachen Lächeln überzogen. Die Handlung schien eine Art Isoliertheit auszudrücken, nun, da sie uns allmählich näherkam; dennoch war es mehr ein Absonderungs*spiel* als wirkliche Absonderung. Sie praktizierte es allerdings mit den Jahren immer seltener – ein Neckspiel, das die Abkapselung, die es ausdrückt, zugleich verneint, weil es unsere Reaktion bereits einbezieht. Wir vermuten – wissen können wir es nicht –, daß die verbale Unklarheit für Ellys Seelenleben eine ähnliche Bedeutung hatte wie diese Mimik.

Zwei Monate vor ihrem fünften Geburtstag umfaßte Ellys Wortschatzliste einundfünfzig Wörter, von denen mehr als die Hälfte häufig gebraucht wurden. Dieses Verzeichnis war das letzte, das ich zusammenstellte. In jenem Sommer begann sie schnell Wörter zu erlernen, und bis Weihnachten – es war das Jahr unserer Rückkehr nach Hause – stand es fest, daß sie unbegrenzt viele gewöhnliche Hauptwörter zu erwerben imstande war. Alles, was sie sehen konnte, sei es in der Realität oder abgebildet, konnten wir benennen, und sie konnte sich daran erinnern und es erkennen. Alles – vom Albatros bis zum Zebra. Der Grad der Vertrautheit spielte keine Rolle. Jetzt ging es nicht mehr darum, ihr Vokabular zu erweitern. Man mußte vielmehr erreichen, daß sie mehrere Wortarten benutzte und sie zu größeren Bedeutungseinheiten kombinierte.

Daß sie sich so stetig Wort für Wort aneignete, schien ein erstaunlicher Fortschritt zu sein. Man konnte kaum glauben, daß das dieselbe Elly war, die vier Jahre lang von all den Worten, die wir zu ihr sagten, nur so wenige behalten hatte. Wenn wir allerdings erwartet hatten, daß sich nun, da sie für Wörter aufnahmebereit geworden war, alles ändern würde, so sahen wir uns getäuscht. Elly lernte mit der Leichtigkeit der normalen Zweijährigen, die sie nie gewesen war, neue Wörter. Aber sie lernte nicht wie eine normale Zweijährige sprechen.

Ich habe soeben erklärt, daß sie unbegrenzt viele Substantive erwerben konnte. Doch selbst bei den so einfach zu erlernenden Substantiven gab es noch Beschränkungen, was die Art anbetraf. Sie konnte ein Wort wie »Iglu« sofort aufnehmen und behalten, obwohl es gänzlich außerhalb ihrer Erfahrung lag. Sie konnte die Wörter »Eiche«, »Ulme« und »Ahorn« lernen und richtig anwenden. Wörter hingegen, die – wie man hätte meinen sollen – ihrer gelebten Erfahrung viel näher waren, konnte sie weder verstehen noch lernen. Begriffe wie »Zuhause«, »Schwester«, »Großmutter«, »Lehrer«, »Freund«, »Fremder« überstiegen ihr Fassungsvermögen noch, als sie fünf war; bei »Freund« und »Fremder« ist das bis heute der Fall.

Eigennamen erwarb sie so ungeheuer langsam, daß ein ganz deutlicher Zusammenhang mit ihrer Gefühlsschwäche zu bestehen schien. Ein Name bezeichnet letzten Endes die individuelle Bedeutung einer Person. Abgesehen von »Mama«, das gelegentlich gebraucht wurde, und dem ganz selten ausgesprochenen »Da-da« brachte Elly ihre ersten fünf Lebensjahre hinter sich, ohne auch nur ein einziges Familienmitglied beim Namen zu nennen. Erst im ergiebigen Sommer ihres fünften Geburtstages versuchte sie Namen auszusprechen; in wenigen Monaten waren »Sara«, »Becky«, »Matt« und »Jill« (die sehr geliebte Haustochter) einigermaßen verständlich und wurden oft gebraucht.

Elly begriff auch, wenn man »Geh zu Sara« sagte. Wir

konnten sogar das eine oder andere ihrer neuen Substantive anhängen: »Bring Jill die Puppe.« Offenbar waren es die Menschen allmählich wert, beim Namen genannt zu werden; ein Widerstand war noch immer zu spüren. In der Schule gönnte sie den übrigen Kindern kaum einen Blick; nichts wies darauf hin, daß sie sie überhaupt auseinanderhielt. Eines Tages jedoch – sie war etwa fünfeinhalb und seit drei Monaten in der Klasse – führte die Lehrerin ein Experiment mit ihr durch. Sie stellte die Kinder in einem Kreis auf und fragte: »Elly, wo ist Mark?« Elly, den Kopf gesenkt, die Augen auf den Boden gerichtet, deutete mit dem Finger – zwar nicht auf Mark, aber immerhin in seine Richtung. »Wo ist Andrea?« Wieder schnellte der Finger vor. »Wo ist Sue?« Dasselbe. Es gab dreizehn Kinder. Wie sich herausstellte, kannte Elly alle beim Namen.

Man hat die Möglichkeit in Betracht gezogen, daß es die Abstraktionsfähigkeit sein könnte, die bei Kindern wie Elly geschädigt ist. Tatsächlich stimmt es, daß Elly nicht imstande war und es großenteils noch heute nicht ist, Wörtern wie »Liebe«, »Haß«, »Furcht«, ganz gleich ob in ihrer vollen Abstraktion als Substantive oder unmittelbarer in Verbform benutzt, eine Bedeutung zu geben. Doch meine Erfahrung legt eine andere Formulierung nahe – anstelle von »abstrakt« und »konkret« sollte man vielleicht »relativ« und »absolut« einsetzen.

Es trifft zu, daß ein abstraktes Wort wie »Spaß« Elly überforderte. Aber genauso schwer fiel es ihr, ein bestimmtes, sichtbares, greifbares Individuum zu erfassen, das durch einen Namen Ausdruck fand. Zudem begriff sie ohne jede Schwierigkeit eine ganze Klasse von Wörtern, die im allgemeinen als Ergebnisse der Abstraktion gelten, weil der Verstand, um zu ihnen zu gelangen, von einer Reihe individueller Erfahrungen ausgehen, ihre wichtigen gemeinsamen Merkmale abstrahieren und diese in einem Wort unterbringen muß. Schon mit zweieinhalb Jahren hatte Elly die allgemeine Bezeichnung »Ball« auf so verschiedene Objekte wie ein flaches Gummioval und eine perforierte Plastikkugel angewandt. Das war vielleicht nicht sehr eindrucksvoll – bis man sich überlegte, daß zu einem Zeitpunkt, als sie nur fünf Wörter kannte, eines ein Abstraktionsprodukt war. (Bälle, die wie Bälle *aussahen*, lockten das Wort nicht hervor; Elly reagierte auf den Begriff, nicht auf das Erscheinungsbild.)

Mit dreieinhalb war ihr die Idee des Kreises verstandesmäßig völlig klar; da sie aber das Wort nicht kannte, gebrauchte sie zur Vermittlung dieser Idee die Musik. Mit fünfeinhalb Jahren, als sie endlich Wörter in größerem Umfang aufzunehmen vermochte, lernte sie »Dreieck«, »Viereck« und »Rechteck« genauso leicht, wie sie mit drei ein Bauklötzchen vom anderen unterschieden hatte. Die einfachen Ideen hinter den Worten: »Wohin ist Becky gegangen?« oder: »Magst du Süßigkeiten?« – Fragen, auf die eine durchschnittliche Dreijährige antworten kann – überstiegen jedoch ihr Fassungsvermögen. Aber ihre Lehrerinnen konnten sagen: »Male ein rotes Dreieck, Elly«, und sie tat es. Wörter, die eine Form benannten, gingen ihr so leicht ein, daß man den Vorgang kaum als Lernen bezeichnen konnte. Ihre Schwestern zeigten ihr an einem Sommermorgen, um sie zu unterhalten, ein Pentagon, ein Hexagon, ein Heptagon, ein Oktogon... Es gab kein Zaudern, hier war keine Übung, keine Wiederholung notwendig. Sie sprachen die Wörter einmal aus; danach kannte Elly sie einfach. Sechs Monate später bat sie mich um ein »Heptagon«. Ich dachte, sie habe »Hexagon« gesagt – Sechsecke zeichneten wir manchmal und sprachen darüber. Dem war nicht so. Mit einer heroischen Anstrengung gelang es ihr, sich klarer auszudrücken: »He*pt*agon – sieben Seiten!« Es war, als hätte sie die Begriffe schon seit Jahren gekannt und nur auf die Wörter gewartet, um sie zu beschreiben. Und natürlich hatte sie das auch getan; als Menschen noch unsichtbar für sie gewesen waren, hatte sie auf Umrisse und Farben reagiert. Rechteck, Raute, Viereck – diese Wörter sind außerordentlich abstrakt. Wenn Ideen *bedeutungsvoll* für sie waren, hatte Elly mit der Abstraktion keine Schwierigkeit.

Wir hatten ihr bis zu jenem Sommer ihres fünften Geburtstages noch keine Farbbezeichnungen beibringen können, obwohl wir Farben natürlich genausogut wie Formen bereits erwähnt hatten. Sobald sie sie aber gelernt hatte, gebrauchte sie sie und enthüllte dabei ein feines Unterscheidungsvermögen, einen ausgeprägten Farbensinn, der alles übertraf, was wir vermutet hatten.

Die eindrucksvollste Bestätigung ihres Farbverständnisses lieferte sie, als sie sechs war. Ich hatte mehrere Dosen Farbpulver für sie gekauft und rührte jeweils kleine Mengen an, wenn sie malen wollte. Elly schien mit den reinen Farben, dem Rot, dem Blau, dem Schwarz, völlig zufrieden zu sein. Als wir wieder in das Geschäft kamen, um Farbe nachzukaufen, verlangte sie eine Dose Weiß, die wir mitnahmen und zu den anderen auf das Regal stellten. Eine Woche später wollte sie malen, und als ich fragte, welche Farben ich anrühren sollte, sagte sie: »Rosa«, »hellblau« – Töne, die sie nie zuvor verlangt hatte. Es war ihr klar, daß wir diese Farben jetzt herstellen konnten, daß Weiß nötig war, um Pastelltöne zu erreichen – etwas, was man vielen normalen Sechsjährigen erst beibringen muß. Schon mit fünf Jahren hatte sie »Rosa-orange« und »Grün-blau« gekannt. Mit sieben unterschied sie exakt und voll Enthusiasmus zwischen pfauengrünen und pfauenblauen Wagen.

Farben waren so wesentlich für sie, daß ich sie benutzen konnte, um ihre Aufmerksamkeit auf Dinge zu lenken, die sie normalerweise nicht bemerkt hätte. Ich sagte also »purpurfarbene Berge«, »ein braunes Pferd«, und Elly, die sich kaum für Tiere und überhaupt nicht für Landschaften interessierte, sah das Pferd und den Berg, die durch ihre Farbe bedeutsam geworden waren, und lernte das Wort dafür. Was sie fesselte, war jedoch nicht der Berg oder das Pferd, sondern der verallgemeinerte Farbbegriff, der auf jedwedes Objekt angewandt werden konnte.

Es gab viele solche abstrakten Wörter, die sie hätte lernen können, aber ich konzentrierte mich auf das Menschliche, das Alltägliche und das Vertraute. Wie die viktorianische Gouvernante, deren Schützling die Form der Erde als Rotationsellipsoid beschrieb, fand ich es viel hübscher, einem kleinen Mädchen zu sagen, sie sei wie eine Orange geformt. Später kam ich auf die Idee, ihr die Wörter »gebogen« und »gerade« beizubringen. Nur eine Zeichnung war notwendig. Wieder war es das Wort, nicht die Idee gewesen, was gefehlt hatte. Elly bewies mir das auf einem unserer Spaziergänge. Als wir uns einem Haus näherten, das wir ein Jahr oder länger nicht mehr besucht hatten, redete Elly plötzlich, laut und dringlich. »Gebogene Treppe!« Ich klingelte ein wenig aufgeregt. Ich selbst hatte die Treppe nie bemerkt, obwohl ich öfter hier gewesen war als Elly. Ich hätte wissen können, daß ich mich auf sie verlassen durfte. Als wir die Halle betraten, sah ich, daß die Treppe tatsächlich eine vollendete Kurve beschrieb. Ellys Fähigkeit, solche Abstraktionen vorzunehmen, war gewiß nicht geschädigt. Sie war sogar so groß, daß Ideen ohne jede sprachliche Nachhilfe monatelang in ihrem Verstand hafteten und sofort, wenn die Worte fielen, ans Tageslicht kamen.

Die Sprache schien für Elly aus Wörtern zu bestehen, die sie lernen konnte, sobald sie ihr erklärt wurden, und solchen, die sie nicht lernen konnte. Lange gab es offenbar keine in der Mitte angesiedelte Gruppe. Was sie zu erfassen vermochte, waren absolute Wörter – ganz gleich, ob konkret oder abstrakt –, die in sich verständliche Begriffe wiedergeben. »Schachtel«, »Katze«, »Giraffe«, »Rechteck«, »Zahl«, »Buchstabe«. Was sie nicht verstehen konnte, waren Relationsbegriffe, deren volle Bedeutung den jeweiligen Situationen entnommen werden muß – Situationen, in denen das menschliche Element eine Rolle spielt. Elly erwarb das Wort »Mann« ein Jahr, bevor sie den Namen irgendeines bestimmten Mannes lernte – »Mann« ist ein absoluter Begriff. Kennt man einmal ein Wesen mit kurzem Haar und Hose, so braucht man nichts weiter zu begreifen; von nun an sind Männer als solche erkennbar. »Mann« ist absolut und abstrakt, aber bestimmte Männer sind Leute, zu denen man in Beziehung tritt – sofern man es tut.

»Lehrerin« ist ein Wort, das wie »Mann« Ergebnis einer Abstraktion ist, aber man lernt es in einer Bezugssituation: »meine Lehrerin«. Dasselbe gilt für »Schwester«, »Freund«, »Zuhause«. Es ist charakteristisch für das Durchschnittskind, daß es Begriffe am besten in Situationen lernt, in denen es eine persönliche Beziehung vorfindet. Bei Elly schien die persönliche Beziehung, wo nicht ein Hindernis, so doch zumindest belanglos. Wir wollten ihr Wörter verschaffen, die sie befähigten, in der einem kleinen Kind vertrauten Welt aktiv zu sein. Aber wir waren es, die festlegten, was ein Kind vertraut finden sollte. Elly hatte eine andere Betrachtungsweise. Was war für sie vertrauter, ein Rechteck oder eine Freundin? Ihr Sinn für das Wichtige oder Unwichtige war einfach anders als der unsere.

Ich erinnere mich, wie ich ein paar Monate nach ihrem fünften Geburtstag ihre neue Fähigkeit, Namen zu lernen, durch eine Comics-Bildreihe anregen wollte, in der ein Junge – Dick –, mit Pinsel und einer Dose roter Farbe ausgerüstet, einen Stuhl anstreicht. Ich deute auf die Zeichnung, sage »Junge«, merke, daß sie begreift, und füge hinzu: »Dick«. Elly reagiert sofort ungewöhnlich freudig; sie lächelt, sie hüpft auf und ab, sie wiederholt das Wort, sie wendet es bei den folgenden Zeichnungen an. Auch ich freue mich. Noch nie hatte sie so schnell einen Eigennamen gelernt. Doch plötzlich steht sie auf und geht zur Wand. Sie ist blau angestrichen. »Dick«, sagt sie in nachdrücklichem befriedigtem Ton. Sie läuft in ein anderes Zimmer, stellt sich vor eine andere, rosafarbene Wand. »Dick.« Ich merke, was ich schon vorher hätte wissen sollen: Sie hat nicht den Namen des Jungen abstrahiert, sondern den Begriff »Farbe«, der ebenfalls der Bildreihe anhaftet und für sie interessanter und leichter verfügbar ist als die »einfache«, »unmittelbare« Idee einer mit einem Namen versehenen Person.

Ellys Unvermögen, menschliche Situationen zu verstehen, zeigte sich besonders deutlich an ihren Schwierigkeiten mit persönlichen Fürwörtern. Bis sie sechs war, gebrauchte sie überhaupt keine. Das war allerdings nicht so überraschend, wie es scheint; instinktiv hatten wir in unserem Bemühen, richtig verstanden zu werden, von uns und ihr immer namentlich gesprochen, wie man es mit einer Zweijährigen macht. Aber als wir mit Vorbedacht »Möchtest *du*...« anstelle von »Möchte Elly einen Keks?« einsetzten, erkannten wir, wie ernst das Problem war. Die Antwort lautete nämlich mit sechs Jahren nicht »Ja« – das kam viel später, und nicht spontan, sondern als Resultat eingehenden Unterrichts – oder auch nur »Ich möchte einen Keks«; sie war ein simples Nachsprechen: »Möchtest du einen Keks?« Diese Echolalie[*], komplett bis zur steigenden Tonhöhe der Frage, gehörte, wie wir wußten, zum autistischen Syndrom: autistische Kinder, die, im Gegensatz zu Elly, im normalen Alter sprechen können, sprechen dennoch nicht, um sich mitzuteilen, sondern wie Papageien. Elly hatte dieses Symptom nicht früher gezeigt, weil sie noch nicht so gut sprechen konnte. Jetzt konnte sie das, und prompt war es vorhanden. »Daddy hat dir ein Geschenk mitgebracht«, sagte ich beispielsweise. Und mit der Zeit beschränkte sie sich nicht mehr auf das bloße Nachsprechen, sondern sie sagte, aus freien Stücken, voller Freude über

---

[*] Krankhafter Automatismus. Er zwingt die Personen, die davon betroffen sind, alle ihnen vorgesprochenen Worte nachzusprechen.

das Geschenk: »Daddy bringt dir ein Geschenk mit.« Und nun erkannten wir ein weiteres Merkmal der Sprache autistischer Kinder. In jeder Aussage ist »du« (dir, dich) gleichwertig mit »ich« (mir, mich).

In diesem Gebrauch gab es nichts Konfuses, keinen Doppelsinn. Die Vermutung einiger Psychiater, daß das Phänomen ein Zeichen für die Schwäche des Ego und seine verschwommenen Grenzen sei, wird durch meine Beobachtungen nicht gestützt. Elly wußte, wer sie war. Sie war »Du«. Der Gebrauch war exakt, bestimmt. Die ganze Familie verstand es. Er kehrte die normale Bedeutung einfach um – völlig logisch, wenn man es sich recht überlegt. Elly glaubt, ihr Name sei »Du«, weil jeder sie so nennt. Niemand nennt sie »Ich«. Doch andere Leute nennen sich »Ich«, und so begann Elly sie mit der Zeit auch »Ich« zu nennen. Diese Umkehrung der Bedeutung widerstrebt jedem Korrekturversuch; wenn Elly jetzt, mit acht Jahren, sagt: »Das gefällt mir«, so heißt das nicht, daß es ihr gefällt, sondern daß es ihrem Gesprächspartner gefällt. Was kann ich dagegen unternehmen? Ich kann sie auffordern, »Küß mich« zu sagen und das verstärken, indem ich sie küsse; ich kann mich weigern, die Schaukel in Bewegung zu versetzen, solange sie nicht sagt: »Stoß mich an.« Aber diese seltenen Möglichkeiten, den korrekten Gebrauch zu fördern, können sich gegen die zahllosen inkorrekten Verstärkungen, die jeder Tag bietet, nicht behaupten. »Du hast einen Fehler gemacht«, sage ich, und Elly erwidert: »Du hast einen *Fehler* gemacht!« – »Nein, *ich* habe keinen Fehler gemacht, *du* hast einen Fehler gemacht.« – »Du hast einen Fehler gemacht!« Was immer man auch sagt, es macht es nur noch schlimmer.

Zweimal – bei Gelegenheiten, zwischen denen ein Jahr lag – hatte Elly »mir« richtig auf sich bezogen. »Becky hat mir ein Buch gegeben«, erklärte sie neulich, das Buch in der Hand. In meinem Übereifer wollte sich sie ermutigen und bestätigte ihre Worte: »Ja, sie hat dir ein Buch gegeben«, womit ich allerdings die Wirkung, die ich hatte verstärken wollen, sofort zerstörte. Ich bin soweit, daß ich mich frage, wie normale Zweijährige etwas so Subtiles begreifen können. Mütter wissen, daß viele Kinder diese Schwierigkeit haben, wenn sie zu reden anfangen. Normalerweise ist sie aber in wenigen Wochen behoben. Wie? Ein Psychiater sagte einmal auf einer

Party zu mir, der korrekte Gebrauch der Fürwörter der ersten und zweiten Person* könne nicht logisch erfaßt werden. Der soziale Sinn muß hier helfend eingreifen – dieser komplexe Sinn, der ermittelt, was für eine Beziehung zwischen den Menschen in einer gegebenen Situation besteht, wie sie von sich selbst denken und was für Wörter sie demzufolge benutzen, um sich zu identifizieren. Ellys Gebrauch ist streng konsequent, unfehlbar logisch. Was ihm abgeht, ist jener soziale Instinkt, der selbst das begriffsstutzigste normale Kind im Labyrinth der persönlichen Beziehungen leitet.

Dieser Mangel beeinträchtigte Ellys sprachliche Entfaltung. Sie lernte einfach deshalb Hauptwörter leichter als Tätigkeitswörter, weil es mehr Hauptwörter gibt, deren Bedeutung nicht von der umgebenden Situation abhängt. Eine Giraffe – ganz gleich ob in der Strauchsteppe, im Zoo oder in einem ABC-Buch – ist eine Giraffe. Mit »gehen« oder »kommen« indessen verhält es sich anders. Ein Verb in einer Zeichnung festzuhalten ist ein schwieriges Unterfangen, wie jeder, der sich daran versucht, sehr schnell merken wird. Da Handlungen einen Handelnden erfordern und oft auch noch ein Objekt, auf das die Handlung einwirkt, läßt sich selbst aus der einfachsten Verb-Darstellung mehr als eine Bedeutung abstrahieren. Im Gegensatz zum Substantiv besagt das Verb etwas über eine Situation. Daraus muß Elly das Richtige entnehmen, und das Richtige unserer, nicht ihrer Auffassung nach. Die Episode mit Dick und dem Farbkübel veranschaulicht den Doppelsinn, der Abbildungen innewohnt, und dabei sind Abbildungen noch um vieles simpler als wirkliche Situationen. Wir entdeckten bald, daß der Zeichenvorgang, durch den wir ihr »spielen« beibringen wollten, ebensogut »Schaukel« oder »Mädchen« darstellen konnte.

Doch trotz dieser Schwierigkeit folgten den Substantiven in Ellys Sprache allmählich die Verben. »Laufen« war zum Beispiel eins ihrer ersten Wörter gewesen, das sie benutzte, wenn auch nicht begriff, bevor sie zwei Jahre alt war. Vier

* Ich sollte der Vollständigkeit halber hier erwähnen, daß Elly sich der Pronomen in der dritten Person erst bewußt wurde, als sie fast acht war und spontan aus einem Stapel Wortkarten »er« und »sie« als nächstes Lernobjekt auswählte. Doch wiewohl sie die Wörter erkennen kann, hat sie sie bisher nur ein- oder zweimal ausgesprochen, und sie beginnt auch erst, sie zweifelsfrei zu verstehen. Jetzt endlich scheint es sicher, daß sie sie bald erwerben wird. Aber es ist nichts Natürliches an dem ganzen Prozeß.

Jahre später kamen »schauen«, »springen« und »rennen« dazu und später, in ihrem siebten Lebensjahr, »geben«, »bewegen«, »stoßen«, »öffnen«, »schließen«, »schneiden«, »weh tun« – Wörter, die leicht bildlich oder durch Bewegungen darzustellen sind. Die Kinder lehrten sie »husten«, »lachen«, »weinen«, »schreien« und »rülpsen«; Elly und sie machten sich einen Spaß daraus, zu demonstrieren – gewöhnlich am Eßtisch –, daß sie fähig war, all diese Handlungen auf Befehl zu vollziehen. »Sterben«, sagten sie, und Elly sank röchelnd zu Boden.

Der Erwerb anderer Verben war von größerem Nutzen: Als Elly acht war, reagierte sie auf »sagen«: »Sag ›Butter‹, nicht ›Buh-buh‹«, und innerhalb weniger Monate gebrauchte sie das Verb selbst. Ich fand keine Möglichkeit, »sehen« zu erklären; Elly eignete es sich mit sieben Jahren als eine Art untergeordnetes Synonym für »schauen« an, das sie zu der Zeit sowohl verstehen als auch gedruckt erkennen konnte. »Hören« ist noch schwieriger; ich bin heute noch nicht sicher, daß sie es begreift, und sie gebraucht es nie. Die Verben »wissen« und »verstehen« übersteigen ihr Fassungsvermögen ebenfalls, obwohl ich seit drei Jahren auf unklare Aussprache stets mit »Ich weiß nicht« oder »Ich kann das nicht verstehen« reagiert habe. Fast undefinierbare Wörter wie »haben«, »setzen – legen – stellen«, »nehmen« und »bekommen« werden erst jetzt nach und nach verwendet, und ihre Grenzen überschneiden sich auf sinnentstellende Weise. Ist Ellys Vater krank, so ist sie fähig, »Daddy ha' Arm gebrochen« zu sagen, dabei »hat« (»ha'«) richtig zu verwenden und gleich danach zu erklären: »Daddy gib Fieber.«

Und in einer weiteren seltsamen Umkehrung der normalen Lernordnung hat Elly diese simplen Wörter erst gelernt, als man sie ihr geschrieben zeigte – Wörter, die ein Kind normalerweise aus seiner Umwelt aufnimmt, lange bevor es zu ihrer symbolischen Darstellung imstande ist. Die visuelle Erfahrung, Buchstabenkombinationen zu erkennen, hat ihre Aufmerksamkeit auf Wörter gelenkt, deren sie sich vorher gar nicht bewußt zu sein schien, obwohl sie sie dauernd hörte. Nie hatte sie das Wort »ist« ausgesprochen, bis ihre Kindergärtnerin sie aufforderte, es zu schreiben; zu diesem Zeitpunkt war sie sieben. Ihre Aussagen lauteten und lauten größtenteils noch jetzt »Becky *Mädchen*«, »Tasse *zerbrochen*«.

Als sie das Wort jedoch einmal geschrieben sah, begann sie es zu hören, und nun gebraucht sie es, wenn man es von ihr verlangt.

Es ist deshalb nicht überraschend, daß Elly jahrelang ohne die Verben auskam, die sich um die Begriffe Liebe, Verlangen und Bedürfnis gruppieren. Die Wörter »ich will« kennzeichnen das kleine Kind, dieses Kind hingegen wollte mit zwei Jahren noch gar nichts und war sechs, bevor es endlich die Form »will« aussprach – und natürlich ohne »ich«. In den dazwischenliegenden Jahren teilte Elly ihre spärlichen Wünsche zuerst durch Gesten, dann – als sich ihr Sprechvermögen mit fünf Jahren plötzlich ausweitete – durch Benennung dessen mit, was sie wollte. Daß sie überhaupt fähig war, mit Worten um etwas zu bitten, schien ein großer Fortschritt; wir hofften – erwarteten vielleicht sogar –, sie würde aus der Erkenntnis, daß Sprache Macht war, die Freuden der Kommunikation in zunehmendem Maße schätzen lernen.

Und sie zeigt jetzt, mit fast neun Jahren, immerhin eine neue Beweglichkeit in der Äußerung ihrer Wünsche; bei einer einzigen Mahlzeit gebrauchte sie kürzlich vier verschiedene Muster, nicht nur das primitive »Erdnußbutter?«, sondern auch »Ha' Eh' (Elly) Vanillejoghurt?«, »Brauch' Ei?« und »Will' Torte?« Wenn es ihr nicht gelingt, sich mit ihren unklaren Worten mitzuteilen, was oft der Fall ist, dann spricht sie sie manchmal auf unsere Aufforderung hin besser aus; meist aber tut sie, was sie mit zweieinhalb Jahren getan hat – sie führt einen zu dem begehrten Gegenstand oder bringt eine andere Hand dazu, sich danach auszustrecken. Zweifellos ist ein Fortschritt gegeben – aber wenn man sich vor Augen hält, wie viele Möglichkeiten bestehen, um etwas zu verlangen, und wie oft andere Kinder von diesen Möglichkeiten Gebrauch machen, merkt man, wie weit der Weg noch ist.

Wenn »wollen« und »brauchen« nur so zögernd benutzt wurden, so blieben diejenigen Verben, die unmittelbar Gefühle ausdrücken – »lieben« und »gern haben« zum Beispiel –, noch hinter ihnen zurück. Obwohl wir Elly natürlich immer wieder versicherten, daß wir sie gern hatten, daß wir sie liebten, war sie fast sieben, bevor sie die Wörter selbst benutzte: Anne Sullivans Beispiel vor Augen, die ihrem Schützling Helen Keller den Begriff »Liebe« vermutlich auf die gleiche Weise vermittelte, ließen wir die Handlung das Wort begleiten, und Elly »verstand« es. Meine diesbezügliche Tagebucheintragung lautet: »›Lieben‹ wird jetzt häufig benutzt. Es bedeutet ›umarmen‹, ›streicheln‹. Ob sie wohl einmal soweit gelangt, daß sie auch die eigentliche Bedeutung erfaßt?«

Noch weniger Wörter als für die positiven Emotionen erwarb Elly für die negativen. Ich erinnere mich, wie uns Becky mit achtzehn Monaten durch die Heftigkeit ihres »Geh weg!« erschreckte. Elly hat nie so etwas gesagt. Wenn sie sich zu etwas äußern will, was ihr nicht gefällt, steht ihr außer »nein« und der schrillen, abwehrenden Stimme ihrer stummen Jahre nichts zur Verfügung. Aus einleuchtenden Gründen habe ich darauf verzichtet, ihr »hassen« und »abscheulich finden« zu erklären. Sie gebraucht wohl »mag nicht«, doch das »Nicht« besteht aus einem gerade noch angehauchten »N«, so daß die eigentliche Bedeutung kaum klar wird. Selbst für mich sind die Wörter nur in bestimmten Zusammenhängen und mit viel Glück verständlich. Elly scheint dieser Mangel nicht zu bedrücken; sie kommt ohne Verneinungssätze aus. Was ihr nicht gefällt, vermeidet sie einfach.

Dieselben Beziehungsprobleme beeinträchtigten – allerdings noch in erschwerter Form – auch das Erlernen von Eigenschaftswörtern. Ellys erste Adjektive sind bereits genannt worden – es waren die von ihr so schnell aufgegriffenen, die Farben und Formen bezeichneten. »Groß« und »klein« als relative Begriffe waren ihr schon nicht mehr so leicht zugänglich. »Lang« und »kurz«, »nahe« und »weit« waren noch schwerer. Augenblicklich erforscht sie mit einer gewissen Faszination die Steigerungsgrade der Eigenschaftswörter: Um die Schlafenszeit, wenn ich das Licht ausmache, sagt sie »dunkel, dunkler, dunkelsten«. Elly kam jahrelang ohne Wörter aus, die ein Werturteil ausdrücken. Bevor sie über »gut« und »böse« verfügte, erwarb sie »right« und »wrong«*, aber selbstverständlich nur im Sinn von »richtig« oder »falsch«. »Falscher Fuß«, sagt sie, wenn sie absichtlich den rechten Fuß in den linken Schuh gesteckt hat. So etwas macht ihr Spaß. (Versehen fand sie schon immer erheiternd.)

Die Sprache bleibt für sie ein Mittel, das der Identifikation dient, der Bezeichnung von Phänomenen; sie ist noch nicht fähig, sie zu benutzen, um Werturteile oder Gefühle auszu-

---

* Was im Englischen sowohl »recht« und »unrecht« als auch »richtig« und »falsch« bedeutet.

drücken. Kleine Kinder gebrauchen »böse« in allen Abstufungen der Furcht und des Zornes; Elly sagt jetzt auch »böse«. Aber sie spricht es mit heiterer Gelassenheit aus: »Böse Dose« sagt sie, wenn sie Bierdosen am Strand einsammelt. »Böser Hund« bemerkt sie angesichts einer umgeworfenen Mülltonne. Elly mag Hunde nicht. Kommt ihr einer zu nahe, so klammert sie sich an mich; springt er an ihr hoch, so wimmert sie. Aber es fiele ihr nie ein, ihr Gefühl in Worte zu fassen. In solchen Fällen sagt sie nie »böser Hund«.

Trotz ihres ausgeprägten Farbensinns gebraucht sie weder »hübsch« noch »reizend« oder »schön« – alles Wörter, die sie oft hört. Auch »häßlich« sagt sie nicht. Mit »Zwölfeck« und »fleischfarben« scheint sie viel mehr anfangen zu können. In dem Sommer, in dem sie sieben Jahre alt wurde, eignete sie sich »traurig« und »glücklich« an; sie sang das Sei-nicht-traurig-Lied, das die Kinder für sie erfunden hatten, und als ich ein trauriges und ein glückliches Gesicht zeichnete, meinte Elly dazu: »Mundwinkel hinab«, »Mundwinkel hinauf«. Sie wußte, wie »traurig« und »glücklich« aussah. Vielleicht hatte sie es schon lange gewußt, so wie sie »gebogen« und »gerade« gekannt hatte; vielleicht auch nicht. Auf jeden Fall hatten die Worte die Vorstellungen verwertbar gemacht, und sie gebrauchte sie dann und wann. Wir förderten den Gebrauch, indem wir beispielsweise verkündeten: »Sara ist traurig«, worauf Sara zu Ellys Belustigung ein paar Krokodilstränen hervorpreßte. Sagte Elly dann: »Glücklich sein!« so hellte sich Saras Miene auf. Dieses annähernde Erfassen emotionaler Zustände war Lichtjahre von Ellys einstiger Unzugänglichkeit entfernt. Dennoch bestand zwischen Ellys Idee und den Feinheiten wirklicher Emotionen ungefähr dieselbe Beziehung wie zwischen einer Landkarte und den Farben und Formen der erlebten Landschaft.

»Jung« und »alt« und die Umstandswörter »schnell« und »langsam« erwarb Elly, als sie fast acht Jahre alt war. »Lustig« lernte sie von einer Wortkarte; obwohl sie viel lacht, bezieht sie es noch immer ausschließlich auf Clowns. Ich brachte ihr »müde« und »ausgeruht« bei; sie selbst griff »krank« und »besser gehen« auf. Eine spärliche Liste, aber sie ist praktisch vollständig – ich kann allenfalls ein oder zwei Wörter übersehen haben, die noch daraufgehörten. Wenn Elly so etwas wie »beunruhigt«, »freundlich«, »gefährlich«, »zornig«, »wütend«, »erschrocken« oder »nett« gesagt oder durch irgendein Zeichen angedeutet hätte, daß sie sie begriff, so hätte ich es bestimmt nicht vergessen.

Präpositionen, Verhältniswörter also, sind Wörter, die ihrem Wesen nach eine Beziehung andeuten. Noch mit sechseinhalb Jahren verstand Elly keine Präpositionen und gebrauchte selbstverständlich auch keine. Um diese Zeit war sie wohl imstande, so einfache Anweisungen zu begreifen wie »Bring mir den Bleistift«, aber trotz ihres ungewöhnlichen Orientierungssinnes konnte sie noch immer nichts mit den simplen Beschreibungen anfangen, die auf »Wo ist er?« – eine Frage, die sie nie stellte – geantwortet hätten. Wo ist der Bleistift? *Unter* dem Bett, *in* der Schublade, *hinter* dem Bücherregal. Überaus nützliche Wörter. In ihrem siebten Lebensjahr beschloß ich, daß sie zu nützlich waren, um noch länger auf ihr Auftauchen zu warten. Da ich keine Wortkarten finden konnte, fertigte ich schließlich selbst welche an. Mit ihrer Hilfe konnte Elly die gedruckten Wörter über Nacht lernen, die gesprochenen in ein oder zwei Tagen. Ich lehrte sie nur vier oder fünf der gebräuchlichsten und leicht darstellbaren Präpositionen; sie verstand sie in Anweisungen und begann nach und nach einige in ihre eigene Sprache aufzunehmen.

Doch die Probleme, die solche Wörter aufwarfen, waren einfach, verglichen mit dem Problem, das krause Gemisch der Adverbien, Artikel und Konjunktionen zu vermitteln, die unseren Gesprächen erst ihren genauen Sinn verleihen. »Aber«, »wenn«, »ob«, »vielleicht«, »weil«, »bald«, »als«, »noch«, »wie«, »außer« – diese Wörter scheinen unbedeutend, bis man sich vorzustellen versucht, wie es wäre, wenn man ohne sie auskommen müßte – und vor allem bis man sie jemandem beibringen muß. Beibringen? Niemand lehrt solche Wörter. Das kleine Kind scheint sie aus der Luft zu greifen. Aber Elly nahm nicht einmal das simple verbindende »Und« von selbst an. Sie war sieben, als mir endlich einfiel, wie ich es ihr klarmachen könnte, und bezeichnenderweise waren es Farben, die mir dazu verhalfen.

Unsere Nachbarn hatten ein graues Haus mit blaugestrichenem Holzwerk; Elly nannte es das »blau-graue Haus«. Obschon sie »graublau« in der Sprache vielleicht mit »blau und grau« verwechseln konnte, wußte ich, daß ihr dieser Fehler angesichts der Realität nie unterlaufen würde. Also malte ich ein blaues und ein graues Haus, schrieb die jeweilige Farbe darunter und sprach die Wörter aus. Von da an konnte sie »und« verstehen und las es auch gelegentlich. Wenn man sie bedrängte, brachte sie sogar einen Laut heraus, der es repräsentierte. Doch wer kann »wenn«, »als« oder »aber« zeichnen?

Es sind Wörter wie diese, die ein Vokabular in Sprache verwandeln. Ein Sortiment Wörter – sei es noch so groß – ist nicht mit Sprache gleichzusetzen. Sie müssen kombiniert werden.

Das Durchschnittskind beginnt wie Elly mit Einzelwörtern und fängt dann irgendwann zwischen eineinhalb und zwei Jahren an, sie miteinander zu verbinden. Elly war fast sechs, als wir sie endlich zwei kombinierte Wörter aussprechen hörten. »Laura *Mädchen*«, sagte sie von dem kleinen Nachbarskind, und diese Art der Äußerung ist heute noch, drei Jahre später, charakteristisch für ihre Sprechweise. Wie bei einem normalen Kind, nur wesentlich langsamer, wichen Zwei-Wort-Kombinationen längeren Aneinanderreihungen. Mit den Jahren brachte sie es gelegentlich so weit, sogar acht Wörter in logischem Zusammenhang auszusprechen. Doch normale Sätze waren es nicht; der fast vollständige Mangel an Artikeln, Konjunktionen, Verbabwandlungen für Zeit oder Person und der seltene Gebrauch des Verbs »sein« sorgen dafür, daß sie, obwohl ihre Sprache komplexer wird, noch immer eine Art Pidgin-Englisch spricht.

In der Vergangenheitsform drückte sie sich zum erstenmal in dem Sommer aus, als sie acht wurde. Danach hat sie es nur ganz selten wieder versucht. Die beiden Fälle, in denen sie eine Idee von etwas Zukünftigem übermittelte, sind sehr aufschlußreich: Als man ihr erklärte, ich käme in einer Minute, sagte sie: »Ge' (= geben) Minute, Mama kommen«; im Herbst, als wir uns über Doppelfenster unterhielten, verkündete sie: »Winter sein, ha' (= haben) ›do‹-Fenster.« Ihr Erfassen der Zeiten ist begrenzt. Frage ich sie: »Hast du zu Mittag gegessen?«, so erwidert sie »ja«, wenn es nicht zutrifft, weil sie glaubt, ich hätte gefragt: »Möchtest du dein Mittagessen?« Das Verständnis der Zeiten setzt das Verständnis bestimmter Situationen voraus.

Wenn ich sage, sie spricht »Pidgin«, so muß ich hinzufügen, daß es sich überdies um ein verzerrtes »Pidgin« handelt, denn Ellys Fassungsvermögen für die Wortfolge – der wichtigste Anhaltspunkt, wenn man den Sinn eines Satzes erkennen will – ist sehr schwach. Wenn Elly sagt: »Dr. Mama Puppe gebe' Medizin«, so soll das heißen, daß Dr. Mama der Puppe Arznei verabreicht. Doch Elly hat die Wortfolge durcheinandergebracht – und natürlich den Artikel ausgelassen –, so daß der Zuhörer aus dem Zusammenhang interpretieren muß. Wenn Elly, einen Hut auf einem Tisch vor sich, dieses Bild beschreiben will, so gelingt es ihr vielleicht – aber es kann auch sein, daß sie sagt »Tisch auf Hut«. Würde Elly heute sagen: »Keine vier finden Papa Erdnüsse«, so bedeutete das: »Ich kann nicht vier große Erdnüsse finden.« Gewiß ist ihre Wortfolge öfter korrekt als inkorrekt, doch das will bei der ungeheuer einfachen Sprache eines achtjährigen Kindes nicht viel heißen.

Elly war nicht heimisch in ihrer Welt, und die Art, wie sie sich die Sprache aneignete, unterscheidet sich nicht sehr von der eines Touristen, der eine Fremdsprache lernt. Zuerst und relativ leicht erwirbt er die Hauptwörter: Dinge, auf die man zeigen kann. Tätigkeits- und Eigenschaftswörter stellen sich langsamer ein, und sie würden noch mehr Zeit erfordern, wenn ihm nicht – was bei Elly wiederum nicht der Fall sein konnte – die Möglichkeit zu Hilfe käme, sie auf entsprechende Wörter seiner Muttersprache zu beziehen. Den Satzbau erlernt er noch langsamer; simple Korrektheit kann schon Monate beanspruchen. Jahre später entdeckt er immer noch neue feine Abstufungen in dem, was einer Situation angemessen ist, und unvermutete Bedeutungsnuancierungen. Jeder, der erkennt, was für ein schwieriger, langwieriger Prozeß es ist, sich in eine andere Sprache einzufühlen, vermag sich die Lage eines kleinen Mädchens auszumalen, das dieses Problem bei seiner eigenen Sprache hatte, und er kann sich über die sprachlichen Leistungen normaler Kinder zwischen einem und vier Jahren nur wundern.

Man lernt eine Sprache natürlich schneller und besser, wenn eine Motivation dafür vorliegt, wenn es Dinge gibt, die man herausfinden, und Menschen, zu denen man in Kommunikation treten möchte. Die Leute erlernen eine Sprache, weil sie sie sprechen wollen und müssen, und wenn der Wunsch oder die Notwendigkeit nicht sehr groß ist, dann lernen sie sie nicht sehr gut. Es ist unmöglich, Ellys schleppende Sprechentwicklung zu erörtern, ohne die Rolle der Motivation zu bedenken. Die wohlbekannte Schwäche, die Trägheit und die Abkapselung hatten ihre vorherrschende Stellung noch nicht eingebüßt.

Wie schon gesagt, Elly lernte Namen. Doch wozu benötigt man Namen? Um eine bestimmte Person zu kennzeichnen, aber auch um zu rufen, und ein Kind wird sie normalerweise für beide Zwecke gleich oft gebrauchen. »Mom? Mom? *Ma*ma!« Die Laute klingen mir in den Ohren. In sechzehn Jahren habe ich mich auf die Stimme jedes meiner Kinder eingestellt. Ich kann sie in meiner Phantasie hören, ich kann sie durch Wände hindurch vernehmen, aber Ellys Stimme ist nicht darunter. Sie hat mich noch nie gerufen. Sie ruft auch ihren Vater, ihre Schwestern, ihren Bruder nicht. Ausgenommen – die Ausnahme ist so aufschlußreich wie die Verallgemeinerung – ausgenommen die Fälle, in denen wir ihr *sagen* können, daß sie irgend jemanden zum Essen rufen soll. Dann tut sie es und imitiert dabei unsere Stimmen bis in die Intervalle hinein. »Sa-ra! Beck-y!« Aber aus persönlichem Interesse ruft sie nicht.

Vor kurzem hat sie sich ein neues Spiel ausgedacht. Nach acht Jahren hatte sie endlich herausgefunden, wie ich heiße. »Cla-ra!« Der charakteristische Tonfall eines lauten, auf eine gewisse Entfernung bemessenen Rufes. Ich halte mich im gleichen Raum auf, doch das spielt keine Rolle. Sie ruft mich im Grunde ja gar nicht, wie ich sofort erkenne: Sie hält ihre Puppe Deedee – immerhin bekommen Puppen neuerdings Namen! – mit ausgestreckten Armen vor sich. »Deedee ›Cla-ra!‹« Es ist Deedee, die mich ruft, nicht Elly. Die Leute rufen einander. Nach acht Jahren hat sie es gemerkt, ahmt es nach, tut es im Spiel. Aber sie *selbst* tut es nicht. Wenn mich Elly wirklich sucht, ruft sie nicht »Clara« oder »Mama«, sondern wandert mit einem gelegentlichen »Hallo?« von Zimmer zu Zimmer. Ein großartiger Fortschritt, finden wir, denn obwohl sie mir zu Hause beinahe überallhin folgte, suchte sie mich in all den vergangenen Jahren nie, wenn sie mich plötzlich nicht mehr sah, und sie sagte auch nicht »hallo«. Es scheint, als ob sie eines Tages – vielleicht, wenn sie neun Jahre alt ist – soweit sein könnte, meinen Namen zu rufen.

Man gebraucht die Sprache nicht nur, um Bitten und Fragen in Worte zu kleiden, sondern auch, um den Forderungen anderer zu entsprechen, ihre Fragen zu beantworten, Informationen zu übermitteln. Obwohl Elly in ihrem sechsten Lebensjahr auf vielerlei Anweisungen – wenn auch keineswegs auf so mannigfaltige wie ein normales Kind – reagieren konnte, war sie nicht imstande, irgendeine Frage zu beantworten. Mit sechseinhalb brachte sie ein »Nein!« zuwege, wenn man sie fragte, ob sie mehr Fleisch haben wollte; dies ist eine einfache Art der Selbstverteidigung, und vielleicht die erste natürliche Erwiderung. Mit den Monaten erweitert sich die Fähigkeit: »Ist Matt ein Mädchen?« – »Ist Beckys Kleid blau?« – »Nein!« Und wie immer begleitet fröhliches Gelächter den komischen Fehler. Erst als sie sieben war, gelang es uns, ihr die Antwort »ja« beizubringen. Das Fehlen dieses Wortes ist als ein spezifisches Symptom des frühkindlichen Autismus bezeichnet worden. Elly brauchte drei Monate, um es zu lernen. Wir konfrontierten sie mit einer Situation, bei der man mit einer bejahenden Antwort rechnen durfte, und forderten sie auf, entweder »nein« oder »ja« zu sagen. »Elly, möchtest du Eis? Nein oder ja?« Sie schaffte es mit knapper Not, das »Ja« nachzusprechen; erst viel später war sie auch fähig, es von sich aus zu benutzen. Wenn man dagegen bedenkt, wie leicht sie sich »schwierige« Wörter wie »Heptagon« einprägte...

Sie vermag jetzt jede Frage korrekt zu beantworten, die eine Ja-oder-Nein-Antwort erfordert, vorausgesetzt, sie begreift, worum es geht. Sie kann auch eine ganze Reihe anderer Fragen beantworten, für die eine bestimmte Antwort erforderlich ist. Einige davon sind schon ein wenig anspruchsvoll. »Was ist heute?« – »Was ist viermal drei?« – »Wie viele... siehst du?« Die Fähigkeit, diese Fragen zu beantworten, entstand allerdings nicht spontan, sie wurde Elly beigebracht. Ich meine damit natürlich nicht, daß ich Elly darüber belehren mußte, was für einen Tag wir hatten oder wie sie sich Klarheit über eine Anzahl Gegenstände verschaffen konnte. Für solche Dinge benötigte sie keinen Unterricht. Sie hatte ja schon mit vier Jahren gezeigt, daß sie zu zählen vermochte, und als sie sechs war, brauchte sie nur eine Reihe Objekte in einem ihrer Bücher zu überblicken, um sofort, das heißt *ungefragt*, »sieben« oder »drei«

zu sagen. Aber sie konnte nicht antworten, wenn ich sie fragte: »Wie viele?« Es war die Frage als solche, die sie nicht begriff.

Als ich nach geraumer Zeit das Problem erkannte, machte ich mich daran, ihr die Wortmuster von Frage und Antwort zu vermitteln. Ich sagte »wie viele?«, beantwortete die Frage selbst und fragte dann Elly. Nachdem ich das mehrere Tage lang getan hatte – allabendlich um dieselbe Zeit, mit demselben Buch –, konnte Elly die Frage allein beantworten. Andere Frageformen fielen ihr schon leichter, weil sie inzwischen die Routine verstand, aber die Zahl der Fragen ist noch immer sehr beschränkt – und sie wird sowohl durch meine geringe Erfindungsgabe begrenzt als auch durch Ellys Auffassungsvermögen. Elly hat keine einzige ohne Anleitung gelernt. Und was am bezeichnendsten ist, sie kann keine Frage beantworten, die ihr abverlangt, daß sie sich aus der Vielfalt dessen, was sie umgibt, eine passende Entgegnung aussucht. Wir können fragen: »Wie alt ist Großpapa?« und eine genaue Antwort erhalten, denn dieses Thema fasziniert Elly; sie vergißt nie, wie alt jemand ist. Wir können auch fragen: »Ist Großpapa oben?« und ein korrektes Ja oder Nein hören. Fragen wir aber: »Wo ist Großpapa?«, so bekommen wir keine Antwort. Wenn wir auf eine Person zeigen, können wir fragen: »Wer ist das?« Fragen hingegen wie »Wer ist deine Lehrerin?« oder »Wer ist das dort in der Küche mit Sara?« können wir nicht stellen. Und noch weniger können wir fragen: »Was hast du zu Mittag gegessen?«

Sie selbst formuliert nie eine Frage, denn das »Würstchen?« oder »Du will' ein' Keks?« oder »Ge' (= geben) Bonbon?« sind keine echten Fragen, da die erwartete Antwort nicht eine Information, sondern eine Handlung ist. Wiewohl ich ihr vor einem Jahr beibrachte, auf »Was ist das?« zu antworten, fragt sie es selbst nie. Sie fragt auch nicht: »Wann gehen wir einkaufen?«, obschon sie »Einkaufen?« als Frageform benutzt. Das machtvolle Wort »Warum?«, das eine weit komplexere Art der Frage einleitet, kann Elly nicht verstehen. Und – was uns am meisten behindert, weil wir die Wörter täglich gebrauchen – wir können sie nicht fragen: »Was möchtest du?« oder »Was ist los?« Wenn sie weint, wenn sie Angst oder Spannung zeigt, müssen wir trotz der Hunderte – und es können Tausende sein –

von Worten, die sie kennt, noch immer den Grund erraten, genau wie damals, als sie zwei Jahre alt war.

So also sah die Situation von Ellys fünftem Lebensjahr an aus – eine rudimentäre, verzerrte Sprache, die sich allerdings, was Wortschatz und Brauchbarkeit anbelangte, ständig ausdehnte und in zunehmendem Maße von außen kommende Korrekturen zuließ. Ich habe bereits dargelegt, daß Ellys Sprache nicht das freie Produkt einer spontanen Entwicklung war, daß wir beständig in den Prozeß eingriffen, wie wir auch versuchten, Elly zu lehren, was man ein normales Kind nicht zu lehren braucht. Wir sind Laien in der Sprachtherapie wie in allen anderen therapeutischen Bereichen; es ist uns klar, daß es vieles gibt, was wir nicht wissen. Aber wir verstehen etwas von Sprachvermittlung – nicht nur in Form des Unterrichts, sondern innerhalb der gesamten gegebenen Umwelt –, und wir wissen, welche Bemühungen erfolgreich waren. Die meisten davon habe ich bereits andeutungsweise geschildert. Doch vielleicht hilft es jemandem, wenn ich hier noch einmal im einzelnen zusammenfasse, nach welchen Prinzipien wir vorgegangen sind und welche Verfahrensweisen wir brauchbar fanden.

Ich will mit der offenkundigsten Methode beginnen, die jedermann vorschlägt. »Du solltest versuchen, es ihr nicht zu geben, bis sie darum bittet.« Natürlich haben wir das immer wieder versucht. Andere Leute haben es ebenfalls getan; die englische Kindergärtnerin wollte ihr eine Nascherei vorenthalten, bis Elly »bitte« sagte. Elly war damals viereinhalb. Doch es kam nichts dabei heraus, wie auch unsere früheren Versuche zu nichts geführt hatten. Man erreichte nichts als Gleichgültigkeit oder, wenn Elly das Objekt wirklich begehrte, Verwirrung und Frustration. Aber Kinder entwickeln sich, und ein Jahr später war die Methode erfolgreich. Allerdings nicht so oft, wie man es sich gewünscht hätte. Statt sich anzustrengen, weinte Elly noch immer sehr oft oder verzichtete einfach. Aber selbst der Teilerfolg erschien uns schon wunderbar. Wir belohnten jede ausgesprochene Bitte sofort; ich sprang freudig auf, wenn sie, statt mich am Arm zu zupfen, zu mir sagte: »Steh auf, bitte.« Wenn sie »Bonbon« sagte, bekam sie einen. Für die Disziplin und Ellys Zähne war das nicht unbedingt gut; unsere Versuche, ihr die Vorteile der

Sprache zu zeigen, hatten fatale Ähnlichkeit mit dem bedenklichen Fingerzeig: Du brauchst nur zu sprechen, um zu erhalten, was du willst! Aber wir mußten Kompromisse eingehen. Auf keinen Fall durften wir riskieren, daß Elly zu dem Schluß gelangte, Worte nützten nichts.

Vor allem durfte sie nicht auf den Gedanken kommen, die Sprache sei ein unzuverlässiges Instrument. Wenn sie ihre eigene Sprache sinnvoll finden sollte, mußte sie auch sicher sein, daß die unsere eine wahrhaftige Beschreibung der Wirklichkeit lieferte. Damit meine ich nicht nur, daß wir sie nicht belügen konnten. Das versteht sich von selbst. Doch es wurde uns darüber hinaus zur zweiten Natur, unsere Behauptungen zu überprüfen, um uns zu vergewissern, daß sie nicht durch Ereignisse widerlegt würden. Wenn wir sagten: »Großmama kommt um fünf«, dann mußte es wahr sein; sofern nur die geringste Unsicherheit bestand, durften wir nichts sagen. Wenn ich eine Einkaufsfahrt versprach, dann mußte ich sie machen, so lästig sie mir vielleicht auch war, und da ich das wußte, bedachte ich alle Vorhersagen und Versprechungen sehr genau. In den ersten Jahren von Ellys sprachlicher Entwicklung fehlten mir noch die Wörter, um veränderte Umstände zu erklären, und die Bedeutung von »vielleicht« war Elly verschlossen. Erst jetzt beginnen wir allmählich, uns mit Formen zu befassen, die Ungewißheit ausdrücken; damals konnten wir es uns nicht leisten, Elly damit zu verwirren.

Auch unser zweiter Vorstoß auf dem Gebiet der Verständigung folgte ausgetretenen Spuren: Es war die Methode, Gegenstände zu bezeichnen. In Ellys sechstem Lebensjahr begann sie schließlich auch Resultate zu erbringen. Dieses namentliche Benennen bleibt natürlich eine primäre Methode, aber sie ist überaus einfach und wirksam. Weniger augenfällig sind die Möglichkeiten, das gesprochene Erkennen eines Gegenstandes durch das geschriebene Wort zu verstärken. Ich wäre nie darauf gekommen, das zu tun, wenn sich Elly nicht von sich aus für Buchstaben interessiert hätte. Sie hatte ihr erstes mysteriöses »E« mit dreieinhalb Jahren gemalt und gekichert, als ich ein paar Monate später »Elly« auf ihre Hand schrieb. Am Tag nach unserer Rückkehr aus Europa holte sie ihren alten Buchstabenkasten hervor und setzte spontan »Elly« zusammen; um sich ein zweites L zu beschaffen, das ihr fehlte, drehte sie sehr erfinderisch die Zahl sieben um.

Buchstaben gefielen ihr augenscheinlich sehr, und da ich so oft mit ihr zeichnete, war es ganz natürlich, daß ich die Dinge, die ich zeichnete, mit ihrer Benennung versah. Ich schrieb langsam, mit klaren Druckbuchstaben; Ellys Augen folgten meiner Hand, sahen das Wort Form annehmen. Ich schrieb den Namen, bevor ich überhaupt die zugehörige Zeichnung machte, in der Hoffnung, Elly so den Erkennungsprozeß zu erleichtern. Und sie war es, die mich dazu bewog, dasselbe Wort und dieselbe Illustration immer wieder von neuem zu wiederholen. So war es nicht überraschend, daß sie mit fünfeinhalb Jahren »Haus« erkennen und »Fenster« schreiben konnte. Im nächsten Jahr lernte sie über eine Reihe Spiele, die jeweils einen kleinen Schritt vorwärts bedeuteten, sechzig Wörter auf Karten erkennen, die anfangs Bilder trugen, später aber keine mehr aufwiesen.

Ich kann die seltsame Umkehrung des natürlichen Prozesses, die ein Kind über das geschriebene Wort an die Sprache heranführt, nicht erklären. Doch das ist nicht der einzige Fall, in dem sich mir gewisse Züge Ellys erschlossen, indem ich mich selbst betrachtete. Es gibt Menschen, und ich bin einer von ihnen, die das geschriebene Wort leichter begreifen als das gesprochene – Menschen, die Gehörtes unter Umständen nicht behalten, dasselbe aber lernen und sich einprägen, wenn sie es geschrieben sehen. Die äußere Struktur der Buchstaben allein scheint das Wort für sie herauszukristallisieren, sie zu befähigen, die korrekte Aussprache gewissermaßen zu hören; seine Schreibweise wird für sie zu einem untrennbaren Teil seiner Identität. Ich konnte mir vorstellen, daß es sich bei Elly ähnlich verhielt. Vielleicht erzeugt ein geborener Korrekturleser einen anderen...

Doch obwohl das gedruckte Wort Elly so leicht einging, hatte ich mit dem Lesen keine besonderen Erfolge erzielt. Als ich sah, daß ich Elly beliebig viele Wortkarten zumuten konnte, legte ich ihr keine neuen mehr vor; denn ich wollte nicht, daß ihr »Lesen« in stereotypes Erkennen entartete. Es war wesentlich, daß ihr Vokabular nicht ihr Fassungsvermögen überschritt, da das Lesen zu der Zeit nicht als solches wertvoll war, sondern weil es die Erfahrung des Sprechens intensivierte. Anstatt also den Schatz an Wörtern, die sie erkannte, zu vergrößern, faßte ich die Wörter, die sie schon beherrschte, in kurzen Sätzen zusammen. Dabei achtete ich darauf, daß über jedem Wort das zugehörige Bild erschien, damit ich sicher sein konnte, daß die Symbole ihre Bedeutung behielten.

»Elly« – natürlich hatte ich *dafür* auch eine Karte gemacht – »verletzt Finger rot Blut weint.« Sehr, sehr langsam konnte ich sie durch die Wortreihe geleiten; die Wörter, die sie sich über Nacht einprägen und sofort wiedererkennen konnte, waren ihr längst nicht mehr so leicht zugänglich, wenn sie sinnvoll zusammengesetzt wurden. Sie gefielen ihr auch nicht mehr so sehr; unsere Wortübungen vor dem Einschlafen schienen ihr keinen Spaß mehr zu machen, und sie erkannte plötzlich vertraute Wörter nicht mehr, wenn man sie ihr in einem Buch zeigte – es war sogar schwer, sie überhaupt dazu zu bringen, sie anzuschauen. Ich überlegte mir ein anderes Schlafenszeitspiel und legte die Karten beiseite. Sinnvolles Lesen lag immer noch in ferner Zukunft. Die Karten, die Wörter, die ich schrieb, dies alles konnte lediglich darauf *hinzielen*. Sie waren ja auch bereits nützlich, wenn sie nur Ellys Aufmerksamkeit auf Laut und Bedeutung lenkten. Wie unsere Zeichnungen, wie unsere mimischen Darstellungen intensivierten und festigten sie ihre Sprecherfahrung. Ohne die Karten, ohne meinen immer bereitgehaltenen Bleistift wäre Ellys Verständnis der Verben noch verzögert worden. Wir hätten – wer weiß, wie lange – auf »und«, »der/die/das«, »ein«, »ist« warten müssen. Ich glaube, sie würde bis heute noch nicht begreifen, was »in der Schachtel« bedeutet.

Buchstaben führten uns auch auf einem dritten Weg an die Sprache heran. Das Aussehen eines Wortes konnte benutzt werden, um Ellys unklare Aussprache verbessern zu helfen, die jetzt, da sie mehr sprach und mehr Wörter durcheinanderbringen konnte, stärker auffiel als je zuvor. Buchstaben konnten ihre Aufmerksamkeit auf einen verschwommenen anlautenden Konsonanten oder einen völlig verschluckten Endkonsonanten lenken. Natürlich nur, wenn Elly die Funktion der Buchstaben begriff, die nicht nur das Erfassen von Symbolen voraussetzte, sondern auch die genaue Unterscheidung von Lauten, die sie so leicht zu vergessen schien. Glücklicherweise gehörte die Buchstabenfunktion zu jenen Dingen, für die Elly keinen Lehrer brauchte. »E für Elly«, »B für Becky« hatte ich ohne große Erwartungen gesagt, und kaum einen Gedanken an das, was ich tat, verschwendet. Ich hätte nie zu hoffen gewagt, daß Elly schon bald aus eigenem Antrieb »C für Clara« und »B für Bett« beisteuern würde. Ihr gefielen Buchstaben einfach, so wie ihr Formen und Farben gefielen. Sie gefielen ihr sehr gut – so gut, daß sie sogar über sie nachdachte. Trotz ihrer falschen Aussprache erriet sie intuitiv ihre einfachen Bedeutungen. Manchmal überraschte sie mich ungefragt mit den Anfangsbuchstaben von Wörtern, die sie weder vom Ansehen kannte noch aussprechen konnte; ihr »S« war ein dumpfes Zwitterding zwischen »T« und »D«, aber wir erkannten den Laut wieder, als sie »S für Stephen« sagte.

Ihr Vater kombinierte Buchstaben und Bilder zu einem Aussprachespiel. Indem er sich der Technik sofortigen »Nachfassens« bediente, die allen Lehrmethoden zugrunde liegt, zeichnete er ein Bild oder schrieb ein Wort und gab Elly dann einen winzigen Bonbon, wenn – und nur wenn – sie sich um eine deutlichere Aussprache bemühte. Dieser Anreiz bestätigte ihm, was er schon immer vermutet hatte: daß Elly weit klarer aussprechen konnte, als sie es tat. Ellys Aussprache war noch mit zwei Jahren, so glauben wir, in der Anlage normal, aber inzwischen hatten vier fast stumme Jahre ihren Tribut gefordert, und es gab jetzt in der Lautbildung echte Schwierigkeiten. Doch dank seiner Sprachbegabung gelang es David, seine eigenen Ausspracheprozesse so gut zu analysieren, daß er Elly bei der Bildung schwieriger Laute helfen konnte. Ohne seine Bemühungen hätten wir uns aus Büchern Hinweise zusammensuchen müssen. Zweifellos kennen Sprachtherapeuten viele Tricks, auf die er nicht gestoßen ist. Aber zu der Zeit hätte nur ein sehr außergewöhnlicher Sprachtherapeut etwas bei Elly erreicht, während sie zu ihrem Vater uneingeschränktes Vertrauen hatte. Später einmal – vielleicht sogar noch dieses Jahr – wird Elly von einem Spezialisten sprachtherapeutisch betreut werden. Vorerst aber machen ihr Vater und sie einige Fortschritte.

Keine sehr guten allerdings; hier ist es wie mit anderen Dingen: Was Elly in einem bestimmten Zusammenhang lernt, ist nur sehr langsam auf einen anderen zu übertragen. Zunächst schien ihre klarere Aussprache mehr der Schaustellung als einem nüchternen Zweck zu dienen. Doch mit der Zeit begann sich das Bonbonspiel auf die normale Sprache auszuwirken; als ich sie an ihrem siebten Geburtstag zum Psychiater brachte, bemerkte dieser, er könne neunzig Prozent von dem, was sie sage, verstehen. (Mit fünf Jahren, als sie zum erstenmal bei ihm war, sprach sie wenig, und er hatte gar nichts verstehen können.) Jetzt können wir immerhin mit einfachen anlautenden Konsonanten und vielen Endkonsonanten rechnen. Manchmal kommt sogar einer in der Mitte hinzu. Ich bin überzeugt davon, daß die Aussprache eines Tages für Elly nicht mehr das größte Verständigungshandikap sein wird.

Doch die Aussprache, so wichtig sie auch für den Kontakt mit anderen sein mochte, war letztlich eine Detailfrage, bei der es um einzelne oder kombinierte Laute ging. Unsere Arbeit mit Elly war aber trotz aller Einzelprobleme stets auf ein übergeordnetes Ziel ausgerichtet. Uns kam es letztlich weniger auf isolierte Wörter und Wortgruppen an als auf die Sprache in ihrer Gesamtheit. Wie sollten wir mit Elly sprechen, wenn wir erreichen wollten, daß sie an die Möglichkeit wechselseitiger Kommunikation glaubte? Wenn wir noch immer einiges von dem, was Elly sagte, nicht verstanden, so durften wir nicht vergessen, daß für sie unsere allermeisten Äußerungen unverständlich waren. Wir mußten ebensogut unsere eigene Sprache im Auge behalten wie die ihre.

Wir wußten, wann uns Elly verstand und wann nicht. Wenn sie uns verstand, so reagierte sie dementsprechend oder hüpfte begeistert auf und ab. Blieb ihr hingegen etwas unbegreiflich, so blieb sie gleichgültig oder gab eine eindeutig unangebrachte Antwort. Natürlich hatte man uns irgendwann einmal von Kindern erzählt, die scheinbar nichts hörten und dennoch, wie sich später herausstellte, alles aufgenommen hatten; die Sozialhelferin des Instituts hatte es für möglich gehalten, daß Elly weit mehr verstand, als sie zugab.

Selbst damals schon war uns das höchst unwahrscheinlich vorgekommen, so gerne wir es auch geglaubt hätten. Und in den Jahren danach deutete nie etwas darauf hin, daß Elly insgeheim begriff. Erst im letzten Jahr begann sie hin und wieder irgend etwas aus einer Unterhaltung aufzunehmen, ohne daß sie direkt angesprochen wurde – manchmal sogar das allgemeine Gesprächsthema. Doch wenn sie mit uns am Tisch sitzt, wenn sie sich unter anderen Kindern auf dem Spielplatz bewegt, hat man noch immer das Gefühl, daß sie von einer fremden Sprache umgeben ist. Wie ein Tourist in seinen ersten Wochen im Ausland kann sie meist nur das verstehen, was sie zu hören erwartet, und auch nur dann, wenn es unkompliziert an sie selbst gerichtet und größtenteils ihr eigenes Vokabular ist. Wir alle kennen den Unterschied zwischen unserem Hotel-Französisch und dem, das die Kellner untereinander sprechen. Ich habe Elly einige Male von mir geführte Telefongespräche imitieren hören. Kichernd sagt sie: »Tah. Te tah. Pa pi pi pi pah.« Die Silben geben eine Vorstellung davon, wie sinnlos ein Großteil der Sprache in ihren Ohren klingt.

Natürlich wollten wir nicht, daß unsere Tochter das, was wir redeten, sinnlos fand; es war unser vordringliches Anliegen, zu erreichen, daß sie die Sprache zumindest als etwas potentiell Verständliches betrachtete. Das führte uns zu einem Entschluß, den viele Leute fragwürdig finden werden. Wenn wir wollten, daß Elly an den Sinn des Sprechens glaubte, dann – so fanden wir – mußten wir auf ihre eigene Sprache eingehen.

Natürlich war das im Grund gar kein großer Entschluß; wir faßten lediglich in Worte, was wir schon jahrelang getan hatten und was die meisten Eltern ganz intuitiv tun, wenn sie mit Babys und kleinen Kindern reden. Sie verwenden kurze, vertraute Satzmuster und wählen Wörter, die ihre Kinder verstehen können. Sie machen sich keine Gedanken über den subtilen Vorgang, der Wörter zu einer Sprache ausbaut; sie brauchen es nicht. Automatisch, ohne daß sich jemand eigens darum kümmert, nähern sich Wortschatz und Satzmuster des Kindes mit der Zeit in Umfang und Nuancierung dem elterlichen Vorbild. Nach und nach lassen die Eltern dann ihre unbewußten Vereinfachungen fallen, und irgendwann zwischen dem dritten und fünften Lebensjahr des Kindes stellt sich heraus, daß jedermann die Landessprache spricht. Doch wir sahen uns, als Elly fünf war, erst am Anfang dieses Prozesses, nicht an seinem Ende. Elly beherrschte keine Sprache, sie kämpfte noch mit Wörtern. Wir hatten die Möglichkeit, in Sätzen von normaler Schwierigkeit und Länge mit ihr zu sprechen und zu hoffen, daß sie eines Tages begriff, oder uns auf diejenigen zu beschränken, die sie mit einiger Wahrscheinlichkeit verständlich fand. Wir wählten die letztere.

Also redeten auch wir Pidgin-Englisch, mit einem Unterschied. Denn Elly sollte uns zwar folgen können, mit der Zeit aber von ihrer primitiven Sprache loskommen. Das hieß, daß man sie unterstützen mußte, damit sie allmählich verfeinerte

Bedeutungen erfaßte. Unser Pidgin mußte dem ihren immer einen Schritt voraus sein. Nur einen kleinen Schritt allerdings; nichts, was wir bei Elly beobachteten, hatte uns Anlaß zu dem Glauben gegeben, sie sei irgendwelcher großen Schritte fähig.

Es ist hier unmöglich, detailliert die Sprechweise zu beschreiben, die wir bei Elly verwandten; ich kann unser Vorgehen nur in großen Zügen andeuten. Es erinnerte an die wohlbekannten Methoden elementarer Kinderbücher, die neue Wörter nicht zu mehreren, sondern einzeln einführen. Jedes neue Wort wird in den verschiedensten Zusammenhängen vorgestellt und bis zum Überdruß wiederholt. Nichts, was das Begreifen erleichtern könnte, wird ausgelassen, selbst wenn es noch so offenkundig scheint und es für ein sprachlich begabtes Kind auch *ist*. Etappen, die der Durchschnittserwachsene überspringt, sind herausgearbeitet und einem Programm eingefügt worden, das dem Kind erlaubt, sich allmählich mit einer großen Anzahl gedruckter Worte vertraut zu machen. Die Herausgeber solcher Lesehilfen wissen, daß die Grundform »gehen« und »geht« oder »gegangen« für viele Kinder völlig verschiedene Wörter sind. Mit Ellys Sprache verhielt es sich ganz ähnlich wie mit solchen Leseanfängen.

Diese Art Bücher lehrten mich viel. Wenn ich mit Elly redete, achtete ich darauf, einen Satz möglichst nicht mit mehr als einem unbekannten Wort zu belasten. Ich war gewillt, ihn unentwegt zu repetieren; autistische Kinder finden Wiederholungen nicht öde, und ihre Eltern müssen sich ihnen notgedrungen anpassen. Ich bemühte mich, daran zu denken, das Wort oder den Satz gleich danach in einem anderen einfachen Zusammenhang zu benutzen und ihn auch am nächsten und am übernächsten Tag zu verwenden.

Ich machte mir Ellys persönlichen Wortschatz und auch ihren Satzbau zu eigen – und versuchte sie in einer leicht gehobenen Form zu verwenden. Die Kluft zwischen der simplen Frage »Elly gehen Laden?« und »Elly, ich gehe jetzt in den Laden, um Eier einzukaufen, willst du mit mir kommen?« ist sehr breit, und ich war der Ansicht, daß ich sie nicht auf einmal überbrücken könne. Also entschloß ich mich zu einem Kompromiß, und dieser Kompromiß näherte sich mehr Ellys Version als der meinen.

Kürzlich erhielt ich einen Telefonanruf von der Mutter eines autistischen Kindes. Sie schilderte mir, daß der Junge unfähig war, etwas zu erwidern, wenn sie ihn bat: »Erzähl mir…«, jedoch zu antworten vermochte, wenn sie ihn aufforderte: »Sag die Wörter.« Der Spezialist, der sie beriet, hatte das einmal mitangehört und ihr erklärt, sie könne kaum erwarten, daß das Kind sprechen lerne, wenn sie sich selbst einer so merkwürdigen Sprache bei ihm bediene. Eine ganz natürliche Meinung – für jemanden, der nicht mit dem Problem gelebt hat.

Zuerst hatten wir gehofft, Elly würde sich, sobald sie einmal zu reden anfinge, die Sprache unwillkürlich aneignen wie ein normales Kind. Und sie griff auch Wörter auf – vor allem Substantive –, die wir ihr nicht beigebracht hatten. Ganze Sätze anzunehmen fiel ihr hingegen sehr schwer, so schwer, daß wir schließlich anfingen, uns etwas aktiver an diesem Prozeß zu beteiligen. Wir beschränkten uns also nicht mehr darauf, selbst zu sprechen, damit sie uns verstehen könnte, sondern suchten auch Wege, um ihr neue Kommunikationsmuster zu vermitteln, die sie verwerten konnte. Wir begannen damit allerdings erst in ihrem siebten Lebensjahr. Lange Zeit hatten wir uns vornehmlich auf Wörter beschränkt, und es dauerte eine Weile, bis wir auf den Gedanken kamen, ganze Aussagen durch Wiederholung zu lehren, so wie man ein Wort lehrt. Einige davon waren vielleicht etwas anspruchsvoll, die meisten aber drückten ganz simple alltägliche Dinge aus, obschon sie Elly weniger einfach vorkamen als die anderen. »Vergiß den/die/das… nicht.« – »Sei nicht traurig, sei glücklich.« – »Komm bald wieder.« – »Oh, wir haben einen Fehler gemacht.« »Das ist nicht schlimm.« Eigentlich hätten wir uns immer danach richten sollen, was für Muster sie ihrer Erfahrung nach brauchte. Wenn ich ein Handbuch für die Eltern autistischer Kinder schriebe, würde ich das empfehlen. Doch wir gingen nur selten so bewußt und zweckentsprechend vor. Erst in letzter Zeit haben wir uns ernsthaft dem Problem zugewandt, ihr die nötigen Wörter für häufig wiederkehrende Situationen zu beschaffen. Das hat sich als sehr vernünftig erwiesen, und ich wünschte, wir hätten früher daran gedacht. Es hat uns wirkungsvoller als alles andere geholfen, mit Frustrationen und nervösen Momenten fertig zu werden, zu denen es kommt, wenn irgend etwas nicht planmäßig verläuft. Ungewißheiten gibt es immer, und wir können Elly nicht ganz davor bewahren. Doch immerhin ist es bereits ein Fortschritt, wenn Wörter nicht nur als Werkzeug, sondern auch als Schutz verwendet werden können.

Diesen Sommer führte ich das Muster »manchmal Süßigkeiten kaufen, manchmal *nicht*« ein, und es hat sich als ausdehnungsfähig erwiesen. »Manchmal in die Schule gehen, manchmal nicht in die Schule gehen.« – »Manchmal gehen wir auf diesem Weg nach Hause …« Die Wörter selbst sind die erste wirkliche Hilfe, um der ernstesten emotionalen Schwierigkeit zu begegnen, die der Autismus mit sich bringt: der Neigung, ganz in Routine und stereotyper Wiederholung aufzugehen. Das Leben muß ordnungsgemäß verlaufen, seine Formen müssen dieselben bleiben, können es aber manchmal nicht sein. Man kann nicht immer den gleichen Heimweg wählen, soll es auch gar nicht tun; man nimmt absichtlich einen anderen. Elly und ich sind jetzt so weit gekommen, daß eine etwa entstehende Beunruhigung durch Worte geglättet werden kann. »Manchmal …« Das vertraute Gebilde wird zum festen Punkt in der sich verändernden Welt, und Elly besteht auf seiner Anwendung. Sie fordert meinen Mund mit der beredten Geste eines Dirigenten, der den Geigen den Einsatz gibt, zum Sprechen auf. Wenn ich aus Widerspenstigkeit oder Unachtsamkeit den Moment verpasse, steuert sie das komplette Muster selbst bei, auch wenn sie vor Enttäuschung weint, weil sie »manchmal *keine* Süßigkeiten« haben kann. Die Muster sind schwerfällig, aber Elly beginnt sie von sich aus abzuändern und neuen Situationen anzupassen. An Matts Geburtstag bemerkte ich: »Matty ist zwölf.« – »Manchmal Matty elf, manchmal …« und dann, in dem Gefühl, daß das nicht stimmen konnte, setzt sie ein anderes, geläufiges Muster dafür ein: »Matty gestern *abend* elf.«

Ellys Sprechvermögen hat sich sehr gebessert. Der Psychiater sagt das, jedermann sagt das. Dennoch können wir nie sicher sein, ob sie nicht noch weiter gelangt wäre, wenn wir die andere Möglichkeit gewählt hätten – Elly eigene Muster finden zu lassen, mit Elly normal zu sprechen und darauf zu warten, daß sie es verstand und nachahmte. Der Lehrer an Dr. Fenichels Schule sagte zu mir: »Ich rede immer normal mit ihnen – irgendwann begreifen sie es schon.« Vielleicht hätte Elly es irgendwann begriffen und sich die Sprache so in besserer Form angeeignet. Doch da uns die Zeit drängte, entschlossen wir uns, ihr früher zu einer bedeutungsvollen Welt zu verhelfen, selbst wenn diese unvollkommen war.

Zudem stand Elly ja auch mit Menschen in Kontakt, die normal sprachen. Sie hörte täglich die verschiedensten Sprechmuster. Jedes Familienmitglied sprach anders; wir strebten durchaus keine künstliche Uniformität an. Die Kinder redeten, weil sie verstanden werden wollten, ein nachlässiges Pidgin mit ihr. Ihr Vater benutzte eine einfache Sprache von etwas erweitertem Wortschatz und gebräuchlicheren Sätzen. Das gleiche taten die Au-pair-Mädchen. Die Kindergärtnerinnen sprachen mit ihr wie mit einer Dreijährigen. Meine Hoffnung war, ihr durch meine simple Konversation zu helfen, daß die wunderbare Vielfalt von Lauten, die sie umgaben, für sie sinnvoller wurde; andere konnten auf meinen Grundlagen weiterbauen.

Heute versteht Elly viel von dem, was man einer Vierjährigen erzählen könnte. Doch obschon sich ihr Pidgin gebessert hat, es ist noch immer Pidgin. Ich kann nicht ergründen, ob ich ihren Sprechprozeß beschleunigt oder verzögert habe. Was ich sicherlich gefördert habe, ist ihr Begreifen. Und es war ja vor allem das Begreifen, das ihr die Welt erschließen mußte. Im übrigen nimmt sie von sich aus, wenn auch nicht soviel wie eine normale Dreijährige, so doch zusehends mehr als früher auf. Vielleicht kommt sogar einmal der Tag, an dem wir uns aus ihrem Lernprozeß ganz zurückziehen können.

Neulich plapperte sie zwei Minuten lang ohne Pause fröhlich auf mich ein. Ein Wunder? Für mich nicht, denn ich habe jeden Schritt, der zu dieser Fähigkeit führte, verfolgt. Ich schreibe ihre Worte hier unverfälscht nieder. Lediglich die Aussprache habe ich ein wenig verständlicher gemacht. Der Leser mag sich selbst ein Urteil über Ellys Redegewandtheit bilden.

»Gehen Roger-Haus. Ha' kleine Weihnachtsparty. Kommen zurück, gehen schlafen, wachen auf, ha' Weihnachten, machen Strumpf auf. Jill kommen *wieder*. Jill kommen wieder Weihnachten. Elly gehen Puppenhaus, sehen Puppenchristbaum.«

Wir begeben uns also zum Puppenhaus. Jetzt überrascht mich Elly; sie spricht die Wörter, die ich noch vor zwei Monaten, als ich dieses Kapitel zu schreiben anfing, vermißt habe. »Nettes, schönes Zimmer. *Schöner* Tag. Da Christbaum. Ja. Schauen. *Zwei* Zuckerstangen. Aufessen, Puppe. (Sie singt:) O Tannenbaum. Puppe ha' zwei Fernsehen. Farbfernsehen, Schwarzweißfernsehen. (Keine Erfindung: Ihre Puppen sind sehr gut ausgestattet.) Puppe ha' Christbaum. *Ja!*«

Während wir uns zum Essen versammeln, überblickt Elly den Tisch. »Nur fünf zum Abendessen! Sechs minus eins gleich fünf!* Sara? Sara?« Ihre Stimme wird vor Unruhe schrill. »Sara macht Babysitter«, erklären wir, und Elly wiederholt: »Sara mach' Babysitter.« Die Worte helfen ihr, sich mit der Situation abzufinden, aber ganz befriedigt ist sie noch nicht; sie fragt ein zweites und ein drittes Mal. Dann holt sie eine Puppe, setzt sie auf den freien Stuhl, und der Frieden ist wiederhergestellt.

Ein andermal kommen ihr Onkel, ihre Tante, zwei Kusinen zu Besuch – das Haus ist voll. Elly ist hocherfreut: »Zehn zum Abendessen«, erklärt sie, wartet aber ungeduldig darauf, daß wir uns alle setzen und ihre Vorhersage erfüllen.

Ich entsinne mich eines Tages vor zwei Jahren, an dem besonders reger Betrieb in unserem Wohnzimmer herrschte. Leute sitzen, stehen, gehen ein und aus. Elly ist unruhig. Wir müssen uns alle hinsetzen, in Reihen nebeneinander; dann erst ist sie zufrieden. Ein paar Minuten später gibt sie uns wieder frei. Dies war eine ihrer lästigsten Obsessionen. Doch wie alle war auch diese nach einer gewissen Zeit überwunden. Ich hatte sie vergessen. Und hier ist sie nun wieder, verfeinert, in Worte gekleidet, in Zahlen ausgedrückt – ein Beispiel für Ellys Ordnungssucht, mit der wir so lange gelebt hatten, daß wir unser Gedächtnis bemühen mußten, um zu erkennen, wie sonderbar sie war.

Mit zwei und drei Jahren waren es Bauklötzchen in Parallelreihen gewesen. Mit vier Jahren nebeneinander gelegte Waschlappen und Kekse, bei denen Elly, die keine Zahlwörter kannte, jedes fehlende Teil sofort registrierte. Ordnungsprinzipien begriff sie erstaunlich schnell. Sie nutzte jede Gelegenheit, um Objekte nach Form, Farbe, Größe und später auch nach Art und Funktion zu arrangieren. Die Klassifikationsübungen der Vorschulbücher waren für sie etwas völlig Einleuchtendes. Sie brauchte sich die Anweisungen der Lehrerin gar nicht anzuhören. Alle Katzen gehörten zusammen, der

---

* Diese Form macht Elly keine Schwierigkeiten, während sie Mühe hat zu sagen: »Sechs weniger eins *sind* fünf.«

Hund mußte weg: das entnahm sie den Abbildungen. Sie konnte ohne Worte begreifen, was verlangt war, weil es ihren eigenen Wünschen genau entsprach – eine Bestätigung geordneter Formen in einer sich ändernden Welt.

Dabei war ihr Leben gar nicht besonders wohlgeordnet. Man darf sich Ellys Zimmer nicht als einen Raum ausmalen, in dem Spielsachen unverrückbar auf Regalen stehen. Elly wollte keineswegs, daß es in den Zimmern im üblichen Sinn aufgeräumt aussah. Eines ihrer Spiele bestand im Gegenteil darin, daß sie Dinge fallen ließ, verstreute und mit den Fingern durcheinanderbrachte. Ihre Arrangements waren kleine Inseln in der allgemeinen Unordnung – Gestaltungen, die aus dem Nichts zu kommen und höchste Befriedigung zu verschaffen schienen. Solche Arrangements nahmen dann eine Zeitlang zwingenden Charakter an, so daß der Freude über ihre Vollendung die Unruhe gegenübertrat, die entstand, wenn die Vollendung sich aus irgendeinem Grund als unmöglich erwies. Doch zu dieser Unruhe kam es nicht häufig; es machte Elly einfach Spaß, Dinge zu arrangieren, und da sie im allgemeinen nichts daran hinderte, wurde sie gewöhnlich auch dadurch befriedigt. Einmal vervollständigt, durfte das Werk sogar zerstört werden, weil es ja jederzeit wiederholbar war. Es war der Vorgang als solcher, der Elly Freude bereitete.

In einer geordneten Welt finden Dinge einen räumlichen und Ereignisse einen zeitlichen Platz. In Ellys sechstem Lebensjahr entwarf eine meiner Helferinnen einen einfachen Kalender aus verschiedenfarbigen Karten für die einzelnen Wochentage. Elly lernte sie leicht, und wir merkten sehr bald, daß sie ohne jegliche Belehrung genau wußte, was an jedem Tag geschah. »Mittwoch gehen Mama College!« – »Samstag keine Schule!« Die relativen Begriffe »morgen« und »bald« waren wieder viel schwieriger, weil ihnen eine exakte Bedeutung abging; Elly versteht sie noch immer nicht ganz. Wenn sie enttäuscht ist, weil wir heute nicht einkaufen fahren, ist das »morgen« lautende Versprechen nie so tröstlich wie »Freitag«, selbst wenn uns noch Tage von Freitag trennen. »Drei Uhr« bewirkt, was »bald« nicht vermag, und Elly vergißt bestimmt nicht, uns mitzuteilen, wann es Freitag oder drei Uhr ist.

Als sie heranwuchs, konnte Elly größere Zeiteinheiten begreifen. Mit siebeneinhalb Jahren malte sie vier nahezu gleiche Bilder: ein kleines Mädchen und ihre Mutter vor einem Haus. Unterschiedlich war nur die Farbe der einfachen Landschaft. Blaßgrün, grün, orange, weiß. »Frühling, Sommer, Herbst, Winter!« sagte sie zu mir – genau wie die Darstellungen der Jahreszeiten in ihren Büchern. Als sie fast acht war, begann sie sich für ihr eigenes und anderer Leute Alter zu interessieren, neben der Gegenwart für Vergangenheit und Zukunft. Die Zahl vermochte die Zeit zu ordnen und war auch ein wesentlicher Aspekt der Menschen. »Du (das heißt natürlich ›ich‹) acht.« – »Becky fünfzehn.« – »Mama zweiundvierzig.« Mit besonderer Genugtuung nahm sie Geburtstage vorweg und berichtete den bisherigen Stand dementsprechend: »Ha' Geburtstag, Mama dreiundvierzig!« Ereignisse waren in einer durch Zahlen geordneten Zukunft untergebracht: »Du vierzehn, sehen Rosemary!« (Denn Rosemary, unsere letzte Au-pair-Hilfe, war, als Elly sieben wurde, nach England zurückgekehrt, »verschwunden«, jeglichem Blick entzogen. Elly hatte sich zur Lösung dieses Konflikts »vierzehn« ausgedacht; wir werden versuchen, ihre Vorhersage zu verwirklichen.)

Ihre Zahlen ordneten eine Zukunft, in der sie sich zu unserer Freude immer weiterentwickelt. Sie hebt ihre Hand, um ihre zukünftige Größe anzuzeigen: »Du neun, so sehen Spiegel besser!« – »Du neun, siebenundsechzig«, sagte sie eines Tages im Jahre 1966 – als sie acht war. Auch die Vergangenheit erlangte zahlenmäßige Wirklichkeit. Als wir die beliebten Familienfotos betrachteten, wurde eines Tages das »Sehen Sara Baby?« durch »Sehen Sara eins?« ersetzt. Sie bittet mich noch heute, ihre streng numerierte Vergangenheit darzustellen. »Zeichnen Elly null? Zeichnen Elly eins? Zeichnen Elly zwei?«... Und Zahl für Zahl, Bild für Bild beginnt sich das Baby zu entwickeln.

Den Raum hatte sie natürlich schon weitaus früher als die Zeit organisiert. Ich weiß nicht, wie es die zweijährige Elly schaffte, sich Häuser und Straßen so unauslöschlich einzuprägen, aber sie hatte es getan. Es verstrichen dennoch fünf Jahre, bevor wir auf den Gedanken kamen, ihr eine Landkarte zu zeigen, und selbst dann mehr spaßeshalber. Aber wir hatten ein Sommerhaus gekauft und dachten, es könnte Elly vielleicht doch ein stärkeres Gefühl der Sicherheit geben, wenn wir ihr, ehe wir uns erneut auf eine Reise begaben, unsere

Route auf der Straßenkarte zeigten. Die Idee hatte augenblicklich Erfolg. Immer wieder zeigte sie begeistert auf unsere Stadt, die Autobahn, den Ort, wo wir zu Mittag aßen, die Fähre und unsere Ferieninsel. Nach ein paar Wochen wechselten wir auf den großen Atlas über und wiederholten unsere inzwischen drei Jahre zurückliegende Europareise. Meine Hand verwandelte sich in ein Flugzeug, das uns nach England brachte. Wrum-wrum: Wir fuhren nach Southend, überflogen den Kanal, bestiegen den Zug – tschuk-tschuk – nach München, kamen in St. Gilgen an, reisten über Le Havre wieder nach Hause. Jetzt war es auch möglich, das Thema der Abwesenheit zu erörtern: Ich konnte sagen, daß Rosemary in England war, daß Jill in Pennsylvania (Raum) lebte und uns zu Weihnachten (Zeit) besuchen würde. Ein illustrierter Plan unserer College-Stadt versetzte Elly in aufgeregte Glückseligkeit. Hier konnte sie auf meine Führung verzichten und alle wohlbekannten Wege selbst verfolgen, zur Bücherei, zur Kirche, zu Daddys Laboratorium. Gleichzeitig begannen sie Straßenschilder zu faszinieren; ich entsinne mich einer langen Nachtfahrt, bei der jedermann apathisch dasaß, nur Elly nicht, die immer wieder begeistert ausrief: »Zwei! Sieben! *Gebogener* Pfeil! Pfeil *gerade!*«

Sechs Monate später waren wir wieder in unserem Sommerhaus. Elly war noch nicht ganz acht. Wir waren am Vortag angekommen und richteten uns häuslich ein, während sich Elly, von niemandem beachtet, mit Buntstiften aus dem Vorjahr beschäftigte, die sie zu ihrer Freude irgendwo entdeckt hatte. Ich betrachtete die Blätter, die sie produzierte, erst am folgenden Tag. Sie waren mit völlig ungewohnten, neuartigen Zeichen bedeckt – langen, gewundenen Bändern aus drei parallelen Strichen, von gelegentlichen Vierecken und Rechtecken unterbrochen. Schlangen? Ich erhielt keine Antwort.

Und plötzlich wußte ich es. Zwei Ränder, eine Mittellinie. Straßen! »Hast du eine Straße gezeichnet, Elly?« – »Ja!« Jetzt verstand ich auch: Hier war ein Viereck für unser Haus, eine Straße – ohne Mittellinie, mit rohen Bleistiftschraffierungen ausgefüllt (»*Lehm*weg!«) – führte zur Hauptstraße, wo die weiße Linie begann. Mein Finger gelangte in die Stadt. »Eisenwarengeschäft!« – »Markt!« – »Fähre!« Alle wesentlichen Gebäude waren da, und Elly hatte die wichtigsten Abzweigungen korrekt eingetragen. Ganz perfekt war die Karte allerdings nicht; das Eisenwarengeschäft stand auf der falschen Straßenseite. Aber es gibt normale ältere Kinder, die das Wesen einer Landkarte, eines Lageplans überhaupt nicht erfassen.

Derlei Darstellungen sind an die Wirklichkeit gebunden, der sie entsprechen sollen; je spontaner sie sind, um so ungenauer fallen sie aus. Wenn Elly eine Karte oder die Jahreszeiten darstellte, zeichnete sie nicht spontan, sondern reproduzierte eine in der Außenwelt gegebene Ordnung. Doch Ellys Zeichen- und Malarbeiten waren nicht weniger methodisch und sauber, wenn sie sich nicht nach einer zwingenden Vorlage richteten. Es soll an dieser Stelle gleich betont werden, daß Elly mit insgesamt vielleicht sechs oder acht Ausnahmen nur »gegenstandslose« Bilder verfertigte. Immer war das hervorstechende Kennzeichen die »ordentliche« Art der Ausführung. Selbst eine Staffelei mit der Gefahr verlaufender oder heruntertropfender Farbe war für Elly kein Problem. Sie lernte ganz einfach, nur soviel Farbe mit dem Pinsel aufzunehmen, daß sie damit mühelos eine klare, reine Linie ziehen konnte. Einzelne Farbtöne wurden stets nebeneinander aufgetragen, ohne sich irgendwo zu überdecken. Und obwohl Elly wußte, wie sie zwei Farben mischen mußte, um eine dritte zu erhalten, tat sie es nie auf dem Papier. Ihre Pinsel waren die saubersten der ganzen Klasse.

Dennoch hätte man sie nicht als pedantisch bezeichnen können, dafür arbeitete sie viel zu schnell. Flink, aber wohlüberlegt verteilte sie in harmonischer Gestaltung der gesamten verfügbaren Fläche ihre Linien und Figuren auf dem Papier. Gewöhnlich malte sie ihre Muster auf den weißen Hintergrund, doch auch als sie, von den Kindergärtnerinnen angeregt, Flächen auszufüllen begann, blieben ihre Farben immer rein und scharf abgegrenzt. Ich habe viele ihrer Blätter aufbewahrt. Sie überspannen eine Periode von drei Jahren. Einen technischen Fortschritt zeigen sie nicht; ich bezweifele, ob sie irgend jemand ohne Hilfe zeitlich einordnen könnte. Bis auf sehr wenige sind sie alle »abstrakt«. Man sieht parallele Linien, gewellt oder gerade; Zickzackmuster, Streifen, Kreise, Vierecke, Rechtecke, Dreiecke in verschiedenen Größen und Kombinationen. Ein neues Motiv pflegte sie ein oder zwei Wochen lang mit geringen Abweichungen täglich zu wiederholen, um es sodann ganz und gar aufzugeben – sehr im Gegensatz zu ihren gegenständlichen Darstellungen, die immer einmalige Angelegenheiten waren und – oft nach monatelanger Pause – plötzlich aus dem Nichts zu kommen schienen.

Einmal zeichnete sie einen Wagen mit einer hohen Antenne darauf. Autos bedeuten ihr nicht viel, und unser Wagen hatte keine Antenne. Aber sie hatte sich eine Woche lang flüchtig für Antennen interessiert und das Wort gelernt. Der Wagen erschien eines Morgens auf ihrer Staffelei, und danach sah man ihn nie mehr wieder. Ähnlich erging es einem Haus, einer Treppe, einem Bett. Die einzige Zeichnung, die eine persönliche oder gefühlsmäßige Bedeutung zu haben schien, entstand, als Elly etwas über fünf Jahre alt war. Es lohnt sich, sie zu beschreiben.

Sie zeichnete eine Gestalt, die unter der Tür eines Zimmers stand. Die Tür mit ihrem Griff war klar erkennbar; dahinter sah man ein Bett. Obwohl die Gestalt nur ganz roh skizziert war und weder Haare noch Arme oder Kleider aufwies – mit diesen Dingen stattete Elly ihre Figuren erst im nächsten Jahr aus –, waren die räumlichen Gegebenheiten so eindeutig, daß man merken konnte, was dahinter stand.

Um die Zeit waren wir gerade aus dem Ausland zurückgekommen. Wie wir erwartet und gehofft hatten, zeigte Elly ein ungeheures Interesse, Dinge und sogar Menschen wiederzuentdecken. Doch wir waren noch keine zwei Wochen zu Hause, als das College unsere Fußböden neu versiegeln ließ. In den Gängen türmten sich Möbelstücke, und wieder war das Chaos da. Elly, die so freudig heimgekehrt war, beklagte sich nicht. Sie löste das Problem auf ihre Weise, indem sie in ihr Zimmer ging und die Tür schloß. Wochenlang hielt sie sich nur in geschlossenen Räumen auf.

Obwohl sie dabei Gesellschaft akzeptierte, sperrte sie doch viel von dem Leben aus, das sie mit uns teilen sollte. Ich sprach deshalb mit dem Psychiater darüber, und er war sehr beruhigt, als er das Bild mit der offenen Tür sah; er erfaßte seine mögliche Bedeutung im Gegensatz zu mir sofort. Und tatsächlich begann sie die Tür wieder offen zu lassen. Danach machte sie allerdings nie mehr Zeichnungen, denen wir eine Botschaft hätten entnehmen können. Mit fünf und sechs Jahren malte sie monatelang fast täglich ein Bild, und es war noch

nicht einmal ein gegenständliches darunter. Wenn sie überhaupt etwas Erkennbares malte, dann schien es ein bloßes
Objekt zu sein wie die, die ich auf ihr Verlangen hin für sie
zeichnete. Einmal – sechs Monate nach der Gestalt unter der
Tür – unterbrach ich ihre abstrakte Periode und forderte sie
auf, ein Mädchen zu zeichnen – weil sie doch offenbar vergessen hatte, wie man es machte! Gleichmütig, völlig interesselos, skizzierte sie eine Figur – Kopf, Körper, Arme, Beine.
»Gib ihr einen Hut«, bat ich, und sie tat es. Nichts hätte einfacher sein können. Sie schien zu sagen: »Du wolltest ein Mädchen haben und hast eines bekommen. Jetzt laß mich malen,
was ich will.«

Und sie hatte nun einmal eine Vorliebe für das Gegenstandslose. Natürlich erwogen wir auch die Möglichkeit, daß
den so oft wiederholten Mustern Bedeutungen anhafteten,
die über diese Muster hinauswiesen, uns aber verschlossen
waren. Parallelen, Zickzacklinien, ein Kreis, ein Viereck –
waren diese reinen, abstrakten Formen vielleicht Symbole für
etwas, was Elly tiefinnerlich beschäftigte? Nichts wies darauf
hin.

Zu meinem Erstaunen demonstrierte Elly eines Tages, als
sie noch nicht ganz acht Jahre alt war, wie absichtsvoll sie eine
menschliche Situation in eine bildliche Abstraktion verwandeln konnte. Sie begann mit der Zeichnung einer Geburtstagsfeier, auf der erkennbare Köpfe – nicht die kompletten
Gestalten, die sie zuvor manchmal gezeichnet hatte – sich um
ein Rechteck scharten. Diese identifizierte sie in exakter Reihenfolge: »Mädchen, Frau, Junge, Mädchen, Frau, Junge.«
Ein zweites Bild zeigte dasselbe Rechteck, aber nun waren aus
den Köpfen einfache Farbflecken geworden, die nichtsdestoweniger wie zuvor identifiziert wurden. Auf späteren Versionen erscheinen mit dem Namen benannte Familienmitglieder
als bloße Farbwürfel. Doch dieser Abstraktionsprozeß hatte
nichts Unbewußtes. Elly machte dabei Bemerkungen und
lachte. Die Farbwürfel waren keine mysteriösen Symbole,
sondern lediglich eine Art Kürzel. Ich dachte an einen der
Unterschiede, die nach Kanner zwischen schizophrenen und
autistischen Kindern bestehen. Schizoide Kinder leben, so
Kanner, in einer Welt der Phantasiegebilde und sogar Halluzinationen; autistische Kinder hingegen scheinen überhaupt
nicht zu Halluzinationen zu neigen. Wie Elly... es gab kei-

nerlei Anzeichen, daß sie sich auf irgend etwas bezogen hätte, was nicht objektiv vorhanden war. Es paßte zu allem, was ich von Elly wußte, daß ein roter Kreis für sie ein roter Kreis war und nichts weiter. Bei den seltenen Gelegenheiten, in denen sie einmal von den abstrakten Mustern abwich, brauchte man auch nicht zu fragen: »Was ist das?« Es war sofort zu erkennen. Elly konnte beliebig Menschen und Gegenstände zeichnen oder Muster. Die beiden Bereiche blieben stets getrennt, überschnitten sich augenscheinlich nie. Reale Dinge waren keine Muster und wurden nicht als solche behandelt. Deshalb waren Ellys gegenständliche Zeichnungen auch weit weniger »ordentlich«, weniger »gestaltet«; keine Figur, kein Objekt erschien zweimal, und unter Umständen drängte sich alles am unteren Rand oder auf einer Seite zusammen. Es war, als wüßte sie, daß es sich bei der Wirklichkeit und der reinen Form um zwei verschiedene Welten handelte, und habe sich für die Welt der Form entschieden.

Vor mir liegen unzählige Zettel, auf denen ich mir Ellys Ordnungsideen notiert habe. Das Problem der Auswahl ist hier schwieriger als anderswo. Ellys Verstand arbeitet auf eine Weise, daß er eine gegebene Reihe zwei, vier, sechs... spontan mit acht fortsetzt und bis hundert weiterführt. Dasselbe tut sie mit Zahlenreihen, bei denen die Differenz fünf, zehn, elf, hundert beträgt. Nicht so leicht bewerkstelligt sie es mit der Differenz drei und vier; sie ist zwar fähig, neun und drei zusammenzuzählen, kann sich aber bei neunundvierzig plus drei irren. Was bei alledem veranschaulicht wird, ist nicht ihre rechnerische Begabung, sondern ihr Begreifen eines ordnenden Prinzips. Dieses Begreifen ist um so bemerkenswerter, als wir sie nicht *auffordern*, die nächste Zahl beizusteuern. Es ist für sie einfach klar, daß es das ist, was getan werden muß – daß das System selbst es verlangt.

Als sie zwischen fünf und sechs Jahren in Worten zählen lernte, hatte sie noch Schwierigkeiten mit neuen Wörtern. Zwei Wörter für dasselbe Ding verwirrten sie, und ich vermied so etwas auch nach Möglichkeit. Deshalb sah ich Probleme mit den Ordnungszahlen voraus – denn die Wörter »erster« und »zweiter« unterscheiden sich sehr von »eins« und »zwei« –, ebenfalls mit dem Sprung von beispielsweise »...achtundzwanzig, neunundzwanzig« – so einfach, so ordentlich – auf »dreißig«. Doch sie erfaßte Ordnungszahlen sofort. Und obwohl sie anfänglich »zehnundzwanzig« sagte, wußte sie, ohne daß man es ihr erklärte, daß es sich bei zwanzig, dreißig usw. um andere Zahlen handelte, sie sich untereinander glichen. Innerhalb eines Tages hatte sie ihr »zehnundsiebzig« und »zehnundachtzig« schon durch »achtzig« und »neunzig« ersetzt. Neben Zahlen waren ihr auch Wörter leicht zugänglich, sobald sie eine ermittelbare Ordnung widerspiegelten.

Ich hatte zunächst davon abgesehen, ihr die Null beizubringen, weil ich wußte, daß sie kein ganz einfacher mathematischer Begriff war. Elly hörte dann aber doch irgendwo davon, vielleicht im Kindergarten, und begann sie zu benutzen. Ich hatte ihr nie Zahlen aufgezwungen; sie war siebeneinhalb, als ich mit ihr zu rechnen begann: »Eins plus eins gleich zwei; zwei plus eins gleich drei.« Ich war jedoch nicht auf ihre kritische Reaktion vorbereitet: »Keine Null!« Sie wünschte: »Null plus eins gleich eins«, und ich rechnete es ihr vor. Dann: »Oh, wir vergessen! Null plus null gleich null!« Seit einem Jahr ist die Null nun Ellys Lieblingszahl. Sie gebraucht sie sogar als Ersatz für die Verneinung: »Null Wagen in der Garage.« Ich kann mir vorstellen, wie mir Bruno Bettelheim auseinandersetzen würde, daß ein autistisches Kind dieses Symbol aufgreift, um seine innere Leere und Verzweiflung auszudrücken, um kundzutun, daß es sich gegen seine destruktive Umwelt nur noch zu verteidigen vermag, indem es sich in eine Null verwandelt... Ich kann solche Deutungen genausogut wie jeder andere liefern. Aber es war ein Psychoanalytiker, der mich vor »Konstruktionen« – irreführenden Interpretationen – warnte. Jedenfalls ruft Elly jedesmal, wenn sie zum Ende einer zu Null hinabführenden Zahlenfolge kommt, triumphierend aus: »Juchhe! Juchhe! Juchhe!«

Der Leser wird sich vielleicht gefragt haben, weshalb soviel von dem, was Elly sagt, mit einem Ausrufzeichen versehen ist. Um sich Ellys Tonfall vorstellen zu können, muß man sich vor Augen halten, daß ihre Sprache großenteils aus Feststellungen besteht, die unterschiedlich stark betont werden – je nachdem, wieviel Nachdruck oder Begeisterung mitspielen. Ein nachdenklicher, schüchterner Ton ist selten. Unruhe hat fast immer ein fragendes Heben der Stimme zur Folge, so daß man beinahe hinter alles, was Elly äußert, ein Fragezeichen oder ein Ausrufzeichen setzen könnte. Ein »Nein« beispielsweise, von dem sie sicher ist, daß man es akzeptiert, lautet »Nein!«. Eines, von dem sie fürchtet, es könnte nicht akzeptiert werden, das aber nichtsdestoweniger wichtig für sie ist, kommt als scharfes »Nein?« heraus.

Schwerverständliche Ideen versucht Elly jetzt vorzugsweise durch ordnende Prinzipien zu erfassen, so wie sie es früher über Farben getan hat. Sie ist beglückt, wenn Wörter ordnende Regeln enthüllen. Die eigentlichen Regeln, die hinter der Wortfolge im Satz stehen und so stark situationsbedingt sind, begreift sie, wie gesagt, weniger als eine normale Dreijährige. Anders aber verhält es sich mit einem Prinzip, das nicht in Situationen und Gepflogenheiten wurzelt, sondern eher willkürlich und inhaltslos ist.

So sahen wir ungläubig zu, wie Elly, gerade acht Jahre alt, aus der endlich erlernten Mehrzahl von »man« (Mann) – »men« – ihre Schlüsse zog. Ich hatte ihr den Plural durch ein Bild vermitteln können: Die zwei Wörter, und darunter auf der einen Seite ein Mann, auf der anderen mehrere Männer. Am nächsten Tag fertigte Elly, geschäftig und in sich gekehrt, fünf verschiedene Zeichnungen an. Die eine reproduzierte mein »Man/men«-Original. Als nächstes kam Mama-Meme – durch eine und mehrere Mamas illustriert –, Daddy-Deddy, Sara-Sere und Matt-Mett – jeweils mit einer einzelnen Figur und einer Gruppe versehen. (Das einzige Familienmitglied, dessen Name kein »a« enthielt, wurde natürlich nicht in den Plural gesetzt.) Die völlige Abkehr vom normalen Gebrauch – Elly bildet normale Mehrzahlformen noch immer nicht, obwohl sie weiß, wie man es macht, weil das englische Plural-»S« der schwierigste aller Endkonsonanten für sie ist –, die absolute Mißachtung menschlicher und situationsbedingter Elemente sind offenkundig; offenkundig ist auch die spontane Abstraktion und die Anwendung eines Ordnungsprinzips. Außergewöhnlich ist beides.

Immer wieder hatten wir es gemerkt: Das mangelnde Interesse an menschlichen Dingen war nicht alles, es spielte auch eine positive Tendenz mit, die echte Freude am Abstrakten, Beziehungslosen. Die passive zweijährige Elly hatte das Mosaikspiel nur flüchtig gesehen, scheute aber nicht einmal die Mühe, nach oben zu gehen, nur um damit spielen zu können. Vier Jahre später gerät Elly bei der einfachen Beobachtung, daß manche Ärmel kurz, andere hingegen lang sind, in eine

Ekstase, bei der jeder Muskel in ihrem Körper angespannt ist. Jetzt sagt sie zu mir: »Machen 'rithmetik?«, und während ich die von ihr genannten Ergebnisse aufschreibe, wirft sie sich kichernd, kreischend, lachend vor Vergnügen in ihrem Bett herum. Erfahrungen, die das Durchschnittskind besonders uninteressant fände, weil sie völlig im Leeren hängen, sind für Elly in den allermeisten Fällen reizvoll. Sie hat soeben unsere Postleitzahl herausgefunden – 01267. Natürlich ist sie begeistert.

Je formeller eine Norm, eine Konvention, um so anziehender war sie für Elly. Die Interpunktionen gefielen ihr sehr. Auch ihr Buchstabenkasten machte ihr Spaß, solange ich ihn nicht benutzte, um Wörter, die sie von Karten kannte, zusammenzusetzen. Zu solchen Zwecken gebrauchte sie ihn nämlich nie; sie zog es vor, die Buchstaben nach eigenem Gutdünken zu arrangieren oder sie hochzuheben und durch die Finger fallen zu lassen. Ein Buch über die verschiedenen Schriftarten faszinierte sie, und hätte ich es darauf angelegt, so hätte ich ihr mühelos die Wörter »Fraktur« und »Gotisch« beibringen können. Lange bevor sie in der Schule die Handschrift lernte, versuchte sie schon ihre Druckbuchstaben in kursive zu verwandeln, indem sie sie mit Bindeschnörkeln versah. »Handschrift« sagte sie dabei. Die römischen Ziffern gingen ihr sofort ein; kürzlich hat sie eine glückliche Stunde damit zugebracht, alle, von I bis L, mit der Schreibmaschine zusammenzustellen. Ihre Schwestern brachten ihr mühelos das Taubstummenalphabet bei, das sie sich für eine Schultheateraufführung hatten aneignen müssen. Als Sara die griechischen Buchstaben lernte, bat ich sie dringend, Elly damit zu verschonen; ich fürchtete, ihr Gedächtnis würde auch noch diese Symbole aufnehmen.

Es war schwer genug, die, die sie bereits kannte, mit einer Bedeutung auszustatten; denn so leicht es ihr fiel, ein Wort zu bewahren, sein Sinngehalt stellte sie vor ein Problem. Wir achteten darauf, daß sie keines ihrer Wörter mechanisch erwarb, indem wir das Lernen durch Bild und Handlung unterstützten. Doch sobald ich einmal auf den üblichen Wortkartendrill verzichtete und die Wörter sinnvoll nutzen wollte, sträubte sich Elly – bei diesem »Drill« werden die Karten mit der Druckseite nach oben ausgelegt und nach dem Erkennen des Wortes umgedreht, damit man das Bild sehen kann, und jede korrekte Identifizierung wird mit einer neuen Wortkarte belohnt. Schon wenn ich versuchte, ihr die Wörter in einem ihrer Kinderbücher zu zeigen, schaute sie weg oder schloß die Augen. Ihr machte nur das korrekte, einer festgelegten Routine folgende Erkennen von sechzig Wortkarten Spaß. Lesen um des Sinnes willen interessierte sie nicht. Das geht so weit, daß sie nicht mehr gerne Bücher mit mir ansieht, damit ich ihr nicht abverlangen kann, ein Wort wiederzuerkennen.

Selbst was ich zeichne, ist neuerdings in Gefahr, auf Zahlen reduziert zu werden. »Zeichnen Elly weinen?« – »Zeichnen Elly zwei Tränen?... vier Tränen... sechs Tränen... acht Tränen?«, und dabei ist sie immer gut gelaunt, es sei denn – natürlich – ich weigere mich, die Reihen zu vervollständigen. Als ihre Babypuppe beide Beine einbüßte, dachte ich zuerst, es würde sie stören, weil ich als Kind einen ausgesprochenen Horror vor Entstellung empfunden hatte. Keineswegs; sie war entzückt. »Zeichnen Baby null Bein?« – »Zeichnen Baby ein Bein?... zwei Bein... drei Bein?« – »Zeichnen Baby acht Bein?« Ich nenne das Scheusal ein »Spinnenbaby«.

Ich erinnere mich an einen für Elly so charakteristischen Vorfall, daß man ihn als die Essenz all dessen, was sie zu sein scheint, bezeichnen könnte. Sie war sechseinhalb Jahre alt. Ich war den ganzen Tag fort gewesen, und als ich bei meiner Rückkehr ins Schlafzimmer kam, saß Elly an der Schreibmaschine. Sie sprang hoch, rannte auf mich zu und sagte zum erstenmal in ihrem Leben: »Hallo, Mama!« Dann lief sie wieder zu der Maschine und zwitscherte: »Komma! Ausrufzeichen!« Und trotz meiner Glückseligkeit stellte ich noch Überlegungen an: Es ist das »Hallo, Mama«, das dich überrascht, dachte ich, nicht das Ausrufzeichen.

Was für ein Kind war das, das sechs Jahre brauchte, um seine Mutter begrüßen zu lernen – diesen Gruß wiederholte sie seither nur selten –, dessen Verstand aber unfehlbar bedeutungslose Begriffe festhält, die Wochen oder Monate zuvor ohne Nachdruck erwähnt worden sind?

Viele autistische Kinder können mit Zahlen gut umgehen; manche sind sogar außerordentlich begabt dafür, weit mehr noch als Elly. Ellys exaktes Unterscheidungsvermögen für Formen und ihr scharfer Blick für die fehlenden Glieder einer Gruppe waren keine isolierten Erscheinungen, sondern typisch für den Zustand. Mit ihrem Gehör für Musik, der ab-

straktesten aller Künste, verhielt es sich ebenso. Sogar das Bestreben um Unveränderlichkeit, das Kanner für ein primäres
Symptom hielt, kann dem autistischen Ordnungssinn zuge-
rechnet werden; eingeführte Muster, seien sie räumlicher
Art – mit Keksen und Waschlappen – oder zeitlicher – mit Ritualen und Routinen – mußten erhalten bleiben und komplett
sein. Elly konnte akzeptieren, daß ich mich beispielsweise
weigerte, die numerierten Dreieckserien zu zeichnen, mit denen sie jeden Tag beschloß. Es ist uns bis zu einem gewissen
Punkt gelungen, ihre Fixierungen abzuschwächen, und vor
allem als sie älter wurde, konnte ich immerhin sagen, es sei zu
spät für die üblichen sechsundzwanzig, doch für zwölf bliebe
uns Zeit. Hatte ich die Serie aber einmal angefangen und
wurde dann vor dem zwölften Stück unterbrochen, so war
Elly vor Kummer außer sich.

Reihen, Folgen müssen vervollständigt, Ordnungen be-
kräftigt, Grenzen gewahrt werden. Sie war noch immer das
gleiche Kind, das sich mit drei Jahren am liebsten in umfriede-
ten Räumen aufgehalten hatte. Allmählich brachte ich Elly
dazu, sich am Ausmalen der Dreiecke zu beteiligen. Ich
wählte meine Buntstifte, sie die ihren. Es gibt ein paar hundert
solcher Blätter mit Dreiecken. Später suchte sie die Stifte für
mich aus. »Nur zwei?« fragte sie ängstlich, als ich nach einem
dritten griff. »Nur grün und gelbgrün, ja!« Als ich mir die
Dreieckbögen nach Wochen besah, erkannte ich etwas, was
mir an jenen Abenden entgangen war. Elly benutzte nicht nur
eine streng beschränkte Palette, sondern auch allabendlich
dieselbe Farbkombination in fast gleichbleibender Reihenfolge.

Ein ähnlich begrenzendes Prinzip schien auch hinter ihrer
Neigung zu liegen, ihrer Umwelt und ihren Aktivitäten stereotype Züge zu geben. Als Elly drei war, konnte ich Kanners
primäres Symptom, das Streben nach Unveränderlichkeit,
noch nicht bei ihr feststellen. Doch in latenter Form war es
bereits vorhanden. (Man muß auch bedenken, daß Kanner
seine Patienten nicht immer schon mit drei Jahren kennen-
lernte.) Später entwickelte sich dann das pathologische Symptom zusammen mit der Fähigkeit der Selbstbehauptung –
mit einem Charakterzug also, den wir als Zeichen von Gesundheit betrachten. Als Elly drei und vier Jahre alt war, ver-
schlossener und noch nicht so gut imstande, sich durchzuset-

zen, begleitete sie mich widerspruchslos überall hin. Mit fünf begann sie das Bestreben zu zeigen, in diese oder jene bestimmte Straße einzubiegen, sofern wir das zuvor einmal getan hatten. Mit sieben und acht Jahren hat jeder Spaziergang für sie eine festgelegte Route. Sie akzeptiert zwar, daß man aus einem bestimmten Grund vom gewohnten Weg abweicht – weil es spät ist, weil man plötzlich etwas anderes vorhat. Aber ich brauche nur vorzuschlagen, daß wir einen anderen Heimweg nehmen könnten, schon legt ihr besorgtes »Nein?« ein Veto ein, und wenn ich dennoch darauf beharre, dann wird die Neuerung meist beim nächsten Spaziergang beibehalten. Die Bindung an eine überschaubare Umwelt bleibt.

Kürzlich zeichnete Elly über eine Stunde lang; einundzwanzig sorgfältig ausgeführte Blätter waren das Ergebnis. Jedes trägt eine große Ziffer, das erste natürlich eine Null. In der Null sitzt eine kleine Gestalt. Sie lehnt sich gegen die Eins. In allen Zeichnungen begegnet man der Gestalt wieder – stehend, kletternd, sitzend. Manchmal ist die Figur »Elly«, manchmal »das Mädchen«.

Eine spätere Serie führt den Prozeß einen Schritt weiter. Der Körper ist verschwunden, und das Mädchen ist vollkommen mit der Zahl verschmolzen. Nur ihr schematischer Kopf ist noch da.

Das Mädchen, das in die Zahl eingeht. Elly zieht eine kahle Welt vor – auch wenn sie nicht mehr darin lebt –, allen Beiwerks entblößt, das sie normalen Gemütern erst interessant und wertvoll macht; eine Welt, die auf das Wesentliche – Muster, Form und Zahl – reduziert ist. Diese Vorliebe kann natürlich als ein Rückzug verstanden werden, als ein Verlassen der realen, ungeordneten Welt, die Angst und Schmerz verursacht. Doch manchmal finde ich, diese Interpretation geht am Kern der Sache vorbei. Das hübsche blonde Kind, das seinen Fleck umkreiste, lachte laut vor Entzücken. Ellys Freude ist spontan und ungezwungen. Wenn sie unnatürlich scheint, dann nur deshalb, weil man sie bei kleinen Kindern nicht erwartet. Freude kann an sich gar nichts Unnatürliches oder Ungesundes sein. Eine Welt, in der Ordnung herrscht, ist erfreulich – darin sind sich Theologen und Mathematiker einig. Verglichen mit ihnen empfindet Elly gewiß eine sehr simple Freude; dennoch glaube ich, daß sie von gleicher Art ist.

Elly kann dieses Kapitel besser beenden als ich. Wir beobachten sie, während sie mit ihrem neuen Stadtplan spielt, den sie unbedingt haben wollte, als sie ihn in unserem College erspähte. Ich sah keinen Grund, ihn mitzunehmen, weil in Ellys Zimmer bereits einer an der Wand hing, tat es dann aber doch, und sie hat sich die für sie sehr uncharakteristische Mühe gemacht, ihn selbst neben dem anderen zu befestigen. »42 a«, sagt sie, »42 a diese Karte«. Ich brauche eine ganze Weile, bis ich endlich merke, was sie offenbar die ganze Zeit gewußt hatte. Die beiden Stadtpläne sehen gleich aus, sind es aber nicht. Von hundert Gebäuden sind etwa fünf oder sechs verändert oder durch andere ersetzt worden, so daß eine neue Legende nötig war. 42 a steht nicht auf der alten Karte.

Elly fährt fort: »Null Heizanlage?« Ich widerspreche ihr, da ich glaube, sie meint »keine Heizanlage«. Ich beruhige sie: »Es gibt eine Heizanlage, hier ist sie.« Doch sie wiederholt den Satz beharrlich. Ich verstehe sie nicht, bis sie meinen Bleistift nimmt und selbst neben das Gebäude eine Null setzt. Dann erst sehe ich, daß alle anderen Gebäude numeriert sind, nur die Heizanlage nicht. »Man hat es vergessen«, sage ich, indem ich eines unserer vertrauten Muster verwende. »Man hat vergessen!« kräht Elly wieder und wieder. Ich höre sie, sehe aber erst, was sie tut, als ich genau hinschaue: Sorgfältig schreibt sie als ersten Punkt in der Legende »Heizanlage« hin. Sie schreibt es falsch ab, radiert es aus, schreibt es neu hin. »Vergessen.«

Fasziniert beschäftigt sich Elly weiter mit der Karte. Sie genießt die Beziehung zwischen Abstraktion und Realität. »In die Stadt gehen?« Und in ihrer Phantasie tut sie es. »Nicht Straße überqueren! Kaufen sieben Bonbons? Kaufen fünf Gummibonbons! Gehen Bäckerei! Kaufen zwei Keks. Ein großer Kuchen. Gehen Drugstore. Kaufen drei neue Flasche. Nein. Null Flasche. Kaufen acht Pralinenschachtel. Kaufen neun neue Gummibonbon. Zehn neue Pralinenschachtel...«

Die Haare auf ihrem Kopf sind numeriert.

Sechseinhalb Jahre lang belagern wir die Burg nun schon. Was für einen Eindruck macht Elly heute? Jemand, der sie zum erstenmal sieht und ihre Geschichte nicht kennt, würde sie jetzt vermutlich gar nicht für autistisch halten. Sprache dringt in ein Gehör ein, das so lange taub schien; Augen, die nichts sahen, sind nun fähig, die mannigfaltigen Aspekte der Welt wahrzunehmen. Die autistische Abkapselung hat sich sehr gelockert. Wer sieht, wie Elly mit ihren Schwestern lacht, wie sie das Bonbonspiel mit ihrem Vater genießt, könnte vielleicht merken, daß ihre Gefühlsäußerungen etwas rudimentär sind, aber er würde sie nicht für ein auffallend kontaktgestörtes Kind halten. Vielleicht könnte er sogar miterleben, daß ihr aufkeimender Gemeinschaftssinn sprachlichen Ausdruck findet, wie es geschieht, wenn sie, eng an mich geschmiegt, unsere beiden Gesichter in einem Handspiegel betrachtet: »Mama *lieben* dich!«

Wer zu uns käme, wenn ich nicht zu Hause wäre, könnte Elly im Kontakt mit jemandem sehen, der kein Familienmitglied ist – der freundlichen, verständnisvollen Frau, die mir ein bißchen Freiheit ermöglicht. Mrs. Gerrys bester Befähigungsnachweis sind ihre sechs Kinder und achtzehn Enkel. Sie bringt Elly Überraschungen mit, läßt sie zuschauen, während sie kocht und bäckt, redet ihr zu, damit sie sich ihre Stiefel anzieht, und zeigt sich, wo es angebracht ist, auf liebevolle Weise fest und unnachgiebig.

Man braucht nun keine Wunder mehr zu tun, um an sie heranzukommen. Wenn uns jemand besuchte und Elly kennenlernen wollte, so wäre das höchst einfach. Zunächst würde Elly den Fremden nicht beachten, da sie grundsätzlich annimmt, daß sich die Erwachsenen erst einmal auf eine für sie unverständliche Art unterhalten wollen. Also würde ich ihre Hand in die des Besuchers legen, um den Kontakt herzustellen, ich würde ihr seinen Namen nennen und alles weitere dann ihm überlassen. Ein Fremder, der mit ihr herumtobt, Bilder malt, Süßigkeiten hervorzaubert oder sie im Auto spazierenfährt, kann sich über ihre Reaktion nicht beklagen: Sie lächelt, lacht, spielt mit ihm, sagt sogar etwas. Sie verliert nur sofort das Interesse, wenn der Besucher ihr schwere Fragen stellt, so zum Beispiel wie sie heißt, oder wenn er eine Sprache spricht, die über das Fassungsvermögen einer Dreijährigen hinausgreift. In diesem Fall ignoriert sie ihn gleich wieder – sie schaut nicht durch ihn hindurch wie früher einmal, sie läßt ihn einfach unbeachtet, wie es jedes Kind mit einem verständnislosen Erwachsenen tun würde.

Wendet der Besucher in diesem Fall dann mir seine Aufmerksamkeit zu und wir unterhalten uns, so wird sie irgendwann ungeduldig und sehr bald entschieden: »Mama *sprechen!*« Im übrigen kommt ihr Ärger durch alle möglichen quietschenden, kreischenden und knarrenden Laute und Geräusche, wildes Herumhüpfen und plump vorgetäuschte Stürze zum Ausdruck – vielleicht fließen auch Tränen, wenn es zu lange dauert. Dann beende ich das Gespräch entweder, oder ich zeige mich unerbittlich. »Manchmal spreche ich mit dir, manchmal spreche ich mit anderen Leuten.« Worauf sich Elly schreiend zurückzieht, meist ins Bett. Nach einer Weile beruhigt sie sich, und ich hoffe wieder einmal, daß die Erfahrung kein Trauma, sondern ein weiterer Schritt auf dem Weg zu der Erkenntnis ist, daß sie nicht einmal diejenigen Menschen, die sie am meisten liebt, ganz besitzen kann.

Ich will meine Schilderung an diesem Punkt unterbrechen. Wo Ellys Entwicklung heute angelangt ist, läßt sich am besten durch ein paar Einblicke in ihr Leben während der letzten Monate schildern. Der Leser kann seine eigenen Schlüsse daraus ziehen – darunter zweifellos einige, auf die ich noch nicht gekommen bin – und selbst beurteilen, wie weit Elly vorgedrungen und wie lang der Weg noch ist.

Elly ist in ihrem Spielzimmer mit dem Puppenhaus beschäftigt. Ich sitze neben ihr auf dem Boden, schweigsam und ein wenig gelangweilt. Elly spielt sehr schön, braucht mich auch kaum dazu, aber wenn ich zu lesen beginne, versucht sie sehr bald wieder meine Aufmerksamkeit auf sich zu lenken, und wenn ich fortgehe, läßt sie alles liegen und läuft mir nach. Ich habe gelernt, daß es ihr Bedürfnis nach Gesellschaft am besten befriedigt, wenn ich ihr gestatte, mich ein oder zwei Stunden lang ganz und gar für sich zu haben; danach kann sie – eine Weile zumindest – ohne mich auskommen.

Sie setzt gerade die winzigen Puppen nebeneinander auf

das Dach des Puppenhauses. Sie hat viele – die konventionelle Familie und zahlreiche »Außenstehende«. Elly bewegt das an Scharnieren aufgehängte Dach, und die Puppen fallen herunter. Sie lacht vergnügt; offenbar war das der ganze Grund, weshalb sie die Puppen auf das Dach setzte. Sachlich bemerke ich, daß sie weinen, daß sie verletzt sind. Elly lacht. »Können nicht Abendessen auf *Dach* habe›!« Dem pflichte ich bei. Nun beginnt sie erheitert in hohen, dünnen Tönen Puppenweinen zu imitieren, bis ihr eine rettende Idee kommt. »Puppen Karussell fahren, besser gehen.« Sie setzt sie alle in das Karussell, und sie hören zu weinen auf. »Wollen glücklich sein, ja!« stellt sie fest. Eine Puppe fängt noch einmal zu weinen an. Elly setzt sie auf das Dach, läßt sie herunterfallen. »Arme Mädchen«, sagt sie lachend.

Einen Monat später gibt es ein anderes Puppenhausspiel. »Flasche Wein einkaufen, alles austrinken!« Elly nimmt eine winzige Flasche aus der Puppenküche und tut so, als entkorkte sie sie, wobei sie mit der Zunge ein perfektes »Plop« hervorbringt. Wir lachen beide, ich überrascht, sie voller Stolz. Das kunstfertige Geräusch ist nichts Neues, nur erschien es hier zum erstenmal in einem sinnvollen Zusammenhang. Sie beginnt den Puppen Wein anzubieten. Munter piepsend nimmt sie ihre Reaktion vorweg. »Baby ›nein danke‹! Großmama trinken alles aus! Lehrerin trinken alles aus! Junge ›nein danke‹!« Ich mische mich ein. »Elly«, frage ich, »möchtest du Wein?« – »Elly ›nein danke‹!«

Ellys Puppen kommen in die Klinik, sie sitzen auf dem Topf, sie feiern Partys. All dies tun sie wiederholt und in Mustern, doch es ist ein Vergnügen, sie zu beobachten. Es gibt andere Arten des Spielens, die für Elly genauso lustig sind, für den Beobachter aber weitaus weniger.

Es ist Samstag. »Schöner Tag«, verkündet Elly. »Freier Tag.« Mit einer Fröhlichkeit, die besonders gelöst und spontan wirkt, beginnt sie zu spielen: Sie ordnet Objekte auf einem Tablett an – eine Puppe, eine Kasperltheaterpuppe, einen Plastikindianer, eine Haarbürste, einen Katalog, zwei Bücher, sechs verschiedene Puppenkleidungsstücke. Glücklich legt sie alles nebeneinander, tätschelt jedes Stück. »Und Schuh – und Kleid…« Sie bedeckt die Sammlung mit einem roten Taschentuch. »Hübsch!«

Ihr Arrangement hat nicht die mindeste Bedeutung. Die

Objekte haben keine Beziehung zueinander. Es handelt sich lediglich um eine Reihe im mathematischen Sinn, und Elly freut sich darüber – eine Reihe von Gegenständen auf einem Tablett. Bei anderen Gelegenheiten gelingt es ihr, ein klein wenig Phantasie aufzubringen und einer Anordnung einen fast unheimlichen sozialen Sinn zu geben. So zum Beispiel, wenn Elly die Buchstaben des Scrabble-Spiels auf dem Spielfeld auslegt und uns mitteilt, daß sie eine »Dinnerparty« haben. Andere Spiele sind noch entmutigender. An diesen nehmen wir nicht teil. Jeden Tag leert Elly ihren Spielzeugkorb aus, zerrt ihre Bücher auf den Boden, kippt systematisch alle Puzzlespiele um, wühlt in den Teilen und läßt sie sich durch die Finger gleiten, wie sie es mit Murmeln, Erdnüssen, sogar mit den kleinen Puppen des Puppenhauses tut. Wenn ich mich ständig um sie kümmern und ihre Phantasie anregen würde, gäbe es solche Spiele vielleicht nicht. Aber ich kann es nicht. Ihr Spiel umfaßt den gesamten Bereich von absoluter Sterilität bis zu lustigen Einfällen wie den am Anfang beschriebenen. Doch solche positiven Vorfälle sind nicht typisch für Elly, wenn sie auch immer häufiger vorkommen. Es sind ihre derzeitigen Spitzenleistungen, was Phantasie und Flexibilität anlangt.

Ellys Spiel hat überraschende Momente, und das gleiche gilt für ihre Konversation – soweit sind wir immerhin gelangt.

»Elly dreihundert!« verkündet sie.

»Dreihundert ist zu alt. Elly stirbt«, entgegne ich. (Der Begriff »Sterben« wird uns noch einige Arbeit kosten, denn bis jetzt wird er lediglich durch zerquetschte Mücken gestützt.)

»Zu alt, sterben«, sagt Elly fröhlich und mimt eine Leiche. »Groß stark tot, zu alt. Mich tragen? Elly zu müde? Elly dreihundert, ja!«

In letzter Zeit hat Elly häufig von »Dreck« gesprochen, »Hundedreck, Puppendreck, unser Dreck«. Sie meint damit Kot. Wir haben es akzeptiert, weil ihre undeutliche Aussprache das Wort in Gesellschaft weitgehend entstellt. Doch ihre Sprache bessert sich, und sie geht schließlich in die Schule. Ich möchte, daß sie lernt, wenn sie es auch nicht begreifen kann, daß »Dreck« kein Allzweckgesprächsgegenstand ist. Also sage ich: »Ich möchte nicht über Dreck reden.« Am Vortag hatte ich dasselbe schon einmal beim Abendessen gesagt. Elly erinnert sich nicht nur an meine Worte, sondern auch daran, wo und wann ich sie ausgesprochen habe. Angestrengt versucht sie sich vorzustellen, worauf dieses Nicht-über-Dreck-Reden-Wollen wohl hinauslief. Wir sitzen jetzt nicht bei Tisch, aber für sie sind die Worte noch immer ihrem ersten Zusammenhang verhaftet, und ihm muß sie entnehmen, was ich als passenden Gesprächsgegenstand betrachten könnte. Triumphierend sagt sie: »Ich (das heißt natürlich, ›du, Mutter‹) möchte über Kuchen reden!«

So entfaltet sich das Verständnis allmählich, und Elly beginnt sogar an den Problemen anderer teilzunehmen. »Becky Auge *rot*. Brauchen Salbe.« In ihrem besorgten Ton erkenne ich meine eigene Stimme wieder. »Becky Auge besser. Nicht anfassen, *jucken!* Auge tut weh. Au! Becky traurig? Nein. Becky Salbe hineintun.«

Das also ist Elly in ihrem häuslichen Rahmen, gelegentlich frustriert, aufgeregt oder besorgt, aber im wesentlichen fröhlich, aktiv, voll heiterer Geschwätzigkeit. Wenn man sie hingegen außerhalb des Hauses beobachtete, würde man etwas ganz anderes sehen. Draußen spielen Kinder, wohlbekannte Kinder, die schon lange in der Nachbarschaft wohnen. Nie kommt ein Gespräch mit ihnen zustande. Sie spielen anders als Elly, und für jeden Kontakt mit ihr brauchen sie mich als Dolmetscher, damit ich ihnen Ellys Benehmen entschlüssele. Allein finden sie es zu schwer, sich mit ihr zu befassen. Ich ermutige Elly ständig, Antwort zu geben, wenn ein Kind »Hallo, Elly« sagt. Und ich bin zufrieden – das Kind allerdings ist verwirrt –, wenn sie zurückruft: »Hallo, Elly.«

Auch hier gibt es unerklärliche Ausnahmen. Elly kann eigenwillig sein, und sie weiß, wie man andere neckt. Sie grüßt nur selten jemanden, den sie gut kennt, stürzt aber manchmal auf irgendeinen jungen Studenten zu, den sie nie zuvor gesehen hat, und umarmt ihn auf der Straße. Er ist natürlich ebenso verlegen wie ich, und Elly beäugt uns schalkhaft. Oder sie trägt – nicht oft – einem anderen Kind so tölpelhaft ihre Freundschaft an, daß sie es durch ihr bizarres Benehmen erschreckt. Es ist schwer, auf diesen sporadischen, launenhaften, unerwiderten Annäherungsversuchen Geselligkeit aufzubauen.

Elly besucht nun an unserer hiesigen Volksschule eine Spezialklasse für entwicklungsfähige zurückgebliebene Kinder.

Nach drei Jahren unter normalen Kindern fand man es an der Privatschule unmöglich, sie auch nur in die ausnehmend kleine Gruppe der Erstkläßler zu versetzen. Und im Grund waren ihre Fortschritte daran schuld, daß man sie nicht behalten konnte. Sie war nicht absonderlicher als früher, aber da sich manches bei ihr gebessert hat, fallen ihre Symptome jetzt mehr auf. Sie ist nicht mehr das schweigsame Kind, das niemanden störte, sondern ein äußerst aktives kleines Mädchen, das seine Stimme und den ganzen Körper benutzt, um die positiven und negativen Gefühle auszudrücken, die sich ihm endlich eröffnet haben. Denn da ihr die Welt der Gefühle weitgehend neu ist, muß sie erst lernen, sie zu beherrschen, und zwar ohne sie zu unterdrücken.

Es ist nicht leicht. Ihre ersten Wochen in der Volksschule waren eine harte Probe für alle Beteiligten. Es ist der Vorstellungskraft, der Anpassungsfähigkeit und dem guten Willen ihrer Lehrerin und ihrer Mitschüler zu verdanken, daß Elly nun ihren Platz in der Klasse einnimmt und aus dem Kontakt mit Kindern ihres Alters Nutzen ziehen kann.

Elly lernt viel in der neuen Schule. Sie widmet sich begeistert den visuellen Wahrnehmungsübungen, die die anderen Kinder so schwer finden. Ihre Rechenkenntnisse erweitern sich zusehends. Doch all das ist zweitrangig. Denn Ellys wichtigstes Fach ist Benehmen. Der Umgang mit Menschen. Jemanden mit vernehmbarer Stimme grüßen, sich an einem Spiel beteiligen, zuhören und auch begreifen, wenn eine Geschichte erzählt wird, Rücksicht üben, Freundschaften schließen – dies alles ist für Elly neu. Und es mag sehr wohl sein, daß sie schon quadratische Gleichungen lösen kann, bis sie das alles endlich lernt.

Die zehn geistig zurückgebliebenen Kinder in ihrer Klasse bringen mehr Toleranz für störendes oder sonderbares Verhalten auf als normale Kinder, weil sie wissen, daß auch ihr eigenes manchmal zu wünschen übrigläßt. Und die gescheite, warmherzige junge Lehrerin, die sie unterrichtet, versteht es, ihnen klarzumachen, daß sie Elly helfen können und zugleich mit sich selbst ganz zufrieden sein dürfen. In den ersten schlimmen Tagen sagte ein Junge einmal mit Genugtuung und Überraschung: »Elly kann besser rechnen als ich, aber ich *benehme* mich besser.« An der Privatschule hat man mit Entsetzen vernommen, daß Elly eine Klasse für zurückge-

bliebene Kinder besuchen muß. »Sie ist doch ein aufgewecktes kleines Mädchen!« Ich weiß nicht, was »doch« in diesem
Zusammenhang heißen soll. Die zurückgebliebenen Kinder
sind Elly haushoch überlegen. Man braucht sich nur ihre Gespräche in der Kantine anzuhören: »He, was gibt's zum Mittagessen? Möchtest du wissen, was ich gestern gemacht habe?
Was für ein Zeug ist das? Ich mag keine Pflaumen, und du?
Willst du meine? Willst du nachher mit mir spielen? Wir
brauchen den Ball. Johnny hat ihn. Komm, sei nicht gemein,
Johnny! Er ist immer so. Soll ich dir eine knallen?« Das also
ist Retardierung, diese Pronomen, diese Präpositionen, diese
Verben mit ihren Hilfsverben und ihren Zeiten, diese Beherrschung der Sprache und ihrer gesellschaftlichen Bezüge?
Dennoch können einige dieser Kinder noch mit dreizehn Rechenvorgänge nicht verstehen, die Elly mit ihren acht Jahren
schon intuitiv klar sind. Wie ist es möglich, daß sie bei so einfachen Dingen versagen, wenn sie die Subtilitäten zwischenmenschlichen Kontakts erlernen können? Und andererseits –
was haben sie, das Elly fehlt? Warum verbinden und verästeln
sich Ellys Fähigkeiten nicht zu weitergehendem Begreifen?

Es ist gewiß nicht an mir zu entscheiden, welcher Fachausdruck für Ellys Syndrom zutreffend ist. Einer aber ist meiner
Meinung nach bestimmt nicht anwendbar. Mein Kind ist kein
»gestörtes Kind«. Hier und da geschieht etwas, das ihre Fähigkeiten übersteigt, und solche Dinge verwirren sie. Doch je
länger ich sie beobachte, um so besser kenne ich sie, und je
mehr es bei ihr zu sehen gibt, um so fester bin ich davon überzeugt, daß wir es nicht mit einer Störung, sondern mit einem
Mangel zu tun haben. Die Schraube ist nicht locker, sie fehlt.
Diese derbe Ausdrucksweise stammt aus einer unschuldsvol-
len Vergangenheit, in der jene, die über geistige Verwirrung
schrieben, ihre Unsicherheiten noch nicht mit einer präzisen
Terminologie bemäntelten. Vielleicht ist ihre Sprache gerade
deshalb so aufschlußreich. Elly ist nicht verrückt. Sie ist nicht
schwachsinnig. Sie ist *einfältig*, und dies sowohl was den
Kopf, als auch was das Herz angeht. Während ich beobachte,
wie sich Ellys Empfindungsfähigkeit langsam entfaltet, denke
ich an die Worte eines mit uns befreundeten Arztes, der selbst
Vater autistischer Zwillinge ist und zusammen mit seiner
Frau eine Schule für solche Kinder gegründet hat: »Autismus
ist nur ein Symptom«, stellte er einmal fest. »Wenn das Kind

heranwächst und in entsprechend liebevollen Händen ist, bessert sich der Autismus. Aber davon wird das Kind noch lange nicht normal.« Das stimmt, und es führt mich zum scheinbar bedeutungslosesten der vier Aspekte, unter denen ich das Kleinkind Elly beschrieben habe.

Vielleicht mag der Schlüssel zu Ellys anormaler Verfassung weniger in ihrer Blindheit, Taubheit oder Isolation als vielmehr in jenem Phänomen liegen, das ich als »gewollte Schwäche« bezeichnet habe – ihrem erschreckenden Widerwillen, auf die Umwelt physisch einzuwirken. Während der vergangenen Jahre haben wir gesehen, wie sich Ellys Passivität allmählich in außergewöhnliche Aktivität verwandelte, was uns zu dem Gedanken führte, daß man bei der Lektüre von Krankengeschichten jeden Fall *als Geschichte* auffassen muß, denn nicht überall wird anerkannt, daß dasselbe Kind – oder derselbe Zustand – in den verschiedenen Stadien völlig verschiedene Aspekte aufweisen können. Je nach Ellys Gemütsverfassung ist ihre Aktivität gelöst oder angespannt-erregt; normalerweise trifft das letztere zu, und je besser sie sich unterhält, um so angespannter wirkt sie. Da sie so aktiv ist, muß man sie schon eingehender beobachten, um zu merken, wie beschränkt ihre Aktivität ist und wieviel Energie und Phantasie nötig sind, um sie zu bereichern oder auszudehnen – Energie und Phantasie, die normale Kinder selbst beisteuern, die aber Elly noch immer größtenteils von draußen beziehen muß. So kräftig und zäh sie erscheint, Elly ist im Grunde noch immer schwach.

Sie hat das meiste von dem, was sie mit vier Jahren nicht tat, tun gelernt. Sie bewegt Türklinken, sie öffnet Fenster, sie hält den Reißverschluß zusammen und zieht ihn hoch, sie knöpft ein Kleidungsstück auf, wenn es nicht zu viele Knöpfe sind, sie knöpft einen Knopf zu. Sie geht Treppen Fuß für Fuß hinunter. Sie springt von einer Stufe herab – mit sieben Jahren hat sie sich dazu aufgerafft –, und kürzlich tat sie sogar einen Sprung über zwei Stufen. Sehr vorsichtig klettert sie allein über eine Umzäunung, wenn die Person, die sie begleitet, für die suchende Hand nicht greifbar ist. Sie zieht sich an, sofern ihre Kleider bereitliegen und sie ständig angespornt wird. Sie geht morgens und abends allein zur Toilette, und sie folgt dabei nicht einem Impuls, sondern einer von ihr selbst festgelegten Routine. Diesen Monat fing sie an, sich das Haar zu bürsten. Gelegentlich haben wir sogar einmal das den Müttern normaler Dreijähriger so geläufige stolze, ungeduldige »Elly tun« gehört, wenn sie einen Brief einwirft oder eine schwere Tür aufstößt.

Aber sie ist acht Jahre alt. Sie kann nicht Dreirad fahren. Ohne Ermunterung zieht sie auch keinen Wagen, und sie kann nicht mit einem Schlitten umgehen. Sie steigt keine Leiter hinauf und wagt sich keine Rutschbahn hinunter, obwohl sie beides mit drei Jahren tat und diesen Sommer ohne Proteste eine sechs Meter lange Leiter zu einem Segelboot hinunterstieg. Sie kann keine Sicherheitsnadel befestigen oder öffnen, keinen Knoten lösen und auch ihre Schnürsenkel nicht zubinden. Sie benutzt noch immer fremde Hände zu eigenen Zwecken. Sie übersieht das zugehörige menschliche Wesen allerdings nicht mehr. Sie reagiert vielleicht sogar auf ein gutmütiges »Tu du es, Elly«. Aber sie versucht nun schon seit sechseinhalb Jahren, selbständige Handlungen zu vermeiden.

Ihre einst so auffallende Geschicklichkeit mit den Händen hat sich nicht weiter entwickelt. Mit fünf Jahren war ihre Schrift gut; sie ist heute genauso gut, nicht besser. In der Schule belohnt man besondere Leistungen mit einem Stern. Zuerst entzückte sie das, doch jetzt befriedigt sie jede Bewertung, von null bis acht. Sie kennt den Unterschied durchaus. Aber ihr gefallen grundsätzlich alle Bewertungen, und der Stern ist nun keine Neuheit mehr, der eine dauerhafte Anstrengung motivieren könnte. Elly bemüht sich eigentlich nur im Rahmen einer stereotypen Aufgabe, und selbst da würde sie es noch vorziehen, wenn die Arbeit ein anderer machte.

Es ist natürlich unmöglich, diese physische Trägheit von der geistigen und emotionellen Trägheit, die sie begleitet, zu trennen. Wieder handelt es sich um ein Merkmal des Zustandes und nicht um etwas, was nur Elly betrifft. Eine Mutter schreibt über ihren autistischen Sohn, daß er nicht fähig war, eine Aktivität von selbst aufrechtzuerhalten; derselbe Junge, der mit vier Jahren stundenlang einen Ball über den Boden rollte, konnte mit sechs noch immer nicht sprechen, war aber imstande, zu lesen und schriftlich Fragen zu beantworten. Im Gegensatz zu Elly las er Geschichten, wenn ihn jemand Seite für Seite hindurchgeleitete, und stellte am Ende Fragen. Die Geschichten gefielen ihm auch, doch er konnte das Buch wochenlang griffbereit neben sich liegen haben – er streckte nie aus eigenem Antrieb die Hand danach aus. Und so ist es mit Elly. Was immer sie tut, ganz gleich wie vielversprechend es beginnt, läuft sich tot. Nirgendwo ist eine anhaltende Vorwärtsbewegung zu verzeichnen.

Von wie vielen bemerkenswerten Handlungen mußte ich berichten, daß sie sie »nur einmal«, »zweimal in sechs Monaten« ausgeführt hatte oder »kein Interesse mehr« dafür zeigte? Jedes andere Kind, das sich so leicht neue Wörter einprägen konnte, hätte innerhalb eines Monats lesen gelernt. Elly liest freiwillig überhaupt nichts außer Schildern mit Aufschriften wie »Parken verboten«; dergleichen findet sie ungemein reizvoll – vielleicht, weil von hier aus kein Fortschrittszwang droht. Elly kann auch buchstabieren, jedenfalls schließe ich dies aus der Tatsache, daß sie tagelang – bedeutungslose – Silben aufschrieb und sie korrekt aussprach.

Selbst in dem Lernbereich, wo sie am meisten zu Hause ist, hält sie die Trägheit zurück. Als ich ihr zeigen wollte, daß eins plus eins gleich zwei waren, hatte sie bereits Beispiele wie sechs plus sechs plus sieben gleich neunzehn zur Hand. Jetzt aber, sechs Monate später, macht sie in der Schule bei weitaus simpleren Aufgaben alle möglichen Fehler. Als sie zu ihren vierundsechzig Buntstiften eine neue Schachtel mit achtundvierzig Buntstiften erhielt, ermittelte sie irgendwie, daß sie hundertzwölf besaß, obwohl sie Additionen, bei denen Zahlen behalten werden müssen, noch gar nicht durchzuführen gelernt hatte. Wenn man all dies betrachtet, fragt man sich beinahe automatisch, was sie tun könnte, wenn sie wollte.

Geschädigt – um es noch einmal zu resümieren – erscheint bei Elly also nicht nur die Empfindungsfähigkeit, sondern auch eine vielleicht noch wesentlichere: die Fähigkeit, die Umwelt aus eigenem Antrieb immer wieder neu zu erforschen. Wir wissen wenig über die Neugier und noch weniger über die neumodischeren Begriffe »Motivation« oder »Antrieb«. Das Interesse an einer physischen Erforschung der Umwelt ist bei manchen Kindern groß, bei anderen – wie bei meinen drei normalen Kindern – gering. Elly aber zeigte überhaupt kein Interesse an der Erkundung dessen, was sie umgab.

Ganz gleich, ob die Neugier für die Aktivitäten des Lernens und Forschens durch die Familie bestärkt oder entmutigt worden ist – jeder Mensch enthüllt diesen Antrieb; selbst Tiere tun das, vor allem unsere Vettern, die Affen. Ein Wissenschaftler hat das Verlangen nach neuer Erfahrung als einen »Instinkt« bezeichnet, und es muß ein Instinkt sein. Denn wenn Tiere die Lust an neuen Erfahrungen nicht verspürten, die sie dazu führen, ihre Umwelt zu erforschen und zu bewältigen, wäre ein Überleben der Spezies gar nicht denkbar. Eines Tages werden wir vielleicht erfahren, auf welche Weise diese Neugier und dieser Antrieb in den Körper »eingebaut« sind – ob in die Gehirnimpulse, die Nervenstruktur, die Blutzusammensetzung oder in irgendeinen noch nicht entdeckten, geheimnisvollen Mechanismus. Selbst jetzt schon wissen nicht nur die Neurophysiologen, sondern wir alle, wie durch physische Ursachen wie Altern, Schlafmangel oder Drogen Wille und Motivation reduziert und zeitweilig sogar aufgehoben werden können. Die meisten Menschen empfinden eine solche Verminderung als unangenehm, aber das muß nicht notwendigerweise der Fall sein. Angenommen, ein Kind hätte *immer* die Empfindung innerer Freiheit, des Losgelöstseins, die von LSD hervorgerufen wird? Ein solches Kind würde doch zweifellos die Beschränkungen willkommen heißen, die es vor dem Zwang der Aktivität bewahren, und – wenn es sich durch seinen Wachstumsprozeß unvermeidlich in die Komplexität des Lebens hineingezogen sieht – die unveränderlichen Muster suchen, die ihm in einer Welt des Werdens Stabilität garantieren.

Die Passivität eines solchen Kindes könnte auch das Erkennungsvermögen beeinträchtigen und damit die Ideenassoziationen erschweren, die nötig sind, um vergangene Erfahrungen in neuen Situationen zu verwerten. Es ist tatsächlich der zentrale Mangel des autistischen Kindes, daß es unfähig oder nicht gewillt ist, die primären Bausteine der Erfahrungen zusammenzusetzen. Dieser Mangel wirkt sich auf die Sinnesorgane aus, auf die Sprache, auf die Aktivität und auf das Gefühlsleben. Die Realität, so wie sie sich dem Menschen erschließt, ist ein Gewebe, das aus Zusammenhängen geknüpft werden muß. Und die Realität der Personen und Gefühle ist das verwickeltste aller Gewebe. Das Kind, dem schon einfachere Beziehungen verschlossen bleiben, wird aus solchen komplexeren noch weniger klug werden; seine »affektiven Funktionen« sind unvollständig. Da dieser Mangel mehr auffällt als die anderen, ist man versucht, ihn als primär zu betrachten. Doch wenn man sieht, daß er mit den Jahren stetig verblaßt, während die anderen nur ihren Aspekt ändern, beginnt man zu zweifeln.

Nicht alle Individuen besitzen sämtliche Merkmale der Spezies. Manchen gehen sogar sehr wesentliche ab. Wenn wir uns ein Individuum vorstellen, das wohl die Fähigkeit hat, seine Umwelt zu erforschen, dessen diesbezüglicher Antrieb aber entweder nicht vorhanden oder stark beeinträchtigt ist, kommen wir der Essenz des autistischen Kindes sehr nahe.

Was Elly auch völlig abgeht, ist Zielbewußtsein – ein Mangel, der natürlich mit dem fehlenden Antrieb in unmittelbarem Zusammenhang steht, weil er »fehlendes Interesse an zukünftigen Erfahrungen« bedeutet. Wo dieser Mangel gegeben ist, muß zwangsläufig auch die Vorstellungskraft gering sein, die in der Motivation eine so große Rolle spielt. Ellys simples Gemüt dachte sich keinerlei mögliche Zukunftserfahrungen aus; ihr Horizont war leer.

In dem Institut sagte man uns seinerzeit, Elly fürchte sich vor vielem. Wir akzeptierten das damals. Heute aber sind wir nicht mehr so sehr davon überzeugt. Furcht sieht etwas kommen, malt sich etwas aus, etwas, *was geschehen kann*. Wenn man mir die Unterscheidung gestattet – sie ist Angst im voraus. Ich kann mich nicht an eine einzige Situation erinnern, in der Elly Furcht gezeigt hätte, obwohl es viele gab, in denen das natürlich gewesen wäre. So konnte man sie beispielsweise nicht dazu bringen, den Straßenverkehr zu fürchten. Sie weiß wohl, daß man nach rechts und links schauen muß, bevor man eine Straße überquert, aber sie tut es nie von selbst. Die Idee, daß ein Auto ihr ernsthaften Schaden zufügen könnte, scheint ihr nicht einzugehen – und das, obgleich sie mit fünf Jahren sogar einmal von einem Lastwagen umgestoßen wurde. Ich habe ihr die Gefahr am Beispiel eines dreibeinigen Hundes klarzumachen versucht. Es ist mir nicht gelungen; die Geschichte entlockt ihr nur spaßhafte Kommentare wie: »Hund verletzen! Nur drei Beine! Krankenhaus gehen!« Elly *weiß* wohl, was Autos anrichten können. Doch sie kann es sich nicht *ausmalen*.

Ihre Einstellung zu Hunden im allgemeinen veranschaulicht ebenfalls den Unterschied zwischen Furcht, die das noch nicht Gegebene voraussieht, und Angst, die das nicht tut. Elly ist in Gegenwart eines ungestümen Hundes ängstlich, aber sie würde sich nie ein Haus zu betreten weigern, wo sie aus früherer Erfahrung weiß, daß ein Hund darin ist. Hier merkt man, daß sie als autistisches Kind nicht zu Halluzinationen neigt. Denn was ist Halluzination, wenn nicht Phantasie, die so lebhaft ist, daß sie die Sinnesmechanismen in ihren Dienst stellt? Elly hat für das, was der Fall ist, und das, was nicht der Fall ist, ein ungewöhnlich ausgeprägtes Gefühl; es ist die Hauptquelle ihres Humors. Ihr Vater brachte der Vierjährigen bei, was es hieß, »so zu tun, als ob«; wie man etwa – und er demonstrierte es – Schlafenszeit vortäuschte, indem man sich auf den Boden legte, ein Blatt Papier als Decke, einen Stock als Puppe neben sich. Elly lachte über das Unsinnige seines Tuns. Mit sieben und acht lernte sie dann in einem gewissen Grade selbst »zu tun, als ob«. Als ich sie am Daumen lutschen sah, sagte ich ihr, es sei Schokolade; sie selbst fügte »Erdbeer« und »Vanille« hinzu. Es konnte kein Zweifel bestehen, daß dies ein Scherz war, Teil eines ständigen, genußreichen Spiels zwischen Realität und Unwirklichkeit. Doch insgesamt war ihre Phantasie sehr dürftig entwickelt. Wir haben auch nie bemerkt, daß sie Alpträume gehabt hätte. Angst vermag sie nur vor etwas Sichtbarem, Gegenwärtigem zu verspüren.

Mit anderen Emotionen verhält es sich ähnlich. Um den ganzen Bereich von Empfindungen zu umfassen, braucht man ein wenig Phantasie. Eifersucht wäre ein relativ harmloses Gefühl, wenn wir sie nur in Anwesenheit der geliebten Menschen spüren würden. Ohne die Fähigkeit, Verbindungen zu knüpfen, würden wir nur sehr vereinfachte Versionen des Hasses oder der Zuneigung fühlen. Und wenn die mangelnde Vorstellungskraft sich schon auf die Empfindungsfähigkeit auswirkt, so ist der Zusammenhang mit dem fehlenden Forschungsdrang noch eindeutiger. Neulich spielte ich »Such-den-Knopf« mit Elly, und ich merkte, daß sie sich keine neuen Verstecke vorstellen konnte. Sie fand den Knopf nur, wenn er irgendwo sichtbar blieb oder wenn ich ihn an Orten verbarg, wo sie ihn früher schon einmal gefunden hatte.

Ein letztes Beispiel für ihre Nüchternheit, ihren Phantasiemangel, ist ihre Einstellung gegenüber Blut. Blut kann für Kinder und Psychiater ein heikles Thema sein – Emotionen, Phantasien und Theorien ausgesetzt. Elly weiß über Menstruationsblut Bescheid. Ich versuchte zu vermeiden, daß sie etwas merkte, doch man ist kaum je allein, wenn man Elly betreut, und in einer solchen Situation kommt es irgendwann einmal zu einer Nachlässigkeit, einem Versehen. Es bestand Grund, Ellys Reaktion auf Blut zu fürchten, weil man ihr das Phänomen ja nicht erklären konnte. Es trug auch nicht zu meiner Beruhigung bei, daß sie »Rote Blut, weh tun!« durch »Finger vom Schlitzchen lassen!« ergänzte und damit zeigte, daß sie eine Verbindung zwischen Masturbation und Menstruation gesehen hatte – eine Tatsache, von der ich sie genausowenig abbringen könnte, wie ich sie darauf gebracht hätte. Aber sie zeigte keine Angst und noch weniger Furcht, obwohl die weitere Entwicklung bewies, daß es keine blinde Gleichmütigkeit war, was sie demonstrierte. »Zähne putzen, rote Blut weh tun«, stellte Elly bald danach fest. Mutter braucht sich nur die Zähne zu putzen, um Blut hervorzubringen; Elly kratzt sich eine Schürfung auf und rotes Blut kommt. So einfach ist das für sie – ihre Reaktion ist auch hier dieselbe…

Wo stehen wir also jetzt, und wohin gehen wir? Die Sozialhelferin in Hampstead sagte mir, daß wir die verlorenen Jahre nie aufholen könnten – und falls ein biologischer Mangel vorliegt, können wir diesen ebensowenig ausgleichen. Doch Elly hat sich entwickelt und entwickelt sich noch immer. Sie ist viel weiter gelangt, als wir in ihren ersten Jahren zu hoffen gewagt hätten, und ein Vergleich ihres Falles mit den Krankengeschichten anderer als autistisch geltender Kinder könnte beträchtlichen Optimismus wecken. Dr. Bruno Bettelheims Buch ›Die Geburt des Selbst‹, das gerade erschien, als ich diese letzten Kapitel abschloß, gibt uns Hoffnung. Er beschreibt darin Kinder, die in Ellys derzeitigem Alter ihren Stand noch längst nicht erreicht hatten; selbst solche Kinder hält er für heilbar, wenn man rechtzeitig vor der Pubertät eine gründliche Langzeittherapie durchführt. Von den drei Fällen, die im Zentrum des Buches stehen, war jedoch nur einer nach Kanners Kriterien autistisch, und dieses kleine Mädchen wurde nicht gesund.

Auch Ellys Psychiater ermutigt uns; vor einem Jahr erzählte er mir von einem Jungen, der in einer sehr ähnlichen Verfassung wie Elly gewesen sei und nun an der Harvard-Universität studiere. Aber er fügt auch hinzu, es sei zwecklos,

Spekulationen über die Zukunft anzustellen. Weder er noch wir noch irgend jemand anders wissen, was aus ihr werden wird. Wir könnten allenfalls sagen, daß die Prognose einmal nahezu hoffnungslos war, während es jetzt überhaupt keine Prognose gibt.

Es war eine lange Belagerung. Als Belagerung ist sie erfolgreich gewesen, denn wir haben Zugang zu Elly gefunden. Zumindest gibt es keine Mauern mehr, die sie der Liebe und Wärme entziehen. Doch wir sind nicht die ersten, die entdekken, daß der Zugang zu einem menschlichen Wesen an sich noch keine Heilung bedeutet; wir sind nicht die ersten, die entdecken, daß dieser Zugang, der unmöglich schien, zwar schließlich gefunden werden kann, aber lediglich der Arbeit, die getan werden muß, eine Zukunft eröffnet. Eine Heilung zu erwarten ist ein Luxus, auf den wir zu verzichten gelernt haben. Wir arbeiten, von andern unterstützt, und Elly wächst heran und beginnt allmählich, selbst etwas zu ihrer Entfaltung beizutragen. Wir sind befriedigt, weil wir uns vorwärts bewegen. Und wir vermeiden es ebenso wie Elly, in die Zukunft zu schauen.

Wo viel Mühe auf ein ungewisses Ziel verwendet wird, könnte ein Außenstehender fragen, ob es sich lohnt. Wir, ganz mit unserer Aufgabe beschäftigt, lernen es, keine solchen Fragen zu stellen, da wir uns nur solche Gedanken leisten können, die unsere Arbeit nicht lähmen; dennoch können selbst wir sie nicht ganz unterdrücken. Und natürlich hätten wir nicht weitermachen können, wenn wir nicht hier und da eine Antwort gefunden hätten.

Auch wenn wir nur die Möglichkeiten eines einzigen mit einem schweren Defekt behafteten menschlichen Wesens erweitert hätten, wäre unsere Arbeit schon gerechtfertigt gewesen. Es kam aber weitaus mehr dabei heraus. Das Ergebnis ist für uns und, wie ich hoffe, auch für andere eine Bereicherung der Erfahrung, die eigentlich aus jedem Kapitel dieses Buches hervorgehen müßte. Was wir lernten, während wir die langsame Entwicklung dieses hinter unsichtbaren Mauern lebenden Kindes verfolgten, hat Anwendungsmöglichkeiten, die weit über den Einzelfall hinausreichen. Wir sahen Elly als eine Burg, und wir beschlossen sie anzugreifen, weil ihr das Gleichgewicht, das sie gefunden hatte, keine Entfaltung gestattete. Es gibt andere, an sich nicht mit Elly vergleichbare Menschen, die dennoch wie sie den Herausforderungen ihrer Welt nicht trotzen können und zu einem inneren Gleichgewicht gelangen, das ihre Entwicklung hemmt.

Ich lehre an einem College, und ich habe von Elly viel über Studenten gelernt – über normale, vielfach hochintelligente Studenten, die sprechen, lesen, verstehen und sich um ihre Obliegenheiten kümmern und dennoch unsere Begriffe des Normalen und Anormalen in Frage stellen, weil sie Elly so ähnlich sind. Das schwerste Problem des Lehrens – vor allem, wenn man es mit jener Gruppe zu tun hat, die wir so kühl die »kulturell Benachteiligten« nennen – liegt in der Motivation: Als Lehrer wird man mit einer gegen das Lernen, gegen die Leistung überhaupt gerichteten Haltung konfrontiert, die zahlreiche Hemmnisse aufschichtet – gegen den Stoff, gegen eine notwendige Arbeitsweise, gegen die Fortsetzung der Ausbildung, gegen die Suche eines den Fähigkeiten entsprechenden Jobs. Die Persönlichkeit, deren Hauptaktivität darin besteht, ihre eigenen Möglichkeiten zu leugnen oder zu vereiteln, zeigt zwar komplexere Handlungsweisen als Elly, obwohl die ihren vielleicht nicht weniger raffiniert sind. Ich habe acht Jahre lang Lernhemmnisse beobachtet; sie können so stark werden, daß sie sogar die primären Fähigkeiten des Sehens und Hörens beeinträchtigen. Man kann von einem Kind, das sich taub stellt, viel über menschliche Selbstbegrenzung und -zerstörung lernen.

Elly, anders geartet als wir, ist uns doch auch sehr ähnlich – ähnlich in ihrer Unbeweglichkeit, die uns alle mehr oder minder oft befällt, wenn wir vor einer scheinbar unmöglichen Aufgabe stehen. Ich beobachte, wie sie ihre Augen vor der Realität schließt, die sie nicht sehen möchte, und erkenne meine Studenten und mich selbst.

Ich lerne von Elly, und ich lerne von meinen Studenten; sie lehren mich auch etwas über Elly. In den ersten Jahren von Ellys Belagerung kannte ich einen Studenten, der selbst gerade erst aus einer dunklen Festung ans Licht getreten war: Er war in klinischer Behandlung gewesen, und die Denkweise, die ich mir erst aneignen mußte, war ihm aus eigener Erfahrung vertraut. »Die Dinge werden ihr zuviel, und sie beschränkt sich einfach auf eine kleine Anzahl«, sagte er zu mir. Ich habe das nie vergessen, weil ich dieser Neigung noch oft begegnet bin – bei Elly und anderen Menschen.

Der Mensch hat vielerlei Möglichkeiten, um sich hinter Wällen zu verschanzen. Apathie, Schwäche, Ironie, Unaufmerksamkeit, Schweigen, Mißtrauen sind nur einige der Materialien, aus denen die Persönlichkeit Burgen erbauen kann. Die Erfahrungen mit Elly ermöglichten es mir, in bescheidenerem Ausmaß auch etwas gegen fremde Mauern zu unternehmen. Jedesmal nur zögernd, denn es ist eine Anmaßung, einem anderen helfen zu wollen. Ellys Beispiel hat mir allerdings gezeigt, daß es zugleich ein Versäumnis ist, nicht wenigstens den Versuch zu unternehmen. Nicht immer haben meine Belagerungen Erfolg. Aber wenn ich versage, dann nur, weil ich selbst ungeschickt oder mit den falschen Mitteln vorgegangen bin, nicht weil das Unternehmen unmöglich gewesen wäre. In jeden noch so trutzigen Wall kann man eine Bresche schlagen. Ich habe noch nicht einen einzigen Menschen kennengelernt – so abweisend und feindselig er sich auch geben mochte –, der im Grunde nicht genau das, wogegen er sich zu wehren schien, gewollt hätte. Von allem, was mir Elly schenkte, ist das Kostbarste ein Glaube, der sich fast schon in unumstößliches Wissen verwandelt hat: daß ein menschliches Wesen selbst hinter den stärksten Mauern, die es aufrichten kann, seinen Belagerer erwartet.

Als ich dieses Buch begann, hatte ich ein Motto dafür – das großartige Sonett des englischen Barockdichters John Donne, in dem er seinen Gott anfleht, seinen Widerstand zu brechen. Ich fand aber, ich könnte es nicht an den Anfang setzen, da es meine Geschichte in einen Schleier der Frömmigkeit hüllen würde, der absolut falsch wäre. Doch dieses Buch ist unter anderem ein persönlicher Bericht, und wenn es ein wahrhaftiger sein soll, dann kann ich die Worte, die mir so oft eine Stütze waren, nicht auslassen:

Zerschmettre mein Herz, dreieiniger Gott! Denn bislang/ hämmerst du nur, behauchst, polierst und suchst zu flikken. / Damit ich mich erheben kann und stehn, stürze mich nieder und neige / deine Kraft, um mich zu zerbrechen, niederzuschlagen, zu verbrennen und neu zu machen. / Ich mühe mich wie eine von einem Usurpator eingenommene Stadt, die einem anderen Herrscher gehört, / dich einzulassen; aber ach! ohne Erfolg. / Dein Vizekönig in mir, die Vernunft, sollte mich verteidigen, / aber sie ist gefangengesetzt und erweist sich als schwach oder untreu. / Dennoch bin ich dir in echter Liebe zugetan und möchte gerne wiedergeliebt werden; / aber ich bin deinem Feinde angelobt. / Scheide mich von ihm, löse oder zerhau den Knoten (der mich an ihn bindet). / Nimm mich zu dir, nimm mich gefangen! Denn ich / werde niemals frei sein, wenn du mich nicht in deinen Dienst zwingst, / und niemals keusch, es sei denn, daß du mich vergewaltigst.*

Ganz und gar theologisch fundierte Worte, aber nicht irriger als andere auch. Ich kenne keine bessere Beschreibung des schrecklichen, zwingenden, herbeigesehnten Sturmangriffs der Liebe, die uns Gottlose so nahe, wie es überhaupt möglich ist, an die Erfahrung heranführt, die andere Gott nennen.

---

* Deutsche Übersetzung aus: Englische Barock-Gedichte. Stuttgart 1971.

Doch dieses Buch soll nicht mit mir enden, sondern mit Elly und mit den anderen Menschen, und so will ich noch eine Geschichte erzählen.

An einem schönen, warmen Nachmittag vor einem Jahr arbeitete ich im Garten, als ein Student – keiner der meinen, sondern einer der behüteten, begünstigten jungen Leute aus dem College meines Mannes – auf mich zukam. Dieser junge Mann in Madras-Shorts war nackt bis zur Taille und barfüßig, er stützte sich auf ein hübsches Mädchen, und er war stockbetrunken. Zu meinem Erstaunen schien er mir etwas sagen zu wollen. Alle möglichen empörten Gefühle wallten in mir hoch; wenn Elly mich nicht gelehrt hätte zu warten, zuzuhören und unter die Oberfläche zu schauen, hätte ich meinem Herzen bestimmt Luft gemacht oder wäre einfach fortgegangen. Statt dessen ließ ich ihn sprechen. »Sie kennen mich nicht«, begann er, »und ich würde das nicht sagen, wenn ich nicht betrunken wäre, aber ich finde Elly wunderbar. Sie macht etwas Magisches aus dem grünen Rasenfleck, der für uns eine ganz gewöhnliche Welt ist.«

Ich vergaß, daß er betrunken und liederlich war. Ich sagte ihm, sie sei ein Elfenkind, und deshalb spreche sie nicht, und er lächelte und schwankte fort. Am nächsten Tag schrieb er mir einen Brief. Ich gebe ihn hier wieder.

»Sehr geehrte Mrs. Park,
Ich bin der Betrunkene, zu dem Sie so nett waren, als er am Samstag nachmittag an ihrem Garten vorbeikam. Wenn ich jetzt nüchtern bin, so heißt das nicht, daß ich besser imstande wäre, ihnen zu erklären, wie sehr mich Elly beeindruckt hat. Elly verwandelt unseren trüben Hinterhof in ein Wunderland. Sie schafft eine Welt, die Sie und ich nur in Träumen kennenlernen können. Manchmal, wenn ich vom Fenster aus zuschaue, wie sie nach unserer Musik tanzt, kann ich diese Welt fast sehen, wie sie sie sieht. Elly kann dasitzen und meinen Freunden, wenn sie an ihren Motorrädern herumbasteln, einen ganzen Nachmittag zuschauen, ohne ein Wort zu sagen. Und ich habe dabei das Gefühl, daß ich mit aller Konversation der Welt nicht mehr im Einklang mit ihnen sein könnte als sie.

Ich weiß, daß es eine sehr entmutigende, sehr frustrierende Erfahrung sein muß, Ellys Mutter zu sein. Nach wenigen

Momenten an ein paar Nachmittagen habe ich schon das Bedürfnis verspürt, sie zum Sprechen zu bringen – das Bedürfnis, mit dem Wort in ihre Welt einzudringen. Ich hoffe, daß Elly eines Tages gesund wird und daß sie ein glückliches Leben vor sich hat. Ich schreibe Ihnen, weil ich sicher bin, daß Sie als Ellys Mutter nicht genug Gelegenheit haben, Elly zu schätzen – nur etwas zu bekommen und nichts zu opfern – wie ich. Ich dachte, vielleicht würde es Ihnen helfen, zu hören, was ich zu sagen hatte. Ich wünschte, ich könnte es besser für Sie ausdrücken.

P.S.: Ich spreche normalerweise nicht so, verraten Sie mich also bitte nicht.«

Es hilft natürlich. Es hilft sehr, in vielerlei Hinsicht. Es hilft zu wissen, daß ein Fremder, der Elly sieht, über ihre Defekte hinausblicken und etwas von ihrer seltsamen Integrität erspüren kann, und es hilft mehr als alles andere, zu wissen, daß ein Mensch einem andern, der ihm fremd ist, in Güte und Liebe nahezukommen vermag.

Erfahrungen werden durch Wörter strukturiert, ein Buch kann den Eindruck erwecken, sie zum Abschluß zu bringen – Anfang, Kernstück, Ende. Ein Kapitel, ein Absatz, ein Satz, ein Wort wird als jeweils letzte Äußerung vorgestellt, und aufgrund dieser simplen Tatsache nimmt die Erfahrung Gestalt an. Elly war sieben, als ich mit der Niederschrift dieses Berichts begann, und achteinhalb, als ich ihn abschloß, wobei ich mir in den letzten Kapiteln große Mühe gab, die allerneuesten Aspekte ihrer Entwicklung einzufangen. Ich hatte damals gar nicht die Absicht gehabt, einen solchen Bericht zu verfassen, obwohl beim geringsten Anlaß, wenn also ein potentieller Zuhörer zur Verfügung stand, es nur so aus mir heraussprudelte, so viele Eindrücke hatten sich in mir angesammelt.

Irgend jemand hatte mich dazu aufgefordert, doch ein Buch darüber zu schreiben – Elly war damals sechs Jahre alt. Ich weiß noch, daß ich damals entgegnete, ich sei noch nicht so weit, es sei noch zu früh, wir müßten noch etwas warten und sehen, wie das Ganze weitergehen würde. Auch wenn uns die Erinnerung häufig genug einen Streich spielt, muß sie doch der Realität entsprechen. Worte von so anrührender, so treffender Naivität hätte ich dabei gar nicht erfinden können, und damals bildete ich mir noch ein, daß die Geschichte tatsächlich ein Ende haben könnte. Dabei taucht natürlich sofort die Frage des Analytikers auf: Was hatte ich denn eigentlich erwartet?

Geschichten, die das wirkliche Leben schreibt, haben kein Ende, es sei denn, es kommt aufgrund äußerer Einflüsse zu einem Abschluß: Entweder stirbt der Protagonist oder der Erzähler. Wir erzählen nur nicht weiter. Wenn es uns gelungen ist, jenem Teil der Geschichte Bedeutsamkeit abzugewinnen, der bereits gelebt wurde, so artikulieren wir das, damit diese Bedeutsamkeit der Geschichte Form verleihen, sie nutzbar machen und zu einem Ende bringen kann. Doch die Geschichte selbst geht natürlich weiter.

Den Faden wiederaufzunehmen, auch wenn es sich lediglich um vorläufige und fiktive Schlußfolgerungen gehandelt hatte, ist allerdings keine leichte Aufgabe. Es wäre viel befriedigender, viel hübscher, Elly nach ihrer Musik tanzen zu lassen, und zwar im Rahmen einer Sichtweise, die auch heute noch ihren eigenen Wahrheitsgehalt zum Ausdruck bringt. Doch das wäre keine Antwort auf die Frage, die mir so oft gestellt worden ist, nämlich: Wie geht es Elly *jetzt*? Natürlich habe ich die Frage bereits beantwortet – in Briefen an bekannte und unbekannte Freunde, aber auch in Reden oder Nachworten für diverse Übersetzungen dieses Buches. Dabei wird die Antwort von Jahr zu Jahr umfangreicher, und es gibt immer mehr hinzuzufügen. Doch bislang habe ich mir nie die Mühe gemacht, meinen Bericht von der ersten bis zur letzten Zeile noch einmal zu lesen, die in den Worten eingefangenen Jahre noch einmal zu durchleben, ich habe mich nie gezwungen, eine Verbindung herzustellen zwischen der Elly, wie sie im Buch erscheint, und jener, mit der wir heute leben und deren Entwicklung immer noch nicht abgeschlossen ist, oder mich gar gefragt, ob das, was für mich vor fünfzehn Jahren sinnfällig war, mir heute auch noch sinnvoll erscheint.

Ja, Elly ist nach wie vor bei uns. Danach wird nämlich in der Regel als nächstes gefragt, und wir freuen uns über diese Antwort und sind stolz darauf. Sie ist jetzt dreiundzwanzig, ein schlankes und hübsches Mädchen, und dennoch schimmert in ihrem Wesen das Kind durch. Gott sei Dank mußten wir sie nicht weggeben, auch wenn es einmal, als sie aus ihrer hiesigen Schule ausgeschlossen wurde, danach aussah, als würden wir sie verlieren. Doch das Blatt hat sich für Elly gerade noch rechtzeitig zum Besseren gewendet, während es für andere Betroffene leider dazu zu spät war.

Auch für schwerbehinderte Kinder wurde die Schulpflicht eingeführt, zunächst in unserem Bundesstaat und dann landesweit. Man hat ein eigenes Ausbildungsprogramm für sie entwickelt, was zeigt, daß die Lehrer einer High School, die keine weiteren Kenntnisse besitzen, die über die Fähigkeiten und den guten Willen, den sie ohnehin schon haben, hinausgehen würden, heute sehr wohl in der Lage sind, ein schwer autistisches Kind in einer ganz normalen Schule zu unterrichten – eine Tatsache, die noch vor fünfzehn Jahren schier unmöglich schien. Autistisch? Die Leute nannten das damals noch »psychotisch«, ja sogar »schizophren«, Begriffe, bei denen jeder Schulleiter eine Gänsehaut bekam, da es zu dieser

Zeit noch kein Verständnis dafür gab, daß diese Kinder eben einer »besonderen Zuwendung« bedurften. Elly war dreizehn, bevor sie das erste Mal ganztägig in die Schule gehen durfte – ausgerechnet Elly, die doch soviel mehr zu lernen hatte als andere Kinder!

Doch seither ist viel Zeit vergangen. Elly trat in die Mount Greylock Regional High School ein, die sie neun Jahre lang besuchte. Einen Monat vor ihrem zweiundzwanzigsten Geburtstag schloß sie die Schule ab. Sie trug ein weißes Kleid und ein Barett und saß zusammen mit den anderen auf der Empore. Außerdem hatte sie sogar den in unserem Bundesstaat gültigen Minimaltest bestanden – eine erstaunliche Leistung, die der Geduld und dem Talent ihrer Lehrer und Betreuer Rechnung trägt, die ein auf ihre Bedürfnisse zugeschnittenes Programm aus Sonder- und Normalunterricht entwickelt hatten. Denn als Elly in die Schule kam, konnte sie sich nur den Menschen verständlich machen, die sie kannten, lesen und schreiben konnte sie damals lediglich einige wenige Wörter.

Dank der Unterstützung ihrer Lehrer und Betreuer und der unermüdlichen Bemühungen der Mitarbeiter des CETA Job Training Program hat Elly darüber hinaus einen weiteren, schwierigeren Test bestanden. Sie hat Arbeit gefunden, momentan zwar noch auf Teilzeitbasis, doch sie arbeitet gerne und zeigt gute Leistungen. Sie hat die Probezeit hinter sich gebracht und mittlerweile zweimal eine Lohnerhöhung erhalten. Sie verfügt über ein eigenes Scheckheft, und auf ihrem Konto haben sich zweitausendfünfhundert Dollar angesammelt – selbstverdient! Möglicherweise muß sie nächstes Jahr Steuern zahlen. Dem wäre noch vieles hinzuzufügen, doch hebe ich mir einen späteren Zeitpunkt dafür auf, denn damit streifen wir die Geschichte eines Erfolgs, und darauf bin ich sehr stolz.

Wie auch andere wahre Geschichten, die das Leben schrieb, war der Weg nicht immer von Erfolg gekrönt, auch wenn ich es durch geschickte Auslassungen so hindrehen könnte. Doch der Erfolg ist echt, und genau hier möchte ich einhaken. Am Anfang dieses Buches standen damals keine Fakten, sondern wir begannen mit einem Bild. Vielleicht sollten wir in die Vergangenheit zurückkehren und eine Verbindung mit der Gegenwart herstellen.

Empezamos con una imagen: una pequeña dorada… Elly sitzt am Schreibtisch und verfolgt aufmerksam die Wörter, die sie gerade tippt, wobei sie am Anfang noch ziemlich langsam ist, dann jedoch immer schneller wird. Lesen kann sie sie nicht, denn es sind spanische Wörter, aber schreiben kann sie sie genauso korrekt wie jemand anderer auch, ja vielleicht sogar korrekter, da sie durch den Bedeutungsgehalt nicht abgelenkt wird. Auch englische Wörter schreibt sie auf diese Art und Weise. Wenn sie eine Seite fertig hat, liest sie sie Korrektur, und zwar Buchstabe für Buchstabe, Zeile für Zeile. Hier und da stößt sie auf eine Buchstabenkombination, die ihr Freude bereitet: Elly. Sie weiß, daß sie im Buch so heißt und daß es nicht ihr wirklicher Name ist, der lautet nämlich Jessica oder Jessy. Sie weiß, daß das Buch von ihr handelt, und zwar in dem Sinne, in dem sie auch weiß, daß sie 1,55 Meter groß ist und einundfünfzig Kilo wiegt, blonde Haare hat und zusammen mit ihrer Mutter und ihrem Vater und gelegentlich einer Freundin oder einem Freund in einem Haus lebt – nicht eben weltbewegende Fakten. Es ist ein angenehmes Gefühl, auf einen Namen zu stoßen, von dem man weiß, daß man selbst damit gemeint ist.

Doch das war es dann auch schon! Vor fünfzehn Jahren habe ich ihr diesen Namen gegeben, für den Fall – ich hätte es mir nie im Leben träumen lassen! –, daß sie dieses Buch eines Tages lesen würde und peinlich berührt sein könnte. Doch ich hätte mir keine Sorgen zu machen brauchen. Jessy genießt es, wenn sie auf ihr Pseudonym stößt. Sie mag es auch, wenn sie zwischen einzelnen Absätzen eine Leerzeile oder eine ausgefallene Zeichensetzung findet. Sie blättert Bücher immer noch auf dieselbe Weise durch, wie sie das auch als blondes kleines Kind gemacht hat, und lächelt ihr verschmitztes Lächeln, doch erst jetzt hält sie Ausschau nach Leerzeilen oder ausgefallenen Anführungszeichen oder dem längsten Satz, den sie finden kann. Gedankenstriche lassen sie mittlerweile kalt, doch als sie lernte, auf der Schreibmaschine zu schreiben, hielt sie jedesmal inne, wenn sie auf einen traf, und zitterte vor Vergnügen. Das brachte ihr bei Prüfungen, für die nur eine bestimmte Zeit vorgesehen war, Punktabzüge ein, was sie sehr ärgerte. Und immer noch ist es so, daß sie nicht gerade hellauf begeistert Schreibmaschine schreibt und dabei Fehler macht. Wenn Jessy sich vertippt – was jedoch nicht so häufig vorkommt wie bei den meisten von uns –, grummelt sie vor sich hin, wobei sich ihre Frustration hier und da schon mal zu einem Weinen ausweitet und sie sich unglücklich fühlt, obwohl das nichts darüber aussagt, ob sie sich beim Korrigieren schwer oder leicht tut. Unter Umständen bereitet ihr das Ersetzen eines Kommas durch einen Punkt, indem sie es schlicht anstreicht, mehr Probleme als ein fehlendes Wort. Doch es handelt sich um Arbeit, Jessy wird pro Seite bezahlt, also hält sie ihre Emotionen im Zaum und macht weiter. Das hat sie gelernt. Sie hat die spanische Übersetzung von ›Eine Seele lernt leben‹ (›Ciudadela Sitiada‹, Madrid: Fondo de Cultura Economica 1980) vom ersten bis zum letzten Wort komplett abgetippt und sich von dem Geld ein Flugticket gekauft, um Freunde in Kalifornien zu besuchen.

Jessy sitzt an ihrem Tisch, über ein Blatt Zeichenpapier gebeugt, und skizziert mit einem Marderpinsel geschickt die Umrisse eines Rechtecks. Gut dreißig Tuben Acrylfarbe stehen zur Verfügung, doch heute hat sie sich lediglich verschiedene Grüntöne zusammengemischt, und zwar fünf an der Zahl. Grün ist ihre Lieblingsfarbe. Sie arbeitet nach einem Bleistiftentwurf, den sie vor Wochen im Haus einer Freundin angefertigt hat; es handelt sich um ein Blatt ihrer Quarzheizkörperserie, um die Arbeiten, die auf ihre Darstellungen von Radioskalenanzeigen und elektrischen Heizkissenschalter folgten. Aufgrund ihres Abstraktionsvermögens hat sie den Heizkörper auf seine wesentlichen Bauteile reduziert, und zwar auf elf Reihen kleiner Rechtecke, zweiundsiebzig Stück für jede Reihe. Auf dem Bild erscheinen die Rechtecke vierfach vergrößert, doch die Maße betragen immer noch nur etwa einen halben auf einen Zentimeter. Heute beschäftigt sie sich nur mit den grünen Rechtecken, die sie ohne zu zögern anhand eines Musters, das uns verborgen bleibt, in die insgesamt siebenhundertzweiundneunzig Rechtecke einfügt. Für sie ist dieses Muster durchaus sichtbar, sie hat bereits die letzte Farbe ausgewählt, die das Ganze einrahmen soll. Am folgenden Tag wird sie neben die grünen Rechtecke ein paar in dunklem Rot malen, weihnachtlich anmutende Farben, die sich scharf gegen das viele Weiß auf dem Papier abheben, denen jedoch im Verlauf von drei weiteren Wochen Arbeit drei verschiedene Orangetöne, drei Rosatöne, ein Gelbton sowie vier Nuancen Purpur hinzugefügt werden, so daß sie sich gegen die farbliche Neutralität der Einrahmung mit der surrealen Intensität eines Heizkörpers abheben, wie sie wohl nur im Traum vorkommt.

Jessy kocht. Die ganze Familie hat ein Faible für Schokoladeplätzchen. Der Teig läßt sich gut durchrühren, und sie macht ihn oft ohne Rezept. Heute gönnt sie sich eine besondere Freude, indem sie eines der kompliziertesten Rezepte aus ihrem Kochbuch gewählt hat: Sie rollt den hellen Teig und den Schokoladeteig gemeinsam aus, wickelt beide Teige anschließend in Wachspapier und stellt sie dann kühl. Am nächsten Tag, wenn sie den Teig in Stücke schneidet und ausbäckt, ergibt sich ein Spiralmuster. Oder sie teilt den Teig fünffach und färbt ihn mit Lebensmittelfarbe. Uns schmecken die Plätzchen, ihr bereitet der komplizierte und doch ordnungsgemäß verlaufende Vorgang der Vorbereitung und des Backens Freude. Nachspeisen machen ihr besonders Spaß, doch sie hat noch viel mehr in ihrem Repertoire. Sie bäckt unser Brot, macht Salate an und zaubert Spaghettisoßen, Joghurt, Omelettes, eine Apfelsoße sowie eine dicke, wohlschmeckende Suppe aus Meeresfrüchten. Um ihr Frühstück oder Mittagessen brauchen wir uns schon seit Jahren keine Sorgen mehr zu machen, da sie selbst dafür sorgt und die Ernährungsprinzipien der Feinschmeckerküche dabei anwendet.

Wenn keine Eier oder keine Milch mehr im Haus sind, so fällt ihr das auf, und sie geht in die Stadt, um den Vorrat zu ergänzen. Sie versteht die Rezepte ohne fremde Hilfe, weil der Wortschatz immer der gleiche bleibt und die Bedeutungen klar festgelegt sind. Kochen und Malen sind Tätigkeiten, die sie allein ausführen kann, und zwar in der Zeit, wenn niemand sonst zu Hause ist. Sie kocht aber auch gern zusammen mit anderen, ihren »Hilfsköchen«, wie Jessy sie nennt, denn sie hat großes Interesse für die langen Wörter entwickelt, die sie für den Schreibmaschinenkurs buchstabieren gelernt hat. Dann geht es in der Küche hoch her: Für uns sind die Mädchen wie eigene Töchter oder so etwas wie Ersatzschwestern für Jessy, die wir »Jessy-Mädchen« nennen, während sie sie einfach als Freundinnen bezeichnet. Wenn sie kommen, bringen sie häufig auch noch eigene Freunde mit, dann ist das Haus erfüllt von der Umtriebigkeit, wie sie vor Jahren gang und gäbe war, bevor ihre Geschwister eigene Wege gingen und das Haus verließen.

Es gibt viele Bilder, die mir in den Sinn kommen. Jessy arbeitet in der Postabteilung ihres College, wo sie Briefe sortiert, gegebenenfalls die Adressen zum Nachsenden ändert oder sie in die zweitausend numerierten Briefkästen der betreffenden Studenten steckt. Wenn eine Postkarte mit einer Zwanzig-Cent-Briefmarke anstatt einer für dreizehn Cents frankiert ist, so ist sie überglücklich: »Überfrankiert!« flötet sie und strahlt dabei über das ganze Gesicht. Oder das Gesicht eines Studenten taucht auf, der seinen Briefkasten in dem Moment leert, in dem Jessy die Post hineinlegt. Auch das freut sie. Oder sie sitzt an der Rechenmaschine und rechnet die Gebühren aus, die den Professoren der einzelnen Institute in Rechnung gestellt werden, eine pedantische Arbeit, die viel Genauigkeit erfordert und die sie, im Gegensatz zu ihrem Vorgänger, in der Hälfte der Zeit erledigt, die er dafür benötigte. Wenn ihr ein Fehler unterläuft, so nimmt sie ihn sich zwar zu Herzen, hat sich aber dabei durchaus in der Hand: »Ich hab' ›leise‹ geweint!« Ein anderes Bild: Nachdem sie mit der Freitagspost ihren Scheck erhalten hat, steht sie in der Bank am Schalter Schlange, um ihn einzureichen. Sie hält etwas zu wenig Abstand zu ihrem Vordermann, kann sich aber zurückhalten, ohne zu versuchen, sich nach vorne zu drängen. »Guten Tag, Jessy.« Man kennt sie in der Bank, man ist freundlich zu ihr, im Rahmen der natürlichen Freundlichkeit der weiblichen Angestellten. Viel wissen sie nicht über Jessy, aber sie wissen, daß sie anders ist. Ein Mensch ist anders, wenn es ihm weniger Schwierigkeiten bereitet, einen Scheck einzureichen, als geduldig zu warten, bis er an der Reihe ist.

Und noch eine Szene. Hier gibt es am wenigsten Worte zu verlieren, es sei denn, wir belauschen die Unterhaltung, denn ansonsten fällt nichts weiter auf als ein attraktives junges Mädchen, das bei McDonalds sitzt und mit einer Freundin einen Hamburger verzehrt. Doch für jeden, der mit ihrer Vergangenheit vertraut ist, dürfte dies das wichtigste Erfolgserlebnis vor allen anderen sein.

Jessys Tag beginnt recht früh. Wie sie es auch schon zu ihrer Schulzeit gemacht hatte, steht sie so zeitig auf, daß sie pünktlich zur Arbeit kommt. Am Abend vorher legt sie sich ihre farblich sorgfältig aufeinander abgestimmten Kleidungsstücke heraus, damit sie genügend Zeit zum Duschen, zum Bettmachen und zum Frühstücken hat, denn wenn sie das Gefühl hat, daß sie zu spät kommt, wird sie nervös. Sie hat zwar einen Wecker, aber den braucht sie nicht. Unter Umständen nimmt sie mit ihrem Vater oder mit mir gemeinsam das Frühstück ein, doch das hat nichts mit Kontrolle zu tun, sondern damit, daß es zusammen einfach mehr Spaß macht. Pünktlich verläßt sie dann das Haus, ob wir da sind oder nicht. Gegen drei Uhr nachmittags kommt sie aus der Arbeit nach Hause, anschließend beschäftigt sie sich mit Abstauben, Staubsaugen, Bügeln oder Wäschewaschen. Sie flickt ihre Kleider mit der Nähmaschine oder mit der Hand. Sie webt auf einem von ihrem eigenen Ersparten gekauften Webstuhl, wobei sie die Kettfäden selbst aufzieht, anstatt lediglich das Schiffchen hin- und herzubewegen. Wenn der Wasserhahn tropft, ist sie in der Lage, die Dichtung auszuwechseln. Angesichts dieses fröhlichen und sich ständig nützlich machenden Mitglieds unseres Haushalts scheinen die langen Jahre der Stagnation fast vergessen zu sein.

Und doch sind Spuren davon übriggeblieben. Am entspanntesten und normalsten wirkt Jessy, wenn sie zu tun hat. Mit Malen, Kochen oder Radiohören – wobei sie allerdings von Vorgelesenem mehr beeindruckt zu sein scheint als von der Musik – füllt sie ihre Freizeit bis zu einem gewissen Grad aus, und das Repertoire ihrer Tätigkeiten wird ständig größer. Mit einem Puzzle aus tausend Teilen ist sie ein oder zwei Nachmittage lang beschäftigt, während ein neues Buch mit Irrgärten sie etwa zwei Wochen lang in seinen Bann zieht. Gelegentlich nimmt sie auch ein Buch zur Hand und liest sogar ein wenig darin. Irgendwann aber gibt es nichts mehr zu tun, und wenn dann niemand zugegen ist, um sie mit etwas Neuem vertraut zu machen und sich selbst daran zu beteiligen, zeigt sich, daß die alte Jessy nach wie vor vorhanden ist, wenn sie mitten am Nachmittag mit dem Gesicht nach unten aber mit geöffneten Augen auf dem Bett liegt oder in ihrem Schaukelstuhl hin- und herwippt. Dies ist der einzige Ort, an dem wir ihr gestatten zu schaukeln. Wenn wir ihr jedoch nicht Einhalt gebieten oder wenn es dunkel ist, schaukelt sie wie eine Wilde. Dann kann man sich ausmalen, was aus ihr geworden würde, ja was immer noch aus ihr werden kann, wenn die Welt um sie herum sie im Stich läßt – ein entsetzlicher Gedanke.

Doch in diesen Phasen kapselt sie sich nicht länger ab. Zu den schwierigsten Bewährungsproben, denen die jungen Leute ausgesetzt waren, die mit ihr arbeiten und spielen sollten, gehörten die Zeiten, in denen sie nicht mit ihnen zusammensein wollte, sondern schaukelte, immer und immer wieder einen Ball aufprallen ließ oder sich ihrer »Spinnerei« überließ, nämlich dem Ausstreuen von selbstgemachten Konfetti, die sie aus Zeitschriften ausgeschnitten hatte, häufig aber auch aus von ihr selbst gemalten Bildern. Die jungen Leute mußten ja glauben, versagt zu haben, wenn Jessy sie wegschickte. Es ist nicht leicht, wie ich vor langer Zeit geschrieben habe, sich durch eine absichtliche Zurückweisung nicht verletzt zu fühlen, auch wenn man weiß, daß es nicht in böser Absicht geschieht. Vielleicht wird hier einfach Unmögliches verlangt. Wir versuchten, mit Jessy über dieses Thema zu sprechen, ihr verständlich zu machen, daß sie soeben die Gefühle eines anderen Menschen verletzt hatte. Doch obwohl sie in der Lage war, die Wörter nachzusprechen, hatten sie keinerlei Bedeutung für sie. War schon der Weg in die Sprache für Jessy lang und mühselig, so gestaltete sich die Erforschung der Gefühle, die der Sprache zugrunde liegen, noch mühseliger.

Aber ich erinnere mich an kleine Meilensteine auf diesem Weg:

Jessy ist fünfzehn. Zwei junge Frauen sind zu Besuch, nichts Ungewöhnliches, denn interessierte Zeitgenossen, die das Buch gelesen haben, tauchen gelegentlich bei uns auf. Wir verbrachten einen angenehmen Nachmittag zusammen. »Das waren doch nette Mädchen«, sage ich tags darauf. »Ich fand sie sympathisch. Fandest du Jane und Kathy auch sympathisch?« Aufgrund ihres Entwicklungsstandes können wir erwarten, daß sich Jessy bereits bei der Erwähnung des Namens an Bekannte erinnert. Lächelnd und stolz erwidert Jessy: »Ja, sag ihnen nur ja nicht, daß sie gehen sollen!«

Monat um Monat, Jahr um Jahr schreitet ihre Entwicklung fort, und immer wieder stoßen wir auf Meilensteine, die mittlerweile so häufig auftauchen, daß ich gar nicht mehr alle festhalte. Hier ein weiteres Beispiel: Jessy ist achtzehn. Ihre Schwester Becky, die seit langem fort ist, ruft uns aus dem

Ausland an, ein großes Ereignis. Am Telefon sucht Jessy, die noch vor drei Jahren höchstens in den Hörer hineinhauchen konnte, nach Worten: »Ich vermisse dich. Ich würde dich gerne hier haben«, sagt sie. Die Abwesenheit ihres Vaters über Jahre hinweg am Wochenende schien sie überhaupt nicht zur Kenntnis genommen zu haben. Aus den Augen, aus dem Sinn. Doch im selben Jahr bat sie plötzlich um seine Reiseroute, »damit ich weiß, wo mein Vater gerade ist«. Vergangenes Jahr bekam sie mit, daß sich die Ankunft einer Freundin verzögern würde, und sie rief: »Oh nein! Wann kommt Diana zurück?« Meilensteine? Wir stumpfen ab, denn es gab eine Zeit, da hätten wir etwas Derartiges als »Wunder« bezeichnet.

Denn Jessy ist keine Autistin mehr, wenn wir das Wort in seiner ursprünglichen Bedeutung verwenden. Sie ist nicht länger in ihr Selbst eingemauert. Das Selbst – mir fallen einige dieser überaus sachkundig klingenden Sätze ein, die ich damals nicht hinterfragt habe. Wie war es möglich, daß man in diesem Zusammenhang vom »frühen Zusammenbruch des Egos« oder von der geringen Wahrscheinlichkeit sprach, daß der oder die Betreffende jemals eine »integrierte Persönlichkeit« werden könne? Wenn das Ego eines Menschen ganz klare Grenzen zeigte, wenn eine Persönlichkeit jemals vollkommen integriert war, dann bestimmt Jessys! Doch die Mauern der Festung sind schon vor langer Zeit geschliffen worden, und jetzt liegen sie darnieder. Als wir vor einem Jahr über den Sund flogen, sahen wir unten eine winzige Insel, auf der ein Haus stand. Ich wußte um Jessys neu erwachtes Interesse an Wortschatz und sagte, daß das Haus dort *isoliert* sei, daß das Leben dort unten ziemlich einsam sein müsse, es aber ganz angenehm sein könne, wenn man keinen Wert auf andere Menschen lege. Jessy entgegnete, daß sie *sehr wohl* Wert auf andere Menschen lege. Und in der Tat, sie strahlt über das ganze Gesicht, wenn Mitglieder der Familie nach Hause kommen, sie nimmt sie ebenso in den Arm wie die vielen jungen Leute, die mit ihr seit ihrem vierten Lebensjahr gearbeitet haben. In ihrer unschuldigen und offenen Art würde sie auch flüchtige Bekannte, Mann oder Frau, in die Arme schließen, ja wohl auch gänzlich fremde Menschen. Wir mußten ihr erst beibringen, daß es ein Lächeln und ein Händedruck auch tun. Jessy lebt jetzt in unserer

Welt, wirklich in unserer Welt, sie ist kein Elfenkind mehr, sondern ein Menschenkind.

Doch das Land der Jugend hat sie noch nicht hinter sich gelassen. Trotz der Fortschritte, die sie bereits gemacht hat, ist sie noch nicht einmal auf dem Stand eines siebenjährigen Kindes, was die Subtilitäten von Mimik oder Körpersprache anbelangt, und auch den vielfältigen Anforderungen des miteinander Umgehens ist sie kaum gewachsen.

Mit sieben Jahren weiß ein Kind, daß es sich nicht gehört, Menschen verschiedenerlei Geschlechts dazu aufzufordern, dasselbe Bett miteinander zu teilen. Doch genau das schlug Jessy vor ein paar Monaten vor, als unser Haus belegt war und wir überlegten, wo Marilyn die Nacht verbringen solle. »Das Bett mit Milt teilen?« Jessy läßt sich gerne darüber aus, wer mit wem das Bett teilen könnte. Auch spricht sie gerne darüber, das Essen mit anderen zu teilen, und zwar aus dem gleichen Grund: Das Ergebnis ist immer eine lustige Unterhaltung über eines ihrer Lieblingsthemen, nämlich Keime und die Art und Weise, wie diese übertragen werden. Nicht, daß sie in Fragen der Sexualität ein unbeschriebenes Blatt wäre, sie ist sowohl zu Hause als auch in der Schule aufgeklärt worden, und zwar so gründlich, daß sie lächelnd zur Seite blickt und die Stimme senkt, wenn sie ein Wort wie »Geschlechtsverkehr« in den Mund nimmt. Es ist die gleiche Form einer milden Unanständigkeit, mit der sie Dinge wie auf die Toilette gehen erwähnt, es läuft auf das Vergnügen einer Fünfjährigen hinaus, gewisse Tabus zu verletzen. Doch nichts davon ist in der sachlichen und fröhlichen Art und Weise zu spüren, mit der sie darüber redet, das Bett miteinander zu teilen. Und warum auch? Ein geistig zurückgebliebener Erwachsener kennt die Tabus, doch Jessy weiß nichts von den Gefühlen, die einen dazu bringen können, das Bett miteinander zu teilen; und obwohl ihr körperliche Empfindungen nicht gänzlich unbekannt sind, beschränken sich ihre sexuellen Erfahrungen doch auf die eigene Person und haben nichts damit zu tun, das Bett oder sonst etwas mit anderen Menschen zu teilen.

Mit körperlichen Gefühlen umgehen zu lernen ist leicht, denn der Körper ist ein guter Lehrmeister. Doch die Gefühle im Inneren sind nicht faßbar und für ungeübte Sinne weder sichtbar noch hörbar. »Du hast Debbie weh getan.« Ein siebenjähriges Kind würde begreifen, was wir damit sagen wollen, doch schauen wir uns an, wie Jessy reagiert, wenn sie zu begreifen versucht, daß sie nicht zu weinen braucht, wenn sie mit dem Schulbus fährt.

Sie ist mittlerweile fünfzehn und nimmt seit über einem Jahr den Schulbus. Es gibt Probleme, aber auch Fortschritte. Allmählich wird sie mit ihrer Enttäuschung fertig, wenn sich jemand anderer auf ihren Lieblingsplatz setzt oder sie es versäumt, einen Blick auf die Plakatwand zu werfen, die sie gerne jeden Tag anschauen möchte – beziehungsweise dort hinzuschauen, wo das Plakat *früher* hing, denn es ist bereits vor zwei Monaten entfernt worden. Wenn wir jetzt darüber reden, zeigt sie keine Anzeichen von Bedrücktheit, sondern genießt es, sich mit Dingen aus der Vergangenheit zu beschäftigen. Ich erinnere mich noch gut an die Zeit, als sie nicht einmal die einfachste Frage zu formulieren vermochte. Mittlerweile fragt sie heiter lachend: »Tut es den Gefühlen der Menschen weh, wenn ich im Bus weine?« Jessys Weinen klang wie das Kreischen der Todesfee, wie das Wehklagen einer Sirene. (Autistische Kinder weinen anders als andere Menschen.) Und das im Bus, bei geschlossenen Fenstern. »Es tut den Menschen in den *Ohren* weh«, erkläre ich. Das habe ich schon oft gesagt, und wahrscheinlich ist es genau das, woran sie denkt. »Aber nicht ihren *Gefühlen*«, füge ich hinzu und ringe um eine Erklärung. Es ist offenkundig, daß sie mich nicht versteht. Schrille Töne tun einem in den Ohren weh, sie weiß das aus eigener Erfahrung. Doch die Gefühle der Menschen haben nichts mit ihren Ohren zu tun. Ich sage, daß man den Menschen weh tut, wenn man ihnen das Gefühl gibt, daß man sie nicht mag. Deshalb fordert man sie auch nicht auf zu gehen. Doch Jessy hört nicht mehr zu, wie kann ich ihr den Sachverhalt begreiflich machen? Ihren Ohren tut es ja nicht weh. Sie sucht nach einer konkreten Definition, doch es gibt keine. Worauf könnte ich Bezug nehmen? Dort, im Land der Jugend, gibt es keine verletzten Gefühle, keine Peinlichkeiten, kein Schamgefühl. Vier weitere Jahre sollten vergehen, ehe sie allmählich zu begreifen begann, was es heißt, wenn ein anderer Mensch seine Meinung äußert.

Ein paar Monate später versucht sie es erneut: »Warum bedeutet Lachen über weinende Leute, daß man ihnen weh tut?« Mir fällt eine Geschichte ein, die drei Jahre zurückliegt:

Ein Mann im Rollstuhl, abgemagert, bleich wie der Tod, noch jung, er kann kaum über dreißig sein. »Fuß *gebrochen*«, sagte Jessy damals und versuchte sich über die Situation klarzuwerden. Ich war bekümmert und entsetzt, doch der Geist des Erziehers regte sich in mir, denn es war mir in Fleisch und Blut übergegangen, aus jedem Erlebnis eine Lektion zu machen. »Nein, er hat sich nicht das Bein gebrochen, er ist krank – ich glaube sogar, sehr krank.« Wie ein lustiges Vögelchen hebt Jessy ihre Stimme, will geflissentlich die interessante Welt besser begreifen: »Wird er bald sterben?« Gott sei Dank waren wir mittlerweile außer Hörweite.

Fünf Jahre später platzt sie plötzlich heraus: »Tut mir leid, daß ich dir gestern so zugesetzt habe.« Gestern. Wir waren abends um den Tisch versammelt gewesen, Jessy, ihr Vater, ich selbst und Lynn, das Mädchen, das seit Jessys siebzehntem Geburtstag bei uns wohnt. Jessy hatte mir sanft eins auf den Mund gegeben, um so ihre Enttäuschung über die Gesprächsgewohnheiten der Erwachsenen auszudrücken, die nie zu einem Ende kamen, so daß sie selbst von der Unterhaltung ausgeschlossen blieb. Früher hatten wir wochenlang auf eine Äußerung von ihr gehofft, denn sprechen, das tat sie nur in meinen kühnsten Träumen. Jetzt – ein weiteres Wunder – schien es an der Zeit, sich darüber zu unterhalten, jemandem ins Wort zu fallen und kundzutun wie schwierig es ist zu warten, bis man an die Reihe kommt, wenn man etwas sagen möchte. Um der Lektion auch etwas Spaß abzugewinnen, konstruierte ich eine Situation, in der man jemanden durchaus unterbrechen durfte. »Natürlich kannst du jemandem ins Wort fallen, *wenn es brennt.*« Jessy lacht ausgelassen, wie immer, wenn sie sich eine mögliche Katastrophe ausmalt. »Dann kannst du sagen: ›Entschuldigung! Es brennt!‹« Ein anderes Beispiel: Es tropft durch die Decke. Das gefällt Jessy, und sie erfindet ein eigenes Beispiel: »Oder der Keller ist überschwemmt?« Begeistert pflichten wir ihr bei: »Weil diese Dinge *wichtig* sind«. (Wir beschäftigen uns eingehend mit diesem Begriff.) »Aber«, füge ich hinzu, »es gibt auch noch andere Dinge, die wichtig sind.« Mit einem Ausdruck komischer Übertreibung auf dem Gesicht, den Jessy versteht und mag, fährt ihr Vater fort: »Wenn Lynn plötzlich schlecht wird und sie ganz grün im Gesicht wird und vom Stuhl fällt, das wäre ein guter Anlaß, um uns zu unterbrechen.« Und jetzt Jessys Kommentar: »*Wenn Lynn krank wird, ist das wichtig?*«

Es ist, als würde man mit einem Marsmenschen zusammenwohnen. »Sie hat nur eine andere Auffassung davon, was wichtig ist«, hatte ich vor langer Zeit meiner Nachbarin mitgeteilt. Der Fehler bestand in der Verwendung des Wörtchens »nur«. Jessy ist immer noch unser Elfenkind, das aus einem anderen Universum zu uns kam, in dem es absolut kein Arg, aber auch – wie ich es früher ausgedrückt hätte – kein Mitgefühl gibt. Doch was uns in den vergangenen Jahren am deutlichsten auffiel, ist die Tatsache, daß Jessy ständig weiterlernt. Wir wußten natürlich, daß der Lernprozeß bei unseren normalen Kindern mit achtzehn nicht zum Erliegen kommt, weshalb nahmen wir also an, daß das bei Jessy so sein würde? Jessy lernt von Jahr zu Jahr mehr und tut sich leichter dabei, denn sie ist zumindest dabei zu lernen, *wie* man lernt – zuhören, mitmachen, nachmachen, verallgemeinern, ein wenig von der Schwingung um einen herum aufnehmen, ein ganz kleines bißchen nur von dem, was sogenannte »normale Leute« angeblich »spontan aufschnappen«.

Das Erlernen des Sprechens fiel Jessy überhaupt nicht leicht, es bedurfte all der Hilfe, die wir ihr geben konnten. Auch Mitgefühl war etwas, was sich bei ihr nicht spontan entwickelte. Auch hier bedurfte es der Hilfe, und es hat noch länger gedauert, bis sich bei ihr so etwas wie Mitgefühl entwickelte. Piaget sagt, daß ein Kind etwa sieben Jahre alt ist, wenn es allmählich die Fähigkeit entwickelt, sich in einen anderen Menschen hineinzuversetzen. Wie so oft war es eines der Jessy-Mädchen, das in jenem Sommer, als Jessy zweiundzwanzig wurde, beschloß, daß es an der Zeit war für sie, eine neue Verhaltenskategorie zu erlernen. Gemeinsam malten sie die Wörter aufs Papier: *an andere denken*. Mit Buntstiften schrieben sie dann sechs verschiedene Möglichkeiten dazu auf. Für Jessy müssen die Dinge klar und präzise sein. Wir hatten bereits begriffen, daß für dieses Kind, das sich mit abstrakten Begriffen wie Form und Zahl sehr leicht tat, sogar eine offenkundige Abstraktion wie »helfen« nur ein Wort war, es sei denn, wir würden ihr dabei behilflich sein, konkrete Beispiele zu finden, um dem Ganzen Sinn zu verleihen.

Vier Jahre waren vergangen, seit wir sechs verschiedene Möglichkeiten der Hilfe in eine Verhaltenstabelle eingetragen hatten, auf die ich zu gegebener Zeit zurückkommen werde. »An andere denken« war dabei eine selbstverständliche Erweiterung des Gedankens.

Nicht, daß man mit sechs – oder auch mit sechzehn – Möglichkeiten, an andere zu denken, die fehlende Einsicht in das, was andere spüren, ersetzen könnte. Wir müssen Jessy immer noch sagen, wenn man sich schlecht fühlt oder traurig ist, und ihre stereotype Reaktion darauf – »ich hoffe, es geht dir bald besser« – ist nicht gerade ein großer Trost. Und dennoch – vergangenes Jahr verkündete sie mir stolz, daß sie nun Muskatnuß anstatt Zimt in das Suppenmehl tat, »weil du das lieber magst«. Heuer legte sie zum Mittagessen klassische Platten auf, »weil du keine Rockmusik magst«. Zu Joe, ihrem Freund aus dem Sonderunterricht, sagt sie: »Ich hab' für meine Mutter und Valerie zu Ostern Eier versteckt, und es hat ihnen großen Spaß gemacht!« Im Anschluß daran stößt sie einen leisen Ton aus, der an einen sanften Quiekser erinnert. *Lerne zu arbeiten und zu warten.* Ich weiß noch, wie sie mir im Wartezimmer des Arztes vor so vielen Jahren Süßigkeiten in den Mund steckte – ist das wirklich schon zwanzig Jahre her? Sanfte Quiekser sind die Folge davon, für uns der Lohn der Mühe.

Ich habe soeben eine Nachricht von den Studenten bekommen, die mit Jessy den Sommer in unserem Haus verbringen, während wir an der Küste Urlaub machen – schließlich arbeitet sie ja und kommt uns nur besuchen, wenn sie frei hat. Der Bericht zeugt, wie alles andere auch, von Fortschritten, die sie macht, aber auch von den Einschränkungen, mit denen sie zu kämpfen hat.

Nachdem ich abgereist war, geriet sie den ganzen folgenden Tag über sehr leicht außer Fassung. Mit Pfeifen konnte man ihr die schlechte Laune vertreiben, doch es gab etwas, das noch wirkungsvoller war: *»wmnb-fm«*, dieses Gestammel genügte, und Jessy begann zu lächeln. Doch dann die Hiobsbotschaft: Tracys Vater hatte einen Autounfall gehabt, lag im Koma, und Tracy weinte. Jessy nahm die Tränen wahr, und man mußte ihr nicht sagen, daß Tracy traurig war. Jessy versuchte, so gut sie eben konnte, sich in

Tracys Situation hineinzuversetzen. Sie sagte nicht: »Ich hoffe, daß es dir bald besser geht«, sondern statt dessen: »*wmnb-fm*«.

Es ist, als würde man mit einem Marsmenschen oder mit einer Märchenfee zusammenleben, das heißt, eigentlich ist es, als würde man mit einer Figur aus dem alten Rußland, dem heiligen Narren, arglos, durchschaubar und rein, unter einem Dach leben.

Aus der bisherigen Darstellung geht hervor, daß die Nichtwahrnehmung sozialer Zusammenhänge nicht das einzige Kriterium für Jessys Zustand bildet. »Autismus bedeutet nicht eine Behinderung, sondern mehrere, wozu auch die Unfähigkeit des Gehirns gehört, die eigenen Wahrnehmungen zu entschlüsseln beziehungsweise sie nutzbar zu machen«, schrieb ich vor fünfzehn Jahren. Damals machte ich mir Gedanken über die mißliche Lage eines Kleinkinds, »das mit einer Welt konfrontiert wird, in der durch ein unverständliches Wirrwarr verschiedenster Eindrücke sogar die Unterscheidung zwischen Objekten und menschlichen Wesen verschleiert wird«. Damals schien es mir angebracht zu sein, diese Erläuterung als Frage zu formulieren, denn eine solche Sichtweise galt zu dieser Zeit mitnichten als allgemeingültige Erklärung. In den vergangenen fünfzehn Jahren hat sich jedoch viel verändert. Den Ursachen des Autismus ist die Forschung zwar immer noch nicht auf der Spur – höchstwahrscheinlich dürfte sich wie bei Krebs auch keine singuläre Ursache finden lassen, geschweige denn eine entsprechende Heilmöglichkeit. Die Hypothese aber, die sich mittlerweile am wenigsten von der Hand weisen läßt, ist genau diese Unfähigkeit zur Entschlüsselung und Weiterverarbeitung von Informationen. Wer mit den jüngsten Entwicklungen auf diesem Sektor vertraut ist, erwartet auch gar nicht mehr, daß im Innern des autistischen Kindes ein normales Kind darauf wartet, daß es endlich aus seinem Kokon schlüpfen kann. Obwohl die Umgebung, in der ein autistischer Mensch lebt, von Bedeutung sein kann, ja womöglich von entscheidender Bedeutung ist, dürfte Autismus mit an Sicherheit grenzender Wahrscheinlichkeit seine Ursprünge im Gehirn haben. Aus der Unfähigkeit des Gehirns, die Welt zu entschlüsseln, ergeben sich die anderen Störungen und Eigenheiten, die ich in meinen Schilderungen

der Ereignisse angedeutet habe und die das Gehirn auch über-
lagern könnten. Doch die am deutlichsten sich manifestie-
rende Störung ist jene, die dem Leser bei allem, was ich bislang über Jessy berichtet habe, bereits aufgefallen sein dürfte:
Es geht dabei um das Problem der Verwendung und des Begreifens von Sprache.

Sprache beinhaltet weit mehr als lediglich gesprochene
Sprache. Die Störung des autistischen Kindes bezieht sich dabei nicht nur auf den Erwerb und das Verständnis gesproche-
ner Sprache, denn wenn das alles wäre, hätten wir eine ähnliche Situation wie bei Taubheit beziehungsweise einer Art der
Sprachstörung, die unter dem Begriff »Aphasie« bekannt ist.
Eine weitere, noch früher auftretende Störung isoliert das autistische Kind zusätzlich: Es ist nicht einmal in der Lage, Gebärden selbst zu verwenden oder zu interpretieren, und die
Fähigkeit zur Gebärde entwickelt sich vor der gesprochenen
Sprache. Kleinkinder machen »winke, winke« und zeigen
umher. Außerdem ist das Verständnis einer Gebärde von
Sprache unabhängig. Tiere reagieren auf Gebärden und können einen bestimmten Gesichtsausdruck beziehungsweise
verschiedene Stimmlagen interpretieren. Doch mit neunzehn
Monaten machte Jessy überhaupt keine Anstalten, auf etwas
zu zeigen, und obwohl sie mit dreiundzwanzig Jahren längst
leicht nachahmbare Gebärden wie das Zeigen gemeistert hat,
habe ich bereits darauf hingewiesen, welch weiten Weg sie
noch zurücklegen muß, um die subtile Sprache des Gesichts-
ausdrucks und des Körpers deuten zu können.

Es ist genau diese vorherrschende Störung, die in unmittelbarem Zusammenhang mit dem Mangel an Mitgefühl des Autisten steht und die autistischen Menschen mehr als alles andere diesen Hauch des Fremdartigen verleiht. Deshalb erwähne ich diese Tatsache an erster Stelle, bevor ich nun im
folgenden auf Jessys eigentliche Sprachschwierigkeiten ein-
gehe. Im Kontext ihrer Unfähigkeit, die Welt um sich herum
zu deuten, mögen die Schwierigkeiten, die sie mit Wörtern
hat, trivial erscheinen. Und doch ist es ihre Sprechweise, das
auffälligste Merkmal ihres Zustandes, die die Leute als erstes
an ihr bemerken. Ihre Familie, ihre Lehrer, ihre Logopäden,
Jessy selbst – alle haben sich sehr viel Mühe gegeben, ihre
Sprechfähigkeit zu verbessern, und ich möchte dazu etwas
vorausschicken.

Wer mehr als ein oder zwei gesprochene Wörter von Jessy hört, bemerkt, daß etwas nicht stimmt. Sie hat Englisch als Fremdsprache gelernt, allerdings wesentlich langsamer als unter normalen Umständen, und sie redet immer noch so, als ob es nicht ihre Muttersprache wäre. Je mehr sie das, was sie berichten will, erregt, desto katastrophaler wird ihr Redefluß. Ihre Aufmerksamkeit reicht nicht weit genug, um sowohl was sie sagt als auch wie sie es sagt, gleichzeitig abdecken zu können. Sie bringt die Pronomina durcheinander und sagt »du« anstelle von »ich«, »sie« anstelle von »er« oder »sie« anstelle von »wir«. Auch verwechselt sie Artikel und die Zeiten, oder diese Elemente verschwinden ganz; bei den Verben läßt sie die Flexionsendungen oder gleich das ganze Verb weg.* (Autistische Kinder aus Frankreich, die mit ständigen Veränderungen bei den zahlreichen Flexionsänderungen der Verben zu kämpfen haben, begnügen sich mit der einfachen, unveränderlichen Infinitivform, wie das auch viele Touristen machen.) Und auch uns selbst geht es so, wenn wir geistig überlastet sind und uns in einer erlernten Fremdsprache ausdrücken, es sei denn, diese ist uns bereits in Fleisch und Blut übergegangen.

Unter Umständen haben wir auch Probleme damit, den Tonfall einer Fremdsprache, die Aussprache bestimmter Laute und Wörter und in noch stärkerem Ausmaß den Akzent, die Sprachmelodie, in den Griff zu bekommen, die der Sprache ihren unverwechselbaren Charakter verleiht. Genauso ist es bei Jessy: Nimmt die Zahl der Silben überhand, so verschluckt sie sie, und die Sätze gehen nicht mehr automatisch ineinander über, sondern müssen mühselig gebildet und aneinandergehängt werden. Doch damit noch nicht genug. Auch bestimmte Feinheiten in der Betonung sind Jessy nicht geläufig. Sie betont zum Beispiel alle Fragen in der gleichen steigenden Intonation. Sie verfügt nicht über das Repertoire eines normalen Menschen, der ein »Nein« oder »Was?« auf

---

* Wer mit dem Begriff »Aphasie« etwas anfangen kann, sieht sofort die Parallelen. Autisten zeigen ganz unterschiedliche und vielfältige Formen von Sprachstörungen, was auch für viele andere Symptome gilt. Fünfzig Prozent dieser Menschen lernen überhaupt nie sprechen, während die meisten Autisten, die sich etwa auf Jessys Niveau befinden, im Gegensatz zu ihr eine wesentlich flüssigere und idiomatischere Sprache beherrschen. Diese Überlegenheit auf dem sprachlichen Sektor bedeutet jedoch nicht notwendigerweise, daß sie im sozialen Bereich bewußter sind.

vielfältigste Weise aussprechen kann, so daß sich die Bedeutung vollkommen wandelt, sondern kennt nur zwei oder drei Möglichkeiten. Zwar nimmt ihre Stimme je nach Gemütslage eine andere Tonlage an, wenn sie fröhlich ist, sich freut, Angst hat oder bedrückt ist. Doch irgendwie hört es sich trotzdem »anders« an, und man wird unwillkürlich an die Ausdruckslosigkeit jener Menschen erinnert, die taub zur Welt gekommen sind. Seit ihrer Geburt ist Jessy mit unseren Stimmen vertraut, und Jahr für Jahr hört sie ihnen aufmerksamer zu und ist in der Lage, sie besser und auf intelligentere Weise nachzubilden. Doch ein Charakteristikum des Autismus ist die Schwierigkeit des Nachahmens, und Jessy kann die wechselnden Tonlagen des normalen menschlichen Ausdrucks nach wie vor nur annäherungsweise imitieren.

Immer noch sind bei Jessy autistische Merkmale zu beobachten. Wir leben inmitten einer übersteigerten Geräuschkulisse, wie von so vielen Beobachtern konstatiert wird. Jessy hat gelernt, die Intensität ihrer Reaktionen auf die vielfältigen Klick- und Summtöne in den Griff zu bekommen, die im 20. Jahrhundert ständig auf uns einwirken. Doch sie reagiert nach wie vor darauf. »Stell dir vor, der Kühlschrank eingeschaltet, während die Tür offen! Ein lautes Klicken!« Hat ein Laut erst einmal Jessys Aufmerksamkeit erreicht, so dringt er auch während einer Unterhaltung oder über eine gewisse Entfernung zu ihr durch. Noch im übernächsten Zimmer hört sie das Surren oder eben das Nichtsurren des Kühlschranks. Manche Laute bereiten ihr ein ganz merkwürdiges Vergnügen. Andere Laute oder Sätze lösen hingegen eine ähnlich merkwürdige Unruhe in ihr aus, die aufgrund ihres abrupten Hereinbrechens auf Außenstehende fast wie eine allergische Reaktion der Seele wirken mag. Stereotype Redewendungen wie »keine Ursache« oder ein simples »Was?«, harmlose Begriffe wie »Wasser« oder »Grille« lösen unter Umständen bei ihr unterschwelliges Gemurmel oder sogar heftiges Weinen aus. Wir üben derartige Wörter mittlerweile ganz bewußt ein, denn in der Arbeit, draußen in der Welt, muß sie in der Lage sein, damit umgehen zu können, wenn jemand »Was?« fragt oder »Ich weiß nicht« sagt. »Ich weiß nicht« ist für sie wie ein »angespieltes Lied«, teilt uns Jessy mit. Sie mag keine angespielten Lieder. Sie wirft uns finstere Blicke zu, wenn wir in ihr Zimmer kommen und im Radio gerade bestimmte Lieder gespielt werden. Sie empfindet unsere Anwesenheit als Störung, doch sie versucht die Aufforderung, man solle doch wieder gehen, zu unterdrükken. Ähnliches Unbehagen löst ein Satz wie »Ich weiß nicht« aus. Das ist vollkommen logisch, wenn man bereit ist, folgende Prämisse zu akzeptieren: Die Vorsilbe »un« von »ungespielt«, so Jessy, hört sich an wie »nein«, während »gespielt« wie »ja« klingt. Demzufolge verhält sich »angespielt« zu »gespielt« und »ungespielt« wie »Ich weiß nicht« zu »Ja« und »Nein«. Es ist sozusagen genau die Mitte. Ist doch sonnenklar, oder? Für einen Marsmenschen schon.

Ein anderes Beispiel. Jessy ist fünfzehn. Zum Frühstück hat sie sich acht Scheiben Speck gebraten. Warum? »Weil gut.« Warum gut? »Weil Anna auch husten und rülpsen. Ton und leise.« Ich frage: »Wenn Anna gleichzeitig sprechen würde, wäre das Ton?« – »Nur Höflichkeit (›Entschuldigung‹, ›Danke schön‹ usw.) ist Ton.« Und das normale Gespräch? »Das ist kein Ton. Und die Glocke im Lager ist ein Ton und die Schiffssirene. Und Tierlaute, wie ein Hund.« Ich erinnere mich an das plötzliche Gebell, über das wir immer herzlich lachen mußten. Das war uns schon vor langer Zeit aufgefallen, und es waren genau diese Laute, die für uns am wenigsten zu bedeuten hatten, die Jessys Aufmerksamkeit erregten. Mittlerweile hat Jessy selbst das Prinzip klarwerden lassen. Sie klassifiziert nur unbedeutende Laute als hörbar: Rülpsen, Husten sowie ständig wiederkehrende standardisierte Wendungen. Damit erhalten wir einen schwachen Eindruck davon wie es in all den Jahren für sie gewesen sein muß, in denen die gesamte Sprache für sie unverständlich geblieben war.

Zurück zu unserem Frühstück mit Speck. Jessy teilt die Welt nach wie vor gerne in Kategorien ein. Je nachdem, welchen Tag wir gerade hatten, buchstabierte sie früher ihren Namen auf fünf verschiedene Arten. Und dann haben wir da noch ein System: »Etwas ziemlich schlecht erledigen ist nur drei, schlecht ist zwei und sehr schlecht ist eins! Etwas schlecht erledigen, kriegt die höchste Punktzahl! Kein Wunder Ei kriegen!« In der Tat, für die Logik Jessys nicht verwunderlich. Ein schlechter Tag bedeutet nur zwei Scheiben Speck, also ist eine »Zulage« erforderlich.

Das alles ist wohldurchdacht in Jessys kleinen grauen Zellen, die so natürlich ordnen wie die Atmung.

Jessy ist vergnügt wegen des Specks. Doch jetzt kennen wir den Grund dafür, warum sie in den Jahren, in denen ihr noch keine Wörter zur Verfügung standen, um uns ihre Gründe mitzuteilen, so oft bekümmert war – das heißt, wir begreifen, daß wir es eigentlich nie begreifen werden. Mit neun kam sie von der Schule nach Hause, die Kehle wie zugeschnürt und völlig erschöpft vom Weinen: »Ich hab' vergessen, ›Ha, Ha‹ zur Zapfsäule zu sagen!« Bis zum heutigen Tag bleibt sie nicht gern bis Mitternacht auf, und zwar »wegen der ›Ha, Ha‹«. Auch normale Kinder stehen oft unter dem Zwang von Ritualen, die sie selbst geschaffen haben. Aber niemand hat Jessy jemals dabei belauscht, wie sie eine Zapfsäule mit »Ha, Ha« begrüßt oder das zu mitternächtlicher Zeit getan hätte. Wenn wir sie danach fragen, so sagt sie: *Im Kopf!* Ein weiterer kurzer Blick in ihr inneres Leben. In dem, es sei hier noch einmal betont, der Kummer nur eine untergeordnete Rolle spielt.

Die Feenwesen, die an Jessys Wiege standen, segneten sie mit einer Frohnatur, und ihre Zwänge bedeuten eigentlich eher Freude anstatt Schmerz für sie. Sie lacht und lächelt viel häufiger als sie weint – jedenfalls viel häufiger, so glaube ich, als die meisten Menschen in ihrem Alter. Das ist ein Grund dafür, warum die Leute sie mögen. (»Witze, also etwa Straßen aufessen, ein Mann hat drei Arme, ein Haus steht auf dem Kopf, und Blumen, die aus dem Telefon wachsen, das bringt mich zum Lachen.«) Sie hat ein einnehmendes, freundliches Lächeln und reagiert ganz normal auf Erfreuliches sowie auf Menschen. Häufig rührt ihr Lächeln allerdings aus dem Land der Feen, doch was sie dann entzückt, gehört in Gefühlsbereiche, in die wir ihr nicht mehr zu folgen vermögen. Wie damals unser blondes Baby lächelte und vor so langer Zeit seinen Platz suchte. Dieses verschmitzte Lächeln ist Teil ihres Zustands.

Es macht aber auch einen Teil ihres Charmes aus. Vor fünf Jahren schrieb ein Psychologe eine komplette Beurteilung über sie. Es heißt darin, daß er im Rahmen der drei Stunden, die er mit Jessy verbrachte, keinerlei Anzeichen »für ein gestörtes, bösartiges oder bizarres Denken« finden konnte. Jessys Gedankenwelt ist in der Tat kaum je durcheinander oder gestört, geschweige denn bösartig. Wir waren überrascht und sehr froh darüber, daß sie einen ganzen Nachmittag ohne Stimmungswechsel verbringen konnte. Wirkte Jessy jedoch bei einer Unterhaltung mit Freunden noch ganz bezaubernd, so schlug dies in tiefe Beunruhigung um, wenn sich das Ganze im Supermarkt oder im Kreise ihrer Kollegen in einem betriebsamen Büro abspielte.

Jessys Gedankenwelt ist allerdings sehr wohl äußerst bizarr. Ich glaube kaum, daß der Psychologe im Rahmen seiner Tests mit Jessy über Speck sprach, und für die nüchterne Jessy kamen im Rorschach-Test wohl kaum Grillen vor. Ihm dürfte auch kaum die Art und Weise aufgefallen sein, in der sie es vermeidet, »danke schön« zu sagen, oder, wenn sie den Ausdruck gezwungenermaßen dann doch verwendet, dabei die Wörter verschluckt und über unsere Köpfe hinweg blickt, um nur ja nicht dem imaginären »Hängemännchen« in unseren Augen zu begegnen. Das »Hängemännchen« ist jener kleine Kamerad, der in den Bäumen hängt oder an die Wäscheleine geklammert ist und der höher oder niedriger springt, je nach den konventionellen Formeln der Höflichkeit, die sie weit mehr durcheinanderbringen können als Ereignisse in der wirklichen Welt.

Und ganz bestimmt sind ihm die »kleinen Nachahmungs-Leute«* entgangen, die in all jenen Haushaltsgeräten wohnen, die summen und surren und sonstige Laute von sich geben. Jessy ringt nach wie vor nach Worten, auch wenn es ihr insgesamt leichter fällt als früher. Sich selber Sätze auszudenken ist immer noch wesentlich schwieriger für sie. Abgesehen von Themen, die ihr sehr am Herzen liegen, führt sie kaum ein Gespräch, und was sie zum Ausdruck bringt, ist schwer erkämpft, sachlich und langweilig. Doch sobald man sie über die kleinen Nachahmungs-Leute befragt, taut sie auf: »Stell dir vor! Auch der Herd ist eine Phantasiefamilie!« Jessy steht mit beiden Beinen in der Realität; mit sieben lernte sie die Begriffe »wirklich« und »so tun, als ob« ohne Probleme, obwohl sie damals noch kaum irgendwelche Adjektive verwendete.

---

* Wenn man wissen will, wie Sprache für Jessy klingt, nehme man das Wort »Liliputaner«. Seit wir vor einigen Jahren die Bilder in ›Gullivers Reisen‹ angeschaut haben, verwendet sie den Begriff »kleine Nachahmungs-Leute« und hat diese auch gezeichnet.

Ihre Phantasiefamilien haben nichts mit Halluzinationen zu tun. »Lärm vom Ofen gleich wie Summen der Waschmaschine. Dieser Teil der Familie hat nur zwei Kinder und beide heiraten und eines davon hat Kinder und das andere nicht. Und es gibt vier Teile der Familie. Mitglied unserer Familie hat zwei Teile. Zweiter Teil sind meine Kusinen. Ofen hat drei Gruppen von Kusinen. Manche der Schwestern und Kusinen gehören zu Karen.« (Karen ist Jessys Lieblingsname.) »Es gibt zwei Karens in zwei verschiedenen Gruppen von Kusinen, und beide sind nicht verheiratet. Zu jung.« Etwas später, während wir ein Kinderbuch über Astronomie betrachten, erweitert sie diesen Gedanken. »Jede Galaxie hat viele Sonnenfamilien. Wissen, warum ich das sage? So tun, als ob die Sonne Elternteil ist, und die Planeten sind die Kinder, und die Erde bin *ich!*« Dann bemerkt sie eine Schwierigkeit. »Aber die Sonne ist nicht verheiratet.«

Was die Familien der Haushaltsgeräte so interessant macht, ist die Komplexität ihrer Familienbeziehungen. Bei der Beschreibung dieser Verwandtschaftsverhältnisse erweist sich Jessy als Naturtalent für Strukturen. »Dritte und vierte Gruppe haben Karens dabei. Dritte Gruppe hat auch Stiefeltern. Kinder müssen Halbschwestern und Halbbrüder sein. Die erste Gruppe ist die älteste, die vierte Gruppe ist die jüngste. Die dritte Gruppe teilt sich in zwei. Eltern hatten drei Kinder, ließen sich scheiden.« (Auf Lynns Eltern traf das zu.) »Vater heiratete andere Frau, drei Kinder von erster Frau, eines von der zweiten. Und es gibt eine Geschirrspülmaschinen-Familie – verschiedene Namen. Und das Kind der dritten Gruppe aus der Waschmaschinen-Familie wird das älteste Kind der Geschirrspülmaschinen-Familie heiraten, und es wird die Schwiegerfamilie sein.« (Jessys Schwester Sarah hatte ein Jahr, bevor diese Unterhaltung stattfand, geheiratet: Bei der Familienfeier kam Jessy mit den Schwiegereltern zusammen.) »Ofen, Geschirrspüler und Waschmaschine. Und auch dazu gehört Trockner. Ich wende ein, daß wir gar keinen Trockner haben. Jessy lacht. »Familie im *Geschäft!* Und Keime haben auch Familie! Im Körper! Und Insektenfamilie! Ameisenfamilie!« In der Einbildung, frage ich, oder wirklich? Jessy kichert: »In der Einbildung!«

Erste Gruppe, vierte Gruppe, dritte Gruppe gliedert sich in zwei. Acht Stück Speck. Strukturen. Nummern. Ordnungsvorstellungen. Als Jessy neun war, führte ich sie über das einfache Zählen in die grundlegenden Rechenvorgänge ein, und zwar mit Bauklötzchen und Stöckchen sowie mit Gruppen von Kreisen und Dreiecken. Ich bezweifle mittlerweile, daß sie die Bauklötzchen und Stöckchen überhaupt benötigte, doch ich wollte sicherstellen, daß die Konzepte sinnvoll waren. Wir behandelten die Multiplikation und Division und anschließend das Bruchrechnen. Ich erinnere mich noch gut an meine eigene Verwirrung, als ich so alt war wie Jessy, wenn der Lehrer ständig über Kuchenstückchen sprach, ich jedoch nie eines zeichnete. Ich zeichnete also klare, abstrakte und verständliche Kreise und Rechtecke, teilte sie anschließend in zwei, drei, vier, fünf... zwölf... sechzehn Teile und schrieb sie dann in der für die Bruchrechnung typischen Weise als ein Halbes, ein Drittel, ein Viertel und ein Sechzehntel. Setzte ich Jessy unter Druck? Hier und da zerbrach ich mir damals darüber den Kopf, denn in jenen Tagen ermutigte man die Eltern nicht einmal, ihren normalen Kindern das Lesen beizubringen. Der Schulleiter, der sie aus der Klasse für zurückgebliebene Kinder nahm, in der sie sich doch ganz offenkundig so leicht getan hatte, würdigte ihre Additions- und Subtraktionsaufgaben nicht einmal eines Blickes, er behauptete einfach, sie habe alles rein mechanisch gelöst, quasi auswendig. Für mich war ganz offensichtlich, daß sich Jessy mit Bruchrechnen wesentlich leichter tat als ich selbst. Sie begriff das Ganze passiv, allerdings ohne besonderen Enthusiasmus dabei zu zeigen.

Zwei Jahre später – sie war mittlerweile elf – war das Rechnen für sie so einfach geworden, daß sie nun selbst mit Zahlen zu spielen begann. Stunde um Stunde multiplizierte und teilte sie, quadrierte Zahlen und erhob sie zur dritten Potenz, und zwar alle Zahlen bis hundert, wobei sie große Zahlen durch sieben, elf, dreizehn, siebzehn und neunzehn teilte. Eine ganze Schachtel voller Rechenaufgaben von ihr habe ich aufgehoben. In Bruchzahlen drückte sie das Verhältnis zum jeweiligen Tag im Jahr aus, den wir gerade erreicht hatten: Am 6. März betrug das Verhältnis 15:73, das heißt 75:365, auf den kleinsten gemeinsamen Nenner gebracht.

Ganz fasziniert war sie von der Faktorenrechnung. Sechzig war ihre Lieblingszahl, denn sie ließ sich auf vielfältigste Weise teilen. Im Verlaufe eines Jahres entdeckten wir, daß wir ihr jede beliebige Zahl bis tausend vorlegen konnten, ja sogar darüber hinaus, und sie uns ohne Zögern sagen konnte, ob es eine Primzahl war. War es keine, so konnte sie uns die Primfaktoren nennen, und zwar mit einer derartigen Sicherheit, daß sie sogar einmal einen Druckfehler in einer offiziellen Primzahlentabelle entdeckte. Zahlen verloren ihre Neutralität und reichten hinab bis in die geheimnisvollsten Quellen ihres inneren Lebens. »Stell dir vor! Siebzigtausenddrei ist eine Primzahl!« Manche Zahlen waren schlecht, ein Jahr lang gehörte beispielsweise die Fünfundsiebzig dazu, was etwas problematisch war, denn wir lebten damals in der Nähe von Paris, und auf den Nummernschildern der Autos stand die Fünfundsiebzig für Paris. Jessy verabreichte allen Autos, die die Fünfundsiebzig aufwiesen, Fußtritte. Doch diese Bewertungen waren nicht von Dauer: »Stell dir vor! Eintausendzweihundertvierzig jetzt *gut!*« Auszug aus einer Unterhaltung über Speck drei Jahre später: »Sechs, vier, drei, fünf, zwei, eins ist eine magische Zahl.« Die Sieben nicht? will ich wissen. »Sieben auch, und alle anderen, bis Unendlich.« Sind manche magischer als andere? »Eins bis acht ist sehr magisch.«

Erwarteten wir einen großen Sprung nach vorne? Ein normales Kind, das mathematisch begabt ist, freut sich über neue Entdeckungen, ja sucht geradezu danach. Bei Jessy war die Mathematik genauso autistisch wie alles andere an ihr. Sie wollte nicht mehr Mathematik lernen, sondern immer wieder die gleichen Aufgaben lösen, bis sie ihrer schließlich überdrüssig wurde und einfach aufhörte. Sogar auf diesem Gebiet, das ihr so leichtfiel, machte es ihr keinen Spaß, etwas Neues zu lernen. Später konnte man sie damit gerade noch fünfzehn Minuten bei der Stange halten.

Und dann wurden die Zahlen so magisch, daß sie sie nicht mehr aussprechen wollte. Wenn wir ihr gut zuredeten oder Druck ausübten, schrieb sie sie bestenfalls auf oder flüsterte sie vor sich hin, wobei sie die Augen schloß. Und das traf auf so viele Dinge zu, die sie am liebsten hatte – Sätze, zu kostbar, um sie auszusprechen, oder Schallplatten, die sie nicht spielen wollte. Wir hatten schon seit längerem unsere Vermutungen darüber angestellt, was sie dabei wohl fühlen mochte, und mit zwölf drückte sie es dann endlich in Worten aus: »*Zu gut.*« In jenem Jahr stellte sie für verschiedene Arten von Platten eine Tabelle auf. Tabellen sind ihre Leidenschaft. Denn damit lassen sich Erfahrungen einordnen. Musik klassifizierte sie gemäß der Anzahl der geschlossenen Türen, die sie zwischen sich selbst und eben diese Musik bringen mußte, um sie vor dem Vergnügen zu schützen. Vier Türen waren dabei natürlich die beste Plazierung – Hardrock war einfach zu gut, um gespielt werden zu können. Popmusik erhielt zwei und klassische Musik nur noch eine Tür. Sprechplatten ließ sie mühelos links liegen, und sie bekamen überhaupt keine Tür.

Jessy kann mittlerweile mit ihren Überempfindlichkeiten viel besser umgehen, aber ganz verschwunden sind sie immer noch nicht; ebensowenig wie ihr Vergnügen am Aufstellen von Systemen und wie die Unruhe, die sie empfindet, wenn diese Ordnung gestört wird,* ganz zu schweigen von der emotionalen Energie, die sie genau jenen Bereichen zuteil werden läßt, die für einen normalen Menschen völlig selbstverständlich sind. Die normale Welt? Einmal sprach ich mit jemandem über Jessys Zahlen. Meine Gesprächspartnerin war eine Krankenschwester, eine geübte Beobachterin, und wie es der Zufall so will, hatte sie sich vor kurzem mehreren Operationen unterziehen müssen. Sie berichtete, daß sie jedesmal, wenn sie aus der Narkose erwacht war, eine Zahl im Kopf hatte, von der sie *hundertprozentig* wußte, daß sie von entscheidender Bedeutung war. Könnte es nicht etwas ganz Ähnliches sein, was sich auch in Jessys Gehirn abspielt?

Ich bin sicher, daß sie in der Mathematik weitere Fortschritte hätte erzielen können. In der Schule hatte sie Kaufmännisches Rechnen und Rechnungswesen, wobei sie diese Fächer ebenso wie Schreibmaschine und Kunst zusammen mit anderen Kindern belegte. In Rechnungswesen erhielt sie die Note »Sehr gut«, obwohl das Lehrbuch voll mit Sätzen war, die sie nicht begriff und nicht gelesen hat, da bin ich sicher. Dennoch konnte sie die Rechenoperationen durchführen. Wahrscheinlich hätte sie auch Algebra und vielleicht sogar Geometrie gemeistert, doch es gibt wenige Lehrer, die sich die Zeit dafür genommen hätten, höhere Mathematik sprachlich so darzubieten, daß eine Fünfjährige die Thematik

---

* Früher Morgen. Jessy ist achtzehn. Ich höre, wie jemand in der Küche weint. Ganz spontan liefert sie eine Erklärung. Die Suppenschüssel sollte oben im Geschirrspüler stehen. Nicht unten. »Hast du *deshalb* geweint?« Sie (unbekümmert): »Ja! Ich bin froh, daß ich sie nicht *zerwarf*, als ich einen Wutanfall hatte!«

begreifen kann, und außerdem bestanden keine zwingenden Gründe für ein derartiges Vorhaben. Im Lauf der Jahre traf Jessy durchaus mit dem einen oder anderen zusammen, der ihr von sich aus etwas Neues aus der Mathematik zeigte: Logarithmen, einfache Funktionen, die Umwandlung von Gleichungen oder Fibonacci-Zahlen. Sie hat eine schnelle Auffassungsgabe, ist aber nicht mit dem gleichen Vergnügen bei der Sache wie früher bei ihren ständig gleichen Rechenaufgaben. Über alles, was ich ihr beibringen konnte, verfügt sie längst, während ihr Vater, der die Mathematik liebt und verehrt, unter der Enttäuschung leidet, daß sie zwar mehr leisten könnte, aber lieber ständig das wiederholt, was sie ohnehin schon kann.

Der stereotype Wiederholungszwang des Autismus ist nach wie vor bei ihr zu beobachten, auch wenn im Zuge gemeinsamer Anstrengungen dieses Syndrom in jahrelanger Arbeit etwas abgeschwächt werden konnte. Es gibt nie etwas anderes als Hot Dogs in der Erbsensuppe, auf dem Webstuhl werden nur Halstücher gefertigt, tagein tagaus stumpfsinnige Routine. Bis zum Überdruß die gleichen Gespräche, und zwar über Bahnhöfe, Straßenbau und Keime. Ich erinnere mich an einen Artikel über heranwachsende Menschenaffen, denen im Experiment Sauerstoff entzogen worden war. Ein Satz lautete, die Folge sei »mangelhafter Forscherdrang«. Jessy war neun, als ich ihr endlich beibringen konnte, sich ein Bonbon zu holen, und zwar zuerst in meiner Tasche, dann aus einer Entfernung von mehreren Zentimetern und dann aus etwa einem Meter Abstand. Dann waren wir so weit, daß wir zu Ostern Ostereier suchen konnten. Wenn sie offen dalagen, entdeckte sie die Eier oder wenn man zu ihr sagte: »Schau unter das Kissen, Jessy.« Ein Jahr später zu Ostern – was für eine Gedächtnisleistung! – ging sie mit ihrem Korb an exakt die Verstecke, die wir vor zwölf Monaten benutzt hatten, und hoffte dort Eier zu finden. Jetzt, nach zehn Jahren, hat sie damit natürlich keine Probleme mehr. Sie stöbert sogar Dinge auf, die wir nicht entdecken können. »Ich finde es einfach nicht!« sagt sie, wenn sie eine unserer stereotypen Wendungen dazu wiederholt. Sie, die so oft korrigiert worden ist, korrigiert jetzt uns sehr gerne, und wir schätzen es sehr, wenn sie dabei jene Begriffe verwendet, die davon zeugen, daß sie Fortschritte macht und immer besser mit den Anforderungen des Lebens zurechtkommt.

Während ich schreibe, höre ich im Parterre Jessy rumoren. »Huch, ich hab' das Ticken der Acht-Tages-Uhr überhört.« Doch die Krise bleibt aus. Seit Jahren üben wir nun schon »Flexibilität«, wobei schon allein der Begriff eine Hilfe für sie ist, um mit den Disharmonien in einem ansonsten geordneten Universum zurechtzukommen. Sie ist sehr stolz darauf, Rezepte nach eigenen Ideen zu modifizieren, und auch die Tage, an denen sie staubsaugt und die Bettwäsche wechselt, sind nicht mehr ständig die gleichen. Da sie weiß, daß sie Dinge, die sie kaputtgemacht hat, aus eigener Tasche bezahlen muß, hält sie sich mit Fußtritten gegen irgendwelche Geräte zurück, wenn sie einen Fehler gemacht hat. Es geht darum, ihre Flexibilität zu erhöhen und ihr bizarres Denken auf ein Minimum zu reduzieren, denn das führt fast zwangsläufig zu bizarrem Verhalten.* In der Arbeit, so glaube ich zumindest, weiß niemand etwas von den kleinen Nachahmungs-Leuten, die natürlich zweifelsohne auch die Rechenmaschinen und elektrischen Schreibmaschinen ihrer Kollegen bevölkern. Was die Zahlen der Telefonrechnung ihrer Abteilung angeht, so hat sie emotional neutral zu bleiben, und ich hoffe inbrünstig, daß Jessy in der Lage ist, sich zu beherrschen, falls der höchst unwahrscheinliche Fall doch eintreten sollte, und ihr Chef das Wort »Grille« in den Mund nimmt. Und dennoch wollen wir nicht, daß diese merkwürdigen Produkte ihrer Phantasie völlig aus unserem Leben verschwinden. Es liegt uns nichts daran, ihr bizarres Denken zu fördern, doch es vollständig zu unterdrücken würde bedeuten, Jessy auf das geistlose Niveau ihrer normalen Gespräche zu reduzieren und dabei ihre Individualität und ihren Charme zu opfern, Dinge also, die zweifelsohne zu ihren positivsten Seiten gehören.

Jenseits aller Erwartungen, ja fast jenseits aller Hoffnungen, scheint ein Weg geebnet worden zu sein, der diese Extreme miteinander verbindet. Vielleicht ist es möglich, daß Jessy auf

---

* Hier eine Notiz von Jessy aus dem Jahr 1974, damals war sie sechzehn, eine ihrer längeren Aufzeichnungen in schriftlicher Form: »An der Bushaltestelle habe ich durchgedreht. Ich habe viele Steine mit den Füßen getreten, bin gesprungen, habe geschaukelt, bin gehüpft und gerannt und habe den Kopf geneigt. Du wußtest es, es gibt ein paar besondere Wörter. Ich habe Angst, nie mehr wieder im Schreibmaschinenunterricht zu sein. Heute habe ich an der Bushaltestelle nicht durchgedreht.«

beide Aspekte nicht verzichten muß, das heißt, daß sie sowohl mit dieser merkwürdigen Sprunghaftigkeit ihres emotionalen Lebens in Verbindung bleiben kann, ohne daß deshalb ihre Anpassung an die normale Welt darunter leiden müßte. Vielleicht sollten wir an dieser Stelle über Jessys Malerei sprechen.

Während der langen Jahre, in denen sich Jessy so schwer mit der Sprache tat, war die Malerei eine unserer wichtigsten Verständigungsmöglichkeiten. Zwischen ihrem achten und vierzehnten Lebensjahr hat Jessy buchstäblich Tausende von Bildern gemalt, die sie in eigens dafür angelegten Büchern sammelte und die ein merkwürdiges Universum rasch verfertigter und stereotyper Interpretationen ihrer eigenen Abenteuer, diejenigen ihrer Familie und natürlich der kleinen Nachahmungs-Leute darstellen. Auf ihren Werken sind Straßen, Skalenanzeigen, Schallplattenspieler, Zahlen, Wolken und vieles mehr von dem zu finden, was auf wundersame Weise ihr emotionales Interesse erregt hat. Wir verbrachten Stunden über Stunden damit, über die Bilder zu sprechen. Während das Sprechen ihr nach wie vor große Schwierigkeiten bereitete und das Alltagsgeschehen sie kaum aus der Reserve locken konnte, schafften dies die Bilder sehr wohl – allerdings konnten sich damit ihre fixen Ideen natürlich auch ungestört weiterentwickeln.

Mit dreizehn Jahren kam Jessy in die Kunstklasse der hiesigen High School, die etwas aus dem Rahmen fällt. Neun Jahre lang zog sich der Unterricht in Malerei wie ein roter Faden durch den eigens auf sie zugeschnittenen Lehrplan. Wie sich herausstellen sollte, hatte Jessy keine Probleme damit, nach der Natur zu zeichnen, aber auch Auftragsarbeiten konnte sie mit zunehmender Gewandtheit und Fingerfertigkeit erledigen. Bizarre Themen traten dabei völlig in den Hintergrund. Sie malte achtbare Stilleben, perspektivische Skizzen von Räumen und Gebäuden und als Auftragsarbeiten sogar kubistische Kompositionen. Diesen fehlte jedoch ein gewisser eigenständiger Charakter, der über das hinausgegangen wäre, was ihr aufgrund ihres feinen Gespürs für Linienführung, Layout und Farbgebung sowie ihrer Angewohnheit, ihren Themen aus ungewöhnlichen Blickwinkeln gerecht zu werden, auf natürliche Weise in den Schoß gefallen war. Außerdem brachte sie ihre durchaus ausgereifte Kunst nicht spontan hervor, wie das bei ihren »Büchern« der Fall gewesen war. Sie reagierte auf entsprechende Aufforderungen zu malen, doch im Gegensatz zu ihren Büchern hatte sie darüber hinaus nichts Spezifisches zu berichten. Das Malen ging ihr offensichtlich leicht von der Hand, und sie erwies sich als äußerst talentiert. Aber eigentlich hatte sie kein Interesse daran, und mit Bedauern nahmen wir an, daß damit die naive Spontaneität ihrer früheren Kunst geopfert worden war, es sei denn sie war, wie das bei normalen Kindern der Fall ist, einfach darüber hinausgewachsen.

Doch der Schein trügte. In den vergangenen beiden Jahren hatte Jessy einen noch nie dagewesenen Kreativitätsschub. Sie verwendet mittlerweile ihre ausgereifte Technik, um damit ihrer individuellen Sichtweise jener Objekte Ausdruck zu verleihen, die für sie soviel verborgene Bedeutung besitzen. Skalenanzeigen von Radios, Bahnübergänge, elektrische Heizkissenschalter, Quarzheizkörper – ja sogar Grillen –, die zu mehr oder minder abstrakten Designelementen verfremdet werden, zeichnen sich durch eine surreale Intensität aus, und zwar aufgrund von Jessys Form- und Farbgefühl, das sie bereits hatte, bevor sie sprechen konnte, und das sie jetzt nutzen kann, um ihre privaten Vorlieben der Öffentlichkeit zugänglich zu machen. Jessy ist ein Naturtalent in Sachen Pop Art. Durch die grellen Acrylfarben gewinnen ganz gewöhnliche Objekte an Originalität und Schönheit, während der stereotype Wiederholungszwang des Autisten in die künstlerische Erforschung eines Themas umgewandelt wird. Die Sichtweise, aus der heraus Jessy malt, ist nicht die unsere, doch durch ihre Malerei können wir ihrer teilhaftig werden, einer Kunst, die mit den Geheimnissen ihres Innenlebens überfrachtet ist, aus ihr herausstrahlt und ein wenig von der verborgenen Intensität ihres Lächelns preisgibt.

Immer noch bleibt vieles rätselhaft, gibt es vieles, das einer Erklärung harrt. Vor langer Zeit stellten wir uns die Frage, ob das Problem kognitiver oder affektiver Natur sei, ob es also seine Wurzeln im Begriffsvermögen Jessys oder in ihrer emotionalen Orientierung in der Welt hatte. Damals waren wir zu dem Ergebnis gekommen, daß wir keine Entscheidung treffen mußten, wenn es um die alltäglichen Verrichtungen ging. Im Laufe der Zeit, als Jessy sich weiterentwickelte und wir ihren langsamen und unzureichenden Spracherwerb beobachteten und als es allmählich klar wurde, daß die Sprache, die sie erlernte, mehr und mehr die Einfachheit und Direktheit ihrer Wahrnehmungen verriet, wurde auch deutlicher, daß sich jene Beobachter getäuscht hatten, die autistischen Kindern eine normale Intelligenz bescheinigten. Die Tatsache einer kognitiven Störung ließ sich nicht von der Hand weisen. Jessy war genauso rätselhaft wie eh und je, doch je mehr wir über hirngeschädigte Menschen in Erfahrung brachten, desto deutlicher traten bestimmte Merkmale ihrer Sprechweise, ihres Denkens, ja sogar ihres Verhaltens zutage, denen nichts Einzigartiges anhaftete, geschweige denn, daß sie typisch für Autismus gewesen wären.

Ich lernte eine Mutter kennen, deren Kind bei der Geburt unter Sauerstoffmangel gelitten hatte und deshalb schwer zurückgeblieben war. Mit vierzehn Monaten kreischte das Kind jedoch, wenn sein Fläschchen mit einem roten anstatt mit einem blauen Sauger versehen war; mit vier Jahren, immer noch stumm, öffnete der Junge jede Schublade im Haus – allerdings nur einige Zentimeter weit. Das erinnerte mich an Jessys Spielkarten, die sie immer ganz akkurat an der Fußbodenkante entlang aufreihte. Ich las die Bücher anderer Mütter, die behinderte Kinder hatten, unter anderem auch das Buch ›Brain Child‹ von Peggy Napear. Das Kind war ein eindeutiger Fall von zerebraler Kinderlähmung und konnte mit acht Jahren immer noch nicht gehen. Und doch ähnelte ein Verhaltensmuster nach dem anderen jenen Syndromen, die ich auch bei Jessy beobachtet hatte.

Ich las Beschreibungen von Menschen, die einen Schlaganfall erlitten hatten, und stieß auf den Begriff der »Anomie«, womit die Schwierigkeit gemeint ist, die diese Menschen bei der Verwendung eines Substantivs hatten, das sie zwar gut kannten, ihnen aber nicht einfiel – ein Problem, mit dem wir uns in abgeschwächter Form wohl auch auseinandersetzen müssen, wenn wir älter werden. Das Wort oder der Name ist irgendwo im Hirnkästchen versteckt und fällt uns auch leicht ein, wenn wir nicht danach suchen, doch wenn wir es dann verwenden möchten, liegt es uns vielleicht auf der Zunge, aber wir bekommen es nicht heraus. Dabei fällt mir Jessy im Alter von drei Jahren ein, die immer dann ihre wenigen Wörter, die sie kannte, verwendete, wenn man es am wenigsten erwartete, sie jedoch nie dazu benutzte, um irgend etwas dadurch zu erreichen. Jessy mit fünf, die das Wort, nach dem sie suchte, erkannte, sobald ich es aussprach, doch nicht in der Lage war, auch nur annäherungsweise selbst draufzukommen. Jessy, die eine Melodie sang, und zwar nicht, nachdem sie sie gerade gehört hatte, sondern sechs Wochen später. Jessy, die so viele Dinge einmal, und nur dieses einzige Mal machte. Ich dachte an mein eigenes halbautomatisches Verhalten – wie sich beispielsweise meine Schreibmaschinenkünste in Luft auflösten, sobald ich mir bewußt wurde, was meine Finger gerade taten, oder wie lediglich jemand ins Zimmer treten mußte, und ich beim Klavierspielen schon einen falschen Ton anschlug. War das der Grund dafür, daß Jessy nur etwas zuwege brachte, wenn niemand von uns zusah? Gewollte Schwäche, gewollte Taubheit, Blindheit, Isolation. Ich bildete mir ein, diese Dinge gesehen zu haben, und hatte sie in den Mittelpunkt meiner Erzählung gestellt. Waren das einfach Illusionen oder – schlimmer noch – meine eigenen Erfindungen gewesen? Ich begann an den Grundfesten zu rütteln. Handelte es sich darum, daß sie nicht tun wollte, was andere Kinder taten, oder konnte sie es einfach nicht?

Es war eindeutig klar mittlerweile, daß Jessy nicht lernen *konnte*, so zu sprechen wie die anderen. Wenn es sich dabei also nicht um eine Frage des Willens handelte, welche Rolle spielten dann dabei die anderen? Bei der erneuten Lektüre dieses Buches wuchs in mir die Bereitschaft zu erkennen, daß eigentlich alles neu überdacht werden mußte. *Als ob*, hatte ich gesagt – *als ob* sie einfach nicht wollte. Ich war noch einen Schritt weitergegangen und hatte den Satz von der »Zurückweisung des Lebens durch ein kleines Kind« geprägt. War das alles falsch gewesen, eine romantische Darstellung, eine poetische Schilderung schlichter und trauriger Unfähigkeiten eines Kleinkinds? War vielleicht – um ein Beispiel zu nennen – die Weigerung Jessys, am Tisch aus dem Becher zu trinken, aus dem sie im Badezimmer so elegant trank, eigentlich keine Weigerung gewesen, sondern die schlichte Unfähigkeit, das erwünschte Verhalten auf Verlangen zu zeigen – ja konnte sie vielleicht nicht unterscheiden zwischen einem Zahnputzbecher und einem Becher zum Trinken? Manche Dinge vermochte sie sehr wohl zu unterscheiden – ihre Bälle oder ihre Kreise etwa. Bei anderen tat sie sich schwerer; sie hatte, so erinnerte ich mich, zwar sehr gut gelernt, die Wörter auf den ro-safarbenen Karten zu lesen, weigerte sich aber – oder konnte sie es einfach nicht? –, diese Wörter wiederzuerkennen, sobald sie sie in einem Buch entdeckte.

Ich habe versucht, mir das Ganze noch einmal Episode für Episode durch den Kopf gehen zu lassen. Vieles davon läßt eine Erklärung zu, die sich auf die Diagnose »kognitive Dysfunktion« stützt, manches fordert sie geradezu heraus, aber eben nicht alles. Als ich meine Aufzeichnungen noch einmal von vorne bis hinten durchlas und dabei in so vieles wieder eintauchte, das ich vergessen hatte, nahm Jessys Verweigerungshaltung plötzlich wieder Gestalt an. Ihre Trägheit war real gewesen, und dieser Trägheit war mit simplen kognitiven Erklärungen für ihre Unfähigkeit nicht beizukommen. Sie zog ihre Schuhe an und lachte. *»Sie wird dir den Gefallen nicht tun.«* Sie konnte diese Dinge, machte sie aber nicht. Auch was den Becher anbelangt, so scheint es nicht so zu sein, daß wir Jessy mit ihrer Unfähigkeit konfrontierten, den Becher in einer neuen Situation in die Hand zu nehmen oder zu erkennen, daß man aus ihm trinken konnte. Wenn dem so gewesen wäre, so hätte die von uns verfolgte Strategie, das Plazieren des Bechers auf dem kleinen Stuhl – unbekannter Ort und unbekanntes Gefäß – es ihr schwerer, nicht leichter gemacht, die Verbindung herzustellen und dementsprechend zu handeln. Vielmehr war es einfach ihr Unwille, den Becher zu nehmen und daraus zu trinken. Als wir diesen Punkt überwunden hatten – und das war gar nicht einmal so schwer –, konnte sie nach Gutdünken den Becher in der Küche genauso benutzen, wie sie das im Badezimmer tat. Kognitiv oder affektiv? Es hat sich wohl gezeigt, daß dabei beide Aspekte eine Rolle spielen. Barbara Caparulo, die an der Yale Universität im Bereich Psycholinguistik tätig ist, beschrieb derartige Beobachtungen als »Verschwimmen der traditionellen Trennung zwischen kognitiv und affektiv«. Es ist nicht nur unnötig, sich für eine der beiden Möglichkeiten zu entscheiden, sondern schlechterdings unmöglich.

Was ich »Verweigerungshaltung« genannt habe, durchzieht Jessys Entwicklung wie ein roter Faden. Es war nicht Unfähigkeit, die sie davon abhielt, Dinge unmittelbar aus unseren Händen anzunehmen oder aus ihrem Kinderbettchen zu klettern. Und die Kreise, die sie tagein, tagaus als Zweiein-halbjährige zeichnete und dann nie wieder – war dieser si-chere, feste Griff, der Druck auf den Buntstift, das exakte Schließen dieses Kreises wirklich etwas, das sie ein Jahr später nicht wiederholen konnte? Was hat es mit der Zartheit der von ihr gezeichneten Linien, mit den Figuren, die im Sand ausgelöscht werden, mit den Zeichnungen (als Neun- und Zehnjährige) auf sich, bei denen sie gelbe Buntstifte verwen-dete, die auf dem weißen Hintergrund fast unsichtbar waren? Was hat ihre Entscheidung zu bedeuten, nicht die unbeschrie-bene Seite des mit nach Hause gebrachten Schmierpapiers zu verwenden, sondern die Seite, auf der ihre kleinen Nachah-mungs-Leute mit purpurfarbenen Ditos und vervielfältigten Büronotizen konkurrieren mußten? Was sollen wir von den Puzzles halten, die sie als Siebenjährige einfach links liegen ließ? Als ich sie sechs Jahre später dazu überredete, sich wie-der damit zu beschäftigen, mußte ich sie erneut Schritt für Schritt aus ihrer ablehnenden Haltung herauslocken, wie wir das auch schon gemacht hatten, als sie drei war. Der einzige Unterschied bestand jetzt darin, daß das Puzzle mittlerweile tausend Teile hatte und sie mich einen Monat später haushoch schlug. Auch singen wollte sie seit dieser Zeit nicht mehr und veranstaltete ein solches Theater, wenn ich sang, daß ich es dann auch aufgab. Jahre später begann eine ihrer Freundinnen ein Lied anzustimmen, ohne es zu vollenden; Jessy sang das Lied mit ihrer reinen Stimme in genau der richtigen Stimm-lage zu Ende und reagierte damit auf das gleiche Lockmittel, mit dem sie vor langer Zeit dazu gebracht worden war, Ringe auf einem Stab aufzureihen. War die Musik »zu gut« gewe-sen? Erst sechs Jahre später benutzte sie diese Wörter, doch sie drücken aus, daß ihre Verweigerungshaltung weder wirk-lichkeitsfremd noch simpel war. Ich frage sie nach den Na-men der Kinder in der Waschmaschine. »Ich kenne eines von ihnen«, erwidert Jessy, »ich möchte es dir nicht sagen.« Na-türlich lächelt sie dabei.

Ich faßte alles das zusammen, als sie zwölf wurde, und schrieb einen Überblick über ihre Fortschritte für das Rund-schreiben jener Organisation, die für uns von so entscheiden-der Bedeutung geworden war: die Autism Society of Ame-rica. »Ob es um den Vorschlag geht, etwas zu malen, auf dem Klavier zu spielen, Schreibmaschine zu schreiben, schwimmen oder spazieren zu gehen – die typische Antwort Jessys auf solche Vorschläge lautet nach wie vor: ›Nein‹. Doch ein erfahrener Lehrer«, schrieb ich damals, »fährt in seinen Bemühungen unbeirrt in dem Glauben fort, daß die neue Tätigkeit, wie schon andere davor, schließlich doch irgendwann einmal zu unserer Zufriedenheit ausgeübt werden wird.« Mit zehn Jahren lernte Jessy, sich die Schuhbänder zu binden, mit elf das Bett zu machen. Mit dreizehn lernte sie Radfahren, dabei hatte ich schon befürchtet, sie würde nie über ihr Dreirad hinauswachsen. Mit fünfzehn brachte ihr ihre Freundin Anna bei, naturgetreu zu zeichnen. Langsam, ganz langsam, inspiriert durch die wundersame Wirkung von Geduld und Einfallsreichtum (und zwar war es diesmal der Einfallsreichtum anderer Leute), eignete sich Jessy neue Fähigkeiten an, während ihr andere in Fleisch und Blut übergingen. Wir wußten nicht – und wie hätten wir es auch ahnen sollen? –, daß die Mittel für einen großen Sprung nach vorne in greifbarer Nähe lagen.

Ein Zögern überkommt mich, wenn ich an den nun folgenden Abschnitt denke. Um was es dabei geht, dürfte viele Leser überraschen, manche sogar schockieren. Man hat mittlerweile viel gehört vom Mißbrauch sogenannter »Verhaltensmodifikationen«, doch die positiven Seiten dieser Methode sind vergleichsweise unbekannt. Und doch war es genau diese Methode der Verhaltensmodifikation, wobei bestimmte Techniken den noch übler klingenden Namen »operante Konditionierung« tragen, mit der Jessys Verweigerungshaltung, ihre massive und lähmende Trägheit, unerwarteterweise überwunden werden konnte.

Die Techniken von B. F. Skinner waren uns seit Jahren bekannt, etwa die, wie man denjenigen eine komplizierte Tätigkeit beibringen konnte, die sie vorher nicht hatten lernen können (Skinner trainierte damit unter anderem Tauben). Dabei wurde der Vorgang in winzige Schritte zerlegt und jeder davon mit einer kleinen Belohnung bedacht und damit verstärkt. Auf ähnliche Weise konnte man so, wie einem auch der gesunde Menschenverstand nahelegt, unerwünschte Gewohnheiten – und Jessy hatte mehr als genug davon! – mit (gelegentlichen) Strafen beseitigt werden. Wir wußten, daß diese Methoden bei autistischen Kindern bis zu einem gewissen Grad erfolgreich waren.

Die Pioniere auf diesem Gebiet, Frank Hewett, Ogden Lindsley und Ivar Lovaas hielten auf den Treffen unserer noch jungen Gesellschaft alljährlich Vorträge zu diesem Thema. Ich schrieb fleißig mit, um im Rundschreiben darüber zu berichten. Und doch vergingen Jahre, ohne daß wir die Techniken bei Jessy angewendet hätten. Zum Teil lag das an unserer eigenen Trägheit, denn unsere Belagerung war schon geraume Zeit im Gange gewesen und wir hatten den Enthusiasmus für neue Ansätze verloren, insbesondere wenn diese neue Anstrengungen unsererseits erforderlich machten. Zum Teil hing es auch mit einer gewissen Unwilligkeit zusammen – ich habe das von sehr vielen Eltern gehört –, sich mit dem Gedanken anzufreunden, daß das eigene Kind wie eine Ratte oder eine Taube trainiert werden könnte. In erster Linie war es jedoch Selbstgefälligkeit. Wie man auf die Toilette geht und sich dann dort verhält, läßt sich wohl durchaus einem Kind beibringen, indem man den Vorgang in achtundzwanzig Stufen zerlegt – doch wir waren bereits in der Lage gewesen, Jessy diese grundlegenden Fähigkeiten beizubringen, und hatten keines programmierten Lernvorganges dazu bedurft. Nun, wenn man damit das Verhalten auf einer Geburtstagsparty beeinflussen könnte… Aber das wird leider nicht klappen, also brauchen wir uns darüber keine Gedanken zu machen.

In dem Sommer, als Jessy fünfzehn wurde, hatten wir eine Begegnung der glücklichen Art. Ein anderes autistisches Kind besuchte uns an der Küste. Der Junge machte sich hervorragend.* Er war von Anfang an weniger gestört als Jessy, seine Sprechweise war mittlerweile flüssig, auch wenn er – er war mit der Fähre gekommen – ein übertriebenes Faible für Nebelhörner, die Titanic sowie die exakte Temperatur hatte, die erforderlich war, um im Long Island Sound einen Eisberg zu schmelzen. Jessy schenkte ihm keinerlei Beachtung, war al-

---

* Der Neunjährige zeigte passable Leistungen in einer normalen vierten Klasse, auch wenn er sozial isoliert war, und seine Lieblingsbeschäftigung in der Freizeit bestand darin, bis zu einer Million zu zählen. Mittlerweile hat er die High School abgeschlossen, war im Schach-Team der Schule und hat in der Schulband Schlagzeug gespielt. Ein paar persönliche Eigenheiten sind ihm zwar geblieben, doch nur wer seine Vergangenheit kennt, würde Zusammenhänge mit autistischem Verhalten sehen. Wie andere Krankheiten auch tritt Autismus in verschieden schweren Ausprägungen auf.

lerdings wie vom Donner gerührt durch einen Gegenstand, den er am Armgelenk trug: Es war ein Zähler für Golfschläge, und der machte »Klick«. Man konnte damit addieren und subtrahieren, und zwar bis hundert. Golfspieler benutzen das Ding, um die Anzahl ihrer Schläge zu zählen.

Der Junge hatte die Probleme, die nach wie vor bei Jessy zu beobachten waren, hinter sich gelassen – primitive Sprache, Gekreische, unverständliches Gemurmel sowie die ständige Verweigerungshaltung. Seine negative Haltung war die eines normalen kleinen Jungen. Der Zähler, den ein klinischer Psychologe vorgeschlagen hatte, machte der ganzen Familie das Leben leichter. Für dreißig Punkte, die er für das einem Neunjährigen angemessene vernünftige Verhalten erhielt, bekam er abends ein Eis. Jessy wollte *unbedingt* auch einen solchen Zähler haben. Doch wir befanden uns auf einer Insel, wo es nichts dergleichen gab. Wir mußten ihn auf dem Festland bestellen. Tage vergingen. »Zähler?« Jessy wartete *sehnsüchtig* darauf, *fragte* sogar danach, Jessy, die nie Vorfreude auf etwas zu verspüren schien, die nie etwas anderes wollte als Süßigkeiten. So stand das Experiment einer Verhaltensmodifikation von vornherein unter einem erdenklich günstigen Stern, und zwar weil Jessy selbst die Sache eingefädelt und gewollt hatte.

Natürlich wollte sie das Ding haben, denn es repräsentierte alles, was sie gerne mochte: Es hatte mit Zahlen zu tun, mit Genauigkeit, und es war leicht zu bedienen. Außerdem mochte sie die Klarheit der Vereinbarungen, die wir sonntagsmorgens über ihr Verhalten trafen: Es handelte sich dabei um Verhaltensmuster, die mit ihren eigenen Worten niedergeschrieben waren und die sie dabei beobachten konnte, wie sie auf dem Papier Gestalt annahmen – so wie sie vor langer Zeit zugesehen hatte, wie meine Zeichnungen Form annahmen. Mit dem Lesen hatte Jessy nach wie vor größte Probleme, und sie mochte es nicht, doch nur zu *gerne* las sie die Listen ihrer Verhaltensmuster: Sie nahmen all ihre Aufmerksamkeit gefangen, und vielleicht war es dieses Umsetzen in sichtbare Sätze, durch das sie lernte, mit ihnen umzugehen.

Die ersten kurzen Vereinbarungen bezogen sich nur auf fünf oder sechs Verhaltensmuster, wobei jedes eine bestimmte Punktzahl zugeordnet bekam. Ich hatte genug gelesen, um zu wissen, daß man das Experiment einfach gestalten mußte. Doch die Verhaltenstherapeuten hatten nicht mit Jessys Klassifikationsmanie gerechnet. Im Zuge der Vereinbarungen verpflichteten wir uns, »Hilfstätigkeiten« in bestimmte Kategorien aufzugliedern, doch Jessy begnügte sich nicht damit, sondern gab beispielsweise einer großen Aufgabe fünf Punkte, einer mittleren drei und einer kleinen einen Punkt. Nur meiner Hartnäckigkeit war es zu verdanken, daß wir Kategorien wie »sehr klein«, »ziemlich klein«, »mittelklein«, »mittel«, »ziemlich groß«, usw. vermeiden konnten. Über kurz oder lang mußten wir zwei Blatt Papier zusammenkleben, um alles auflisten zu können. Es war unmöglich, alles im Gedächtnis zu behalten, doch das war auch nicht notwendig, denn dafür sorgte Jessy, und zwar mit akribischer Genauigkeit. Mogeln ist für autistische Kinder ein Fremdwort.

In der Literatur zur Verhaltensmodifikation erhielten die Kinder greifbare Belohnungen: Kekse, Kartoffelchips oder ähnliches. Dementsprechend gab es bei hundert Punkten für Jessy ein Eis am Stiel. Erst an dem Tag, an dem sie es im Rahmen eines euphorischen Crescendo auf hundertvierundsechzig Punkte brachte, erkannten wir, daß das System selbst bereits die Belohnung darstellte. Das System und sie bildeten ein ideales Paar, denn es bot alles, was Jessy mochte und am besten begriff: Zahlen, Kategorien, Dinge nicht aus dem Auge zu verlieren. Mit staunender Genugtuung beobachteten wir, wie Jessy innerhalb weniger Wochen, manchmal innerhalb weniger Tage, ein ganzes Repertoire an neuen Verhaltensmustern annahm, wobei wir dankbar gewesen wären, wenn diese sich im Lauf von Jahren herausgebildet hätten. Und dazu genügte bereits eine ständig steigende Punktzahl.

Zunächst versuchten wir nichts zu vereinbaren, was sie nicht auch leicht und mühelos erfüllen konnte. Einer der Vorteile des Systems bestand darin, daß es so flexibel gehandhabt werden konnte, daß der Erfolg nicht ausblieb. Als sich Jessy an das damit verbundene Gefühl gewöhnt hatte, konnten wir uns auch an ein paar schwierigere Aufgaben wagen. Eine Tätigkeit auszuführen war leicht, denn nun hatte sie einen Grund dafür – es sind acht Jahre her, seit ich daran denken mußte, den Müll rauszutragen. Selbstbeherrschung zu erlernen war eine sehr viel schwierigere Aufgabe für Jessy, doch ihr Gemurmel und Gekreische ist, wenn auch noch nicht ganz verschwunden, deutlich weniger geworden, seit Jessy zum ersten Mal wenigstens den *Versuch* unternahm, sich entsprechend in den Griff zu bekommen. So erhielt sie hundert Punkte Abzug für Schlagen, ein aggressives Verhalten, das bislang nie ein Problem gewesen war, sich jedoch allmählich in den Vordergrund zu schieben begann, als das Leben für sie schwieriger wurde und ihre Bemühungen sowohl Frustrationen hervorriefen als auch Erfolge nach sich zogen. Allerdings konnte sie den Verlust wieder wettmachen, indem sie bei etwas unterstützend mitwirkte oder verhältnismäßig einfache Dinge fertigbrachte, wie etwa die Vergangenheit oder den bestimmten Artikel richtig zu verwenden.

Im Laufe der Zeit wurden alle möglichen Dinge in unsere Vereinbarungen mit aufgenommen, wenn wir nämlich die vergangene Woche durchsprachen und uns darüber unterhielten, was wir als nächstes in Angriff nehmen würden. Ihr Repertoire an Tätigkeiten im Haushalt nahm in diesen erstaunlichen achtzehn Monaten seinen Anfang, und im Zuge der Einübung und im alltäglichen Gebrauch dieser Fähigkeiten machte sie die wichtigste Entdeckung überhaupt, daß Arbeit der Faulheit vorzuziehen ist. Nach Erledigung ihrer jeweiligen Tätigkeit rechnete Jessy ihre Punkte zusammen, wobei sie einen zusätzlichen Punkt erhielt, wenn sie das Ganze erledigt hatte, *ohne dazu aufgefordert zu werden.* Als mir ein besonders enthusiastischer Verhaltenstherapeut erklärt hatte, er könne spontanes Verhalten programmieren, hatte ich ihn ausgelacht. Doch wer zuletzt lacht, lacht am besten.

Doch Sinn und Zweck dieses Systems bestand ja nicht darin, aus Jessy ein Arbeitstier für den Haushalt zu machen, sondern die Beschränkungen ihrer Welt etwas aufzubrechen. Etwas Neues zum Essen auszuprobieren (drei Punkte) bedeutet unter Umständen, daß es auch schmeckt. Oder eine neue Fähigkeit. Zwei Jahre lang hatte ich versucht, Jessy das Schwimmen beizubringen, trotzdem ruderte sie höchstens einen oder zwei Meter direkt in meine Arme und wagte sich nie über den Nichtschwimmerbereich hinaus. Als ich ihr tausend Punkte dafür versprach, wenn sie das Schwimmbecken (etwa zwanzig Meter lang) ihrer Schule durchschwamm, bildete ich mir ein, sie nun die nächsten Monate auf ein Ziel hinarbeiten zu sehen. An diesem Abend hörte ich plötzlich einen Plumpser, als Jessy im Schwimmerbereich (!) des Beckens ins Wasser sprang und die Distanz *achtmal* zurücklegte – was sich natürlich höchst inflationär auf unser Punktesystem auswirkte.

Verhalten, so sagt Skinner, wird von seinen Folgen beherrscht. Mir fällt dazu ein Beispiel aus unserer Zeit in Paris ein, Jahre bevor Jessy ihren Zähler erhielt. Sie hatte sich jahrelang geweigert, einen Aufzug zu betreten. Da wir in einer Gegend lebten, wo kein Gebäude mehr als vier Stockwerke hatte, war das nie ein Problem geworden. Doch nun mußte ich bestürzt feststellen, daß unser Apartment in Paris im elften Stock lag. Was tun? Doch als ich Jessy die Möglichkeit vorschlug, nach oben zu gehen, betrat sie ohne ein Wort zu verlieren den Aufzug. Offensichtlich bedeuteten die möglichen Folgen für sie etwas, und diese schienen untrennbar mit der Situation verknüpft zu sein. Eine realistische Einschätzung trat in den Vordergrund. Der Zähler funktionierte auf die gleiche Weise, unpersönlich und automatisch, und zwar aufgrund der Zahlen, die, dem Himmel sei es gedankt, auch entsprechende Konsequenzen nach sich zogen.

Der Zähler funktionierte aufgrund einer Kombination aus verbesserter Konzentration und erhöhter Motivation, so daß Jessy die Möglichkeit erhielt, Verhaltensweisen zu integrieren, von deren Bewältigung wir vorher gar nicht zu träumen wagten. Am problematischsten erwies sich zu dieser Zeit eine Marotte, von der Jessy so geprägt zu sein schien, daß wir die Hoffnung aufgegeben hatten, jemals eine Verbesserung herbeizuführen.

Im Verlauf der letzten beiden Jahre war ihre fragmentarische und mühsam erzeugte Sprache noch schwieriger zu verstehen geworden, weil sie einen verheerenden Tick entwickelt hatte. Er hing ganz offensichtlich mit ihrem Gemurmel zusammen, einer merkwürdigen Ansammlung von Vokabeln, die einmal aus Wörtern bestanden hatte (»am Morgen«, »häng, häng«, »wir machen weiter«, »Zigarre drei«), die jetzt aber nicht einmal mehr als Unsinn zu identifizieren waren. Doch das hier war noch schlimmer. Auf jeden von ihr geäußerten Satz – gelegentlich sogar auf jede von ihr verwendete Redensart – folgte ein automatisches »Hallo«, an das sie dann auch noch sehr häufig einen Silbenschwall anhängte, der den Klang des Satzes, ganz zu schweigen von seinem Sinn, fast völlig unverständlich werden ließ. Wir hatten geglaubt, alles versucht zu haben – Überredungskunst, Ermahnungen oder den Entzug ihrer Lieblingsspeisen, und zwar so lange, bis sie vernünftig danach fragte. Auch dem Logopäden in der Schule war es nicht besser ergangen. Jetzt hörten wir nichts mehr dergleichen. Menschen, die Jessy kannten, erahnten den Sinn durch den Unsinn hindurch, während ihre Äußerungen für Menschen, die sie nicht kannten, genauso unverständlich blieben wie irgendeine Geheimsprache unter Kindern.

Dann unternahmen wir eine Reise – nach Japan – ich war drei Wochen lang nicht verfügbar, meine längste Abwesenheitsphase bisher. Doch Jessy schien darauf vorbereitet zu sein. Ihr Bruder und zwei ihrer Freundinnen, Zwillinge, blieben bei ihr – es handelte sich sozusagen um Verhaltenstherapeuten mit einem Durchschnittsalter von achtzehn Jahren. Bei unserer Rückkehr fragte uns unser Sohn: »Na, fällt euch was auf?« Und dann berichteten vier stolze junge Leute, wie Jessy von ihrem ständigen Hallosagen losgekommen war.

Die jungen Therapeuten waren strenge Lehrmeister gewesen. Sie hatten sich gegenseitig den Rücken gestärkt und waren mit Jessy viel härter umgegangen, als wir uns das jemals getraut hätten, ganz so, als würde Jessy eine derartige Behandlung brauchen. Für jedes Hallo hatten sie ihr einen Punkt abgezogen. Mit roten Augen, traurig und am ganzen Leib zitternd angesichts der Tatsache, daß ihre Punktzahl immer mehr ins Minus geriet: Minus hundert, minus hundertfünfzig, minus zweihundert –,* Jessy schaffte, was für uns im Bereich des Unmöglichen lag. Ihre Therapeuten sagten, es dauerte nicht ganz vier Stunden, dann waren die Hallos verschwunden.

Der spektakulärste Triumph des Zählers war die Beseitigung dieser hartnäckigen Sprachstörung. Zwar ging die Entwicklung konstruktiver neuer Sprachmuster langsamer vonstatten, doch wir machten die Entdeckung, daß auch die soziale Kommunikation über den Zähler laufen konnte. Diese Hallorufe waren unfreiwillige Lautäußerungen, keine Grüße gewesen. Denn damals grüßte Jessy nie jemanden und sah auch nie jemandem in die Augen. Also wurde unseren Vereinbarungen ein neues Thema hinzugefügt: »Hallo« brachte ihr einen

---

* Jessy hatte nie irgendwelche Probleme damit gehabt, Minuszahlen zu begreifen. Im Alter von elf Jahren, als sie das Neugeborene einer Freundin erblickte, hatte sie festgestellt: »Wenn Jessy zehn, *das* minus eins!«

Punkt ein, die Verwendung des richtigen Namens einen zweiten und Augenkontakt einen dritten. »Hallo, Mrs. Smith« (klick, klick, klick – ein vierter Punkt kam hinzu, wenn sie das Ganze *ohne Aufforderung* zuwege gebracht hatte).

Plötzlich berichteten Menschen, die Jessy jahrelang nicht beachtet hatte, über ihre Überraschung: Jessy war um so vieles *freundlicher* geworden. In der Tat, das stimmte. Wer die greifbaren Belohnungen einer Konditionierungstherapie austeilt, gibt sich große Mühe, sie mit anderen Belohnungen zu verknüpfen, die weniger an der Oberfläche bleiben: Es wird viel gelächelt, in den Arm genommen, man strahlt Zustimmung aus. Und natürlich zeigten diejenigen, die Jessy zum ersten Mal grüßte, ein breites Lächeln und große Freude. Die Bestätigung im sozialen Bereich hätte kaum eindrucksvoller sein beziehungsweise kaum noch deutlicher von Herzen kommen können. Mit diesem freundlichen Lächeln lernte Jessy mehr als ein neues Verhalten, mehr als gute Manieren. Sie lernte, soziale Kontakte, gewisse Bemühungen und Erfolg zu genießen. Sie war dabei, Lob zu genießen – jenes Lob, das über einen so langen Zeitraum hinweg alles war, was sie brauchte, um mit dem aufzuhören, was einem bei ihrem Verhalten aufgefallen war. Wenn Jessy jetzt in der Lage ist zu sagen: »Ich bin stolz auf mich«, und das auch so meint, wenn sie sagen kann: »Wenn du am Anfang keinen Erfolg hast, versuch es, versuch es noch einmal«, und das dann auch macht, so denke ich, haben wir dafür einem Verhaltenstherapeuten zu danken, den wir nie persönlich kennengelernt haben, und diesem kleinen Zähler. Somit entdeckten wir unter den Fittichen der modernen Psychologie eine uralte Wahrheit, daß nämlich Methoden, die rein äußerlich bedingt zu sein scheinen, ja sogar etwas Triviales an sich haben, dennoch das Innere eines Menschen erreichen können, um dort einen dauerhaften Wandel hervorzurufen.

Paradoxerweise ist es Jessys Malerei, der individuellste, innigste und am wenigsten mechanische Ausdruck der Persönlichkeit, an der sich die Wirkungsweise der Verstärkungsprinzipien nach Skinner darstellen lassen. Es ist nicht so, daß Jessy für ihre Bilder oder für sonst irgend etwas Punkte bekommt, der Zähler liegt mittlerweile seit sieben Jahren unbenutzt in einer Schublade. Als Dreiundzwanzigjährige bekommt Jessy jetzt das, was andere Künstler auch bekommen, wenn sie Glück haben: Geld. Jahrelang hat Jessy auf Anweisung hin Skizzen entworfen und ihre Auftragsarbeiten in der Schule zwar sorgfältig, aber ohne Begeisterung erledigt. Was in den letzten beiden Jahren Jessys kreatives Aufblühen bewirkt hat, ist die Entdeckung, daß mit Malen Geld in die Kasse kommt. Sie hatte zwei Ausstellungen und verdiente Hunderte von Dollar mit ihren Bildern. Man muß sie nicht mehr dazu überreden, Skizzen zu machen oder ein Bild zu malen. Jetzt wirken genau die gleichen Zahlen beflügelnd auf sie, die auch die meisten von uns motivieren.

Motivation. Ich komme erneut auf das alte Rätsel von Jessys langer Passivität zu sprechen und der damit verbundenen Frage, welche Rolle kognitive und emotionale Faktoren bei ihren Störungen spielen. Vor langer Zeit hatten wir das Gefühl, daß es sich dabei um einen Mangel an Motivation oder Dynamik handelt: »Was ihr fehlt, ist ein gewisses Maß an Entschlußkraft.« Jahrein, jahraus hatten wir beobachtet, wie Jessys Trägheit sich wie ein roter Faden durch ihr und unser Leben zog, so daß ihre Möglichkeiten weitgehend ungenutzt blieben. Und dann sahen wir, wie diese negative Einstellung, die wir für so grundlegend gehalten hatten und die tatsächlich so grundlegend gewesen war, für ein Eis am Stiel dahinschwand! Für ein steigendes Punktekonto! Wer hätte sich auch nur träumen lassen, daß derartige Trivialitäten die fehlende Dynamik, die mangelnde Entschlußkraft ersetzen könnten? Doch als wir darüber nachdachten, wurde uns klar, daß es für Jessy niemals einen Grund gegeben hatte, sich wegen irgend etwas anzustrengen.

Braucht ein Kind Gründe dafür, um die unzähligen Aufgaben bewältigen zu können, die zu seiner Entwicklung gehören? Eine lächerliche Frage, denn daß Wachstum und Entwicklung natürlich und automatisch verlaufen, betrachtet die gesamte Menschheit als Selbstverständlichkeit. Jessy aber hat uns gelehrt, nichts als selbstverständlich zu betrachten, am allerwenigsten Entwicklung. Warum entwickeln sich Kinder? Natürlich ist Wachstum in biologischen Gegebenheiten verwurzelt. Zum Sprechen sind ebenso wie zum Gehen funktionstüchtige Muskeln, Nerven und ein entsprechendes Gehirn erforderlich, und meinen Mutmaßungen zufolge müssen auch biologische Gegebenheiten eine Rolle bei der Dynamik eines Menschen spielen.

Doch zum Wachstum gehört auch die soziale Komponente. Der Säugling hat soziale Gründe, um den Lauten, die seine Mutter von sich gibt, Aufmerksamkeit zu schenken und daraufhin seinerseits Laute von sich zu geben, wahrzunehmen, welche Auswirkungen diese Laute hervorrufen, sie zu üben und zu verfeinern. Ein Säugling bringt Menschen mit Geborgenheit und Genuß in Verbindung, er erkennt sie und möchte mit ihnen kommunizieren. Ein Kleinkind macht auf natürliche Weise etwas nach – doch das fehlte bei Jessy. Freilich hat ein Kleinkind auch Gründe für die Nachahmung, soziale Gründe. Ein Kind möchte so schwierige Aufgaben beherrschen wie den Mantel zuknöpfen und die Schuhbänder binden, denn andere Leute machen dies ja auch, und es möchte nicht länger als Baby gelten. Sobald ein Kind etwas gut kann, möchte es die Sache noch besser machen, seien es nun mathematische Rechenaufgaben oder das Werfen eines Balles. Es geht um das Vergnügen an der Sache selbst, aber auch um das Vergnügen am Fortschritt, an der Anerkennung und dem Lob, das es dafür erhält. Und so hat ein Kind natürlich nicht nur Gründe dafür, Dinge zu tun, sondern sie auch zu lassen. Früher oder später lernt das Kind, nicht in der Nase zu bohren oder sich nicht vor aller Augen an bestimmten Körperteilen zu kratzen. Ein Kind lernt, diese natürlichen Impulse zu unterdrücken, weil es guten Grund dazu hat. Es handelt sich unter Umständen einen Tadel der Erwachsenen ein und, was vielleicht noch wichtiger ist, Gleichaltrige schauen es womöglich scheel an.

Doch Jessy war immun gegen Nachahmung oder Peinlichkeiten. Von all diesen natürlichen Motivationen zur Aktivität und zum Wachstum bedeutete ihr keine einzige etwas. Und dennoch war sie in ihrer Entwicklung mit Problemen konfrontiert worden, die weit über die Probleme eines normalen Kindes hinausgingen: Sie mußte nicht nur die ganz normalen Verrichtungen des Alltags erlernen, sondern hatte auch massive Verständigungsschwierigkeiten zu überwinden, ganz zu schweigen von ihren merkwürdigen Ticks und bizarren Verhaltensweisen. Sie verstand ja ohnehin so wenig von der sie umgebenden sozialen Welt, deren positiven oder negativen Reaktionen, warum also sollte sie sich abmühen, diese Probleme zu meistern? Wir erlebten, wie der Zähler ihr all die Motivation verlieh, die ihr so lange gefehlt hatte. Es handelte sich zwar nicht um eine »natürliche« Motivation, doch für sie war sie natürlich, exakt, hatte mit Zahlen zu tun und war strukturiert. Durch den Zähler erhielt sie die Kraft, die sie benötigte, um ihre ureigenen Schwächen ausgleichen zu können.

Mag ihre neue Motivation auch sehr kraftvoll gewesen sein, so wäre es doch falsch, die Grenzen nicht sehen zu wollen. Äußere Verstärkungsmechanismen können die Trägheit zum Schmelzen bringen und Jessy Anlässe liefern, Dinge zu tun, für die sie eigentlich keine tiefergehende Motivation hat – und davon gibt es nur allzu viele. Doch auf ihr Inneres haben diese Mechanismen weit weniger Einfluß. Immer noch überkommen sie diese Schauer des Entzückens, wenn sie etwas als »zu gut« zurückweist. Ich vermute, daß jeder mit äußeren Verstärkungsmechanismen erkaufte Erfolg nur vorübergehende Wirkung zeigen würde. Nicht daß ich sie ausprobiert hätte. Und mag es auch noch so frustrierend sein, wenn Jessy eine neue Schallplatte kauft und sie dann nicht spielen mag, so ist dies doch eine Weigerung, die ich eher durch Überredung anstatt durch Konditionierung zu überwinden suche. Wir können nämlich darüber sprechen, darüber lachen und die Platte spielen, während Jessy sich in einem anderen Zimmer befindet; lächelnd tritt sie aus der Tür, kommt jedoch langsam zurück, die Ohren von den Händen halb verdeckt, und wir lächeln gemeinsam. Jessys Unfähigkeiten, ihre Weigerungen und Obsessionen bilden ein Strukturmuster, das sich weder anhand einer simplen Methode, geschweige denn einer simplen Theorie entschlüsseln läßt. Kognitiv. Emotional. Diese Begriffe symbolisieren zwei Möglichkeiten, auf dieselbe Erfahrung zu blicken, eine Erfahrung, die sich nach wie vor jedem Erklärungsversuch widersetzt.

Wieviel ich doch weggelassen habe! Zur Beschreibung der ersten acht Lebensjahre von Jessy waren fast dreihundert Buchseiten erforderlich gewesen. In diesem Epilog konnten lediglich ein paar typische Beispiele für eine wesentlich komplexere Entwicklung angeführt werden. Doch es gibt einen Aspekt, der weit mehr Erwähnung verdient als hier und da eingestreute Bemerkungen, und ich möchte eigens darauf eingehen. Über Jahre hinweg lag die Entwicklung von Jessy weitgehend in anderen Händen, und zwar zunehmend in ihren eigenen Händen und in den Händen der engagierten Lehrer der Mount Greylock Regional High School – doch die gewichtigste Rolle spielten dabei jene Menschen, die Jessy als ihre Freunde bezeichnet.

Ich spreche dabei nicht von den gewöhnlichen Beziehungen, die ein Kind zu Altersgenossen in der Regel hat, denn Jessy hat keine derartigen Beziehungen. Auf der High School konnte sie der raschen Sprechweise normaler Heranwachsender einfach nicht folgen, und auch Dinge, an denen andere Kinder interessiert waren, blieben ihr unverständlich. Ihr neu erworbenes Grußverhalten reichte nicht bis in die Kunst des Gesprächs hinein; sie war zwar in der Lage, neue Bekannte zu fragen, wie viele Geschwister noch in ihrer Familie wären, doch die komplexen Gegebenheiten gemeinsamer Erfahrungen und Interessen waren und sind jenseits ihres Horizonts. Obwohl das eine oder andere Kind sich sehr freundlich ihr gegenüber verhielt, schloß sie doch nur eine einzige Freundschaft in der Schule, das heißt, eigentlich schloß Joe Freundschaft mit *ihr*.

Er kommt sie jeden Sonntag besuchen, sie gehen miteinander spazieren und kichern über irgendwelchen Blödsinn, den sie einander erzählen. Joe hat eine Liste mit über hundert Freundinnen, und zwar zumeist Prominente aus den Medien. Eine Zeitlang versuchte er, Jessy eifersüchtig zu machen, indem er ihr erzählte, sie sei nicht länger seine Nummer Eins, doch sie kam gar nicht auf den Gedanken, daß ihr das irgend etwas ausmachen sollte, und nach einer Weile ließ er es sein. Die beiden haben ziemlich viel gemeinsam, auch Joe hört gern im Radio die Briefe, die von Hörern eingeschickt wurden. Sie freut sich auf seine Besuche.

Doch den entscheidenden Unterschied machten all die anderen Freunde, jene zusätzlichen »Schwestern« und Haustöchter, zu denen sich in jüngster Zeit auch ein oder zwei »Söhne« gesellten, die im Lauf der Jahre für die Stimulation und Übung im sozialen Umgang gesorgt haben. Junge Leute tun sich eben doch in dieser Hinsicht wesentlich leichter als jemand, der wie wir Eltern schon im gesetzteren Alter ist – auch mangelt es uns zunehmend an Elan. Ihren Anstrengungen war es zu verdanken, daß unser Zuhause ein Hort des Lernens blieb, auch dann, wenn wir selbst einmal keine Kraft mehr hatten, Jessy etwas beizubringen. Mehr als irgend jemand anderer – ja sogar mehr als die außergewöhnli-

chen Lehrer ihrer Schule – waren es diese Freunde, die ihre
Entwicklung erst ermöglicht haben.

Als die Zahl der Freundinnen und Freunde Jessys zwanzig erreicht hatte, habe ich aufgehört weiterzuzählen. Die
eine oder andere Freundin oder der eine oder andere
Freund lebten lange Zeit bei uns; das ist mittlerweile nicht
mehr notwendig, obwohl es Jessy sehr gerne mag, wenn sie
bei uns wohnen. Es ist unmöglich, alles das aufzulisten, was
sie ihr beigebracht haben – das meiste von dem, was sie
jetzt kann und was ihr mühelos von der Hand geht, hat sie
zusammen mit ihnen gelernt. Sie waren ihre Lehrer, Therapeuten und Gefährten – doch am zutreffendsten ist immer
noch der Ausdruck »Freunde«. Sie waren es, die ihr bei-
brachten, ihr Bett zu machen, zu backen und abzuwaschen,
einen Nagel in die Wand zu schlagen, Einkaufen zu gehen,
Ski zu laufen sowie (was für ein Wunder!) ans Telefon zu
gehen und aufzuschreiben, was der Anrufer wollte. Die Liste hat kein Ende, und untrennbar verwoben mit diesem
Prozeß ist die ständige Erweiterung ihres Sprech- und Ver-
ständnisvermögens, und zwar auf sprachlicher und sozialer
Ebene – und das wird ihre wichtigste und nie endende Aufgabe im Leben bleiben.

Die meisten Menschen mieten ihre Freunde nicht. Jahrelang handelte es sich dabei um ein weiteres Faktum des miteinander Umgehens, von dem Jessy keine Ahnung hatte –
wie sie auch keine Ahnung davon hatte, daß die Hingabe
dieser Freunde jenseits dessen lag, was man mit Geld kaufen konnte. Es war ein Gradmesser ihres Fortschritts, als
sie vor zwei Jahren Geld auf dem Tisch liegen sah, das ich
für den Studenten dorthin gelegt hatte, der den Nachmittag
mit ihr verbracht hatte, und mich fragte: »Warum werde
ich nicht dafür bezahlt, Joes Freundin zu sein?« Ich erklärte
ihr, daß manche Freunde ihre Lehrer waren. Wir sprachen
über einige der Dinge, die sie ihr beigebracht hatten, erinnerten uns daran, wie sie gekreischt und gemurmelt hatte
und sie aufgefordert hatte, sie in Ruhe zu lassen, ja sie sogar
hie und da geschlagen hatten, als sie versuchten, ihr zu helfen. Joe und sie hatten eine Menge Spaß miteinander, doch
sie brachten einander nichts bei, also wurde keiner von beiden bezahlt. Diese Art der einfachen, sachlichen Erklärung
war für sie einleuchtend. Freunde, die ihr etwas beibringen,

werden dafür bezahlt, andere nicht – wertvoll sind jedoch beide. Damit ist sie zufrieden, und wir sind es auch.

In all den Jahren war es für uns selbstverständlich – ja viel zu selbstverständlich – gewesen, uns darüber im klaren zu sein, wieviel wir Jessy eigentlich gaben. Es hat wesentlich länger gedauert zu erkennen, was sie uns gibt. Seit fast zwanzig Jahren halten sich nun ständig junge Leute in unserem Haus auf, ein nie endender Strom. Sie teilen eine Zeitlang ihre Phantasie und Hingabe mit uns, und zwar im Rahmen einer Beziehung, in der sie selbst im Lichte von Großzügigkeit und Glanz erscheinen. Es sind die Kinder anderer Eltern, die uns, jetzt, da unsere eigenen aus dem Haus sind, verlassen und unerwarteterweise, wie unsere eigenen, wieder zurückkommen. Jessy hat für junge Leute etwas Faszinierendes, ihre Rätselhaftigkeit läßt etwas in ihnen anklingen, so daß sie sich ihrerseits vor langer Zeit an diese Schülerin wandten, die sie in einer anderen Welt tanzen sahen. Immer wieder höre ich von ihren Freunden, auf ganz unterschiedliche Art und Weise, je nachdem wie sie die Entdeckung, die wir alle früher oder später machen, in Worte zu kleiden vermögen:

»Mrs. Park, Jessy hat mir soviel mehr gegeben als ich ihr je gegeben habe.« Geschenke des Verstehens, Geschenke des Fühlens – wir wissen schon lange um sie und haben versucht, in diesem Buch darüber zu berichten. Doch vor fünfzehn Jahren gab es noch nicht die Möglichkeit, dieses andere Geschenk zu erkennen: daß nämlich Jessy, die selbst ewig jung bleiben wird, uns das Geschenk der Jugend machte, in einem Haushalt, in dem die Jugend eine so große Rolle spielt. Es stimmt allerdings, daß wir dieses Geschenk, wie auch Jessys andere Geschenke, zuweilen höchst unwillig angenommen haben, denn inmitten dieser zahllosen Beziehungen und Vorlieben, inmitten des ständigen Kommens und Gehens wünscht man sich manchmal nichts sehnlicher als seine Ruhe und ganz einfach alt werden zu können. Und dann herrscht plötzlich wirklich einmal Ruhe, es sind ausnahmsweise einmal keine Freundinnen und Freunde da, und Jessy, jene Jessy, die einst als »autistisch« bezeichnet wurde, stellt fest, daß es *langweilig* ist und daß sie sich *einsam* fühlt. Und sie hat recht.

Die Kinder anderer Menschen – und unsere eigenen. Sie sind Teil dieser langen Zukunft, an der wir nicht teilhaben werden, von der Jessy keine Vorstellung hat, über die wir uns aber Gedanken machen müssen. Und doch hat man uns vor geraumer Zeit nahegelegt, einen Tag nach dem anderen zu leben, und das war richtig so, denn damit sind wir dahin gekommen, wo wir heute stehen. Wenn dies die Geschichte eines Erfolgs ist – und es ist die Geschichte eines Erfolgs – dann handelt es sich um *Jessys* Erfolgsgeschichte, um eine, die sie nicht selbst erzählen kann, die Geschichte ihres harten Kampfes, arbeiten und lieben zu können.

Arbeiten und lieben – war das nicht Sigmund Freuds Gradmesser für den Erfolg? Jessy hat gelernt, beides zu tun, und damit sind ihre Möglichkeiten für die Zukunft verändert worden. Sehr weit in die Zukunft zu blicken vermögen wir auch jetzt noch nicht, wir können lediglich Fragen stellen. Ob sie wohl immer noch bei uns leben wird, in dem Zuhause, das sie liebt, in der Stadt, die sie kennt, Jessy, mit ihrem hilfreichen und sonnigen Wesen (meistens jedenfalls) – und wird sie, wenn wir einmal nicht mehr da sind, wirklich zu ihren Schwestern und Brüdern ziehen können, die uns jetzt versichern: »Keiner von uns wird zögern, sie aufzunehmen«? Wäre das das Richtige für sie? Es gibt spezielle Einrichtungen und auch eigene Dörfer, sie werden immer zahlreicher und immer besser, und auf die eine oder andere Art und Weise ist die Gesellschaft in der Lage, die Last zu tragen, von der wir einmal annahmen, wir könnten sie nicht an Kinder weitergeben, die schon genug davon getragen hatten. Doch Jessy ist nicht mehr das, was sie einmal war, sondern das, was sie ist und sein wird.

Ihre Brüder und Schwestern lieben sie aus ganzem Herzen, wie das auch ihre Freundinnen und Freunde tun. Wenn wir, also ihre Eltern, noch zwanzig Jahre leben, was eine realistische Einschätzung sein dürfte, dann haben ihre Freundinnen und Freunde den fünfzigsten Geburtstag hinter sich. Jessy wird dann dreiundvierzig sein. Es wird kaum notwendig werden, doch der Gedanke scheint nicht absurd zu sein, daß bei der einen oder anderen Freundin vielleicht doch ein Platz frei ist, wenn gerade eine tüchtige und liebevolle Köchin und Haushälterin fehlen sollte. Denn wir entwickeln uns unaufhörlich weiter und unser Leben verändert sich ständig, ohne daß wir dies voraussehen könnten. Mir ist dieser Schmerz noch sehr gegenwärtig – ein ganz bestimmter Schmerz, der immer dann auftaucht, wenn ich mir Jessys Freundinnen und Freunde ansehe, von denen manche im selben Alter wie sie sind und ich mir dann einen Moment lang gestatte, an all das zu denken, was sie nie sein kann. Doch es ist nicht möglich, Erfahrungen zu untersuchen und nur die Teile davon herauszugreifen, die uns nicht weh tun.

Ich möchte in einfachen Worten und geradeheraus die simple Erkenntnis formulieren, die wir alle begriffen haben. Wie alle anderen Zeitgenossen atme auch ich die dünne Luft dieses Jahrhunderts, die kein Vertrauen kennt, und ich möchte nicht sentimental werden. Doch die schwärzeste Sentimentalität von allen ist diese Hochnäsigkeit gewisser Leute, die das Gute, das zu verstehen sie die Möglichkeit haben, nicht erkennen wollen, weil es ihnen zu simpel ist. Also: Diese Erfahrung, die wir uns nicht ausgesucht haben und für die wir alles gegeben hätten, wenn wir sie nur hätten vermeiden können, hat uns verändert, hat uns gebessert. Wir haben nämlich aufgrund dieser Erfahrung begriffen, daß niemand freiwillig die harte und sehr langsame Lektion eines Sophokles, eines Shakespeare lernt, derzufolge der Mensch am Leid sich weiterentwickelt. Und auch das ist ein Geschenk von Jessy. Was ich jetzt niedergeschrieben habe, hätte ich mir vor fünfzehn Jahren nicht einmal träumen lassen: daß ich nämlich, würde ich heute noch einmal vor die Wahl gestellt, entweder diese Erfahrung zu akzeptieren, mit allem was dazugehört, oder die bittere und großzügige Gabe zurückzuweisen, meine Hände erneut ausstrecken müßte – denn aus alledem ist für jeden von uns ein Leben erwachsen, das wir uns nicht hatten vorstellen können. Und auch das letzte Wort dieser Geschichte soll so stehenbleiben. Es lautet nach wie vor Liebe.

Ein großer Roman
von ungewöhnlichen Menschen
in faszinierenden Zeiten

416 Seiten / Roman / Leinen

In der Pariser Szene von Boheme und blutigem
Aufruhr der Revolution von 1830 durchleben
«la belle et la bête», der Zwerg Nandou,
ein begnadeter Schauspieler, und die junge
Schustertochter Jeanne, alle Höhen und
Tiefen...

**Ein Lesefest für alle Leser von «Das Phantom»
von Susan Kay**